하나님의 은혜는 그렇게 말하지 않는다

Hyper-Grace: Exposing the Dangers of the Modern Grace Message
Copyright © 2014 Michael L. Brown, PhD
Published by Charisma House. All right reserved.
Korean Translation Copyright © 2019 by Doum Books
This Korean edition is published by arrangement with Charisma House

Available in other languages from:
Charisma Media
600 Rinehart Road
Lake Mary, FL 32746 USA
rights@charismamedia.com

이 책의 한국어판 저작권은 Charisma House와 독점 계약한 도움북스에 있습니다.
저작권법에 의하여 한국 내에서 보호를 받는 저작물이므로 무단 전재와 복제를 금합니다.

Hyper-Grace: Exposing the Dangers of the Modern Grace Message

하나님의 은혜는 그렇게 말하지 않는다

하나님의 은혜를 왜곡하여
오늘날 교회를 미혹하는
하이퍼 그레이스 메시지의 진상

마이클 브라운 지음 | 김현아 옮김

도움북스

이 책에 쏟아진 찬사

오래전에 레너드 레이븐힐Leonard Ravenhill이 자신의 친구 한 명을 꼭 만나봐야 한다고 나에게 추천한 일이 기억난다. 레너드가 누군가를 추천하는 것은 흔치 않은 일이었다. 그의 소개로 곧 나는 마이클 브라운을 만나게 되었고 우리는 가장 친한 친구가 되었다.

브라운스빌 부흥Brownsville Revival 한가운데서 함께 수년 동안 팀으로 일하며 우리의 우정은 돈독해졌다. 내가 예수님을 영접할 사람들을 강대상으로 초청하면 브라운 박사는 새로운 젊은 용사들이 성경학교에 등록하여 훈련을 받도록 최선을 다해 섬겼다. 그와 다른 리더들의 탁월한 섬김으로 말미암아 수천 명의 사람들이 훈련을 받고 흩어져 추수하게 된 밭으로 새롭게 나아가게 되었다. 수년이 지난 지금도 우리는 친밀한 친구로 지내고 있으며 영혼들을 위해 함께 계속 싸우고 있다.

참되고 순결한 은혜에 관한 그의 책을 추천하게 된 것은 정말 특권이다. 그의 글은 질적으로 탁월하며, 특히 진리를 옹호하는 데 있어 그는 실로 거장이다. 독자들이 배심원이고 브라운 박사가 변호사라고 한다면, 이 책은 마음을 사로잡는 변론이라고 할 수 있다. 마지막 장을 읽을 때 선명한 판결을 내리게 될 것이다. 하나님의 은혜는 명료해지고 또한 지켜질 것이다.

사랑하는 우리 주님의 가장 소중한 이 성품에 관하여 당신의 마음가운데 평강이 임하기를….

— 스티브 힐, 『영적인 산사태』 저자

왜곡된 은혜 메시지가 빠르게 확산되며 이 시대 교회를 미혹하고 있다. 이런 때에 마이클 브라운과 같은 리더가 담대하게 일어나 성경적 은혜에 대한 영광스러운 진리를 선포하는 것이 얼마나 감사한지 모른다. 마이클은 신뢰받는 학자다. 그는 비판이나 정죄가 아니라 사랑으로 교정해주는 글을 쓴다. 또한 왜곡된 은혜 메시지의 오류를 설명하기 위해 성경을 탁월하게 분석하며 우리를 균형과 참된 자유로 이끌어준다. 모든 그리스도인들에게 이 책을 읽어보고, 이 진리를 삶에 적용하며, 주위 사람들과 나누라고 권하고 싶다.

— 마이크 비클, 캔자스 국제 기도의 집 창시자

하나님의 놀라운 은혜는 말 그대로 '놀라울' 뿐만 아니라 '영광스러운' 것이다. 우리는 이 은혜에 대해 하나님께 감사한다. 그러나 마이클 브라운 박사는 여기서 더 나아가 우리가 은혜를 입은 자로써 그 놀라운 은혜의 본질과 실체에 관한 성경의 계시를 바르게 이해해야 하며, 그것을 잘못 전달하고 폄하하는 이들에게 교정을 권면하는 것이 합당하다고 믿는다. 이 책은 반드시 읽어야 할 책이다.

— 제프리 L. 세이프, 킹스대학 성경 및 유대교학 석좌교수

마이클 브라운 박사는 오늘날 우리 사회와 교회가 총체적으로 당면한 문제들에 관하여 영향력 있게 발언하는 사람 중 한 명이다. 하이퍼 그레이스 가르침에 의해 교회 안에 조성된 기준의 상실 문제에 관한 그의 진술은 아주 강력하다. 구원의 의미 전체가 지금 위험에 처해있다. 이런 때 성경에 정통한 브라운 박사의 글은 열정적이고, 강력하고, 매우 설득력 있다.

— 대니얼 저스터, 티쿤 인터내셔널 대표

일러두기

- 본문의 각주는 읽는이의 이해를 돕기 위해 옮긴이가 추가한 부분이다. 저자의 주는 원서와 동일하게 미주로 엮었다.
- 이 책에 등장하는 외국 인명과 지명은 확인 가능한 고유명사에 한해 현행 외래어 표기법을 따르되 원어 발음을 고려하였다.
- 단행본, 신문 등은 『 』로, 노래, 기사 및 글 등은 「 」로 묶었다.

서문

필립 얀시Philip Yancey는 그의 저서 『놀라운 하나님의 은혜What's So Amazing About Grace?』에서 은혜의 중요성에 관한 예화를 하나 소개한다.

영국에서 열린 비교종교 컨퍼런스에 전 세계 전문가들이 모여 기독교 신앙의 유일성에 관하여, 만약 존재한다면 그것이 무엇인지, 토론을 했다. 그들은 하나씩 가능성들을 배제하기 시작했다. 성육신? 다른 종교들도 신이 인간의 모습으로 나타나는 것에 관하여 저마다의 개념을 가지고 있다. 부활? 죽음에서 되돌아오는 것도 마찬가지다. C. S. 루이스C. S. Lewis가 방에 등장할 때까지 논쟁은 한동안 계속되었다. 그가 들어와 "지금 무엇 때문에 시끄러운 거요?"라고 묻자 다른 종교와 다른 기독교의 유일성에 관하여 토론하는 중이라고 동료들이 대답했다. 그때 루이스는 "아 그거야 쉽죠. 그건 은혜예요!"라고 말했다.[1]

하나님의 은혜를 향한 사랑과 질투심이 나로 이 책을 쓰게 만들었다. 여러 독자들과 마찬가지로 나 역시 율법주의의 폐해를 많이 보아왔다. 율법주의란 외부로부터 강요된 종교다. 구체적으로 말하자면, 규칙은 있지만 관계는 없고, 높은 기준은 있지만 구원자는 없으며, 율법은 있지만 사랑은 없는 종교를 말한다. 나는 사람을 자유케 하는 은혜의 영광스러운 힘을 직접 경험했다. 한시라도 은혜 밖에서 산다는 것은 나로서 상상할 수 없는 일이기에, 은혜를 과소평가하거나 당연시하는 글은 절대 쓰지 않을 것이다.

그런데 사람들은 종종 은혜를 오해한다. 은혜를 단순히 '자격 없는 자가 주님께 받는 호의' 혹은 '예수 그리스도께서 값을 지불하신 하나님의 부요함God's Riches At Christ's Expense'이라고 표현하기도 하는데, 이것이 영광스러운 시작점은 맞지만 은혜의 전부는 아니다. 은혜는 예수 그리스도께서 계속해서 우리에게 능력을 주시고 우리를 위해 일하시는 것이다. 즉, 예수님께서 잃어버린 죄인이었던 우리를 구원하실 뿐만 아니라 구원받은 우리 안에서, 우리를 통해서, 그리고 우리를 위해서 지금도 계속해서 역사하시는 것이 은혜 안에 표현되어 있다. A. M. 헌터A. M. Hunter의 말을 인용하자면 "은혜는 그리스도 안에서 죄인을 값없이 용서하시는 하나님의 사랑일 뿐만 아니라 그리스도인의 삶에서 계속 그 사랑이 역사하는 것이다."[2]

그러나 지난 몇 년 사이 놀라운 은혜의 메시지에 심각한 왜곡과 오류가 뒤섞인 가르침이 등장하기 시작했다. 그들은 이것을 은혜에 대한 새로운 계시 또는 소위 '은혜 개혁grace reformation', '은혜 혁명grace revolution'이라고 주장한다. 이 가르침이 삶을 변화시키는 진리이며 이를 통해 삶이 변화되었다는 놀라운 간증도 많이 있지만, 다른 한편으로 이 왜곡된 은혜 메세지는 교회를 분열시키고 어떤 이들을 노골적인 이단으로 이끈 것은 말할 것도 없고 여러 사람들에게 해를 끼치고 있다.

이 책은 단순히 나의 결심에서 시작된 책이 아니다. 또한 내가 교회 안에 바른 교리를 집행하기 위해 보냄 받은 하나님의 경찰이라도 된 것처럼 이 책을 쓴 것도 아니다(나중에 이에 대해 더 언급할 것이다). 오히려 지난 12개월 동안 이 사안이 문을 두드리며 내게로 다가왔다. 가는 곳마다 '은혜' 메시지를 아주 과장되고, 공격적이고, 비성경적이고, 심지어 정죄하는 방식으로 제시하는 사람들을 만나는 것 같았다. 대부분 말하는 요지는 비슷했고 사용하는 용어도 비슷했다. 그리고 미국 전역에서, 심지어 전 세계에서 은혜를 깊이 사랑하는 목사들과 리더들에게서 연락이 왔다. "도대체 이 가르침이 어디서 시작된 건가요? 꼭 설명 좀 해주십시오."

그리스도의 몸에 속한 많은 형제자매들의 영적인 안녕을 위하여 은혜와 진리의 이름으로 담대히 말하라는 하나님의 부르심을 확신하면서 나는 주님께 순종하는 마음으로 이 책을 쓰기 시작했다. 그러나 저항하는 형태의 글을 쓰고 싶지 않아서 이에 대해 하나님 앞에서 깊이 씨름해야만 했다. 나는 생명을 주시는 성령님의 흐름을 감지할 때에만 글을 쓰기를 원했다. 이 책이 정말 그러한 지에 대해서는 우리 주님과 독자들이 판단할 문제이지만, 나는 진실로 무너뜨리기보다는 세우는 글, 은혜를 높이는 글을 쓰기로 결심했다(그래서 오류를 논박할 때는 성경적인 진리로 그것을 대체하고자 최선을 다했다).

책을 쓰면서 나와 반대 의견을 가진 많은 리더들과 접촉하며 내가 그들의 관점을 제대로 이해했는지, 그들이 여전히 자신의 견해를 고수하는지에 대해 물어보았다. 그들은 매번 분명하게 "그렇다"라고 대답했으며 자신의 입장을 확인해주었다. 나는 그들의 견해를 바르게 인용했다고 믿는다. 이 책에 수백 개의 미주를 달게 된 한 가지 이유도 바로 그런 이유 때문이다. 첫째는 자료를 정확하게 인용하기 위해서고, 둘째는 나의 견해를 뒷받침하고 독자들에게 더 많은 자료를 소개하기 위해서다(하이퍼 그레이스를 전하는 교사들이 서로 모든 면에서 일치하지는 않지만 가장 영향력 있는 교사들의 대표적인 예들을 제시하고자 노력했다).

그러나 확실히 이단으로 들어선 경우를 제외하고 이 주제는 기독교계에서 아직 논쟁 중이며 동료 그리스도인들 안에서도 강한 견해 차이가 있음을 강조하고 싶다. 그 동료들은 영원한 하나님 나라에 나와 함께 가게 될 사람들이며, 견해가 다른 일부 영역을 제외하고 대부분 내가 그들의 책과 설교를 즐겨 듣는 사람들이다. 따라서 나는 공정하면서도 은혜롭게, 솔직하면서도 온화한 태도로 글을 쓰고자 노력했다.

뭐 그리 놀랄 일은 아니지만, 나를 포함한 여러 사람들이 이 메시지를 '하이퍼 그레이스Hyper-grace[i]'라고 지칭하는 것에 대해 이의를 제기하는 사람들이 있다. 그러나 나는 실제 사용에 근거하여 그렇게 지칭한 것이다. 이 메시지를 전하는 많은 이들이 말한다. "아멘! 그렇습니다! 은혜는 하이퍼 한 것입니다Grace is hyper." 그들은 이렇게 '하이퍼 그레이스(극단적 은혜)'라는 개념을 사용한다. 그러나 나의 관점에서 볼 때 그들의 메시지는 분명 참된 은혜를 벗어났으며, 용어의 의미 그대로 '극단적이다'. 결국 그 메시지가 좋은 의미로 극단적인지, 나쁜 의미로 극단적인지에 대해서는 독자들이 스스로 판단해야 할 것이다.

나는 이 가르침을 '현대적 은혜the modern grace[ii] 메시지라고도 지칭해왔다. 이 표현 역시 중립적인 의미로 사용한 것이다. 이것은 이 시대에 풀어지고 있는 영광스러운 메시지인가? 아니면 이 시대에 등장한 왜곡된 은혜 메시지인가? 다시 말해, 좋은 의미로 현대적인지, 나쁜 의미로 현대적인지에 대해서도 가르침을 직접 듣고 독자들이 판단해야 할 것이다. 내가 이것을

---

i 'Hyper-grace'는 저자가 앞서 언급한 바, 은혜에 관한 극단적인 입장을 지칭한다. 이것을 한국어로 옮기는 과정에서 원어의 의미와 뉘앙스가 좁아지는 현상을 방지하기 위해 본서에서는 '하이퍼 그레이스'로 옮긴다.

ii 저자가 '하이퍼 그레이스(hyper-grace)'와 '현대적 은혜(modern grace)'를 동의어로 사용한다는 점에 착안하여 본서에서는 읽는 흐름에 특별히 도움이 되는 부분을 제외하고 'modern grace'를 '하이퍼 그레이스'로 옮긴다.

'가짜 은혜counterfeit grace'라고 하지 않았다는 점에 유념하라. 왜냐하면 이 메시지를 전하는 많은 이들이 은혜에 대한 놀라운 진리를 가르치고 있으며, 그로 인해 독자들이 그들의 저서를 읽고 "나는 은혜에 대한 이 메시지로 인하여 정말 축복을 받았고 자유케 되었으며 그 어느 때보다 더 주님과 친밀해졌다"라고 말하며 별 5개의 평점을 준다.

이점을 고려하여, 하이퍼 그레이스 메시지를 통해 도움을 받은 사람들로부터 어떤 것도 훔치고 싶지 않기 때문에 나는 신중하게 이 책을 썼다. 은혜를 격찬하는 장으로 책을 시작하고, 계속 하나님의 은혜의 영광을 강조하며, 십자가에서 다 이루신 예수님의 사역에 관한 장으로 책을 마무리하였다. 이 시대에 벌어지고 있는 왜곡 때문에 은혜 자체에 적대적으로 반응하게 된 이들이 있다면, 그들의 마음 안에 주 예수 그리스도의 은혜가 회복되도록 하는 데 있어 이 책이 도움이 되기를 기도한다.

마지막으로 용어와 관련하여 한 가지만 언급하자면, 나는 교회 안의 교사, 설교자, 교수, 성경 번역가들에게 예수님의 제자들 중에 '제임스James'를 '제이콥Jacob'으로 바꿔 사용해야 한다고 최근 몇 달 동안 더 많이 요구해왔다(헬라어 성경은 신약성경 전체에서 제이콥을 사용하고 있다).³ 나는 또한 '쥬드Jude'가 '주다Judah'로 바뀌어야 한다고 주장해왔다. (이 이름들은 서로 확실히 다르다!) 이 책에서 나는 '제이콥'을 사용하고 '제임스'를 괄호에 넣어두었다. 주다(쥬드)도 마찬가지다.ⁱ

이 책에 대한 부록으로 나는 몇 가지 자료를 무료로 다운로드하여 받아볼 수 있게 해 놓았으며, 'Hyper—Grace Download'라는 제목으로 info@askdrbrown.org에 연락하면 된다. 나의 블로그뿐만 아니라 AskDrBrown.

---

i 한글 성경은 야고보와 유다를 사용하고 있으므로 본문에서 별도의 괄호 없이 야고보와 유다로 표기한다.

org에서도 다양한 주제의 많은 자료를 볼 수 있다. 이 책을 읽고 도움이 되었다면 우리에게 알려 달라. 우리는 독자들이 주님을 아는 지식과 은혜 안에서 자라가는 것을 돕기 원한다.

차 례

서문 7

CHAPTER 01
내가 은혜를 사랑하는 이유_ 17
충분히 잘하지 못했다는 느낌

CHAPTER 02
새로운 '은혜 개혁'이 정말 있는가_ 29
은혜와의 신선한 만남 | 섞인 것의 위험성 | 은혜와 진리

CHAPTER 03
은혜라는 이름으로 벌어지는 비방과 분열_ 49
엉뚱한 사람에게 화를 내다 | 하이퍼 그레이스 핍박?

CHAPTER 04
하나님은 미래의 죄까지 이미 용서하셨는가_ 75
이미 의롭게 됐다는 의미 | 죄를 의식해야 하는가

CHAPTER 05
하나님께 죄를 고백해야만 하는가_ 93
요한 서신의 대상 | 지속적인 죄 씻음

CHAPTER 06

성령님, 책망, 그리고 회개_ 119

책망 vs. 정죄 | 경건한 슬픔 | 생각의 전환

CHAPTER 07

성화의 문제_ 151

이미, 그러나 아직 | 거룩하게 되어가다 | 영원히 온전하게 하시다

CHAPTER 08

주를 기쁘시게 할 것이 무엇인가 시험하여 보라_ 181

부르심에 합당한 삶 | 하나님은 항상 우리를 기뻐하시는가

CHAPTER 09

영성은 쉬운 것인가_ 207

자기 노력인가 인내로 하는 경주인가 | 안식하고 또 경주하라

CHAPTER 10

하나님은 항상 기분이 좋으신가_ 235

역사의 시작점으로 | 자비와 진노의 하나님 | 성경의 내용을 바꾸는 것

CHAPTER 11

마르키온을 재고하다_ 263

옛 언약은 새 언약을 확증해준다 | 흠이 있는 것은 율법이 아닌 우리다

CHAPTER 12

하나님의 율법은 선하다_ 287

순종은 특권이다 | 놀랍고 의로운 율법

CHAPTER 13

왜 예수님의 말씀에서 도망치는가_ 317

영이요 생명이라 | 예수님과 바울은 같은 복음을 전했다

CHAPTER 14

신영지주의자들_ 343

빛과 어둠이 어찌 사귀며 | 우리는 죄성을 가진 육체에서 분리되지 않는다

CHAPTER 15

십자가에서 다 이루신 예수님_ 371

"다 이루었다" | 십자가에서 모든 값을 지불하신 예수님

부록

한번 구원은 영원한 구원인가_ 389

주석과 출처 395

CHAPTER 01

내가 은혜를
사랑하는 이유

1 내가 은혜를 사랑하는 이유

"나 처음 믿은 그 시간, 그 은혜 귀하고 귀하다"라는 유명한 찬송가 「어메이징 그레이스Amazing Grace」를 작사한 존 뉴턴John Newton은 회심하기 전에 노예 매매상인이었다. 나는 그의 고백에 개인적으로 깊이 공감한다. 그 어떤 것과도 섞이지 않은 순전한 은혜, 누룩이 없고 과장이 없는 하나님의 은혜를 내가 깊이 갈망하는 이유도 바로 이 때문이다.

1971년 12월 17일 하나님의 사랑에 대한 계시가 홍수처럼 내 안에 밀려 들어왔고 주님께 다시는 내 팔에 바늘을 꽂지 않겠노라고 말씀드렸다. 그 순간 나는 자유케 되었으며, 헤로인, 스피드i, 환각제는 더 이상 필요 없었다. 예수님은 진실로 나를 구원해 주셨다!

이 사건이 있기 6주 전, 1971년 11월 12일 예수님이 나의 죄를 위해 죽으신 것을 나는 처음으로 믿게 되었는데, 교만하고 반항적인 열여섯 살의 유대인 록 음악 드러머였던 나에게는 이것만으로도 엄청난 돌파였다. 그전에 나는 복음을 비웃었으며 죄를 자랑으로 여기는 삶을 살았다. 그러나 뉴욕 퀸즈에 위치한 자그마한 이탈리아계 오순절 교회 성도들이 나를 위해 기도했을 때 성령님의 책망이 임했고 내 삶이 뭔가 심각하게 잘못되었음을

---

i Speed: 마약의 일종으로 정맥으로 주사되어 약효가 금방 나타나는 테서 붙여진 이름이다.

깨닫기 시작했다.

　11월, 내 마음에 빛이 임한 날을 기점으로 하나님과의 씨름이 시작되었다. 6주 동안 하루는 헤로인을 주사하고 다음 날에는 교회를 나가는 삶을 반복하다가 12월 17일 그 싸움을 끝내고 잊을 수 없는 감격적인 예배를 드리게 된 것이다. 사모님의 피아노 반주에 맞춰 사람들은 옛 찬송가를 불렀는데, 그것은 내가 밤낮 듣던 레드 제플린Led Zeppelin이나 지미 헨드릭스Jimi Hendrix 음악에 비교하면 너무 시시하게 들렸다. 그런데 찬양하는 중 주님의 기쁨이 나를 압도하였고 놀라운 계시가 임하였다.

　나는 머리부터 발끝까지 더러운 나 자신을 보았다. 그런 나를 예수님께서 보혈로 씻기시고 아름다운 흰옷을 입혀 주셨는데, 다시 진흙탕으로 돌아가 거기서 뒹구는 것이었다. 악하고 더러운 죄인인 내게 부어 주신 하나님의 사랑을 나는 걷어차고 있었고, 아버지의 돈을 훔치고도 그것을 자랑스러워하던 나를 위해 흘려 주신 예수의 보혈을 조롱하고 있었던 것이다.

　하나님의 선하심 앞에서 나의 악함이 드러난 순간 나는 주님께 내 삶을 내어드리고 과거와 결별하였다. 주님이 도우셨기에 극단적인 변화는 그리 어렵지 않았다. 주님은 놀라운 구원자시다.

　같은 날 밤 또 하나의 큰 기적이 내 안에 일어났는데, 죄책감이 완전히 사라져버린 것이다.

　성령께서 죄를 깨닫게 해주시기 전에는 밤마다 마약에 취해 죄악된 생활을 생각하며 잠들곤 하면서도 죄책감보다는 자만심으로 가득했고, 나 자신을 꽤 당당한 죄인으로 여겼다. 그러나 그 교회 성도들이 나를 위해 기도하기 시작했을 때, 그전에 분명 아무런 양심의 가책 없이 범했던 죄들에 대해 죄책감이 밀려오기 시작했다. 늦은 밤 마약에 취해 잠을 이루지 못하고 누워있을 때면 내 추한 모습이 내면 깊은 곳에서부터 나를 괴롭히기 시작했고 쉽게 사라지지가 않았다. 바로 얼마 전까지 자랑스러워했던 죄들이 수치심을 주기 시작한 것이다.

그러나 그날 밤 주님은 나를 깨끗하게 씻어 주셨고 마약 중독을 끊어 주셨으며 모든 수치심을 가져가셨다. 내가 행했던 죄악이 때로 기억나더라도 나는 더 이상 죄책감에 시달리지 않았다. 하나님은 나의 죄를 용서해 주셨고 기억하지 않으셨으며 더 이상 내가 지은 죄로 나를 대하지 않으셨다. 그것은 놀라운 은혜였다!

내가 하나님의 은혜를 왜 그렇게 사랑하는지 이해하는 데 도움이 될 이야기가 하나 더 있다. 구원받은 이후 얼마 지나지 않아 어느 날 부엌에서 아버지와 대화를 나누게 되었다. 아버지께서는 직접적으로 물으셨다. "몇 달 전에 돈을 훔친 게 너니?"

나는 돈만 훔친 것이 아니라—사실 여러 번 훔쳤고 그것은 그 추한 행동의 마지막 사건이었다—누군가 무단으로 침입한 것처럼 보이기 위해 집 뒤편 스크린 도어를 뚫어 놓았다. 아버지께서 집에 오셔서 문이 망가지고 돈이 사라진 것을 발견하셨을 때 나는 친구가 훔친 것 같다고 말씀드렸다. 그 벌로 다시는 친구들을 데리고 오지 말라고 하셨으나 사실 내가 한 짓임을 이미 알고 계셨던 것이다.

이제 그리스도인이 되었는데, 나는 또 거짓말을 하고 말았다. 내가 안 훔쳤다고 대답한 후 2층 침실로 올라가 비참한 심정으로 무릎을 꿇었다. 즉시, 정말 그 즉시 성령님은 나를 책망하셨고, 아버지께 더 이상 거짓말을 할 수 없다는 것을 알았다. 주님께 용서를 구하며 진실을 말하겠다고 고백했으나, 성령님의 책망이 마음에서 사라지자 또다시 이런 생각이 들었다. '주님께 용서를 구했으니 그걸로 충분하지 않을까? 아버지께는 말씀드리지 않아도 될 거야.' 그러나 거룩한 검처럼 그 책망이 다시 심령을 찔렀고 나는 주님 앞에 고백했다. "네, 주님. 솔직히 말씀드리겠습니다."

부엌으로 다시 내려가 아버지께 잘못했다고 말씀을 드렸는데, 아버지의 반응은 나를 너무 놀라게 했다(아버지는 유대인이셨고 그 당시 아직 그리스도인이 아니셨다). "마이클, 돈이 사라졌을 때 네가 훔쳤다는 걸 바로 알았지만, 그 자리에서 나는 너를 용서했단다." (41년도 더 된 일이지만 이 책을 쓰는 지금도 그 순간을 생각하면 눈물이 난다.) "내 마음을 정말 아프게 한 것은 네가 필요가 있음에도 불구하고 아버지를 찾아오지 않은 것이란다." 그것이 나의 이 땅의 아버지의 모습이셨다!

그런 아버지가 계시다는 것이 어떤 것인지 상상이 되는가? 이것은 내가 그리스도인으로 살아온 거의 모든 시간 동안 하늘 아버지의 사랑과 용납을 결코 의심하지 않을 수 있었던 한가지 이유다. 또한 내가 깊은 안정감 가운데 살아가면서, 잘못했을 때 쉽게 용서를 구하고, 은혜로 사는 것이 숨을 쉬는 것처럼 자연스러운 이유 중 하나다. 그러나 많은 헌신된 그리스도인들이 이러한 성장 배경을 갖고 있지 않다는 사실을 잘 안다. 나는 믿은 지 얼마 되지 않아 이것을 알게 되었다.

충분히 잘하지 못했다는 느낌

믿은 후 1년 정도, 나는 하나님의 말씀과 임재를 너무도 갈망하여 매일 최소 6시간 정도 방에서 홀로 주님과 시간을 보냈다. 최소 세 시간 기도를 하고(오순절 교인으로서 그중 한 시간은 방언으로 기도를 하고), 두 시간 성경을 읽고, 한 시간 성경을 암송하곤 했다. (그 당시 약 6개월 동안 하나님께서는 성경을 매일 20구절씩 한 시간 안에 암송할 수 있는 은혜를 주셨다.) 나를 주님께로 인도한 가장 친한 친구 역시 매일 주님과 많은 시간을 보냈는데, 우리는 젊은 시절 열정으로 서로 얼마나 많이 기도하고 말씀을 읽었는지 물으며 비교하곤 했다. (이것이 율법적으로 들릴 수 있겠지만 우리는 주님을 전심으로 사랑했고 말씀을 보고 기도하기를 즐겼다. 매일 이런 대화를 나눴던 것은 아직 어린 나이의 미성숙함 때문이었다.)

어느 날 친구가 말씀과 기도로 주님과 보낸 시간이 2시간도 채 안 된다고 말했다. 물론 나는 여느 때처럼 6시간을 주님과 보냈고, 친구에게 무슨 일이 있냐고 묻자, 정욕을 이기지 못하고 죄로 무너지면서 생각이 복잡해졌다고 말했다. 비참한 심정에 주님과 많은 시간을 보낼 수 없었던 것이다. 나 역시 동일한 일을 겪지만 여전히 기도하고 말씀을 본다고 말하자, 어떻게 그렇게 죄를 짓고도 여전히 주님을 대면할 수 있는지 친구가 물었다. 죄를 고백하고 주님의 씻어 주심을 경험하며 계속 앞으로 나간다고 설명했지만 안타깝게도 친구는 이것을 이해하지 못했다.

나는 친구와 다른 점이 무엇인지 생각해보았다. 나중에 친구는 몇 년 전에 돌아가신 아버지의 비극적인 죽음에 대한 이야기를 나눠 주었고 나는 상황을 종합해보기 시작했다. 환각제가 처음 등장할 무렵, 어느 날 친구의 아버지는 롱아일랜드에 위치한 핫도그 집에 들렀는데 누군가 LSD[i]를 겨자에 몰래 섞은 것이다. 아무것도 모른 채 그의 아버지는 겨자를 핫도그에 발랐다. 자리를 떠나 움직이기 시작했을 때, 그는 정신이 혼미해졌고, 이후 몇 달간 환각 증세 재발을 겪다가 결국 자살을 하고 말았다.

전에 몰랐던 친구의 이야기를 들었을 때 나는 생각했다. '이 땅의 아버지가 준 영향의 차이 때문에 내가 친구보다 더 쉽게 용서를 받아들이는 걸까?' 그 이후 몇몇 유명한 무신론자들에 관한 글을 읽었는데 그들의 불신앙 (또는 신앙을 대적하는 행위)의 뿌리가 아버지가 일찍 돌아가셨거나, 아버지로

---

i　Lysergic Acid Diethylamide: 강력한 환각제.

부터 버림받았거나, 나약한 아버지의 영향일 수 있음을 알게 되었다.[1]

무신론자들이야 그렇다 치고, 많은 훌륭한 그리스도인들 가운데 과도하게 양심의 가책을 느끼고, 충분히 잘 하지 못했다는 느낌 때문에 끊임없이 죄책감에 시달리는 이들이 있다. (고등학교를 졸업하고 풀타임으로 일하며 대학을 다니던 시절에 나도 이 문제를 직접 겪었다. 그때는 더 이상 매일 6~7시간씩 주님과 시간을 보낼 수 없었기 때문이다.) 이들은 성경 말씀을 완전히 문자적으로 받아들이고 깨어 있는 모든 순간 자신의 존재 전체로 하나님을 사랑하지 못하거나 날마다 희생적으로 이웃을 사랑하지 못할 때 자기 자신을 이기적인 죄인으로 여긴다.

그들은 이렇게 생각한다. '복음을 전해야 할 잃어버린 영혼이 많은데, 가족과 한가하게 즐거운 시간을 보내도 될까?' '우리나라에도 굶어 죽어가는 아이들이 있는데, 우리 아이들에게 아이스크림을 사줘도 될까?' '경주를 해도 부족할 판에, 정말 쉬어도 될까?' 어느 주일 날 은혜에 대한 설교를 듣고서, 진지하고 헌신된 한 그리스도인이 나를 찾아와 말했다. "그리스도인으로 사는 동안 평생 저를 따라다닌 것이 있는데, 바로 '충분히 잘하지 못했다'는 느낌입니다."

바로 이것이 이 시대 많은 그리스도인들, 특히 자기를 성찰하고 정죄하는 성향이 강한 이들이 하이퍼 그레이스 메시지를 통해 자유케 되는 것을 보며 내가 진실로 감사하는 이유다. 나는 잠시라도 이 사실을 함부로 말하거나 하나님의 놀라운 자비를 폄하할 마음이 없다. 또한 그리스도의 몸 안에서 다른 사람들을 정죄하며 '내가 더 거룩하다'는 식의 주장을 펴고자 하는 것도 아니다. 그것은 말도 안 되는 일이다. 사실 나는 구원받은 순간보다 그 이후로 하나님의 은혜와 자비를 더 많이 경험하고 살아왔다.

다른 사람들이 은혜를 과장되고, 왜곡되고, 그릇된 방식으로 가르치는 것 때문에 은혜에 적대적으로 반응하는 것은 하나님의 뜻이 아니다. 오히려 하나님의 은혜에 대한 사랑과 질투하는 마음이 나로 이 글을 쓰게 만들었다. 서문에서 이미 언급했듯이 나는 생명을 주시는 성령님의 감동이 있을 때만 글을 쓰기로 결정했기 때문에 이 책을 완성하는데 상당한 시간이 소요되었다.

이 책에 언급된, 나와 의견이 다른 이들도 주 안에서 형제자매들인 것을 강조하고 싶고—내가 아는 한 그렇다—간혹 예외가 있지만 그들의 글과 메시지 중에는 내게 감동이 되고 축복이 되는 내용도 많이 있다. 그들의 책을 읽을 때면 한 페이지에서는 아멘을 외쳤다가 다음 페이지에서는 성경 구절이 잘못 사용되고, 핵심 진리가 간과되고, 거짓이 사실인 것처럼 언급된 것을 보며 한숨을 쉬지 않을 수가 없었다.

조셉 프린스Joseph Prince, 클락 휘튼Clark Whitten, 스티브 맥베이Steve McVey, 앤드류 팔리Andrew Farley, 롭 루퍼스Rob Rufus, 폴 엘리스Paul Ellis, 그리고 다른 하이퍼그레이스 설교자들의 책을 읽으면서 나는 기도했다. "아버지, 이들이 가르치는 내용 중에 제가 들어야 할 것이 무엇인지 보여주시고, 은혜에 대한 신선한 계시를 주십시오! 제가 놓치고 있거나, 행하고 있지 않은 것, 또는 신실하게 전하고 있지 않은 것이 있다면 가르쳐주십시오."

나는 주님의 몸이 바르게 가도록 그리고 모든 그리스도인에게 정통 교리를 집행하기 위해 보냄 받은 하나님의 경찰이 아니다. 우리는 모두 부분적으로 보고 부분적으로 안다(고전 13:8~12). 물론 의심의 여지가 없고 목숨을 걸 정도로 중요한 근본적인 진리가 있다. 하지만 내가 믿는 모든 것이 세세한 것까지 전부 옳다고 생각하며, 나와 다른 의견을 가진 사람은 무조건 틀렸다고 본다면 그것은 교만과 어리석음의 극치일 것이다.

1992년 어느 목사님에게서 전화 한 통을 받았다. 그분은 미국 안에서 존경받는 목사님으로서 당시 그분의 교회에서 내가 설교를 시작한 지 얼마 되지 않았을 때였다. 그 이전 몇 달 동안 기독교계 안에 확산되고 있는 어떤 잘못된 가르침 때문에 나는 마음이 심히 불편했는데(하이퍼 그레이스 메시지와 직접적인 관계는 없다), 그것에 대해 주님 앞에 머무르며 주님의 마음과 통찰력을 구하기보다 불편한 마음으로 그들이 틀렸다는 것을 입증할 방법을 찾고자 성경을 이리저리 뒤적이고 있었다. 그때 마음 깊은 곳에서 내면의 소리가 들렸다. "너는 하나님의 은혜를 새롭게 연구할 필요가 있다."

목사님은 내 안에서 벌어지고 있는 일을 감지하셨고, 조언을 해 주시고자 특히 은혜에 관하여 말씀해 주시려고 전화하신 것이다. 몇 년 전에 설교 도중 무죄한 자를 정죄했던 것(잠 17:15)을 하나님께서 깨닫게 하신 경험을 나눠주시면서(그분은 실제로 회중 앞에서 이것을 공적으로 고백하셨다), 내가 은혜를 바르게 이해하지 않으면 동일한 실수를 할 수 있다고 조언해 주셨고 나는 그 조언을 귀 기울여 들었다.

긴 대화 끝에 전화를 끊었을 때 나의 아내 낸시가 무슨 전화인지 물었다. 나는 감정을 주체할 수가 없었고 눈물이 쏟아졌다. 왜 우는지 아내가 묻자, 나를 교정해주시는 하나님의 사랑이 너무나 감사해서 그렇다고 대답했다. 하나님의 교정은 나로 하여금 특별한 사랑을 느끼게 해준다. (이미 얘기했듯이 아버지의 사랑 가운데 사는 것은 정말 쉬운 일이다!)

즉시 목사님께 편지를 써서 나의 실수에 관하여 목사님이 하신 말씀이 정확히 맞다고 인정했다. 그 조언을 받아들인 후 목사님과의 귀한 동역의 관계는 수년간 지속되었다. 더 중요한 것은 1992년 은혜에 관하여 (특히 헬라어 '카리스charis'라는 단어에 초점을 맞추어) 새롭게 연구를 시작한 덕분에 지금까지 나의 설교와 삶에 유익한 깊은 통찰들을 얻을 수 있었다.[2]

하이퍼 그레이스 교사들 중 일부는 은혜에 관하여 내가 깨달은 것과 동일한 내용들을 설교한다. 그러나 일부 심각하게 치우친 내용 또한 함께 가르치는데, 그것은 사람들을 자유케 하기 보다 오히려 결박하는 오류로 이끌 수 있는 위험한 내용들이다. 바로 이것이 내가 이 책을 쓴 이유다. 나처럼 은혜를 사랑한다면 부디 끝까지 읽기를 권한다.

CHAPTER 02

새로운
'은혜 개혁'이
정말 있는가

2 새로운 '은혜 개혁'이 정말 있는가

오늘날 교회를 휩쓸고 있는 새로운 개혁이 정말로 있는가? 5백 년 전 세상을 뒤흔들었던 종교개혁만큼이나 급진적이고 중요한 개혁이 있는지 질문할 때, 점점 더 많은 기독교 지도자들이 단호하게 "그렇다"라고 대답한다. 또한 그중 일부는 자신들이 '은혜 개혁'이라고 일컫는 이 새로운 운동의 선두에 서 있다고 여긴다.

『순전한 은혜: 삶을 변화시키는 오염되지 않은 은혜의 능력Pure Grace: The Life Changing Power of Uncontaminated Grace』의 저자 클락 휘튼 목사는 다음과 같이 주장한다. "5백 년 넘게 개신교 안에 변화가 거의 없었다. 루터Martin Luther와 칼뱅John Calvin이 칭의(어떻게 구원받는지)에 대해서는 잘 가르쳤지만, 성화(어떻게 예수 그리스도의 형상을 온전히 닮아가는지)에 대한 부분은 놓쳤다."[1]

휘튼은 계속해서 말한다. 개신교를 시작한 루터와 칼뱅은 "은혜로 구원받았으나 인간의 노력으로 온전케 되는" 교리를 가르쳤고, 이는 "비판적이고, 분노하고, 소망이 없고, 무력하고, 의존적이고, 두려워하고, 영감이 없고, 무능하고, 항상 영적으로 미성숙한 교회를 낳았다. 그리하여 우리는 문화에 영향을 끼치는데 실패했고, 웃음거리로 전락했으며, 이 교리는 많은 그리스도인들에게 파괴적인 영향을 끼쳐 결과적으로 교회에 (또는 하나님께) 체크아웃하게 만들었다."[2]

그리고 "참된 기독교가 아닌 종교는 지금까지 항상 행동수정behavior modification과 죄를 관리하는 사업sin management business이었다. 종교는 수익성이 좋고 교회 안에 견고히 자리 잡고 있어서 **영적으로 치명적인 이 거대한 거짓말을 바로잡기 위해서는 루터의 종교개혁만큼이나 위대한 두 번째 개혁과 새로운 계시가 필요하다**"라고 주장한다.³

휘튼이 과장된 주장을 펼치고 있는가? 앨런 챔버스Alan Chambers는 분명히 "아니오"라고 답한다. 챔버스는 엑소더스 인터내셔널Exodus International이 2013년 문을 닫을 때까지 수년 동안 리더를 했던 인물이다. 신약학자 로버트 객난Robert Gagnon에 의하면 2012년 3월 25일 챔버스는 클락의 책을 소개하며 이렇게 말했다. "수백 년 동안 베일에 가려져 있던 것을 하나님께서 벗기셨다."⁴

자신을 '새로운 신비주의자'로 간주하는 존 크라우더John Crowder는 여기서 한 걸음 더 나아가 다음과 같이 말한다. "**새로운 신비주의**new mysticism가 지금 부상하는 것처럼, 새로운 개혁이 일어나고 있다. 복음이 아주 명확하게 전파될 것이다. 그리하여 루터 시대의 은혜와 믿음에 대한 개념도 매우 원시적으로 느껴질 것이다." "종교개혁가들도 충분히 개혁되지 않았다. 십자가가 지위적으로ⁱ만이 아닌 실질적으로effectively 우리를 어떻게 그리스도께 연결했는지 보게 될 것이다. 그것은 단지 우리의 죄를 덮을 뿐만 아니라 죄성 자체를 근절한다."⁵

그는 이어서 선포한다.

내가 지금 말하는 것은 기독교 역사상 가장 혁명적인 원리 중 하나다. 5백 년 전에 전파된 개혁보다 더 명확한 개혁이다. 마틴 루터의 개혁은 충분하

---

i Positionally: 십자가를 통해 하나님의 자녀로서 이미 완벽한 지위가 주어짐을 의미한다. 7장 참조.

지 않았다. 하나님은 우리의 죄를 덮어 주셨을 뿐만 아니라 **죄성**을 제거해 주셨다.[6]

크라우더는 "복음 전파가 명확해지고 있는데 그것은 사도 바울 시대 이후로 유례없는 것이다"라고 말한다.[7] 다른 하이퍼 그레이스 교사들의 의견도 비슷하다. 안드레 반 데르 멀위Andre van der Merwe는 『은혜, 금지된 복음GRACE, the Forbidden Gospel』에서 다음과 같이 말한다.

다시 한번 그리스도인들의 결박의 멍에를 풀어줄 신학적 개혁에 대한 갈등이 교회 안에 일고 있다. 이것은―비록 좋은 의도로 그랬다 할지라도―자기가 배운 종교적 교리와 전통만을 다른 사람에게 가르침으로써 씌운 멍에다.[8]

그는 자신의 저서가 '종교적인 주장과 귀신의 교리'[9]를 완전히 부숴버리기를 기도한다. 종교적인 주장과 귀신의 교리라 함은, 그가 주장하는 은혜에 대한 새로운 계시에 반대하는 모든 가르침을 의미한다. 격한 표현이다. 그래서 책 제목도 『은혜, 금지된 복음: 예수님은 휘장을 찢으셨고 종교는 그것을 다시 꿰매어 세웠다GRACE, the Forbidden Gospel: Jesus Tore the Veil, Religion Sewed It Back Up』이다. 이 제목에 의하면 대다수의 교회들은 명백히 예수님과 복음을 거스르고 있다는 것이다. 반 데르 멀위가 이 계시를 통해 변화된 지 얼마 안 된 어린 신자이긴 하지만, 그럼에도 불구하고 다른 리더들이 줄지어 그의 책을 추천하고 동감을 표명하고 있다.

호주 퍼스에 있는 프리덤 라이프 펠로우쉽Freedom Life Fellowship의 목사인 토니 아이드Tony Ide는 반 데르 멀위의 저서에 대해 다음과 같이 평했다.

이 책은 은혜에 관한 개인적 소견 이상이다. 오해를 제거해주고 믿음을 불러일으키며 확신을 심어줄 뿐만 아니라, 냉소적인 비평가들의 이론을 잘 반박해주는 간결하면서도 탁월한 해설서다. 은혜 개혁이 이 땅을 휩쓸고 있으며, 안드레는 그 개혁이 더 전진하도록 많은 역할을 했다. 은혜를 옹호하는 모든 이들에게 필수 자료로 이 책을 추천한다.[10]

그레이스 워크 미니스트리Grace Walk Ministries 대표이자 인기 작가인 스티브 맥베이 목사는 이렇게 말한다.

오늘날 율법주의가 많은 신자들을 약화시키고 있다. 교회들이 하나같이, 하나님의 역사를 경험하려면 어떻게 행동해야 하고 또 그리스도인의 삶을 어떻게 더 잘 살아야 하는지에 초점을 맞추고 있으며, 이는 파괴적인 결과를 낳고 있다. 이 문제에 대한 유일한 해독제는 은혜이며 이 책은 바로 그것을 다룬다.[11]

홍콩에 있는 시티 처치 인터내셔널City Church International의 목사인 롭 루퍼스는 이 시대 교회가 은혜를 이해하는 문제에 있어서, 새로운 개혁만이 답이라고 주장한다. "이 시대 교회는 또 한번의 영적 부흥이 필요한 것이 아니다. (부흥은 왔다가 가기 때문이다.) 교회는 마틴 루터 시대와 마찬가지로 새로운 신학적 개혁이 필요하다. 개혁이 일어나면 부흥은 저절로 따라온다."[12] 물론 루퍼스 목사도 동일한 은혜 개혁을 의미한다. 조셉 프린스(아마 가장 많이 알려진 하이퍼 그레이스 설교자일 것이다)는 그것을 '복음 혁명Gospel Revolution'이라고 부른다.[13]

클락 휘튼의 은혜에 관한 가르침은 유명한 목사들, 기독교 대학 총장들, 국제적으로 존경받는 리더들로부터 극찬을 받아왔다. 그중에는 나와 개인적인 친분이 있는 사람들도 있고 내가 방문하여 설교한 적이 있는 교회의 목사들도 있다. 한 리더는 감탄하며 이렇게 말했다. "클락 휘튼은 은혜에 관한 주제에 있어 단연 최고의 권위자다."[14]

그렇다면 오늘날 교회를 휩쓸고 있는 은혜 개혁이라는 것이 정말로 존재하는가? 교회는 지난 5백 년간 율법적인 종교에 너무 갇혀버렸고, 급진적인 개혁만이 우리를 거기서 끌어낼 수 있다는 말이 사실인가?

은혜와의 신선한 만남

많은 그리스도인들이 외부로부터 강요된 종교(율법주의의 본질)에 갇혀 지내고 있는 것은 사실이다. 하나님의 사랑에 대한 확신 없이, 십자가를 먼저 바라보기보다 자신의 노력을 먼저 바라보며, '할 일'과 '하지 말아야 할 일'의 목록을 끝없이 만들어 지키면서 그것으로 하나님을 기쁘시게 하려고 한다. 그 결과 항상 부족함을 느끼며 예수님이 주시는 풍성한 삶을 결코 누리지 못하고 있다.

내가 아는 두 명의 자매가 있다. 둘 다 우리 가족의 친구이고, 과거 우리 사역 학교의 학생이었다. 지금은 결혼해서 자녀도 있고 하나님을 열심히 섬기고 있다. 나는 이틀 사이에 그 두 사람으로부터 다음과 같은 이야기를 들었다. 우선 첫 번째 자매가 한 말이다. "저 역시 '은혜 메시지'를 듣고 삶이 극적으로 놀랍게 변화되었습니다. 저희 가정이 어려운 시간을 통과할 때 일어난 놀라운 변화와 또 제 안에 일어난 일들을 볼 때, 이것은 진정한 은혜 메시지의 열매입니다."

그 자매는 유명한 하이퍼 그레이스 교사 중 한 사람을 언급하면서, 그의 가르침 중 약 80% 정도 동의가 되긴 하지만 "그것을 들을 때마다 저는 물로 씻음 받는 것 같고 예수님이 저를 위해 하신 일과 예수님의 아름다우심을 맛보는 것 같았습니다"라고 고백했다. 이것은 분명 놀라운 간증이고 나는 사람들을 자유케 하신 하나님의 거룩한 역사를 폄하할 마음이 없다.

다른 자매는 이렇게 말했다. "저는 정말로 여러 가지 시도도 해보고 노력도 해봤지만 잘 안됐습니다. 그러던 중 3년 전 '은혜 메시지'를 접하고 나서 제 삶은 바뀌었습니다. 지금 그 어느 때보다 더 자유로워지고, 더 담대해졌으며, 이 말이 이해가 될지 모르겠지만, 더 '죄가 없는sin-LESS' 삶을 살고 있습니다."

그 자매는 하나님과의 관계도 무너지고 수년간 결혼생활 속에서 갈등을 겪으면서 교회에서 상담도 받아보고 여러가지 가르침도 들어보았지만 효과가 없었고, 그러던 중 은혜 메시지를 만난 것이다. 다음은 그 자매의 고백이다.

나는 아빠(하나님) 앞에 나아간다. 그리고 그냥 '존재'하기만 하면 된다. 그러면 그 사랑으로부터 '행위들'이 흘러나온다. 애쓰는 것이 아니라 사랑으로부터 흘러나오는 것이다. 나는 이것을 다른 사람에게 설명할 수 없다. 그들은 아마도 내가 죄를 용납하거나 은혜를 잘못된 방식으로 이해하고 있다고 생각할 수도 있다. 그러나 내가 더 잘 안다. 내 삶 가운데 열매가 맺히고 있기 때문이다. 나는 내가 싫어했던 사람들을 사랑하게 되었다. 사실 할 말이 너무 많다. 어쨌든 나는 지금 사는 것이 너무나 즐겁다. 시련이 있지만 나는 내 삶은 사랑한다! 이것은 놀라운 변화이며, 은혜의 역사다.

이것은 분명 주님께서 하신 일이다!

안드레 반 데르 멀위는 은혜를 깨닫기 전에 자신의 삶이 어떠했는지 설명하며, 많은 그리스도인들도 이렇게 살고 있다고 확신한다.

- 하나님이 당신을 사랑하신다는 것을 말해줄 누군가가 항상 필요하다. 비록 알고 있을지라도 진실로 믿지 못한다.
- 지금 죽는다고 가정할 때 천국에 갈 확신이 없다.
- 잘못으로 인한 죄책감 때문에 하나님께 담대하게 나아가지 못한다.
- 하나님을 기쁘시게 할 만큼 충분히 잘하지 못했다고 느낄 때가 대부분이다.[15]

나는 개인적으로 이 목록에 공감이 가지 않는다. 앞서 언급했듯이 하루 24시간 아버지의 사랑에 대한 확신이 내 안에 있기 때문이다. 1970년대 중반 더 이상 매일 최소 여섯 시간 말씀과 기도로(18세 때 나의 습관대로) 주님과 시간을 보내지 못해서 하나님이 나를 기뻐하지 않으실 거라고 잠시 느꼈던 시간을 제외하고는, 사실 이 항목 중 어느 것 하나로도 갈등을 해본 적이 없다. 그러나 안드레처럼 많은 그리스도인들이 갈등하는 모습을 보았기 때문에, 그들이 은혜에 대한 계시 때문에 주님과 친밀하게 동행하게 되었고 주님의 사랑으로 인해 넘치는 기쁨 가운데 살게 되었다는 고백을 들으면 감격스럽다. 한편으로, 이것은 하나님의 은혜의 영광과 아름다움에 대하여 기름 부음 있는 신선한 가르침이 지금 많은 이들에게 얼마나 필요한지를 시사해준다.

그러나 동시에 나는 많은 그리스도인들과 리더들로부터 하이퍼 그레이스 메시지에 대해 우려하는 소리를 끊임없이 듣고 있다. "이 메시지는 제가 사랑하는 이들에게 안 좋은 영향을 미쳤습니다. 우리 가정을 파괴했고, 주님을 사랑했던 많은 이들을 방황하게 만들었습니다." "우리는 가족들이 영향받는 것을 가까이서 지켜보았습니다. 정말 심각한 일들이 벌어지고 있습니다." 어느 목사님은 "친구 세 명(모두 은혜 메시지의 영향을 받은 이들)이 아내를 떠나는 것을 보았습니다. 하이퍼 그레이스 진영에서 좋은 열매를 지속적으로 맺는 사람을 저는 주위에서 한 명도 보지 못했습니다."

한 자매는 하이퍼 그레이스 메시지에 관한 나의 가르침을 듣고 다음과 같은 글을 남겼다.

> 목사님의 말씀은 저의 완고한 마음을 찌르고 저를 울게 만들었습니다. '기분 좋게 해주는feel good' 메시지를 들으면서 그동안 제가 주님으로부터 얼마나 멀리 떠나 방황했는지 믿을 수가 없습니다. 진리의 말씀을 통해 다시 돌이키게 해주셔서 감사드립니다. 이것은 오늘날 너무나 필요한 말씀입니다. 기독교 안에 미혹의 희생자가 저 뿐만은 아닐 것입니다. 다시 한번 감사드리고 축복합니다.

유명한 하이퍼 그레이스 지도자와 함께 주님을 섬긴 경험이 있는 한 형제는 나에게 긴 글을 보내어 이 운동이 얼마나 잘못되었는지 설명했다.

> 저는 그 운동 안에 있으면서 평생 다른 어떤 곳에서 보다 더 많은 욕설을 들었습니다. 누군가에게 어떤 것을 하지 '말라고' 권하면 당신은 율법적인 사람이 되는 것입니다. 은혜는 어떤 것을 하도록 능력을 줄 뿐이지, 결코 어떤 것을 하지 **말라고** 하지 않으며, 그렇게 하는 것은 율법주의 또는 '행

위 중심의 기독교do-do Christianity[i]라고 그들은 말합니다. 이것이 바로 디도서 2장 11~12절 말씀을 읽고 제가 그 운동을 떠나게 된 이유입니다.

이것은 영광스러운 진리를 단순히 잘못 이해하고, 잘못 사용하는 데서 비롯된 문제인가? 아니면 영광스러운 진리가 오류로 인해 희석되고 오염되어 믿음에서 물러서게 하고, 타협하게 하며, 심지어 배도하게 만드는 문제인가? 찰스 스펄전Charles Spurgeon은 오래전 다음과 같이 강력하게 경고했다.

몇몇 사람들이 하나님의 은혜를 천박한 것으로 바꾸고 있다. 그러나 어떤 교리든지 간에 그렇게 천박하고 비열하게 왜곡한 것 때문에 계속 논쟁할 사람은 없으리라 믿는다. 왜곡될 가능성이 전혀 없는 진리가 있는가? 타락한 인간이 해롭게 비틀어버린 적이 한 번도 없는 성경의 진리가 하나라도 있는가? 선에서 악을 만들어 내는 거의 무한한 독창성이 악한 인간 안에 있지 않았던가. 만약 우리가 사람들의 잘못 때문에 어떤 진리를 비난해야 한다면, 그것은 유다가 행한 것 때문에 예수님을 정죄하는 것과 마찬가지이며, 우리의 거룩한 믿음은 배교자와 위선자의 손에 죽어갈 것이다. 분별 있게 행동해야 한다. 가엾은 정신이상자가 스스로 목매어 자살했다고 줄을 비난하지 않으며, 살인자가 날카로운 연장류를 쓴다고 셰필드Sheffield(금속 제품을 만드는 도시) 제품을 파괴해야 한다고 주장하지는 않는다."[16]

하이퍼 그레이스 교사들도 이와 동일한 말을 한다. "네, 은혜는 비난을 받을 것입니다. 그러나 문제는 메시지가 아니라 비난하는 사람입니다."

---

i do-do는 아이들의 응가를 의미하는 말로서 행위 중심의 기독교를 비하하는 표현으로 여겨진다.

나도 그것이 사실이면 좋겠다. 왜냐하면 나는 은혜 메시지를 사랑하기 때문이다(여러분이 피곤해 할지라도 나는 이 책 내내 기쁘게 이것을 말할 것이다). 그리고 은혜가 비난을 받는다고 설교자가 은혜에 관한 설교를 멈춘다면 부끄러운 일이다. 그러나 사실을 말하자면, 하이퍼 그레이스 메시지 안에는 많은 것이 혼합되어 있다. 삶을 변화시키고 예수님을 높이는 계시만 들어있는 것이 아니라 성경에 대한 심각하게 그릇된 해석, 잘못된 신학, 분열을 초래하는 파괴적인 말, 심지어 육적인 태도까지 그 안에 결합되어 있다. 그리고 많은 경우 율법주의에서 벗어나고자 하는 사람만이 아니라 하나님의 기준에서 벗어나고자 하는 사람들까지 이 메시지를 이용하고 있다.

섞인 것의 위험성

'은혜 개혁'(또는 '은혜 혁명')의 개념은 분명히 매우 과장되어 있다. 이 새로운 가르침의 일부는 균형을 잃었고, 부풀려져 있으며, 때로는 비성경적이고, 때로는 매우 위험하다(그리스도의 몸의 건강에 위험하다). 다시 말해 우리가 지금 목격하는 것은 새로운 은혜 개혁이 아니라, 단지 하이퍼 그레이스 운동일 뿐이다. 이 운동은 생명을 주는 진리의 말씀에 치명적인 오류를 섞어놓고, 그들 나름의 율법주의로 가득 차 있다.

물론 이 시대 교회, 특히 서양의 교회는 강력한 개혁과 변화가 필요하다. 나 역시 이에 대하여 솔직하게 책을 쓰며,『교회의 혁명: 급진적인 변화에 대한 부르심을 가지고 종교 시스템에 도전하라Revolution in the Church: Challenging the Religious System With a Call for Radical Change』[17]와 같이 제목에서부터 개혁의 필요성을 직접적으로 피력하였다. 그렇다고 내가 과거 종교개혁가들의 모든 가르침을 지지하는 것도 아니다. 두 가지 예를 들자면, 나는 존 칼뱅의 칼뱅주의를 따르지 않는다. 그리고 세례에 대하여는 마틴 루터를 지지하지 않고 재세례파Anabaptists를 지지한다(루터가 말년에 보인 끔찍한 반유대주의anti-Semitism를 지지하지 않는 것은 말할 것도 없다).[18] 또한 나는 어떤 특정 진리에 관하여 한 세대가 다른 세대보다 더 명확하게 볼 수 있다고 생각한다.

따라서 원론적으로 새로운 은혜 개혁이 있을 수 있다는 개념 자체는 반대하지 않지만, 문제는 하이퍼 그레이스 운동이 하나님의 말씀을 잘못 해석하고 그분의 은혜를 잘못 전달하고 있다는 것이다. 사실 서양의 교회가 속히 깨어나 예수님을 새롭게 만나야 할 시기에 하이퍼 그레이스는 오히려 많은 사람들을 잠들게 하고 있다.

간단히 말해(그리고 휘튼 목사의 표현을 일부 빌려 말하자면), 우리가 하나님의 은혜에 의하여 믿음으로 말미암아 구원받았고, 이제 신자로서 구원에 합당한 삶을 살며, 마음과 삶의 거룩을 추구하도록—다시 말해 지속적인 성화의 과정을 이루도록—부름받았다고 가르치면, 당신은 '행동 수정'을 전파하는 것이고, (수익성 좋은!) '죄를 관리하는 사업'을 하고 있으며, 루터와 칼뱅처럼 '영적으로 치명적인 거짓말'을 전파하고 있는 것이다. 그런 당신에게는 이 위대한 새로운 개혁, 은혜 혁명의 새로운 계시가 필요하다고 말한다. 이것은 분명히 심한 참소다!

그러나 하이퍼 그레이스 교사들은 정말로 그렇게 믿는다. 일례로, 예배 순서에 주기도문을 사용하는 교회들은 나쁜 소식으로 우리를 긴장하게 만들고 있다고 넌지시 (또는 대놓고) 표현할 정도다.[19] 그렇게 말하는 근거는 무엇인가? 바로 우리가 구원받을 때 하나님께서 과거와 현재의 죄뿐만 아니라 미래의 죄까지 용서해 주신다는 가르침이 그들의 메시지의 기반이기 때문이다.

그들의 주장에 의하면 오늘 죄를 지었어도 하나님께 용서를 구할 필요가 없으며, 다른 사람을 용서해야 우리도 용서받는다는 생각도 잘못된 것이다. (5장에서 이에 대해 더 자세히 언급할 것이다.) 그러나 주기도문에 분명히 "우리가 우리에게 죄지은 자를 사하여 준 것 같이 우리 죄를 사하여 주시옵고"라는 간구가 들어있다. 예수님은 이어서 "너희가 사람의 잘못을 용서하면 너희 하늘 아버지께서도 너희 잘못을 용서하시려니와 너희가 사람의 잘못을 용서하지 아니하면 너희 아버지께서도 너희 잘못을 용서하지 아니하시리라"라고 말씀하신다(마 6:12,14~15).

그런데 하이퍼 그레이스 교사들은 이것이 오늘날 그리스도인들에게 적용되지 않는다고 강조한다. 그렇다면 주기도문을 사용하는 그리스도인들은 하나님의 은혜를 심각하게 오해하고 있다는 결론이 나온다. 바로 이것이 '은혜 혁명'의 가르침이다.

『조나단 에드워즈의 확고한 결심The Unwavering Resolve of Jonathan Edwards』 서문에서 스티븐 J. 로슨Steven J. Lawson은 이렇게 말한다.

> 모든 그리스도인들은 거룩을 열정적으로 추구할 필요가 있음을 성경 전체가 가르친다. 그리스도인들에게 성화는 선택과목이 아니며, 소수의 제자들에게만 요구하신 높은 수준의 대학원 과정도 아니다. 이것은 모든 그리스도인에게 명령하신 핵심 과정이며, 누구도 이 땅에서는 예수 그리스도의 학교를 졸업할 수 없기 때문에, 경건은 평생 과정이라고 할 수 있다.
> 개인적인 거룩의 진보는 절대적으로 중요하다. 성경은 말한다. "…거룩함을 따르라 이것이 없이는 아무도 주를 보지 못하리라"(히 12:14). 다시 말해 거룩으로 가는 길을 반드시 먼저 통과해야 하늘에 이를 수 있다. 예수님은 "마음이 청결한 자는 복이 있나니 그들이 하나님을 볼 것임이요"라고 말씀하셨다(마 5:8). 경건의 진보는 생명으로 인도하는 좁은 길을 가는 **모든**

이들의 특징이다.[20]

　로슨은 에드워즈를 경건의 훌륭한 본보기로 묘사하며 다음과 같이 말한다. "에드워즈는 개인적 경건에 대한 큰 갈망을 가지고 살았다. 경건을 추구하는 그의 모습은 우리가 본받아야 할 훈련의 모델이다."[21]

　그러나 하이퍼 그레이스 진영에 속해 있는 많은 이들에게 이런 개념은 혐오의 대상이다. 그들은 우리가 믿음으로 이미 완전히 거룩하게 되었으며, 그렇기 때문에 경건의 훈련은 고사하고 경건을 추구하는 것조차 필요 없다고 주장한다(이에 대해서는 7장에서 더 논의할 것이다). '은혜 개혁'을 지지하는 사람을 만나 성화의 개념을 나누려고 하면 금방 날카로운 비판에 부딪힐 것이다. 성화를 주장하는 사람을 율법주의자 혹은 바리새인이라고 낙인찍으며, 율법과 은혜를 섞는다고 비난할 뿐만 아니라, 옛 언약의 종교와 새 언약의 자유를 혼동한다고 말할 것이다(이에 대해서는 3장에서 더 논의할 것이다). 그리고 "거룩을 추구하는 삶은 반드시 자기 훈련을 요구한다"와 같은 표현을 사용하기라도 하면 '행동 수정'과 '죄를 관리하는 사업'을 한다는 말을 거듭 듣게 될 것이다.[22]

　이것이 영광스러운 은혜 개혁의 일부라고 정말로 믿어야 하는가? 18세기에 미국에서 가장 위대한 기독교 지도자 중 한 명이었던 조나단 에드워즈 같은 사람이 "영적으로 치명적인 거짓말(휘튼의 표현)"을 추구했을 뿐만 아니라 심지어 전파했다는 말인가? 아니면 "가짜 복음pseudo-gospel(존 크라우더의 표현)"을 전파했거나 "종교적인 주장과 귀신의 교리(안드레 반 데르 멀위의 표현)"를 전파했다는 말인가?

은혜와 진리

최근에 한 친구가 어느 신학자의 이단에 대한 정의를 소개해주었다. "이단은 반쪽 진리를 취하여 전체 진리로 만들어버리는 것이다." 이것은 확실히 교회 안에 있는 모든 오류의 뿌리다. '은혜와 진리'가 예수 그리스도로 말미암아 왔다는 사실을 결코 잊어서는 안된다(요 1:14,17). 그렇다면 은혜만이 아니라, 은혜와 진리를 함께 전파해야 한다. 그러지 않을 경우 우리는 영적인 위기에 직면할 수밖에 없으며, 사실 이미 직면하고 있다.

「타협된 복음은 타협된 열매를 낳는다A Compromised Gospel Produces Compromised Fruit」라는 나의 기사를 읽고 어느 목회자가 『미니스트리 투데이Ministry Today』 웹사이트에 다음과 같은 글을 남겼다.

> 브라운 박사는 이 사안의 정곡을 찔러왔다. 신뢰할 수 없는 이 은혜 메시지는 다시 한번 사람들을 죄로 이끌고 있다. 20년 이상 목회를 해온 사람으로서 내가 보기에 이 '새로운' 버전의 은혜는 사람들의 삶을 파괴하고 있다. 많은 목사들이 '커밍아웃'하며 그들의 동성애가 괜찮다고 말하고, 심지어 은혜의 개념에 기초하여 '용인된다'라고 선언하고 있다.

혹자는 이것이 지나친 생각이며, 하이퍼 그레이스 메시지가 그런 폐해로까지 이어질 가능성은 없다고 말할지도 모르겠다. 그러나 안타깝게도 이것은 지금 실제로 벌어지고 있는 일이다.

다음 내용을 보고 한번 생각해보자. 어떤 목사가 교회 성도들에게 은혜로의 여정을 함께 해준 것에 대해 감사하며 책의 헌사에 다음과 같이 썼다. "저는 이 책을 뉴 레벌레이션 크리스천 처치New Revelation Christian Church 성도들에게 바칩니다. 그들은 율법주의에서 자유로의 힘든 여정을 함께 했고, 그 결과 우리는 더 나은 그리스도의 공동체가 되었습니다."[23]

이 내용은 그럴듯하게 들린다. 율법주의에서 자유케 되는 것은 정말 영광스러운 일이다. 그런데 문제는 목사가 동성애자라는 사실이다. 그의 교회는 동성애자를 멤버로 받아들일 뿐만 아니라 사역자로 안수도 한다. 그리고 그의 책의 목적은 서로 사랑하는 헌신된 동성애 관계를 성경이 **결코 정죄하지 않음을** 입증하는 것이다. 이것은 진리가 빠진 은혜의 완벽한 예이며, 결코 진정한 은혜라고 할 수 없다.

이어서 16세 소년의 간증이 나오는데, 그는 주님을 사랑했지만 율법적인 그리스도인들과 함께 하며 거의 믿음을 잃을 뻔했다고 고백한다. 레위기 율법이 지금도 구속력이 있는 것처럼 구약을 강조하는 거짓된 가르침에서 '감사하게도' 지금은 벗어났으며, 은혜의 자유를 누리고 있다고 고백하는 이 간증에 대해서 어떻게 생각하는가?

저자는 열정과 확신을 가지고 글을 쓴다. "그 소년이 16세가 됐을 때 그는 **잘못된** 사람들을 만났다. 그들은 스스로 '거듭난 그리스도인'이라 말하지만, 사실 예수님께서도 수차례 언급하신 자기 의로 가득한 종교라는 걸림돌에 지나지 않는 사람들이다."[24]

'예수님께서도 수차례 언급하신 자기 의로 가득한 종교라는 걸림돌'은 결국 누구를 지칭하는가? 오늘날 하이퍼 그레이스 교사들이 반대하는 사람들일 것이다. 예수님에 관해서는 이렇게 쓰고 있다.

> 예수님은 어떤 예외나 약정이나 전제조건 없이 **오직 어린아이 같은 순전한 믿음만으로** 주님을 신뢰하는 이들을 단번에 구원해주신다. 그리하여 역사적으로 특정 시기에 히브리 민족에게 일시적으로 의무를 부과했던 '율법과 선지자(구약성경 율법)'의 종교 법과 전통을 폐기하시고 무효화시키셨다.[25]

2장 새로운 '은혜 개혁'이 정말 있는가

이것은 마치 하이퍼 그레이스 서적에서 그대로 발췌한 내용 같다. 저자는 계속해서 말한다.

> 앞서 언급한 613개의 구약성경 토라에 기초한 '성결법 조항'[i]은 그리스도께서 십자가를 통해 인간을 율법의 신앙에서 분리시킴으로써 완전하게 폐기되었으며, 우리는 이제 어린아이가 단순한 믿음으로 부모에게 안전과 위로를 구하듯이 오직 믿음으로 주님 앞에 나아가 주님이 우리 삶의 일부가 되어 주시도록 단순하게 요청함으로써, 그리고 예수 그리스도를 신뢰함으로써 하나님과의 관계 가운데 거하면 된다. 사람의 규칙과 전통에 대한 순종이라는 하찮은 행위에 의해서도 아니며, 그 어떤 종류의 종교적인 규범에 얽매여 신앙심 깊게 행동함을 통해서도 아니다.[26]

바로 그것이다. 우리는 '어떤 예외나 약정이나 전제조건 없이' 그리고 '사람의 규칙과 전통에 대한 순종이라는 하찮은 행위에 의해서가 아닌' 어린아이 같은 믿음만으로 단번에 구원받았다.

다시 말하자면, 이 내용은 하이퍼 그레이스 교사들이라면 누구나 하는 말로서 여기에도 약간의 진리는 있다. 그러나 유감스럽게도 문제는 위 인용문이 다른 동성애자의 말이며, 그는 성경이 동성애를 인정하지 않는다는 주장을 열성적으로 반박하는 사람이다. 앞에서 언급한 젊은 형제 역시 현재 동성애에 빠져 있는 '그리스도인'이다. 저자는 자신과 의견이 다른 이들을 자기 의로 가득한 바리새인 같은 율법주의자라고 정죄한다.

이것이 바로 진리 없이 은혜를 전파할 때 발생하는 일이다. 유감스럽지

---

i Holiness Code: 레위기 17~26장의 율법을 일컫는 말.

만 많은 하이퍼 그레이스 교사들이 은혜의 영광을 보호하고자 하는 열심 때문에 성경의 기본적인 진리들을 빠트린 채 메시지를 전하는 것 같다. 내가 말하는 성경의 기본적인 진리는 다음과 같다(물론 더 많이 있을 것이다). 1) 하나님께서는 자기 백성들에게 거룩한 삶을 요구하신다. 2) 우리의 죄는 하나님과 우리의 관계에 영향을 미친다. 3) 은혜를 설교하면서 동시에 죄를 반대하는 설교를 할 수 있다. 4) 구약성경에도 은혜 아래 있는 신자들에게 근본적으로 유의미한 내용이 많다.

이 외에도 위험성은 더 있다. 존 크라우더는 이렇게 말한다. "복음은 너무 좋아서 믿기 힘들 정도다. 만약 여러분이 들은 메시지가 믿을 수 없을 만큼 너무 좋지 않다면 그것은 아마도 복음이 아닐 것이다. 정말로 쉽고, 너무 경이롭고, 너무 놀랍다. 말이 안 될 정도로 너무 좋아서 믿기 힘든 것이 바로 복음이다."[27]

이 내용이 어디까지 가는지 한번 보자. 만약 수백만의 사람들이 지옥의 심판을 받을 것이라고 여전히 믿는다면, 당신은 은혜를 충분히 이해하지 못한 것이다. 이것은 필립 걸리Philip Gulley와 제임스 멀홀랜드James Mulholland 가 『만약 은혜가 사실이라면: 하나님이 모든 사람을 구원하시는 이유If Grace Is True: Why God Will Save Every Person』[28]에서 주장하는 내용이다. 모든 인류가 결국 구원받을 것이라고 믿는 이 저자들에 비하면, 존 크라우더의 주장은 약과이며, 말하자면 크라우더의 메시지도 "너무 좋아서 믿기 힘들 정도까지"는 아닌 셈이다.

이 논리대로라면 왜 굳이 인간의 구원에서 멈추는가? 귀신들과 사단도 구원받을 것이라고 믿는 것은 어떤가? 어느 하이퍼 그레이스 웹사이트는 정확히 이 내용을 제시한다. 심지어 사단과 그의 타락한 천사들도 하나님의 사랑과 선하심에 의해 변화될 수 있다고 주장하며, 또한 예수님께서 만약 유대 지도자들을 향하여 심판을 선포하기보다 축복하셨더라면 예루살렘은 파괴되지 않았을 것이라고 말한다.

　이것이 이단적인 주장이 아니라면 무엇인가? 은혜와 진리를 분리시키고, 수 세기에 걸쳐 헌신된 그리스도인들이 인정한 성경의 분명한 가르침을 거절하며, 이 기본적인 진리에 '종교적'이고 '율법적'이라는 딱지를 붙일 때 이런 일이 발생한다. 그야말로 위험천만한 일이다.

　그렇다면 우리는 이것을 어떻게 다루어야 하는가? 하이퍼 그레이스 지지자들은 율법과 은혜를 섞는다고 나를 비난한다. 내가 보기에는 그들이 은혜와 오류를 섞고 있는 것 같다. 은혜는 진리와 함께 전파되어야 한다. 내가 제안하고 싶은 것은 간단하다. '은혜 개혁'의 지지자들이 제시하는 주요 가르침을 한번 보라. 그리고 기도하면서 그들의 가르침을 하나님의 말씀과 비교해보고 하나님의 진리가 이끄는 대로 따라가면 된다. 하나님의 은혜로!

CHAPTER 03

은혜라는 이름으로 벌어지는 비방과 분열

3 은혜라는 이름으로 벌어지는 비방과 분열

하이퍼 그레이스 운동의 가장 불편한 면모 중 하나는 외부 사람들을 비난하고 판단하는 것이다. 그들은 새로운 은혜 개혁에 관한 계시를 받지 못한 사람들을 향해 바리새인, 율법주의자, '법을 준수하는 사람(모욕의 의미로)', '행위 아래' 있고 결박 가운데 있는 자, 또는 더 심한 표현으로 부르기도 한다. 한 자매가 나에게 다음 간증을 보냈다.

> 저는 이 메시지를 받아들인 사람들 안에 일어난 변화를 직접 보았습니다. 3년 전에 어느 소그룹에 참여하기 시작했는데, 정기적으로 함께 모여 기도하며 거룩한 삶을 살자는 취지로 시작된 모임이 점점 변질되더니 결국 "기도는 행위이며 기도는 은혜를 부인한다", "죄는 은혜로 하여금 놀라운 역할을 하도록 허락한다"라고 언급하기에 이르렀습니다. 기도모임과 성경공부 대신 게임을 즐기고, 밤마다 불신자들을 전도한다는 명목으로 술집에 갔으며, 많은 이들이 술에 취해 돌아오곤 했습니다. 전부 '은혜'라는 미명 하에.
>
> 친하게 지냈던 소중한 친구들을 생각할 때마다 제 마음은 정말 무너지는 것 같았습니다. 그들은 죄를 용인할 뿐만 아니라 정당하고 바람직한 것으

로 받아들였으며, 거룩함에 대한 견해 차이로 저를 완전히 배척하고 조롱했습니다. 더 이상 저를 이름으로 부르지도 않았고 '바리새인'이라고 불렀습니다. 안타깝게도 저는 이 사랑하는 친구들을 완전히 떠나야만 했고 그들을 위해 기도만 하고 있습니다.

캘리포니아에 있는 어느 목사의 아내는 하이퍼 그레이스 메시지로 인해 가족이 분열된 경험을 이야기하며, 이 메시지를 받아들인 사랑하는 사람들과의 최근의 대화가 얼마나 악의와 증오로 가득했는지를 설명했다. 사실 하이퍼 그레이스 진영의 일부 리더들부터 자신과 의견이 다른 사람들을 최악의 말로 폄하하며, 심지어 "돈을 목적으로 영혼들을 결박 가운데 묶어 두는 자들"이라고 비난하는 것을 볼 때 무엇을 더 기대할 수 있겠는가?

나는 양들이 목자들보다 종종 어떤 문제를 더 오래 끄는 것을 이해한다. 존 웨슬리John Wesley와 조지 휫필드George Whitefield가 화해한 지 오랜 후에도 그들의 후예들은 여전히 나뉘어 있었다. 거의 모든 교리적인 분열에 중상모략이 있다. 내가 하이퍼 그레이스 진영에 있는 사람들을 주안에서 동역자로 여기며(물론 그들이 완전히 미혹에 빠지지만 않았다면 말이다) 그들에 대하여 부정적으로 말하지 않으려고 최선을 다하는 한가지 이유가 바로 이 때문이다. 따라서 그들의 가르침을 인용할 때도 맥락을 고려하여 주의 깊게 인용하였다.

그러나 이런 경우처럼 비판적인 분위기를 조장하며 많은 추한 표현들을 사용하는 것은 하이퍼 그레이스 리더들에게 직접적인 책임이 있다. 다음은 유명한 하이퍼 그레이스 교사들 중 한 실례다.

롭 루퍼스Rob Rufus 목사는 다음과 같이 말한다(물론 그는 은혜에 관하여 좋은 말도 많이 했다). "은혜를 가르칠 때, 나는 반대하는 사람들을 언급하지 않을 수가 없다. 은혜는 사람들의 삶을 변화시키는 가공할 능력이 그 안에 있다. 그러나 극단적인 변화는 극단적인 저항과 마주치게 되어있으며, 따라서 우리가 은혜를 싫어하는 자들을 상대해야만 하는 것은 그리 놀랄 일이 아니다."[1]

여기서 '은혜를 싫어하는 자들'은 정확히 누구를 지칭하는 말인가?

> 은혜를 싫어하는 자들은 주술의 영a spirit of witchcraft으로 사람들을 위협하고 조종하고 지배하려 하는 율법주의자들이다. 그들 안에 역사하는 종교의 영은 모든 사람을 정형화하려 하고, 다른 사람들을 자신처럼 결박 가운데 두려 한다. 그들은 앵무새이자 꼭두각시이며 하나님의 소리가 아니라 메아리일 뿐이다. 하나님을 추구하지 않고 지위와 명성을 얻을 기회만을 추구한다. 그들은 똑같이 행동하고, 똑같이 옷 입고, 똑같은 종교적인 어조로 말을 한다. 모든 이들이 똑같아 보이면, 거기에는 분명 종교의 영이 역사하고 있다!
>
> 여러분이 하나님의 은혜 가운데 살려고 하면, 사단이 분명 하수인을 보내어 위협하고, 그렇게 살아서는 안되며, 너의 자유는 진정한 자유가 아닌 부도덕함이라는 생각을 불어넣어 줄 것이다. 만약 이런 일을 한 번도 경험해 보지 못했다면, 아마도 지금까지 은혜 가운데 살지 않았기 때문일 것이다.[2]

이 말은 은혜에 관한 그의 견해를 받아들이지 않으면, 당신은 '은혜를 싫어하는 자'이며 주술의 영으로 사람들을 위협하고 조종하고 지배하고 싶어 하는 자라는 의미다. 그뿐만 아니라 당신은 '종교의 영'을 가지고 있으며, 모든 사람들을 '정형화하려 하고 다른 사람들을 자신처럼 결박 가운데 두려고 하는 사람'이다. 그렇다. 당신은 '하나님을 추구하지 않고 지위와 명성을 얻을 기회만을 추구하는 앵무새이자 꼭두각시'에 불과하다. 이 모든 내용이 은혜에 관한 책에 담겨있다! 비록 루퍼스 목사가 일부 신자들, 즉 극도로 율법적이고 남을 통제하는 그런 사람들을 염두에 두고 한 소리라 할지라도, 당신이 은혜에 관하여 그와 견해가 다르면 그의 추종자들은 당신에게 '은혜를 싫어하는 자'라는 꼬리표를 붙일 것이다.

그러나 문제가 되는 것은 중상모략만이 아니며 사람들의 동기를 판단하는 것이다(루퍼스 목사의 말을 다시 읽어보고 그가 어떻게 사람들의 동기를 판단하고 있는지 한번 보라). 이것은 하이퍼 그레이스 메시지 책에 거듭 등장한다. 그들의 메시지에 동의하지 않는 사람은 모두 저의가 있다는 말인가? 도대체 이런 생각이 어디서 비롯된 것일까?

클락 휘튼도 자신의 은혜 메시지에 동의하지 않는 사람들을 향하여 많은 언급을 한다.

> '돌을 던지는 율법주의자들'[i]이 현대의 교회를 가득 채우고 바리새인 같은 설교자들을 잔뜩 양산해 내고 있다. 이들은 예수님 시대 바리새인들보다 더 우둔한 것 같다. 그 시대 바리새인들은 최소한 말없이 물러갔으며(요 8:9), 입을 닫는 지혜 정도는 있었고, 오늘날의 비열한 바리새인들보다 훨씬 더 나은 모습이었다.[3]

휘튼 목사가 사람들을 공격하기 위해 '비열하다'라는 표현을 사용하는 것이 나에게만 모순적으로 들리는가? 이것이 정말 유익하다고 할 수 있는가?

요컨대 그의 은혜 메시지에 동의하지 않는 사람은 율법적이고, 비열하고, 우둔하며, 돌을 던지는 바리새인이라는 뜻이다. 그것이 바로 위에서 클락 휘

---

[i] 요한복음 8장 간음하다 잡힌 여인에 관한 이야기 참조.

튼이 말하는 내용이다. 사실 '바리새인(가장 부정적인 의미로)'이라는 표현[4]은 휘튼의 책 『순전한 은혜』에 계속 나온다. 몇 가지 예를 들어보자.

- 하나님은 우리 가운데 있는 바리새인들이 모르는 것을 아신다.[5]
- 신자들에게 죄를 책망하시는 성령님의 역할은 현대의 바리새인들과 율법주의자들이 제시한 개념으로서 그들은 마치 이것을 지지하는 많은 성경적인 언급이 있는 것처럼 주장한다.[6]
- 모든 바리새인들이여, 그 미궁에서 운 좋게 빠져나오기를![7]
- 바리새인들은 그리스도와의 연합이 우리 삶에 주는 자유를 결코 기뻐하지 않는다.[8]

놀랍게도 200페이지도 채 안 되는 책에서 율법주의자라는 단어(또는 이와 관련된 단어)가 80회 이상 등장한다. 책 서두의 감사의 글과 추천의 글에서부터 시작하여, 본문 내내 거의 두 페이지마다 한 번씩 등장하는 셈이다.

2장에서 나는 『순전한 은혜』에 나오는 다음 내용을 언급했다. "율법적인 기독교는 죄를 관리하는 일을 주업으로 하고 있으나 그 일에서 비참하게 실패하고 있다. 죄를 관리하는 사업은 수익성은 괜찮을지 모르지만, 거기에는 아무런 능력이 없다."[9]

죄를 버리라고 설교하거나 가르치고(예수님과 신약의 모든 저자들이 그랬던 것처럼), 죄를 극복할 수 있도록 실제적으로 사람들을 돕고, 복음을 통해 행동이 변화되어야 한다고 권면하면, 당신은 '죄를 관리하는 사업'을 하는 율법주의자다. 더 심각한 말은 영리를 목적으로 그렇게 한다는 것이다. 결론적으로 당신은 율법주의자일 뿐만 아니라 '돈이 목적인 사람'이라는 뜻이다.

나 역시 율법주의를 싫어한다. 그러나 휘튼 목사는 『순전한 은혜』에서 그 용어에 대한 정의를 분명히 하지 않기 때문에 독자들에게 주는 암시는 간단하다. 즉, 이 책의 내용에 동의하지 않으면 당신은 율법주의자다. 은혜 메시지를 통해 '해방된' 이후에 기존에 다녔던 교회를 떠난 이들에 대한 암시 역시 분명하다. 즉, 기존 교회의 목사님은 아마도 성도들을 결박 가운데 묶어 둠으로써 돈을 벌려고 하는 바리새인 같은 외식하는 자였을 것이라는 암시다. 이런 식의 논조는 문제의 소지가 다분하다.

롭 루퍼스 목사는 사람들 안에 있는 율법주의의 특징을 다음과 같이 묘사한다. "그들은 불안정하고, 질투가 많고, 위협을 잘 느끼며, 오해를 잘 한다. 율법 아래 있는 사람들은 거절의 영에 묶여 있으며 다른 사람들까지 바리새인적인 결박에 묶어 두려 한다. 그들은 과민하고 경쟁심이 강하다. 다른 사람들이 잘 되는 것을 못 견디는데, 왜냐하면 다른 사람의 성공이 그들을 위협하기 때문이다."[10]

사실 하이퍼 그레이스 신자들과 리더들이 종종 이런 반응을 보이는 것 같은데, 그렇다면 그들이야말로 율법주의자들 아닌가? 다시 말하면, 아무리 도움을 주기 위한 의도로 한 말이라 할지라도—물론 루퍼스 목사의 가르침 안에는 사람을 자유케 하는 놀라운 통찰력도 많이 있다—그것은 상반된 결과를 야기한다.

휘튼 목사는 이렇게 말한다.

> 대각성이 다가오고 있다. 제자화discipleship라는 '죄를 관리하는 모델'에 많이 투자한 율법적인 기관들은 이를 격렬하게 반대할 것이다. 그러나 개신교의 다수를 구성하는 한가한 신자들에 대해 질리고, 그들로 인해 영적으로 고통받아온 많은 무리들은 이를 열렬하게 환영하며 기쁘게 받아들일 것이다.[11]

이런 비난의 영향으로 인해 지지자들까지 그들의 메시지를 변호하며 다음과 같이 말한다.

> 소위 하이퍼 그레이스 가르침을 비판하는 많은 사람들은 우리를 결박 가운데 가두고 통제하여 십일조와 헌금을 훔쳐 명성을 얻으려 한다. 나는 하나님의 은혜로 예수 그리스도를 믿어 구원받았다. 당신이 그렇지 않다면 구원받지 못했거나 거듭나지 못한 것이다. 가라지와 알곡은 세상 끝 날까지 함께 자란다. 자신을 지금 살펴보라![12]

휘튼 목사는 새로운 '은혜 개혁'에 반대한다면 당신은 '종교 기득권층'[13]의 일부이며 아마도 "이를 갈며 저항할 것이다. … 율법주의라는 돼지우리에서 정신을 차리고 아버지 집에 돌아온 이들을 축하하기 위해 하나님께서 주최하신 파티가 진행되고 있다"[14]라고 말한다.

휘튼 목사가 율법주의자와 종교 기득권층을 언급할 때, 아마도 자신이 아는 사람들 가운데 진실로 복음에 저항하는 이들을 의미했으리라 생각한다. 그러나 그가 말하는 복음의 원수가 누구인지 그는 정확하게 밝히고 있지 않다. 더 중요한 것은 그의 논쟁 방식이다. 당신이 그의 메시지를 거부하면 당신은 '돼지우리에 살고 있는 비열한 이 시대의 율법적인 바리새인' 중 한 명이다. 결국 그의 입장에 도전했을 때 이런 종류의 원수로 분류되지 않을 수가 없다.

엉뚱한 사람에게 화를 내다

앞서 언급했듯이 하이퍼 그레이스 리더들이 자신과 의견이 다른 이들의 동기를 판단하는 것은 아주 흔한 일이다. 뉴질랜드에 사는 어느 목사의 아내가 페이스북에 이런 글을 올렸다.

> 은혜는 율법 설교자들에게 심각한 위협이다. 사람들이 은혜를 깨닫게 되면 그들은 많은 것을 잃을 수 있기 때문이다. 사실 그들은 바로 지금 위협을 받고 있다. 마이클 브라운 같은 이들이 '하이퍼 그레이스'에 관하여 목소리를 내는 이유가 바로 이 때문이다―그들은 완전히 패배하고 있고, 사람들은 수천 명씩 예수님이 십자가에서 다 이루신 일에 대한 계시를 깨닫고 있다. 우리의 가르침을 거짓으로 묘사하기 위해 '죄에 대한 허가증license to sin' 또는 '마지막 때의 큰 미혹'이라고 필사적으로 주장하지만, 안타깝게도 그들의 주장은 아무런 효과가 없다. 계속 지껄여도 헛수고일 뿐이다. 우리는 흔들리지 않을 것이다! 더 노력할 것이며 종교의 손아귀에서 할 수 있는 한 많은 이들을 데려올 것이다! 그들이 이것을 막을 수 있는 방법은 아무것도 없다!

그녀의 페이스북 친구 중 한 명은 냉소적인 코멘트도 달았다. "우리는 '돈, 성경, 성직자'라는 삼위일체의 진리를 교회에 회복시켜야 한다. 그렇지 않으면 성도도 잃고 전용기도 잃을 것이다."

놀랍지 않은가? '율법 설교자'나 '지껄이다'[i]와 같은 경멸적인 표현은 말할 것도 없고, 이렇게 판단한다는 것이―그것도 전부 거짓되게―참으로 슬픈 일이다. 그러나 이것은 하이퍼 그레이스 리더들에게서 흔히 볼 수 있는 전형적인 모습이다.

---

i Bleating: 양과 염소가 매애하고 우는 소리, 또는 그런 알아듣기 힘든 소리를 일컫는 말.

또 다른 목사는 우리 사역 학교의 어느 졸업생에게 다음과 같은 글을 보냈다.

> 저는 목사들과 젊은 순회 설교자들이 '사례비'라는 말이 채 나오기도 전에 설교를 바꾸는 모습을 봤습니다. 그리고 항상 '균형'의 이름으로 그렇게 했습니다. 은혜는 균형 잡힌 것이 아닙니다. 사역을 세우고 교회에 강사로 초대받는 것이 당신의 우상이라면 은혜는 이에 요긴하지 않을 것입니다. 은혜는 자기 노력을 무효화시킵니다. 은혜는 기름부음이나 성직자에 대한 의존을 영양제처럼 팔고 다니지 않습니다. 종교는 하나님으로부터의 분리라는 개념 위에 그 산업을 세웁니다. 은혜는 종교라는 족쇄의 완전한 폐기를 의미하며, 예수님께서 십자가에서 다 이루신 일에서 흘러나오는 기름부음과 주님과의 지속적이고도 쉬운 연합입니다.

다시 돈 이야기다. 조셉 프린스는 자신이 하이퍼 그레이스 메시지를 전파하기 시작한 이후로 재정을 포함하여 많은 축복을 받았다고 간증한 바 있다. 그렇다면 조셉 프린스가 돈을 벌기 위해 은혜를 설교한다고 이해해야 하는가? 그렇게 이해한다면 심각한 정죄가 아니겠는가?

단순한 질문 몇 개만 해보자. 내가 은혜를 사랑하면서(나는 '율법 설교자'가 아니다) 동시에 하이퍼 그레이스 가르침 안에 있는 오류들을 보는 것이 가능한가? 내가 은혜에 위협을 느끼지 않고(이것은 하나님의 선하심에 위협을 느낀다고 말하는 것과 같다), 후퇴하지도 않고, 필사적으로 어떤 주장을 펼치지 않으면서, 단지 하나님의 종이자 하나님의 백성을 사랑하는 사람으로서 옳다고 믿는 것을 위해 목소리를 내는 것이 가능한 일인가?

자신의 죄를 감추기 위해 거룩을 설교하는 설교자가 있는 것과 마찬가지로, 자신의 죄 때문에 하이퍼 그레이스 교리를 고수하는 설교자도 분명 있을 것이다. 타락과 외식은 도처에 있다. 그러나 전부는 아닐지라도 은혜 설교자들 대부분은 그들의 메시지가 진리라고 믿으며 교회가 필요로 하는 가르침이라고 확신하기 때문에 그것을 고수할 것이라고 생각한다. 그런데 나를 포함하여 하이퍼 그레이스 메시지에 동의하지 않는 이들의 동기가 왜 그렇게 함부로 비판을 받아야 하는가? 이것이 은혜인가?

어떤 하이퍼 그레이스 교사가 페이스북에 올린 글에 한 자매가 다음과 같은 답글을 남겼다.

> 저는 개인적으로 이것이 전적으로 돈과 관계가 있다고 생각합니다. 참된 은혜는 자유를 가르칩니다. 스스로 생각하고 또 직접 하나님께 들을 수 있는 자유. 은혜 메시지를 공격하는 이들은 회중이 스스로 사고할 수 있게 되면 자신들이 회중을 통제하지 못하게 될 것을 압니다. 다시 말하면 이것은 재정을 통제할 수 없게 됨을 의미합니다. 정말 안타까운 일입니다! 사람들이 참된 은혜 메시지를 깨닫게 되면, 자신이 누구인지에 관하여 매우 담대해집니다(죄를 의식하기 보다 의를 의식하게 됩니다). 죄를 의식하는 삶은 '무엇인가'를 꼭 주어야지만 내 기분이 더 좋아지고 또 하나님을 기쁘시게 할 수 있다고 생각하는 경향이 있습니다. 결국 그것은 이 거대한 비非은혜 사역을 뒷받침해줍니다. 이것이 그들에게 적합한 새로운 이름입니다. 비非은혜 운동NON-GRACE movement! 저는 차라리 하이퍼 그레이스HYPER GRACE와 함께 하겠습니다!

비판적이고도 무례한 글이다. '하이퍼 그레이스 메시지를 거절하는 유일한 이유는 돈과 통제(권) 때문이다'라는 생각이 공통된 주제라는 것을 독자는 이제 파악했을 것이다. 이런 추하고 비판적인 타도가 난데없이 등장한 것인가? 아니면 일부 리더들이 사람들의 생각에 이런 사고방식을 심어준 결과인가?

만약 하이퍼 그레이스 진영의 사람들과 함께 하다가 결별하게 된다면 그들에게서 많은 은혜를 기대하지 말아야 한다. 과거에 그 진영에서 리더까지 했던 사람이 그 운동을 떠난 이후 경험한 일에 관하여 공개적으로 호소의 글을 썼다.

> '섞인 설교자', '바리새인', '율법 선동자', '기독교 사상경찰'이라는 꼬리표가 제게 붙었고, "똑바로 살아라"라는 말도 여러 번 들었습니다. 우리는 그 운동안에 양극단의 사람들이 존재함을 알아야 합니다. 어떤 이들은 저의 글을 받아들이고 기도하며 신중하게 생각해보겠다고 했습니다. 그러나 어떤 이들은 사이비적 경향을 보이며 다음과 같은 가르침을 있는 그대로 심각하게 받아들입니다. 저는 유명한 설교자들이 이렇게 말하는 것을 들었습니다. "일단 집에 돌아가면 '십자가에서 완성된 사역과 관계된 책(그들의 책과 그 외 소수의 다른 책을 의미한다)'이 아니면 모두 불태워버리십시오. 그리고 은혜에 대한 계시를 받게 되면, 낡은 율법적인 교회에 더 이상 앉아 있을 수 없을 것입니다. 바리새인들에게서 도망치십시오!" 이 분열의 영은 지역 교회 공동체에 대한 소속과 충성을 선택사항으로 취급하고, 이에 동의하지 않으면 전부 '율법'을 설교하는 자들로 간주합니다. 나는 사이비적이라는 단어를 가볍게 쓰는 것이 아닙니다. 하지만 이 경우에는 적합한 단어라고 봅니다.[15]

내가 성경을 가지고 은혜롭게 그들과 대화하려고 시도할 때마다 위와 같은 말을 거듭 듣지 않고(동일한 정죄를 받지 않고) 또 그들과 부딪히지 않았더라면 나는 이런 이야기를 에누리해서 들었을 것이다. 그러나 나의 직접적인 경험을 고려할 때 나는 이 형제의 간증에 전혀 의심이 가지 않는다.

폴 엘리스Paul Ellis 박사는 『열 마디로 표현한 복음The Gospel in Ten Words』이라는 저서에서 독자들에게 다른 메신저들, 즉 자신과 같은 버전의 은혜 메시지를 설교하지 않는 사람들에게 화를 내지 말라고 권한다. "나 역시 과거에 가짜 복음을 전파하곤 했던 사람으로서 아직도 그렇게 하고 있는 이들을 향해 오직 은혜로 대하기를 원한다. 그들도 대부분 여러분과 나처럼 주님을 사랑하는 이들이다. 그들을 사랑하라. 그러나 그들의 말은 듣지 마라─그들이 여러분을 은혜에서 멀어지게 할 수 있기 때문이다."[16]

그러나 안타깝게도 이런 은혜스러운 권면 바로 앞에서 그는 다음과 같은 언급을 한다. "가짜 복음은 당신에게 권위를 두려워하라고 가르침으로써 당신이 압제자들과 조종하는 자들의 표적이 되게 만든다."[17] 여기서 '압제자들과 조종하는 자들'은 누구를 의미하는가? 저자는 정확하게 말해주지 않지만, 맥락을 고려하면 하이퍼 그레이스 메시지를 전파하지 않는 리더들이라는 것을 알 수 있다.

젊은이들로 가득한 곳에서 이런 말을 한다고 상상해보라. "저는 여러분의 부모님이 선의를 가지고 있음을 압니다. 그들이 여러분의 필요를 잘 이해하지 못할지라도 공손하게 대하십시오. 그러나 일부 정말 제정신이 아닌 부모도 있음을 기억하십시오. 그들은 실제로 여러분의 방에 들어와 지갑에서 돈을 훔치거나 또는 은밀하게 약을 먹이고 학대할지도 모릅니다. 매우 조심하셔야 합니다!" 이런 메시지는 신자들에게 하이퍼 그레이스에 동조하지 않는 권위자들은 '압제자와 조종하는 자'이기 때문에 그들을 조심해야 한다고 경고하는 것과 크게 다를 바가 없다.

정말 위험한 발언이다. 엘리스 박사는 그의 책에서 하이퍼 그레이스 복음과 대조하여 '가짜 복음counterfeit gospel'—자신도 과거에 전했던 복음—을 16회나 언급한다. 예를 들어, "가짜 복음은 당신이 하나님을 위해 먼저 무엇인가를 하지 않으면 하나님은 당신을 받아들이시지 않고 축복하시지 않을 것이라는 내용이다. … 가짜 복음은 육신을 높인다. 자신의 의지력, 가진 자원, 사고력 등. … 가짜 복음은 죄를 반대한다고 과시하지만, 결국 죄를 더욱 은밀하게 숨긴다. … 가짜 복음은 부정직함을 조장하고 교회를 위선자로 가득 채운다."[18]

물론 그의 주장에도 어느 정도 진실은 있다. 그러나 이것을 '가짜 복음'이라고 명명하는 것이 옳은가? 가짜 복음도 구원의 능력이 있는가? 가짜라면 어떻게 구원의 능력이 있을 수 있는가? 정말 많은 목사들과 리더들이 가짜 복음을 전파하고 있다면, 그들은 가짜 그리스도를 전파하고 있는 것이 아닌가? 또한 바울은 가짜 복음("다른 복음—다른 복음은 없나니" 갈 1:6~7)을 전파하는 이들은 저주를 받아야 한다고—어쩌면 영원한 정죄의 의미로—말하지 않았던가?

『미니스트리 투데이』에 실린 「타협된 복음은 타협된 열매를 낳는다」라는 나의 글에 대해 한 신사분이 논평을 썼는데, 영원한 정죄를 받아 마땅한 그런 복음을 전파한다고 나를 거의 비난하고 있다.

> 저는 브라운 박사를 좋아합니다. 그러나 그는 '은혜'를 이해하지 못하고 있으며, 율법과 은혜를 섞고 있습니다. 그것은 전혀 은혜가 아닙니다. 우리는 양다리를 걸칠 수 없습니다. 갈라디아서, 로마서, 에베소서, 고린도전·후서, 그리고 사실 바울의 모든 서신서의 가르침은 은혜와 율법을 섞

을 수 없음을 계시해줍니다. 브라운 박사는 새 피조물의 실제나 그리스도 안에서 새 피조물이 됨으로써 나타나는 결과, 그리스도인으로서 우리가 누구인지의 의미, 그리고 그 실제가 (그리스도 안에서 하나님의 자녀라는) 지위에 관한 진리positional truth 그 이상임을 이해하지 못하고 있습니다. 자명한 사실은 우리가 율법과 은혜 중에 하나를 가질 수 밖에 없다는 사실입니다. 바울은 우리가 은혜를 가졌다고 가르칩니다. 그리고 둘을 혼합한 것은 결국 율법이며 '거짓된 복음false gospel'이라고 칭합니다. 브라운 박사는 예수 그리스도와 하나님 나라의 복음을 믿든지 아니면 다른 복음을 믿든지 결정해야 할 것입니다. 다른 복음은 율법이며, 예수 그리스도께서 우리를 위해 값을 지불하시고 사신 것과 반대되는 복음입니다.[19]

이런 논평은 사실 전형적인 반응이다. 만약 당신이 이 새로운 은혜 메시지를 받아들이지 않으면 당신은 은혜를 모르며, '새 피조물의 실제' 또는 거듭남의 진정한 의미에 대해 무지할 뿐만 아니라, 거짓된 복음, 가짜 복음, 즉 다른 복음을 전파하고 있고, 게다가 저주받아 마땅한 사람이 된다. 이런 비난이 얼마나 위험한지 이들이 모르는 것이 놀라울 따름이다.

그것이 바로 내가 이 책 제목을 '가짜 은혜'라고 붙이지 않은 이유 중 하나다. 하이퍼 그레이스 교사들은 비록 성경적인 은혜의 메시지에 왜곡, 과장, 위험한 오역을 섞고 있지만, 그럼에도 불구하고 예수 그리스도를 통한 하나님의 은혜를 전파하고 있다. 그런데 엘리스 박사는 비非하이퍼 그레이스 복음을 가짜라고 낙인찍으며, '압제자와 조종하는 자'의 손에 빠지지 않도록 조심하라고 강력하게 경고한다. 이런 모습을 볼 때, 하이퍼 그레이스 메시지가 주님을 사랑하는 사람들 가운데 그토록 분열을 일으키는 것이 그

다지 놀랄 일도 아닌 것 같다.

이 메시지를 '깨달은' 사람과 그렇지 않은 사람, 이 새로운 은혜 '계시'를 받은 사람과 아직 종교적인 석기시대에 살고 있는 사람 사이에 분열은 계속되고 있다. 스티브 맥베이 목사 역시 겸손하게 글을 쓰는 사람임에도 불구하고, "율법적인 종교에 의해 매복 공격당한 사람들"이라는 표현을 사용한다(이것은 『교회에서 가르치는 거짓말52 Lies Heard in Church Every Sunday』이라는 책에 나오는데, 연합을 추구하는 제목이라고는 할 수 없다).[20] 그렇다. 율법적인 비非은혜 진영의 사람들은 당신을 기습 공격하기 위해 매복해 있다!

조셉 프린스 역시 이를 지지하며 하이퍼 그레이스 메시지를 거절하는 사람들의 동기를 비판한다.

> 바울의 설교 내용을 매우 좋아하지 않았던 일단의 사람들이 있었다는 사실에 주목하라. 바로 바리새인들 또는 '종교적인 마피아'다. 오늘날 우리 주변에도 종교적으로 율법을 준수하는 이들이 있다. 율법은 그들을 눈멀게 한다. … 신자들이 은혜의 영향을 받으면 그들은 '시기심에 사로잡힌다'. 그들은 자기 의로 힘들게 일하고 노력했기 때문이다.[21]

한 젊은 하이퍼 그레이스 지도자는 다음과 같이 설명하기도 했다. 자신과 '은혜' 진영의 교사들은 루터와 바울 같은 인물로 간주하고, 이 메시지를 반대하는 이들은 결국 무너지게 되어 있는 '사람이 만든, 바리새적인' 종교 진영의 일부로 간주하며 말한다.

> 극단적 은혜 메시지에 율법을 약간 가미하여 '균형 잡기'를 거절하는 마틴 루터가 항상 있을 것이다. 바리새적인 종교와 하늘로부터 계시된 복음을

섬기를 거절하는 바울이 항상 있을 것이다. 진리는 항상 정상에 오를 것이며 인간이 만든 종교라는 조직은 언제나 결국 무너지게 되어있다.[22]

하이퍼 그레이스 웹사이트에 다음과 같은 논평을 남긴 자매도 있다.

'하이퍼 그레이스, 거짓된 안정감'과 관련하여 지금 미국에서 일어나고 있는 싸움은 뜻밖의 일이 아니다. 예수님께서 바리새인들과 직면하셨던 싸움을 보면 종교적인 사람들의 흉포함에 대한 단서, '율법을 지키고 복종함으로써' 그리스도를 닮아가고 거룩해지려 하는 그들의 투쟁에 대한 단서가 된다. 그들은 사람의 전통을 보호하고자 성경을 곡해함으로써 당신을 파괴할 것이다. 광신자들이 성경으로 채찍질하는 일이 점점 더 공공연해질 것이다. 나는 참된 복음을 변호하기 위해 스스로를 교육하고 있다.[23]

나는 이와 비슷한 글을 한없이 언급할 수 있다. 한때 일부 하이퍼 그레이스 리더들과 가깝게 일한 적 있는 데이빗 피쉬David Fish는 「십자가에서 완성된 사역」 운동에 대한 공개서한An Open Letter to the 'Finished Works' Movement」이라는 글에서 그가 목격한 편협함과 분열을 묘사했다.

사역 학교 학생들과 함께 어느 선교사의 강의를 들으며 방에 앉아 있던 한 학생을 기억한다. 그 선교사는 복음에 삶을 헌신한 분이셨다. 그런데 강의를 듣던 중 그 학생이 아이팟을 꺼내 이어폰을 꽂은 다음 「순전한 복음: 존 크라우더The Pure Gospel: John Crowder」라고 쓰인 트랙의 재생 버튼을 눌렀다. 나는 몸을 기울여 그 학생의 어깨를 가볍게 두드리며 "왜 강의 도중에 다른 것을 듣니?"라고 물었다. 그는 많이 들어본 익숙한 대답을 했다. "저는 율법과 섞인 은혜는 안 듣습니다. 예수님께서 바리새인들에게 어떻게 말씀하셨는지 한번 보십시오." 또다시 '우리는 은혜, 그들은 율법'이다. 이 안에 존재하는 역설이 보이는가?[24]

존 크라우더는 2013년 3월 23일 페이스북에 글을 하나 올렸는데, 역시 비슷한 사고방식을 보여준다. "명백한 내용을 지적하는 것 때문에 나에게 '사랑이 없다'라고 말해도 좋다. 세련되게 말하든지 있는 그대로 말하든지 상관없다. 하지만 종교적인 사람들에 관하여는 정확히 말해야 할 것이다. '기록된 바 하나님이 오늘까지 그들에게 혼미한 심령과 보지 못할 눈과 듣지 못할 귀를 주셨다 함과 같으니라'(롬 11:8)."[25] 이 '종교적인' 사람들은 누구인가? 분명히 그의 메시지를 거절하는 이들이다.

하이퍼 그레이스 핍박?

여러가지 교리들 가운데 특히 거룩이라는 이름으로 말도 안되는 가르침들이 강단에서 흘러나오고 있다. 우리는 모든 수단을 동원하여 우리가 듣는 것들을 기도하면서 주의 깊게 분별해야 한다. 그러나 여기서의 쟁점은 성경적인 분별력이 아니다. 위험한 것은 '하이퍼 그레이스'가 아니면 모조리 거절하고 부인하는 태도다. 즉 그들의 용어를 사용하지 않고, 그들의 방식대로 말하지 않으며, 정확히 그들이 강조하는 역점과 교리들을 고수하지 않으면 하나님의 말씀을 제대로 전하고 있지 않다고 그들은 생각한다.

그뿐만이 아니다. 하이퍼 그레이스 메시지 때문에 거절당하는 것을 '진리를 전하는 징표'로 간주하기도 한다. 안드레 반 데르 멀위는 다음과 같이 말했다. "만약 신약성경 최고의 사도였던 바울이 비난을 받으며 은혜의 복음을 변호해야 했다면, 또한 복음을 전파하는 것 때문에 율법주의자들로부터 박해를 받아야 했다면, 우리의 복음도 동일한 반대에 부딪힐 것이다. 그리고 이 시대 율법주의자들이 우리를 대항하여 일어나지 않는다면 무엇인가 잘못된 것은 아닌지 생각해보아야 한다."[26]

이런 얘기를 하이퍼 그레이스 설교자들이 처음 한 것은 아니다. 웨스트민스터 채플의 목사이자 존경받는 신학자였던 마틴 로이드 존스Martyn Lloyd-Jones 박사는 사실 수년 전에 이를 언급했다.

> 진실로 은혜의 복음을 전파하면 항상 비난의 가능성이 따라온다. 신약성경이 말하는 구원의 복음을 제대로 전파했는지를 확인하는 데 있어 이보다 더 나은 시금석은 없다. 그리하여 어떤 이들은 이것을 잘못 이해하고 해석하여, 반드시 핍박에 이르게 되며, 은혜 만으로 구원받았기 때문에 당신이 무엇을 하든 전혀 상관없고 계속 원하는 만큼 죄를 지어도 된다고 말하기도 한다. … 만약 내가 구원의 복음을 전함에도 불구하고 거기에 이런 오해의 가능성이 없다면, 그것은 복음이 아니다. … 나는 모든 설교자들에게 말하고 싶다. 만약 당신이 전하는 구원의 복음이 그런 식으로 오해받지 않았다면 설교를 다시 점검해야 한다. 그리고 신약성경에서 말하는 구원을 확실히 전파해야 할 것이다. 구원의 복음을 제대로 제시하는 데는 이런 위험 요소가 존재한다.[27]

차이점이 있다면, 로이드 존스는 단지 은혜만을 전하는 설교자가 아니었다. 그는 또한 거룩를 설교하는 사람이었고(다시 말하면, 그는 은혜와 진리를 함께 가르쳤다), 하이퍼 그레이스 메시지의 독특한 가르침을 믿지 않았다. 주님과 동행할 때 성령께서 우리의 죄를 책망하신다는 것과 우리의 죄를 하나님께 고백해야 한다는 것을 그는 믿었다. 점진적인 성화를 믿었고, 산상수훈이 오늘날의 신자들에게도 적용된다고 믿었다. 사실 이 시대 은혜 지지자들이 로이드 존스 박사의 메시지를 들으면 아마도 그를 율법주의자요, 율법 설교자라고 부를 것이다.[28]

바로 그것이 문제다. 하이퍼 그레이스 교사들이 그들의 메시지를 표현하는 방식을 보면, 그들과 동의하지 않는 사람들은 전부 율법주의자로서 그들을 다시 결박 가운데 묶으려 한다고 생각한다. 당신이 그들에게 이의를 제기하면, 그들은 비상경계 태세에 돌입하여 은혜에 관한 성경 구절과 진술로 무장하고, 당신을 가리켜 율법적인 박해자라고 비난할 준비를 할 것이다. 혹시 리더들의 의도는 그렇지 않았다 할지라도, 이것은 반복적으로 일어나고 있는 현실이다. 그리고 사실 많은 은혜 교사들이 사용하는 표현들이 분열과 오해를 악화시키고 있다.

신약학 교수인 나의 동료 중 한 명이 요한일서 1장 9절의 정확한 의미를 그의 페이스북 페이지에 설명했다(이 구절에 대한 자세한 설명은 5장을 참조하라). 다음은 이에 대해 한 젊은이가 남긴 답글이다. "당신 같은 사람들은 우리를 용서해 주시고 더 **이상 정죄하지 않으시는** 예수 그리스도의 **참된** 말씀으로 사람들을 자유케 하는 것이 아니라, 오로지 그들을 율법으로 묶는 것에만 관심이 있군요!"[29]

하이퍼 그레이스 신자들과 토론할 때, 나는 줄곧 하나님의 은혜를 인정하고 말씀만을 가지고 대화했음에도 불구하고, 비슷한 일을 여러 번 경험했다. 그들은 나에게 '이삭(성령을 따라 난 자)'을 대적하는 '이스마엘(육체를 따라 난 자)'이라는 오명을 씌웠다. 다음은 나의 페이스북에 누군가 올린 글이다.

이스마엘은 항상 이삭을 조롱할 것이다. 누군가 은혜를 경험하고 그것이

3장 은혜라는 이름으로 벌어지는 비방과 분열

율법으로 사는 삶을 능가할 때 핍박은 더욱 심해질 것이다. 이 일은 다가오고 있으며, 나는 주님 안에서 이에 준비되어 있다. 율법으로 사는 자들이 스스로의 힘으로 거룩하게 되려고 시도하고 베드로(돌)처럼 주님을 향한 자신의 사랑에 초점을 맞출 때, 나는 요한(하나님의 은혜)이 될 것이고 나를 향한 주님의 사랑을 더 누릴 것이다. '율법을 지키는' 자들이 나의 지난번 글을 이해하지 못한 것처럼, 이것도 이해하리라고 기대하지 않는다. 예수님 시대 바리새인들처럼 율법으로 사는 자들은 오늘날에도 죄를 보고 당황한다. 그러나 예수님은 당신의 불신을 보고 당황하셨으며, 이것은 예나 지금이나 변함이 없다.

믿기 힘든 내용이다. 내가 성경 말씀을 나누고 그의 입장에 이의를 제기하면 하이퍼 그레이스 지지자의 눈에는 내가 그를 조롱하는 것으로 보이고, 그의 비성경적인 가르침을 거절하면 그를 핍박하는 것으로 보인다는 것이다(그리고 자신이 받고 있다고 여기는 핍박이 "훨씬 더 심해질 것"이라는 표현에 주목하라). 또한 나를 '율법을 사는 자' '율법을 지키는 자'라고 부르는 것에 주목하라(물론 이것은 매우 부정적인 의미로 한 말이다. 12장에서 이에 관하여 더 언급할 것이다). 그들이 보기에 나는 '스스로 거룩하게 되려고' 시도하며, 하나님의 은혜보다 주님을 향한 나의 사랑에 초점을 맞추려고 하는 자다(돌stone이라는 이름의 베드로처럼! 결국 베드로도 나쁜 사람이 된 셈이다). 그리고 예수님은 나의 '불신' 때문에 '당황해 하신다'.

가는 곳마다 나는 하이퍼 그레이스 진영으로부터 비슷한 말을 들었다. 이것이 소위 '은혜 개혁'의 열매 중 일부다.

안드레 반 데르 멀위가 다음과 같이 언급한 것은 칭찬할 만하다. "이것은 고의로 사람들을 화나게 만들어야 한다는 뜻은 아니다. 그러나 아무도 우리에게 이의를 제기하거나 반대하지 않는다면, 그것은 우리의 믿음이 십중팔구 새 언약의 진리와 일치하지 않는다는 분명한 표시일 것이다."[30] 안타깝게도 많은 하이퍼 그레이스 교사들은 이런 급진적인 진술들이 은혜 계시의 일부라고 여기기 때문에 신학적인 반대자들—소위 바리새인들과 율법주의자들—을 화나게 할 진술을 하느라 비상한 노력을 하는 것 같다. 특히 요즘은 인터넷에서 누구든 권위자가 될 수 있는 시대라서, 이것이 그리스도의 몸의 미성숙함과 결합될 때, "더 많은 사람이 나를 반대할수록 나는 더 옳음에 틀림없다"라는 사고방식은 재앙을 초래하는 공식이 될 수 있다.

즉 하이퍼 그레이스 메시지가 더 나쁜 열매를 맺을수록 사실임이 더욱 틀림없고, 더 많은 사람들이 그 메시지에 심각한 우려를 표명할수록 더더욱 바울의 메시지와 비슷하다고 여기는데(바울도 비난을 받았다는 이유 때문이다), 이런 종류의 사고방식은 너무나 위험하다.

그런데 조셉 프린스는 다음과 같은 논평을 통해 이런 논리를 강화한다.

> 사단의 전략 중의 하나는 하나님의 진리를 논쟁으로 둘러싸는 것이다. 하나님의 백성이 그분의 약속 전체로부터 유익을 얻지 못하도록 사단은 진리 주변에 논쟁의 담을 쌓는다. 어떤 진리가 얼마나 논란의 대상이 되는지 보면, 우리는 역으로 그 진리가 얼마나 강력한지를 항상 알 수 있다![31]

그러나 종종 논쟁에 불을 붙이는 것은 은혜 메시지 자체가 아닌, 은혜 메시지를 잘못 전달할 때다.

나는 하이퍼 그레이스 책에서 분명히 화나게 하려는 의도로 쓴 표현이나 또 너무 과장되어 있어서 반발을 불러일으킬 뿐인 표현들을 계속 나열할 수 있다. 그러나 존 크라우더의 『신비적 합일Mystical Union』에서 두 개의 예만

들어도 충분할 것 같다. "십자가를 생각할 때 당신은 **재미**를 생각하는가? 만약 그렇지 않다면, 당신은 십자가를 제대로 배운 것이 아니다."[32] 이것은 심각하게 분열을 일으키는 표현일 뿐만 아니라 절대적으로 도가 지나친 말이다. 크라우더는 우리 죄를 위해 십자가에서 고통스러운 죽음의 대가를 지불하신 예수님을 생각할 때 '재미'를 생각하도록 배우지 않았다면 '우리는 십자가를 바르게 배우지 못한 것'이라고 주장한다.

이런 표현도 있다. "나는 미리 경고한다. 책을 계속 읽어가면서, 당신이 가지고 있는 기존의 많은 신학은 변기에 넣고 물로 씻어 내려버려야 할 것이다. 그동안 스스로 전문가라고 여겼던 믿음의 '기초' 영역들은 배교에 더 가까운 것이 될 가능성이 있다."[33] 따라서 거의 대부분의 사람들은 틀렸고—거의 배교자에 가깝다고 얘기한다—존 크라우더와 그를 따르는 자들은 옳다는 말이다. 결과적으로 우리가 복음의 진리에 기초하여 그들의 메시지를 반대하면, 이것은 그들에게 자신들이 바울처럼 은혜를 전파하고 있다는 증거가 된다.

바울이 당대 율법주의자들을 개들과 손할례당이라 부르고 할례를 전하는 자들은 스스로 베어버리기를 원한다고 공격했던 방식을 일부 하이퍼 그레이스 교사들이 언급할 것을 알고 있다(이 주장에 관하여 더 자세한 것은 갈라디아서 5장 12절과 이 책 4장을 참조하라). 여기에는 두 가지 문제가 있다. 첫째, 오늘날 하이퍼 그레이스 교사들은 바울이 아니다(나 역시 바울이 아니다). 둘째, 바울이 싸운 것은 은혜 메시지에 대한 시각이 아니었다. 그는 이방인 신자들에게 할례를 받지 않고 모세의 율법을 지키지 않으면 구원받을 수 없다고 말하는 유대인 신자들과 싸우고 있었다. 바울은 이 유대인들을 가리켜 참된 신자가 아니라는 뜻으로 "거짓 형제들"이라고 부른다(갈 2:4).

그것은 지금 벌어지고 있는 현실과 거리가 멀다. 지금 벌어지고 있는 일은 점진적인 성화를 가르치고(7장 참조), 우리의 죄를 하나님께 고백하는 것이 건강하다고 믿으며(5장 참조), 신약성경의 회개는 죄에서 돌이키는 것을 포함한다고 믿고(6장 참조), 예수님의 말씀을 우리의 권위로 인용하는 사람들이 (하이퍼 그레이스 지지자들에 의해) '죄를 관리'하는 바리새인 같은 율법주의자로 낙인찍히는 상황을 의미한다.

하이퍼 그레이스 교사들과 추종자들의 글에서 발췌한 수많은 불쾌한 인용 구절만 해도 금방 따로 한 권의 책을 만들 수 있을 정도이지만, 요점 전달을 위해서 이 정도면 충분하리라 본다. 하이퍼 그레이스 진영 안에 은혜는 어디에 있는가? 온유한 영, 친절한 마음, 쉽게 상처받거나 오해하지 않는 깊은 안정감, 보복하지 않는 예수님을 닮은 태도, 긍휼을 입은 자로서 긍휼히 여기는 마음자세는 어디에 있는가?

주님을 기쁘시게 하기 원하는 우리 모두를 위한 말씀이 한 구절 있다. "너희 말을 항상 은혜 가운데서 소금으로 맛을 냄과 같이 하라 그리하면 각 사람에게 마땅히 대답할 것을 알리라"(골 4:6). 이 말씀이 우리의 지표가 되어야 하지 않겠는가?

다음 장부터는 하이퍼 그레이스 진영 동료들과의 차이들을 설명하며, 그들의 신학 안에 있는 실제적인 오류들, 특히 영적으로 위험한 오류들을 분명하게 설명하는데 심혈을 기울이겠다. 그러나 모두 동일하게 예수의 보혈로 씻음 받았고, 같은 하나님으로부터 용서받았으며, 한 가족으로 영원히 함께 살게 될 것을 기억하며 그에 합당한 태도로 말하고자 최선을 다할 것이다. 우리의 차이는 첨예할 수도 있다. 그러나 완전히 배교한(또는 처음부터 진정으로 구원받지 못한) 사람들을 제외하고는 모두 (기독교 안에서의) '내부적인in-house' 차이라는 것을 기억하자.

CHAPTER 04

하나님은 미래의 죄까지 이미 용서하셨는가

4 하나님은 미래의 죄까지 이미 용서하셨는가

하이퍼 그레이스의 기반이 되는 메시지 중 하나는 하나님께서 우리의 모든 죄, 즉 과거, 현재, 미래의 죄를 이미 다 용서하셨다는 것이다. 하나님은 우리를 예수 그리스도 안에서 완전히 성화된 존재로 보시기 때문에 우리가 범한 죄를 더 이상 보시지 않는다고 주장한다. (성화에 관해서는 7장을 참조하라).

롭 루퍼스 목사의 아들이자 은혜 교사인 라이언 쿠퍼스Ryan Rufus는 이렇게 설명한다. "당신은 부분적으로 용서받은 것이 아니다. 전적으로, 완전히, 철저하게, 그리고 절대적으로 모든 죄—과거, 현재, 미래의 죄—를 다 용서받았다!"[1] 조셉 프린스는 "당신이 구원받은 순간까지 지은 죄만 용서받았고, 그 이후의 용서는 당신의 죄 고백에 달려있다고 생각한다면 그분의 은혜를 경시하는 것이다. 하나님의 용서는 할부installment가 아니다"라고 말한다.[2] "오늘 이 확신을 가져도 좋다. 당신이 그리스도를 영접한 날 모든 죄를 단번에(완전히)once and for all 고백한 것이다."[3]

라이언 루퍼스는 다음과 같이 설교한 바 있다.

대부분의 그리스도인들은 예수님께서 과거의 모든 죄를 용서해 주신 것은 쉽게 믿습니다. 그러나 미래의 모든 죄까지도 이미 용서해주신 것은 믿기 어려워하고 갈등합니다. 따라서 죄를 지으면 그것을 고백하고 회개하며 씻음 받아야 한다고 느끼는데, 그들은 완전한 용서에 대한 계시가 없기 때문에 이런 죽은 행실, 믿음 없는 행위로 들어가는 것입니다.[4]

혹시나 못 알아들을까 봐 루퍼스 목사는 다시 한 번 강조한다. "오늘 여러분에게 선포합니다. 여러분의 미래의 모든 죄는 이미 용서받았습니다!"[5] 이어서 다음과 같이 말한다.

> 저의 모든 죄는 처리되었습니다. 그리고 저의 모든 죄는 용서받았습니다. 그래서 만약 여러분이 죄를 범한다면—그런 일이 절대 없길 바라지만—만약 죄를 범한다면… 사실 저도 죄를 범합니다. 여러분을 실망시켜서 죄송합니다. 그러나 때때로 우리는 죄를 범합니다. 그렇죠? 죄를 범하기 원한다거나, 죄를 허용하는 설교를 하는 것이 아닙니다. 은혜 설교자들 가운데 제가 알기로 죄를 허용하는 설교를 하는 사람은 한 명도 없습니다! 그러나 우리가 죄를 범할지라도 하나님께 용서를 구하지 마십시오. 죄를 고백하려고 노력하지 마십시오. 그 죄를 회개하지 마십시오. 당신의 눈을 들어 예수님을 바라보시고, 계속 예수님을 신뢰하십시오. 성령님의 언약 가운데, 은혜의 언약 가운데 계속 걸으십시오. 그리고 절대적인 용서를 계속 선포하십시오.[6]

이런 입장을 뒷받침하기 위해 하이퍼 그레이스 교사들은 예레미야 31장 31~34절에 기록되어 있고 히브리서 8장 8~12절에 그대로 반복되고 있는 새 언약에 대한 예언의 말씀을 자주 인용한다. 히브리서 8장 12절에 이렇게 기록되어 있다. "내가 그들의 불의를 긍휼히 여기고 **그들의 죄를 다시**

기억하지 아니하리라." 이 말씀은 히브리서 10장 17절에도 인용되어 있다. "그들의 죄와 그들의 불법을 내가 다시 기억하지 아니하리라." 이어서 18절에 이 말씀을 읽는 유대인 신자들을 위한 중요한 기록이 나온다. "이것들을 사하셨은즉 다시 죄를 위하여 제사드릴 것이 없느니라."[7] 달리 말하면 예수 그리스도께서 우리의 모든 죄를 위하여 죽으시고 용서하셨으므로 다시 죄를 위해 동물로 희생 제사를 드릴 필요가 없으며 이런 제사는 용서를 가져오지 못한다. 단번에 모든 일을 완성하신 것이다.

다시 언급하지만, 하이퍼 그레이스 메시지 안에도 약간의 놀라운 진리가 담겨 있는 것은 사실이다. 예수님께서 십자가 위에서 우리가 과거에 범한, 또는 앞으로 범할 모든 죄에 대한 대가를 지불하셨기 때문이다. 그리고 우리가 주님께 나아가 구원의 은혜를 받아들이는 순간 주님은 우리를 의롭다 선언하시고 그 순간까지 범한 모든 죄를 '잊어버리신다'.

그리스도인이 되기 전에 간음의 죄를 지었는가? 구원받기 전에 남의 것을 훔쳤는가? 하나님을 알기 전에 그분의 이름을 조롱했는가? 하나님께 나아가 예수님의 이름으로 용서를 구하며 그 죄에서 돌이킬 때 하나님은 우리를 깨끗하게 씻어 주시고 새 피조물이 되게 하시며 간음과 도둑질과 조롱한 죄를 용서하시고 기억하지도 않으신다. 하나님은 "그들의 죄와 그들의 불법을 내가 다시 기억하지 아니하리라"라고 말씀하셨다. 할렐루야!

예수님께서 우리를 위해 죽으셨을 때 우리의 죄는 여전히 미래에 속한 것이었다. 우리는 그때 태어나지도 않았기 때문이다. 따라서 우리의 과거와 현재의 죄뿐만 아니라 미래의 죄를 위해서도 죽으셨고 값을 지불하셨다. 그러나 우리가 알아야 하는 것은 **용서가 이루어지는 과정**the transaction of forgiveness은 시간적으로 여러 시점에서 일어난다는 것이다.[8] 다시 말하면, 예수님께서 우리를 위해 AD 30년 경에 돌아가셨고 그 순간 모든 인류의 죄값을 지불하셨다. 그러나 우리가 시간적으로 AD 30년 경에 용서받았는가? 그렇지 않다.

바울은 우리가 하나님을 알기 전에 죄로 죽은 존재였고, 본질상 진노의 자녀였으며(엡 2:1~2; 골 2:13), 하나님 보시기에 죄인이었고, "전에 악한 행실로 멀리 떠나 마음으로 원수가 되었던 너희"(골 1:21)였다고 말한다. 즉, 예수님께서 (AD 30년 경에) 우리 죗값을 지불하셨다 해도, 우리가 돌이켜 구원받기 전까지 우리의 죄는 여전히 우리를 대적하며 우리와 하나님 사이를 분리시킨다.[9] 그래서 사도행전에서도 계속 사도들이 사람들에게 죄에서 돌이켜 구원받으라고 촉구한 것이다.

달리 말해 예수님께서 이미 그들의 죗값을 지불하셨다 해도 그들이 아직 믿음으로 용서를 자신의 것으로 취하지 않았기 때문에 아직 용서받지 못한 것이다. 예수님이 이미 우리의 구원을 위한 대가를 지불하셨다 할지라도 우리가 예수님을 믿기 전까지는 구원받고 용서받은 것이 아니라는 단순한 진리에 모든 거듭난 신자들은 동의할 것이라 믿는다.

그렇다면 구원받을 때 무슨 일이 일어나는가? 골로새서 2장 13~14절에 기록된 대로 하나님은 그 순간까지 지은 모든 죄를 용서해 주신다. "또 범죄와 육체의 무할례로 죽었던 너희를 하나님이 그와 함께 살리시고 우리의 모든 죄를 사하시고 우리를 거스르고 불리하게 하는 법조문으로 쓴 증서를 지우시고 제하여 버리사 십자가에 못 박으시고."

우리는 하나님 보시기에 엄청난 빚이 있었고 천년을 살아도 결코 다 제거할 수 없을 정도로 많은 죄의 기록을 가지고 있었다. 그러나 하나님은 그분의 자비로 한순간에 그 빚을 탕감해 주셨고 우리의 죄를 눈처럼 희게 씻어 주셨다. 이것은 놀라운 은혜다. 예수님께서 십자가에서 우리의 죄를 위해 죽으셨지만 우리가 회개하고 믿기 전까지 죄 용서는 이루어지지 않았다. 그러면 회개하고 믿는 순간에 어떤 죄가 용서받는 것인가? 우리가 그 시점까지 이미 범했던 죄들이다. 다른 해석이 불가능하다. 그것은 우리가 진 빚, 그전에 이미 범했던 죄를 말한다. 아직 범하지 않은 죄가 아니다.

내가 말씀으로 이것을 증명하기 전에 잠시 멈추어 생각해보자. 우리가 예수님께 처음 나아갔을 때 우리와 주님 사이에 어떤 일이 일어났는가? 우리의 심령 안에서 무슨 일이 일어나고 있었는가?

나의 경우에는 영적인 싸움이 있었던 것이 선명하게 기억난다. 첫 번째는 예수님께서 정말로 나의 죄를 위해 죽으신 것을 믿는 싸움이었고(유대인으로서 나는 예수님을 믿지 않는 환경에서 성장했다), 예수님이 정말로 구원자 이심을 믿은 다음에는 죄에서 돌이키는 싸움이 있었다. 나는 죄를 사랑했었다. 계속 헤로인과 LSD를 사용하고 싶어 했고, 육체의 쾌락에 탐닉했으며, 교만한 거역의 삶을 살면서 최고의 록 드러머가 되기를 꿈꾸었다. 그러나 하나님의 사랑과 성령님의 책망이 나를 사로잡았을 때 주님께 용서를 구하고 내 삶을 순복하여 내어드렸다.

순식간에 나는 깨끗해졌다! 죄책감이 완전히 사라졌고 찾아보려고 해도 찾을 수가 없었다. 나는 용서받았고, 하나님은 나의 죄를 더 이상 기억하지 않으셨다.

그렇다면 내가 아직 짓지 않은 죄는 어떻게 되는 것인가? 그 질문은 해본 적이 없다. 아마 여러분도 마찬가지일 것이다. 도대체 왜 미래의 죄까지 걱정해야 하는가? "하나님을 찬양합니다! 하나님은 제가 행한 모든 악한 일을 용서해 주셨습니다. 그리고 남은 인생 동안 앞으로 행하게 될 모든 악한 일에 대해서도 저는 이미 용서받았습니다"라고 말할 사람은 없을 것이다. 나는 수많은 사람들이 예수님을 영접하는 것을 보았지만 구원받을 때 이런 식으로 생각하는 사람은 단 한 명도 본 적이 없다.

물론 "혹시 내가 넘어지면 어떻게 하지?"라고 질문하기도 하고, 한결같이 신실하게 살아갈 수 있을지 궁금해할 수 있다. 친구들은 우리에게 "걱정마. 그냥 예수님을 신뢰하면 돼. 그리고 실수하더라도 다시 일어나서 계속 가면 돼. 너는 하나님의 자녀야!"라고 답했을 것이다. 우리가 미래에 다시 죄를 짓는다면 하나님께서 우리를 용서하실지 궁금해했을 수도 있다. 그러나 다음과 같이 생각하는 사람은 한 사람도 없을 것이다. "하나님을 찬양합니다! 저는 남은 인생 동안 앞으로 지을 모든 죄까지 이미 용서받았습니다." 사도행전의 설교 내용과 서신서의 가르침을 살펴보면, 초점이 항상 과거에 **이미 범했거나 또는 계속해서 범하고 있는** 죄에 맞춰져 있음을 알 수 있다. 미래에 범할 죄에 초점이 있지 않다.

사도행전 3장에서 베드로는 유대인 군중들에게 죄에서 돌이키라고 촉구한다. "그러므로 너희가 회개하고 돌이켜 너희 죄 없이 함을 받으라"(행 3:19). 무슨 죄를 말하는가? 문맥에 의하면 그들이 그 순간까지 지은 죄, 특히 예수님을 메시아로 영접하지 않은 죄에 방점이 찍힌다. 2장에서도 유대인 군중들에게 비슷한 맥락의 설교를 하면서 "너희가 회개하여 각각 예수 그리스도의 이름으로 세례를 받고 죄 사함을 받으라"(행 2:38)라고 말한다. 무슨 죄를 의미하는가? 여기서도 분명히 이미 범한 죄를 의미한다.

그래서 회개의 세례를 받기 위해 세례 요한을 찾아간 유대인들도 그들의 죄를 고백했다. 즉, 과거에 범했던 죄와 당시 범하고 있던 죄를 고백한 것이다.[10] 분명히 미래의 죄를 고백한 것이 아니었다. 그래서 요한도 종교 지도자들에게 "회개에 합당한 열매를 맺으라"(마 3:8)라고 외쳤다. 과거의 삶을 뒤로하고 새로운 삶을 통해 회개가 진정한 것임을 입증해 보이라는 뜻이다.

간단히 말해, 성경 어디를 보아도 미래의 죄를 이미 용서받았다고 선언하는 구절은 하나도 없다. 단 한 구절도. 어디에도. 그런 개념에 대한 암시조차 없다. 하나님께서는 구체적인 시간과 공간 안에서 우리를 만나시고, 우리가 실제로 한 행위들에 대해서만 용서를 베푸시기 때문에 용서에 대한 모든 약속은 우리가 이미 범한 죄와 관련이 있다. 그것은 마치 백만 달러가 입금된 직불카드를 가지고 있는데 나가서 사용하기 전까지는 계좌에 청구되지 않는 것과 같다. 마찬가지로 우리의 모든 죄에 대한 용서는 이미 선납되었지만prepaid, 미리 적용되는 것이 아니다. 그것은 필요에 따라 적용된다.

이미 의롭게 됐다는 의미

좋은 소식은 하나님께서 우리를 이미 '의롭다'고 선언하신 것이다. 하나님은 우리가 '무죄'임을 이미 선언하셨고, 그분의 가족의 일원이 되게 하셨다. 믿은 이후에 죄를 범했을 때 예수님의 보혈을 의지하여 용서를 구하면, 하나님은 우리를 용서해주신다(5장에서 이에 대해 더 논의할 것이다). 십자가가 확실한 만큼 용서도 확실하다. "나의 자녀들아 내가 이것을 너희에게 씀은 너희로 죄를 범하지 않게 하려 함이라 만일 누가 죄를 범하여도 아버지 앞에서 우리에게 대언자가 있으니 곧 의로우신 예수 그리스도시라 그는 우리 죄를 위한 화목 제물이니 우리만 위할 뿐 아니요 온 세상의 죄를 위하심이라"(요일 2:1~2).

이것은 단지 상식적인 진리가 아니다. 마태복음부터 요한계시록에 이르기까지 신약성경 전체에 아주 명백히 나오는 진리다. 예수님은 주기도문에서 이것을 가르치셨다. "우리에게 날마다 일용할 양식을 주시옵고 우리가 우리에게 죄지은 모든 사람을 용서하오니 우리 죄도 사하여 주시옵고"(눅 11:3~4). 기도와 관련된 다른 구절에서도 이것을 가르치셨다. "서서 기도할 때에 아무에게나 혐의가 있거든 용서하라 그리하여야 하늘에 계신 너희 아버지께서도 너희 허물을 사하여 주시리라"(막 11:25). (많은 하이퍼 그레이스 교사들이 이 말씀이 오늘날 우리에게 적용되지 않는다고 주장한다. 이에 관해 다음 장과 13장에서 상술하겠다.)

만약 하나님께서 우리의 과거, 현재, 미래의 모든 죄를 이미 용서하셨다면 왜 예수님은 '계속적으로 용서받는 것'에 관하여 말씀하시는가? 이 말씀은 현재의 죄는 현재의 용서가 필요함을 의미한다. 그것은 구원을 위한 용서가 아니라 아버지와의 관계를 위해 필요한 용서다. 이것은 신약성경 전체의 전제가 되는 사실이다.

그래서 바울도 서신서에서 죄에 관한 이슈를 종종 다루었다. 주님께 합당한 삶을 살라고 권면하기도 하고, 고린도전서 5장에서는 그들 가운데 있는 죄를 어떻게 다루어야 할지에 관한 지침을 주기도 했다. 잘 생각해보자. 바울이 신자들 안에 있는 죄를 보고 슬퍼하며 그것을 지적하긴 했지만, 하나님께서 그들을 이미 용서하셨기 때문에 더 이상 그들의 죄를 보지 않으시고 그들을 완전히 의롭게 보신다고 주장한다면, 이 얼마나 어리석은 주장인가. 이런 가르침이 신약 어디에 나오는가?

더 중요한 것은 죄에 대한 결과가 있다는 것이다. 합당하지 않게 주님의 만찬에 참여한 고린도 교회 신자들에게 바울은 다음과 같이 말한다.

> 그러므로 누구든지 주의 떡이나 잔을 합당하지 않게 먹고 마시는 자는 주의 몸과 피에 대하여 죄를 짓는 것이니라 (바울이 다음과 같이 말하지 않았다는 점에 주목하자. "그러나 물론 너희 죄는 이미 용서받았고 하나님께서는 그것을 보지도 않으신다.") 사람이 자기를 살피고 그 후에야 이 떡을 먹고 이 잔을 마실지니 주의 몸을 분별하지 못하고 먹고 마시는 자는 자기의 죄를 먹고 마시는

것이니라 그러므로 너희 중에 약한 자와 병든 자가 많고 잠자는 자도 적지 아니하니 우리가 우리를 살폈으면 판단을 받지 아니하려니와 우리가 판단을 받는 것은 주께 징계를 받는 것이니 이는 우리로 세상과 함께 정죄함을 받지 않게 하려 하심이라(고전 11:27~32)

고린도 교회에 하이퍼 그레이스 신자들이 있었다면 바울에게 이렇게 얘기했을지도 모르겠다. "왜 우리의 죄를 들춰내십니까? 그 죄들은 더 이상 존재하지 않습니다. 우리는 성도입니다. 당신도 이 편지에서 우리를 성도라고 부르지 않았습니까? 우리는 주님 앞에 흠이 없습니다. 우리가 행하는 어떤 것도 주님과의 관계에 영향을 미칠 수 없습니다. 우리가 합당하지 않게 주님의 만찬에 참여했기 때문에 몇 사람이 아프고 또 죽은 사람도 있다고 심하게 정죄하는 것은 율법주의적인 바리새인의 말 같습니다. 바울! 당신은 우리를 정죄하고 있습니다. 정죄는 주님으로부터 온 것이 아닙니다. 우리의 모든 죄는 이미 용서를 받았습니다!"

죄가 그리스도인에게도 부정적인 결과를 가져올 수 있다는 사실에 관하여 내가 하이퍼 그레이스 신자들과 나눌 때마다 그들은 비슷한 반응을 보였다. "저는 이미 용서받았습니다. 하나님은 저의 죄를 보시지 않습니다. 또한 제가 행하는 어떤 일도 하나님과의 관계에 영향을 미치지 않습니다. 영향을 미친다면, 그것은 행위로 말미암은 구원일 것입니다." 혹시 이와 비슷한 말을 들어본 적이 있는가?

모순적인 것은, 하이퍼 그레이스 신자들이 히브리서 10장 17절 말씀을 인용하여 하나님께서 우리의 죄를 더 이상 기억하지 않으신다고 얘기하면서 10장의 나머지 부분(히브리서 전체는 고사하고)은 제대로 다루지 않는다는 것이다. 히브리서 저자는 바로 그 17절의 신자들에게 10장 나머지 부분에서 강력한 경고를 한다(문맥상 히브리서 저자가 신자들에게 편지를 쓰고 있음은 매우 명백하다).

> 우리가 진리를 아는 지식을 받은 후 짐짓 죄를 범한즉 다시 속죄하는 제사가 없고 오직 무서운 마음으로 심판을 기다리는 것과 대적하는 자를 태울 맹렬한 불만 있으리라 모세의 법을 폐한 자도 두세 증인으로 말미암아 불쌍히 여김을 받지 못하고 죽었거든 하물며 하나님의 아들을 짓밟고 자기를 거룩하게 한 언약의 피를 부정한 것으로 여기고 은혜의 성령을 욕되게 하는 자가 당연히 받을 형벌은 얼마나 더 무겁겠느냐 너희는 생각하라 원수 갚는 것이 내게 있으니 내가 갚으리라 하시고 또 다시 주께서 그의 백성을 심판하리라 말씀하신 것을 우리가 아노니 살아 계신 하나님의 손에 빠져 들어가는 것이 무서울진저(히 10:26~31)

반복해서 말하지만 히브리서 저자는 여기서 신자들, 즉 이미 용서받고, 하나님도 그들의 죄를 더 이상 기억하지 않으시며, 진리의 지식을 받은 후 예수의 보혈로 이미 거룩하게 된 성도들에게 편지를 쓰고 있다. (여기서 잠깐 멈추어 히브리서 10장 32~39절 말씀을 읽어보고 그 다음 바로 11장 말씀을 보라. 서신의 대상에 대해선 의심의 여지가 없다. 히브리서는 분명 성도들에게 쓴 편지다.) 과거의 죄를 용서받은 후 만약 다시 주님을 등지거나 사람이 만든 종교 시스템으로 돌아가거나 또는 주님을 버리고 죄를 선택한다면 "다시 속죄하는 제사가 없고 오직 무서운 마음으로 심판을 기다리는 것과 대적하는 자를 태울 맹렬한 불만 있으리라"라고 말한다.

그렇다면 하이퍼 그레이스 교사들이 흔히 인용하는 히브리서 10장 1~3절 말씀은 어떻게 이해해야 하는가? 내가 여기서 개진하는 주장을 반박하고 있지 않은가? 신자로서 우리가 더 이상 죄를 의식해서는 안된다는 의미가 아닌가? 말씀을 먼저 한번 보자.

> 율법은 장차 올 좋은 일의 그림자일 뿐이요 참 형상이 아니므로 해마다 늘 드리는 같은 제사로는 나아오는 자들을 언제나 온전하게 할 수 없느니라 그렇지 아니하면 섬기는 자들이 단번에 정결하게 되어 다시 죄를 깨닫는 일이 없으리니 어찌 제사 드리는 일을 그치지 아니하였으리요 그러나 이 제사들에는 해마다 죄를 기억하게 하는 것이 있나니(히 10:1~3)

히브리서 10장 17절은 새 언약의 약속을 언급하면서 "그들의 죄와 그들의 불법을 내가 다시 기억하지 아니하리라"라고 말한다. 앞에서 설명한 것처럼 이것은 미래의 죄가 아니라 이미 범한 죄에 대한 말씀이다. 그러나 히브리서 10장 1~3절은 하나님께서 십자가에서 우리의 죄를 단번에 용서하셨기 때문에 우리가 결코 죄를 의식해서는 안 된다는 의미처럼 읽혀질 수도 있다.

여기서 우리는 다시 한 번 묻게 된다. 왜 바울, 베드로, 야고보를 비롯한 신약의 저자들은 죄를 상기시키는가? 하나님께서 우리가 죄를 의식하기를 원하지 않으신다면 왜 하나님의 종들은 계속 죄에 관한 이슈를 꺼내는가? 야고보는 왜 다음과 같이 썼는가? "간음한 여인들아 세상과 벗된 것이 하나님과 원수 됨을 알지 못하느냐 그런즉 누구든지 세상과 벗이 되고자 하는 자는 스스로 하나님과 원수 되는 것이니라 … 죄인들아 손을 깨끗이 하라 두 마음을 품은 자들아 마음을 성결하게 하라"(약 4:4,8).

왜 예수님께서도 성령님을 통해 직접 요한계시록 2~3장에서 교회들의 죄를 폭로하시는가? 주님은 에베소 교인들에게 첫사랑을 버렸다고 말씀하시고, 버가모 교인들에게 우상숭배와 행음을 권장하는 가르침을 지킨 것을 책망하시고, 두아디라 교인들에게 이세벨의 가르침을 용납한 것을 책망하시고, 사데 교인들에게 그들은 죽은 자라고 말씀하시고, 라오디게아 교인들에게 그들의 미지근함과 스스로 속고 있음과 교만한 상태에 대해 꾸짖으신다. 그리고 주님은 그들 모두에게 회개하라고 촉구하시며 회개하면 은혜를 주시지만 거절하면 그에 따른 결과가 있을 것이라고 경고하신다.

그들이 이미 용서받았고 하나님도 더 이상 그들이 죄를 의식하는 것을 원하지 않으신다면 왜 그렇게 말씀하셨는가? 예수님이 은혜 메시지를 이해하지 못하신 것인가?[11]

죄를 의식해야 하는가

바울도 은혜에 대한 계시를 받지 못했다고 해야할 것이다. 그렇지 않다면 다음과 같이 말하지 않았을 것이다. "또 내가 다시 갈 때에 내 하나님이 나를 너희 앞에서 낮추실까 두려워하고 또 내가 전에 죄를 지은 여러 사람의 그 행한 바 더러움과 음란함과 호색함을 회개하지 아니함 때문에 슬퍼할까 두려워하노라"(고후 12:21). 만약 고린도 교회가 죄를 의식할 필요가 없었다면 바울은 왜 그들의 죄를 다시 들춰내고 있는가?

야고보서 5장 14~15절은 또 어떻게 이해해야 하는가? "너희 중에 병든 자가 있느냐 그는 교회의 장로들을 청할 것이요 그들은 주의 이름으로 기름을 바르며 그를 위하여 기도할지니라 믿음의 기도는 병든 자를 구원하리니 주께서 그를 일으키시리라 **혹시 죄를 범하였을지라도 사하심을 받으리라.**"

너무나 명확한 말씀이다. 사실 어떤 사람의 질병이 죄와 관련이 있다면—실제로 가끔 그렇다—장로들이 그를 위해 기도할 때 하나님께서 고치시고 용서하실 것이다. 만약 그의 미래의 죄가 이미 용서받았다면—그 용서가 이루어지는 과정의 측면에서—이 구절은 전혀 의미가 없다. 신자들이 죄를 의식할 필요가 없다면 이것은 완전히 부적절한 구절이다. 그러나 성경은 분명하게 말한다. 하나님께서 그를 고치실 때 바로 그 순간에 그를 용서하신다는 것이다. 이는 분명히 아픈 사람의 죄가 용서받을 필요가 있었음을 전제로 한다. 구원받는 순간 우리의 모든 미래의 죄가 다 용서받았다고 주장하는 하이퍼 그레이스 교사들의 가르침은 틀린 것이다.

뿐만 아니라 야고보는 하나님의 용서를 받는 것(15절)에서 서로의 용서를 받는 것(16절)으로 옮겨가는데, 하이퍼 그레이스 메시지가 사실이라면 16절의 내용은 의미가 없어진다. 야고보는 죄의 파괴력과 더불어 때때로 죄와 질병 사이에 존재하는 연관성을 인정하면서 "그러므로 너희 죄를 서로 고백하며 병이 낫기를 위하여 서로 기도하라"라고 16절에서 말하고 있다.

더 이상 죄를 의식하지 않는다면 서로에게 죄를 고백할 필요가 없다. 아니, 고백할 수가 없다. 이것은 애초부터 불가능한 활동이다. 또한 하나님께는 죄를 고백하지 않고 서로에게 고백하는 것으로 충분하다고 생각한다는 것도 얼마나 터무니없는 생각인가.[12]

만약 우리가 죄를 전혀 의식하지 않아도 된다면 완전히 무의미해지는 구절이 하나 더 있다.

> 이러므로 우리에게 구름 같이 둘러싼 허다한 증인들이 있으니 모든 무거운 것과 **얽매이기 쉬운 죄**를 벗어 버리고 인내로써 우리 앞에 당한 경주를 하며 믿음의 주요 또 온전하게 하시는 이인 예수를 바라보자 그는 그 앞에 있는 기쁨을 위하여 십자가를 참으사 부끄러움을 개의치 아니하시더니

4장 하나님은 미래의 죄까지 이미 용서하셨는가

하나님 보좌 우편에 앉으셨느니라 너희가 피곤하여 낙심하지 않기 위하여 죄인들이 이같이 자기에게 거역한 일을 참으신 이를 생각하라 **너희가 죄와 싸우되 아직 피흘리기까지는 대항하지 아니하고**[13](히 12:1~4)

그렇다면 우리는 히브리서 10장 1~3절을 어떻게 이해해야 하는가? 히브리서 학자인 윌리엄 레인William Lane은 이렇게 설명한다.

옛 언약 아래에서 예배자들은 완전한 정결함을 경험하지 못했다. … 속죄일Day of Atonement처럼 경탄할 만한 의식을 거행하는 날조차도 예배자들은 계속 '죄를 의식'(저자는 여기에 헬라어 본문을 인용)하는 마음을 가지고 있었다. 이 표현은 히브리어로 짐을 지고 고통 당하는 마음이라는 의미를 함축하고 있으며, 하나님의 거룩하심을 대면하는 속죄일에 가장 명확하게 표현되었다. … 하나님께 대하여 허물과 죄에 대한 이런 인식이 남아 있는 한 하나님이 받으실 수 있는 유효한 예배가 될 수 없었다. 하나님께 막힘없이 나아가기 위해서는 먼저 그 죄의식을 단호하게 씻어야만 했으며(10:22), 이것은 오로지 예수 그리스도의 희생 제사를 통해서만 성취되었다.[14]

레인은 고대 이스라엘 달력에서 가장 중요한 날, 즉 일 년 중 죄 용서를 위해 지정된 날인 속죄일에 관하여 묘사하고 있다. "히브리서 저자에게 인상적인 것은 예배에 대한 방해, 즉 죄에 대한 기억이 '해마다' 속죄일 의식에서 확증되고confirmed 다시 새롭게 되는renewed 것이었다."[15] 이것은 히브리서 9장 13~14절에도 기록되어 있다. "염소와 황소의 피와 및 암송아지의 재를 부정한 자에게 뿌려 그 육체를 정결하게 하여 거룩하게 하거든 하물며 영원하신 성령으로 말미암아 흠 없는 자기를 하나님께 드린 그리스도의 피가 어찌 너희 양심을 죽은 행실에서 깨끗하게 하고 살아 계신 하나님을 섬기게 하지 못하겠느냐."

따라서 핵심은 우리가 삶 속에서 죄를 결코 의식해서는 안된다는 것이 아니다. 그것은 신약성경 전체에 의거하여 불가능한 개념이다. 핵심은 예수님의 십자가에서 용서가 단번에 성취되었으며, 예수님께서 우리 죄를 씻어 주시고 우리를 의롭고 거룩하다 선언하심으로써 또 다른 희생제사나 해마다 속죄일을 통해 씻음을 받을 필요가 없게 된 것이다. 따라서 우리는 용서받은 자로서 살아간다. 해마다(또는 매일, 매주, 매달) 속죄제를 드리는 것이 아니라, 우리가 이미 받은 용서를 기뻐하며 십자가를 바라본다. 만약 죄를 범하면 하나님께 죄를 고백하고 대가가 이미 지불된 것을 기뻐하면서 앞으로 계속 나아간다. (더 자세한 것은 다음 장을 참조하라.)

잠언 28장 13절에 일곱 단어의 히브리어로 된 아름다운 표현이 나온다. "자기의 죄를 숨기는 자는 형통하지 못하나 죄를 자복하고 버리는 자는 불쌍히 여김을 받으리라"(잠 28:13). 만약 그 자비에 대하여 의심이 생긴다면 단순히 예수님을 바라보면 된다. 옛 찬송가의 가사처럼 말이다.

주의 은혜로
대속하여서
피와 같이 붉은 죄
눈 같이 희겠네.[16]

CHAPTER 05

하나님께 죄를 고백해야만 하는가

5 하나님께 죄를 고백해야만 하는가

하이퍼 그레이스 교사들은 구원받는 순간 하나님께서 우리의 모든 죄—과거, 현재, 미래의 모든 죄—를 용서하시기 때문에 그리스도인들이 하나님께 죄를 고백하거나 용서를 구할 필요가 없다고 믿는다. 폴 엘리스는 "용서는 많은 이들에게 맹점인 것 같다. 하나님께서 우리를 완전히 그리고 영원히 용서하신 것을 잘 이해하지 못한다"라고 말한다.[1]

요한일서 1장 9절이 바로 떠오른다. "만일 우리가 우리 죄를 자백하면 그는 미쁘시고 의로우사 우리 죄를 사하시며 우리를 모든 불의에서 깨끗하게 하실 것이요." 위 사안을 종결짓는 말씀이지 않은가? 요한은 그리스도인들에게 죄를 하나님께 자백해야 한다고 말하고 있다. 그러면 하나님께서 용서해주시고 깨끗하게 해 주실 것이다.

하이퍼 그레이스 교사들은 이 해석을 거절한다. 이 구절이 요한의 편지를 받는 회중 안에 섞여 있는 불신자들(특히 영지주의Gnostic 불신자들)을 향한 것이며 신자들에게 하는 말씀이 **아니라고** 주장한다. 우리는 이미 용서받았기 때문에 이 구절은 우리에게 **적용될 수 없다**는 것이다. 라이언 루퍼스의 말에 따르면 이렇다.

많은 그리스도인들은 죄를 범했을 때 자신이 의롭지 않고, 거룩하지 않으며, 더러워짐을 느낀다. 또한 그들이 하나님을 실망시켰고 하나님께서 더 이상 그들을 기뻐하시지 않는다고 생각한다. 그리고 '무엇인가' 할 필요성을 느낀다. 죄책감은 그들로 하여금 자신이 지은 죄 또는 죄책감을 없애기 위해 무엇인가를 하고 싶게 만든다. 스스로 죄책감을 제거하도록 이끄는 것이다. 따라서 그들은 이렇게 고백하게 된다. "하나님 저는 죄를 고백해야 합니다. 이 끔찍한 죄를 회개하고 씻음 받아야 합니다. 그리고 다시는 이 죄를 짓지 않겠다고 약속해야만 합니다."[2]

거의 모든 하이퍼 그레이스 설교자들이 그렇듯이 루퍼스는 이런 사고방식을 단호하게 거절한다.

내가 말하고 싶은 것은 이것이다. 새 언약을 받은 우리가 계속 죄를 고백하고, 회개하고, 모든 죄에 대해 용서를 구해야 한다고 말하는 성경 구절은 신약 어디에도 없다. 왜 그런가? **영원히** 당신의 **모든** 죄를 위해 드려진 한 제사가 이미 당신의 **모든** 죄를 낱낱이 처리했기 때문이다.[3]

이것은 실제적으로 무엇을 의미하는가? 라이언 루퍼스의 말을 다시 인용하자면 "우리는 죄를 고백하도록 부름 받은 것이 아니라, 예수 그리스도 안에서 우리의 의를 고백하도록 부름 받았다."[4] 안드레 라베Andre Rabe의 표현을 사용하자면(이것도 역시 요한일서 1장 9절의 관점에서 틀린 말이다), "죄 고백은 하나님께 우리의 죄에 관하여 말하는 행위가 아니라, 죄에게 우리 하나님에 관하여 말하는 행위다."[5]

루퍼스는 여기서 한걸음 더 나아간다. "거듭난 새 언약의 신자로서, 죄를 지은 이후에 가서 용서를 구하는 행위는 죄다. 그것은 불신의 죄다. 예수님께서 십자가에서 다 이루신 일을 믿지 않는 것이다. 이미 끝났다는 것을 깨닫지 못하고 있기 때문에 무엇인가를 하려고 시도하는 것이다!"[6]

죄를 지은 다음에 하나님께 용서를 구하는 것이 죄라는 말인가? 그렇다면 죄를 지은 다음에 어떻게 말해야 하는가? "아버지 그 죄도 이미 처리되어서 감사합니다. 저는 여전히 완벽하게 의롭습니다"라고 말해야 하는가? 루퍼스 목사는 그렇다고 말한다.

> 죄를 지을 때도 있다. 그리고 약간의 죄책감을 느끼고 하나님께 죄송하다고 말하며 용서를 구하고 싶을 수도 있다. 그것이 잘못된 것은 아니다. 그 마음은 옳지만, 예수님께서 십자가에서 다 이루신 일에 대한 완전한 계시가 마음에 아직 없는 것이다. "하나님 죄송합니다. 저는 그렇게 하고 싶지 않았습니다. 그것은 새 피조물 된 저의 본성의 일부가 아닙니다. 하지만 하나님, 저는 지나치게 우울하고, 슬프고, 자기 성찰에 몰두하며, 죄책감에 사로잡혀 있고 싶지 않습니다! 하나님도 그것을 원하시지 않잖아요. 주님은 제가 머리를 들고, 성령 안에 거하며, 주님이 값없이 주신 의와 완전한 용서의 선물에 대해 감사하기를 원하십니다. 모든 죄를 용서해주신 예수님께 지금 저의 시선을 고정시킵니다. 예수 그리스도 안에서 저는 하나님의 의가 되었음을 인하여 감사드립니다."[7]

나는 누군가의 감정을 상하게 하려고 이 말을 하는 것은 아니다. 그러나 '특정한 방식으로 말해야만' 바른 결과를 얻을 수 있다고 주장하는 듯한 위 인용문의 태도는 지극히 율법주의적이며 하나님의 자녀에게 너무나 어울리지 않는 모습이다. "죄송합니다"라고 말할 수는 있지만 "아빠 용서해주세요"라고 말하면 불신의 죄를 짓는 것이라니. 이것이 은혜인가? 이것이 하나님과의 친밀하고 인격적인 관계인가?[8]

나는 루퍼스 목사가 주장하는 많은 내용에 동의한다. 그가 말한 것처럼 하나님은 우리를 의롭게 하셨고 용서하셨으며 우리의 죄를 기억하지 않으신다. 그래서 우리는 예수님께 계속 시선을 고정시켜야 하고, 그리스도 안에서 새 피조물이 된 사실을 붙들어야 하며, 우울해지거나 소망을 잃어서는 안된다. 하지만 하나님께서 우리의 미래의 죄들을 이미 용서하셨다는 것이 사실인가? 우리의 죄를 고백하고 용서를 구해서는 안된다는 것이 맞는 말인가? 절대 그렇지 않다.

하이퍼 그레이스 지지자들은 요한일서 1장 9절을 전형적으로 다음과 같이 이해한다. 이 구절은 (신자들이 아니라) 회중 가운데 섞여 있는 불신자들에게 쓴 것이며, 구원을 받으려면 하나님께 그들의 죄를 고백해야 한다는 의미로 쓴 구절이라는 해석이다.[9]

하이퍼 그레이스 교사들은 요한이 특히 그의 회중 가운데 침투해 들어온 영지주의 불신자들에게 말하고 있다고 거듭 주장한다. 앤드류 팔리Andrew Farley의 다음 진술은 대표적인 사례다.

> 요한은 요한일서 시작 부분에서 신자들을 경책하는 것이 아니다. 그는 초대 교회에 침투하여 거짓된 교리를 가르친 영지주의자들에게 말하고 있다. … 9절 말씀은 영지주의자들의 영향을 받아 죄가 없는 완벽함을 주장하는 불신자들을 위한 해답이다. 말하자면 요한은 이렇게 질문하고 있는 것이다. "여러분, 죄가 없다고 주장해서는 안 되며 여러분의 생각을 고치셔야 합니다. 결코 죄를 짓지 않았다고 주장하는 대신, 하나님께 동의하셔야 하지 않겠습니까?" 하나님은 영지주의자들이 그들의 관점을 재고하

도록 초청하고 계신다. 만약 그들이 자신의 죄인 됨을 인정한다면 하나님은 그들에게 구원을 베푸실 것이다.[10]

안드레 반 데르 멀위의 논지도 이와 비슷하다. "요한일서 1장 9절은 문맥을 고려하여 읽어야 한다. 영지주의 교사들이 이미 회중 가운데 침투했고, 요한은 바로 그런 회중에게 편지를 쓰고 있다."[11] 조셉 프린스도 동일하게 가르친다. "요한은 1장에서 신자들에게 말하고 있는 것이 아니다. 초대교회에 침투해 들어온 영지주의자들에게 말하고 있다. 영지주의자들은 죄라는 것을 믿지 않는 이단이다."[12] 척 크리스코Chuck Crisco의 주장도 동일하다. "요한일서 첫 장은 그리스도인이 아니라 영지주의자들에게 쓴 글이다."[13] 이런 주장은 계속 이어진다. (요한일서 1장 9절을 하이퍼 그레이스 친구들의 페이스북에 시험 삼아 한번 올려보고, 얼마나 많은 이들이 이 구절은 영지주의자들에게 쓴 것이라고 대답하는지 한번 보라.)

세계적인 석학들도 합의를 보지 못한 성경의 특정 본문에 관한 내용을 어떤 특정 진영의 모든 사람들이 '안다'라고 할 때, 나는 성경연구에 훈련된 사람으로서 즉시 의심스러워진다. 다시 말하면 어떻게 하이퍼 그레이스 진영에서—말씀을 가장 잘 아는 사람에서부터 가장 잘 모르는 사람에 이르기까지—내가 접하는 사람마다 요한일서가 영지주의 이단과 싸우기 위해서 기록되었으며, 1장 9절은 요한이 (영지주의) 불신자들을 대상으로 말하는 것이라고 동일하게 주장하는 것이 가능한가? 어떻게 그들 모두가 이것을 알게 되었는가?

요한 서신서의 대표적인 주석가들이 있다. 수십 년간 성경 본문을 꼼꼼하게 연구하고, 그 말씀으로 오래 기도하며, 시대적인 배경 안에서 이해하고자 모든 가능한 자료들을 찾아서 연구하는 주석가들도 요한이 영지주의 이단과 싸우고 있다고 하나같이 동의하는 것은 아니다. 사실 요한 서신서의 권위자 중 한 사람인 루돌프 슈나켄부르크Rudolph Schnackenburg 교수는 이렇게 말한다. "요한일서와 요한이서를 쓰게 만든 이단은 그 무렵에 등장한 다른 어떤 이단에 필적할 수 없었다. 그러나 그것은 여러 가지 이단이 혼합된 모습이었다."[14] 그뿐만 아니라 대부분의 학자들은 영지주의가 AD 2세기가 되어서야 비로소 등장했다고 동의한다. 다시 말하면 영지주의는 요한일서가 쓰인 이후에 등장한 것이다. 따라서 요한일서에서 다루는 이단은 확실하게 조직되고 퍼진 이단이라기 보다 기껏해야 영지주의 씨앗 정도라고 할 수 있을 것이다.

『새로운 성경주석The New Bible Commentary』은 이렇게 언급한다. "초기 영지주의가 어떻게 등장했는지에 관하여는 논쟁이 있다. 이 서신서가 쓰인 지 한참 이후일 가능성이 많다. 그러나 난데없이 등장한 것은 아니었다. 1세기에 이미 영지주의와 관련된 많은 가르침이 유포되고 있었고, 그것은 나중에 완전히 발전한 영지주의 이론에 포함되게 된다."[15] 따라서 일부 영지주의 가르침이 그곳에 있었을 수도 있다. 그러나 요한이 영지주의자들을 대상으로 말하고 있으며 요한일서의 배경이 '영지주의'라고 단정 짓는 것은 오류이다. 425페이지에 달하는 요한 서신서 주석을 쓴 스티븐 스몰리Stephen Smalley 교수는 이렇게 말한다. "나중에 결국 '영지주의'로 알려지게 된 신약시대 사상의 풍조는 제대로 된 체계가 없었다는 것을 기억해야 한다. 따라서 1세기에 나타난 풍조는 '영지주의적 경향' 혹은 '전영지주의pre-gnosticism'라고 해야 더 정확한 표현일 것이다."[16]

다시 말해 요한이 일부 전영지주의적 이단들에게 말하는 것은 분명히 있을 법한 일이지만, 그것도 여전히 논쟁의 여지는 있다. 그런 의미에서 하이퍼 그레이스 교사들의 주장은 분명히 과장된 것이며, 이것을 요한일서 1장

9절에 적용한 것도 틀린 것이다. 그럼에도 하이퍼 그레이스 신자들은 대부분 그들의 교사들로부터 들은 내용을 단순히 반복하며 이것이 사실이라고 담대하게 말한다.

만약 당신이 이 견해를 고수한다면, 몇 가지 솔직한 질문을 던지겠다. 영지주의자들이 어떤 사람들이었는지 아는가? 예수님 시대 이전에도 그들은 존재했었는가? '유대교' 영지주의자들 뿐만 아니라 '기독교' 영지주의자들도 있었는가? 그들이 믿었던 주된 가르침은 무엇이었는가? 도세티즘Docetism이 무엇인지 설명할 수 있는가? 신약성경에 영지주의와 관련된 다른 구절들이 있는가? 교회는 영지주의 이단과 얼마나 오랫동안 싸웠는가? 마지막으로 요한일서가 영지주의에 대해 언급한다는 것을 원문상으로, 고고학적으로, 언어학적으로, 신학적으로 입증해주는 증거는 무엇인가?[17]

누구를 공격하려고 이런 질문을 하는 것이 아니다. 많은 이들이 스스로 이 문제에 대해 연구하지 않고 요한일서 1장 9절 배경에 대해 단순히 들은 내용을 반복하고 있다는 것을 밝히기 위해서다. 심지어 하이퍼 그레이스 교사들 가운데서도 그들이 존경하는 다른 동료들로부터 들은 것을 앵무새처럼 되풀이하지 않고 이것을 주의 깊게 연구한 사람이 과연 얼마나 될지 궁금하다. 이것은 하나님의 말씀을 가르치는 교사에게 합당한 책임있는 태도가 아니다(야고보서 3장 1절을 보라).

요한 서신의 대상

신약 학자이자 성경 배경 전문가인 크레이그 키너Craig Keener는 다음 시나리오 중 하나가 요한일서에 언급된 쟁점들을 설명해 줄 것이라고 제안한다. 첫째, 요한은 회당에서 쫓겨난 유대인 신자들을 격려하고 있다. 둘째,

요한은 신자들이 직면한 문제, 예를 들어 타협, 우상숭배, 거짓 선지자를 따르는 것에 대한 압박감을 언급하고 있다. 셋째, 요한은 "거짓 교사들은 쫓아냈지만 서로에 대한 사랑을 회복해야 했던 에베소 교회와 같은 공동체(계 2:2~4)"에게 편지를 쓰고 있다. … 그리고 한편으로는 영지주의를 향하여 발전하고 있던 이단들 중 하나가 문제였을 것이다.[18]

그렇다면 요한일서가 점점 성장하고 있는 영지주의 이단과 싸우기 위해 쓰였다고 가정해보자. 그렇다고 해서 요한일서 1장 9절이 회중 가운데 섞여 있는 불신자들을 향한 구절이라는 의미는 아니다. 사실 문맥상으로나 헬라어 본문상으로 그런 해석은 불가능하다. 내가 하이퍼 그레이스 진영의 해석을 가까운 친구인 학자—신약성경에 관하여 수만 페이지의 글을 써온 주석가이자, 겸손하고 예수님을 사랑하며 성령으로 충만한 학자이다—에게 나누었을 때 그는 너무 당황한 나머지 움찔했다.

요한일서는 신자들에게 쓴 편지다. 사실 키너 교수는 이렇게 언급한다. "한 가지 분명한 것이 있다. 주로 문제를 일으키는 사람들은 '분리주의자들 secessionists'이다. 그들은 요한의 편지를 받는 회중의 일원이었다가 **그 공동체를 떠난 사람들이다.**"[19] 불신자들은 더 이상 이 회중들 가운데 없었다. 따라서 요한이 이 서신서에서 불신자들에게 말하고 있지 않다는 것은 "논란의 여지가 없다". 그는 신자들에게 이런 이단들에 관하여 편지를 쓰고 있는 것이고 이단들에게 직접 편지를 쓴 것이 결코 아니다.

요한일서 1장 1~10절에 나오는 '우리가', '우리를', '우리의'와 같은 단어 사용을 주의 깊게 보라.

태초부터 있는 생명의 말씀에 관하여는 **우리가** 들은 바요 눈으로 본 바요 자세히 보고 **우리의** 손으로 만진 바라 이 생명이 나타내신 바 된지라 이 영원한 생명을 우리가 보았고 증언하여 너희에게 전하노니 이는 아버지와 함께 계시다가 **우리에게 나타내신 바 된 이시니라 우리가** 보고 들은 바를 너희에게도 전함은 너희로 **우리와** 사귐이 있게 하려 함이니 **우리의** 사귐은 아버지와 그의 아들 예수 그리스도와 더불어 누림이라 **우리가** 이것을 씀은 우리의 기쁨이 충만하게 하려 함이라 **우리가** 그에게서 듣고 너희에게 전하는 소식은 이것이니 곧 하나님은 빛이시라 그에게는 어둠이 조금도 없으시다는 것이니라 만일 **우리가** 하나님과 사귐이 있다 하고 어둠에 행하면 거짓말을 하고 진리를 행하지 아니함이거니와 그가 빛 가운데 계신 것 같이 **우리도** 빛 가운데 행하면 **우리가** 서로 사귐이 있고 그 아들 예수의 피가 **우리를** 모든 죄에서 깨끗하게 하실 것이요 만일 **우리가** 죄가 없다고 말하면 스스로 속이고 또 진리가 **우리** 속에 있지 아니할 것이요 만일 **우리가** 우리 죄를 자백하면 그는 미쁘시고 의로우사 **우리** 죄를 사하시며 **우리를** 모든 불의에서 깨끗하게 하실 것이요 만일 **우리가** 범죄하지 아니하였다 하면 하나님을 거짓말하는 이로 만드는 것이니 또한 그의 말씀이 우리 속에 있지 아니하니라

이것은 잃어버린 영혼들을 주님께 인도하기 위해 전하는 메시지가 아닐 뿐만 아니라 요한일서 1장 9절은 잃어버린 영혼들에게 하는 말이 아니다. 여기서 '우리'는 편지를 쓰는 요한과 수신자인 신자들을 지칭한다. "만일 **우리가 우리 죄를 자백하면**"—'만일 구원받지 못한 너희 영지주의 이단들이 **너희의 죄를 자백하면**'이라고 하지 않았다—"그는 미쁘시고 의로우사 **우리** 죄를 사하시며 **우리를** 모든 불의에서 깨끗하게 하실 것이요"—마찬가지로 '그는 미쁘시고 의로우사 **너희** 죄를 사하시며 **너희를** 모든 불의에서 깨끗하

게 하실 것이요'라고 하지 않았다.[20]

이단과 불신자들은 '그들'로 지칭하며, 한결같이 외부인으로 취급하고, 공동체 일원이 아예 아닌(또는 전에는 공동체 일원이었으나 지금은 더 이상 아닌) 사람들로 간주한다.

> 아이들아 지금은 마지막 때라 적그리스도가 오리라는 말을 너희가 들은 것과 같이 지금도 많은 적그리스도가 일어났으니 그러므로 우리가 마지막 때인 줄 아노라 **그들이** 우리에게서 나갔으나 우리에게 속하지 아니하였나니 만일 우리에게 속하였더라면 우리와 함께 거하였으려니와 **그들이** 나간 것은 다 우리에게 속하지 아니함을 나타내려 함이니라 너희는 거룩하신 자에게서 기름 부음을 받고 모든 것을 아느니라(요일 2:18~20)
>
> 자녀들아 너희는 하나님께 속하였고 또 **그들을** 이기었나니 이는 너희 안에 계신 이가 세상에 있는 자보다 크심이라 **그들은** 세상에 속한 고로 세상에 속한 말을 하매 세상이 **그들의** 말을 듣느니라 우리는 하나님께 속하였으니 하나님을 아는 자는 우리의 말을 듣고 하나님께 속하지 아니한 자는 우리의 말을 듣지 아니하나니 진리의 영과 미혹의 영을 이로써 아느니라 (요일 4:4~6)[21]

따라서 이런 맥락을 고려할 때 1장 9절이 불신자들을 향한 말씀이라는 해석이 명확하게 배제된다. 사실 정반대의 해석이 옳다. 이단들이 죄가 없다고 주장하고 있었기 때문에, 요한은 죄가 없다는 이단들의 주장에 맞서서 수신자들에게 '그들의 구체적인 죄와 악행을 자백하라'라고 촉구하고 있다.[22]

헬라어 본문은 더욱 분명하게 하이퍼 그레이스 해석과 대치된다. '자백하다confess'에 해당하는 헬라어는 단회적인 행동이 아닌 지속적인 현재의 행동을 의미한다(헬라어를 1년만 공부해도 알 수 있는 사실이다). 어떤 주석은 이렇게 설명하고 있다.

> **1:9 "자백하다"** 이 단어는 '말하다to speak'와 '같은 것the same'을 합성한 헬라어이다. 신자들은 하나님의 거룩하심을 위반한 것에 대해 계속 하나님께 동의한다(롬 3:23 참조). 그것은 계속적인 행동ongoing action을 의미하는 현재형 시제. 자백은 다음과 같은 뜻을 가지고 있다. 1) 죄를 구체적으로 말하는 것(9절), 2) 죄를 공적으로 인정하는 것(마 10:32; 약 5:16 참조), 3) 구체적인 죄에서 돌이키는 것(마 3:6; 막 1:5; 행 19:18; 약 5:16). 요한일서에는 이 용어가 자주 등장한다(요일 1:9; 4:2,3,15; 요이 1:7). 예수님의 죽으심은 용서를 위한 수단이다. 그러나 죄인인 인간은 구원받기 위해 믿음으로 반응하고 또 그 이후에도 계속 믿음으로 반응해야 한다(요 1:12; 3:16).[23]

요한일서 주석가인 C. G. 크루제C. G. Kruse에 따르면 "(요한일서의) 저자는 사람들이 계속 그들의 죄를 인정할 것을 예상하고 있다. 진정한 그리스도인의 삶은 자신의 죄를 지속적으로 정직하게 인정하는 것을 포함하는 것으로 묘사한다."[24] 헬라어 권위자인 A. T. 로버트슨A. T. Robertson은 본문의 문자적인 의미가 "만약 우리가 계속해서 자백하면if we keep on confessing"이라고 언급한다.[25] 그래서 『루터 성경Lutheran Bible』의 주석가인 R. C. H. 렌스키R. C. H. Lenski는 요한일서 1장 9절을 다음과 같이 번역했다. "만약 우리가 계속 죄를 자백하면 하나님은 미쁘시고 의로우셔서 우리의 죄를 면제해주시고 모든 불의에서 우리를 깨끗하게 해 주신다."[26] 헬라어 학자인 케네스 웨스트Kenneth Wuest는 요한의 말을 빌려 "죄인은 믿어야 하고(요 3:16) 성도들은 자백해야

한다"라고 주장했다.[27]

그렇다. 죄를 자백하는 것은 하나님과 우리의 친밀한 관계의 한 부분이다. 그것은 정죄나 율법주의나 흠을 찾는 것이 아니며, 자유와 기쁨에서 흘러나오는 것이다. 사랑하는 하나님의 마음을 아프시게 하고 싶지 않고 또 그 어떤 것도 하나님과 우리 사이를 가로막는 것을 원하지 않으며 우리 양심을 깨끗하게 유지하기를 원하기 때문에, 우리가 죄를 자각할 때 하나님 앞에서 그 죄를 인정하는 것이다. 그리고 예수님께서 죄값을 다 지불하셨기 때문에, 하나님은 미쁘시고 의로우사 우리의 죄를 용서해 주신다.

그러나 이것은 구원을 위한 용서가 아니다. 또 죄를 지을 때마다 반복해서 '구원받아야' 하는 것도 아니다. 이것은 하나님과의 친밀한 관계를 위한 용서이며, 가정 안에서 일어나는 용서이고, 용납과 사랑을 기초로 한 용서다. 콜린 다이Colin Dye 목사와 같은 대표적인 은혜 교사조차도 그리스도인들이 지속적인 용서를 받을 필요가 있음을 인정했다. 콜린 다이는 영국에서 가장 존경받는 지도자 중 한 명이며 과거에 나 역시 그의 교회를 방문하여 사역한 적이 있다. 그는 '**아버지**의 용서parental forgiveness'와 '**재판관**의 용서judicial forgiveness'를 구분 지어 설명한다.

콜린 다이 목사는 한번 구원은 영원한 구원이라는 교리를 고수하고(나는 이것을 믿지 않는다. 부록을 참조하라) 우리가 구원받는 순간 미래의 모든 죄도 용서받는다고 믿으며(하이퍼 그레이스 교사들처럼) 다음과 같이 말했다.

> 하나님께서 **아버지**의 용서를 보류하신다고 해서 우리를 다시 정죄 아래 두시는 것이 아니다. 하나님은 우리를 완전히 용서하셨고 죄를 기억도 하지 않으시므로 우리의 죄는 결코 우리에게 불리하게 작용할 수 없다. 하나님은 죄의 빚을 탕감해 주셨고, 그리스도의 의를 우리에게 전가해 주셨

다. 우리는 그리스도의 보혈에 대한 믿음으로 단번에 이 **재판관**의 용서를 받는다. 의로운 재판관이신 하나님은 우리의 모든 죄를 십자가에서 심판하셨고, 우리 삶에서 정죄를 영원히 가져가셨다![28]

물론 여기서 나는 콜린 다이 목사와 견해를 달리 하는 부분이 있다. 그러나 내가 절대적으로 동의하는 것은 우리가 어느 날 구원받았다가 다음날 구원을 잃어버리는 것이 아니라는 사실이다. 자다가 죽어서 지옥가지 않으려고 잠들기 전까지 우리의 모든 죄를 낱낱이 고백해야 한다고 생각하며, 하나라도 '놓쳤을까 봐' 고민하는 삶을 사는 것이 아니라는 뜻이다. 콜린 다이는 그것을 "일부 종교 지도자들이 요구하는 일종의 병적인 자기 성찰"이라고 부른다.[29] 구원받은 이후의 용서는 법적인judicial 것이 아니라 관계적인relational 것이다. 그것은 하나님과의 친밀한 교제, 즉 씻음 받고 용서받는 '경험'과 관계가 있으며, 하나님의 자녀로서의 신분에 관한 것이 아니다.[30] (하나님의 자녀로서의 신분, 즉 우리의 궁극적인 구원에 영향을 미칠 수 있는 유일한 것은 예수님을 부인하는 것이나 지속적으로 완고하게 거역의 삶을 사는 것이다.)

찰스 스펄전Charles Spurgeon은 이렇게 말했다.

그리스도의 소중한 보혈로 씻음 받은 사람들은 재판장이신 하나님 앞에 피고인으로서 죄를 고백할 필요는 없다. 그리스도께서 법적인 의미에서 모든 죄를 가져가셨기 때문에 우리는 정죄 받는 자리에 더 이상 서있지 않다. 그러나 이제 자녀가 되었고, 죄를 지어도 자녀로서 죄를 지었기 때문에 날마다 하나님 아버지 앞에 나아가 죄를 고백하고 악함을 인정하는 것이 당연하지 않겠는가? 육신의 부모에게 잘못했을 때도 죄를 고백하는 것이 의무라고 본성이 가르치듯이, 그리스도인들이 하늘 아버지께 동일한

의무가 있음을 우리 마음 안에 있는 하나님의 은혜가 가르쳐준다.[31]

예수님도 이것을 염두에 두시고 우리에게 심지어 날마다 이렇게 기도하라고 가르쳐 주셨다. "우리가 우리에게 죄지은 자를 사하여 준 것 같이 우리 죄를 사하여 주시옵고"(마 6:12). 이 말씀을 설명하면 다음과 같다. "너희가 사람의 잘못을 용서하면 너희 하늘 아버지께서도 너희 잘못을 용서하시려니와 너희가 사람의 잘못을 용서하지 아니하면 너희 아버지께서도 너희 잘못을 용서하지 아니하시리라"(마 6:14~15). 여기서 예수님은 만약 우리가 다른 사람을 용서하면 그날은 구원받고, 그다음 날 용서하지 않으면 구원을 잃어버린다는 말씀을 하고 계신 것이 아니다. 예수님은 하늘 아버지와 친밀하고 바른 관계 가운데 거하는 것에 관하여 말씀하고 계신다.

사실 다른 사람을 용서하는 것은 너무나 중요하기 때문에 예수님은 여러 곳에서 이것을 반복하여 말씀하셨다. 마가복음 11장 24~25절에서도 믿음으로 기도하는 것에 관하여 가르치시면서 이것을 되풀이하신다. (우리가 다른 사람에 관하여 안 좋은 마음을 품고 하나님이 우리를 용서하신 것처럼 그들을 용서하기를 거부하면서 어떻게 믿음으로 기도하는 것이 가능하겠는가?)

그러나 폴 엘리스는 이 견해를 반대한다.

"너희가 사람의 잘못을 용서하지 아니하면 너희 아버지께서도 너희 잘못을 용서하지 아니하시리라"(마 6:15)라고 예수님은 말씀하셨다. 이것은 좋은 소식이 아니다. 하나님의 용서를 우리의 용서와 연결함으로써 우리로 하여금 두려워 떨게 만드는 나쁜 소식이다. 이것은 은혜가 아니라 율법이다. 말하자면 보상과 보복의 논리이며 얻기 위해 주어야 하는 것이다.[32]

엘리스 박사는 "예수님께서 십자가 이전에는 조건적인 용서, 즉 용서받기 위해서 용서하는 것을 전하셨으며",[33] 십자가 이후에는 이와 다른 메시지를 전하셨다고 주장한다(이 주장에 대해 6장에서 더 논의할 것이다). 그러나 이것은 삶으로 은혜와 진리의 전형을 우리에게 보여주신 주님이 하신 말씀이다(13장 참조). 이것을 은혜가 아닌 율법이라고 결코 말할 수 없다. 예수님은 이 비유를 통해 단순히 "용서받기 위해 용서하라"라고 가르치고 계신 것이 아니라, 우리가 용서받았기 **때문에** 용서해야 한다는 것을 가르치고 계신다. (마태복음 18장 21~35절을 보라.)

그렇다. 우리는 먼저 얼마나 많이 용서받았는지를 기억하고 진심으로 다른 사람들을 용서해야 한다. (예수님의 십자가 사건 이전에도 유대인들은 이미 은혜에 대한 이해가 있었고, 하나님께서 그들의 죄를 얼마나 많이 용서하셨는지 알고 있었다. 예를 들어 느헤미야 9장 17절, 시편 32편 1절, 130편 4절을 보라. 다만 십자가 사건 이후 은혜에 대한 이해는 기하급수적으로 증가한다.)

마태복음 18장의 비유에서 주인은 용서하지 않은 종에게 말한다. "악한 종아 네가 빌기에 내가 네 빚을 전부 탕감하여 주었거늘 내가 너를 불쌍히 여김과 같이 너도 네 동료를 불쌍히 여김이 마땅하지 아니하냐 하고 주인이 노하여 그 빚을 다 갚도록 그를 옥졸들에게 넘기니라 너희가 각각 마음으로부터 형제를 용서하지 아니하면 나의 하늘 아버지께서도 너희에게 이와 같이 하시리라"(마 18:32~35). 우리가 진심으로 형제자매들을 용서하지 않으면, 하나님 아버지께서 우리를 징계하실 것이다. 사도 바울도 우리에게 서로 용서하라고 당부하며 이 거룩한 부르심을 강조한다. "주께서 너희를 용서하신 것 같이 너희도 그리하고"(골 3:13).

용서하지 않는 마음은 하나님과의 교제나 사람들과의 교제에 당연히 영향을 미칠 수 밖에 없다. 그렇다고 하나님께서 우리가 그전에 지은 모든 죄에 대한 용서를 '취소'하신다거나 우리를 다시 불신자 취급하시는 것은 아니다. 그런 일은 절대로 없다. 죄를 짓거나 용서하지 않는 마음을 품을 때, 하나님의 자녀로서 그리고 성도로서 여전히 우리는 죄 씻음과 자비가 필요하다는 뜻이다.

그렇다고 이것이 날마다 자기반성과 성찰을 하라는 의미라고 생각하지는 않는다. 다만 하루를 마감하며 주님과 친밀한 시간을 보낼 때 그날 지은 죄가 떠오르면 나는 즉시 주님께 용서를 구한다. 이것은 하나님 아버지와의 지속적인 관계의 한 요소이다. 잘못을 범했거나 또는 나의 말과 행동과 태도가 하나님의 마음을 아프시게 한 것을 알았을 때, 사랑받는 아들이자 전적으로 용납 받은 하나님의 가족의 일원으로서 죄를 고백하며 용서를 구한다. "내가 여전히 구원받았기를!"과 같은 생각은 절대로 하지 않는다. (솔직히 나는 그런 생각을 이해할 수 없다. 혹시 당신이 그런 생각을 한다면 당신은 은혜에 관하여 매우 중요한 것을 아직 놓치고 있다.)

이것은 여러 가지 면에서 유익하다. 죄를 경시하지 않게 해주고 또한 죄가 마음에 쌓여 자신을 속이지 않도록 도와준다. 빛의 자녀로서 우리의 삶을 빛 가운데 드러낼 때, 이미 용서받고 씻음 받은 자로서 용서와 죄 씻음을 삶 가운데 다시 새롭게 누리는 것이다.

지속적인 죄 씻음

요한일서 1장 7절은 여기서 매우 중요한 말씀이다. (요한일서 1장 7절이 불신자들에게 쓴 구절이라는 하이퍼 그레이스 진영의 주장을 기억하라. 물론 이것은 완전히 틀린 주장이다.) 6절부터 한번 보자. "만일 우리가 하나님과 사귐이 있다 하고 어둠에 행하면 거짓말을 하고 진리를 행하지 아니 함이거니와 그가 빛 가운데 계신 것 같이 우리도 빛 가운데 행하면 우리가 서로 사귐이 있고 그 아들 예수의 피가 우리를 모든 죄에서 깨끗하게 하실 것이요." '깨끗하게 하다'에 해당하는 헬라어는 카타리조katharizo인데, 여기서 이 단어는 계속 진행 중인 활동을 의미하며 현재형, 능동태, 직설법으로 표현되었다. 한 성경연구 지침서는 다음과 같이 설명한다. "죄라는 단어는 **관사 없이 단수**로 사용되었으며, 즉 이것은 모든 종류의 죄를 의미한다. 또한 이 구절이 일회적인 죄 씻음(구원)이 아니라 지속적인 죄 씻음(그리스도인의 삶)에 초점을 맞추고 있음에 주목하라. 그리스도인들은 이 두가지를 다 경험한다(요 13:10 참조)."[34]

또 다른 주석에는 이렇게 설명되어 있다.

> '행하다'와 '깨끗하게 하다' 두 동사를 현재형으로 사용함으로써, 저자는 이 두 가지를 지속적인 활동으로 제시한다. 여기서 얻을 수 있는 교훈은, 빛 가운데 행하는 것이란 결코 죄를 짓지 않는 것이 아니라 죄를 하나님께 숨기려 하지 않는 것이다. 그들은 하나님과 함께 '빛 가운데 행하며', 그렇게 함으로써 그 아들 예수의 피가 그들을 죄에서 깨끗하게 해준다.[35]

이것은 이해하기 어려운 복잡한 지식이 아니다. 단순하고 기본적인 이 헬라어는 요한이 불신자가 아닌 신자들에게 글을 쓰고 있음을 말해준다. 빛 가운데 행할 때 예수의 피가 죄에서 우리를 계속 씻어준다고 말함으로써 '빛 가운데 행하는 것'이 죄 없는 삶을 의미하지 않음을 알려준다. 그것은 하나님을 기쁘시게 하는 삶을 사는 것이며, 만약 죄를 지으면 즉시 돌이켜 예수의 보혈로 씻김을 받으면 된다.

물론 이것은 하이퍼 그레이스 가르침과 정면으로 충돌한다. 하이퍼 그레이스는 구원받는 순간 하나님은 우리의 과거 및 현재의 죄뿐만 아니라 미래의 죄까지 용서하시며 더 이상 그것을 보지 않으신다고 가르친다. 절대로 그렇지 않다. 요한일서 1장 7절은 우리가 주님과 동행할 때 지속적인 죄 씻음이 있다고 가르치며, 그 가운데 우리가 잘 인식하지 못하는 죄도 많다. 예수님은 요한복음 13장에서 제자들의 발을 씻어 주시며 이 개념을 설명하셨다.

배경을 설명하자면, 예수님은 이제 곧 제자들이 배반하고 자신이 아버지께로 돌아가리라는 것을 아셨으며, 이 땅을 떠나시기 전에 제자들에게 완전한 사랑을 보여주기를 원하셨다(요 13:1~3). 어떻게 그 사랑을 보여주셨는가? 주님은 "저녁 잡수시던 자리에서 일어나 겉옷을 벗고 수건을 가져다가 허리에 두르시고 이에 대야에 물을 떠서 제자들의 발을 씻으시고 그 두르신 수건으로 닦기를 시작"하셨다(4~5절).

베드로는 이것을 감당할 수 없어서 "주여! 내 발을 절대로 씻지 못하시리이다"라고 소리친다. "내가 너를 씻어 주지 아니하면 네가 나와 상관이 없다"라고 주님께서 말씀하시자 성급한 베드로는 "주여 내 발뿐 아니라 손과 머리도 씻어 주옵소서"라고 대답한다. 아멘! 나는 베드로가 정말 마음에 든다. 그는 모 아니면 도다. "주님! 제 발을 씻어 주시는 것이 주님과의 바른 관계를 위해 꼭 필요한 일이라면 제 온 몸을 다 씻어주십시오."

> 예수께서 이르시되 이미 목욕한 자는 발밖에 씻을 필요가 없느니라 온몸이 깨끗하니라 너희가 깨끗하나 다는 아니니라 하시니 이는 자기를 팔 자가 누구인지 아심이라 그러므로 다는 깨끗하지 아니하다 하시니라(요 13:10~11)

이 말씀은 무슨 뜻인가? 이것을 이해하려면 그 시대 문화를 알아야 한다. 당시에는 집에 수도나 배관시설이 없었기 때문에 샤워시설이나 욕실이 없었다. 목욕을 하려면 강가나 대중목욕탕을 가야 완전히 깨끗하게 씻을 수 있었다. 그러나 목욕을 마치고 먼지 나는 지저분한 길을 걸어 집으로 돌아오다 보면 발이 다시 더러워질 수밖에 없다. 그런 환경이었기 때문에 손님이 방문하면 그 집의 종이 대야에 물을 떠다 발을 씻어주는 것이 관례였다. 다시 목욕까지 할 필요는 없고 발만 씻으면 되는 것이다.

예수님은 이것을 어떻게 영적으로 적용하셨는가? 그의 모든 제자들은 (예수님을 팔게 될 유다를 제외하고) 주님과 바른 관계 가운데 있었다. 주님은 그들을 용서하셨고 자기 사람으로 받아들이셨으며 그들은 이미 '깨끗했다'(요 15:3 "너희는 내가 일러준 말로 이미 깨끗하여졌으니"). 머리와 손과 온몸은 이미 목욕을 했기 때문에 발만 씻으면 되는 것이다.

그런데 이것이 요한일서 1장 7절과 무슨 상관이 있는지 여전히 궁금해 할 수도 있다. 간단히 설명하자면 구원받을 때 하나님은 우리의 오래 묶은 더러움을 닦아 주시고 머리부터 발끝까지 완전하게 씻어 주신다. 씻어내야 할 더러움이 많다. 어떤 이들에게는 수십 년간 쌓아온 죄와 오염일 수 있다. 다시 말하면 목욕 한 번 안하고 수십 년 살아온 것이다. 우리가 주님께 처음으로 자비를 구했을 때 영적으로 얼마나 악취가 심했을지 상상해보라.

인도 단기선교를 갈 때마다 거리에서 만났던 걸인들이 떠오른다. 심하게 불결한 이들의 생활 환경을 다 설명하기란 쉽지 않다. 자동차 기름에 적신 듯한 누더기를 걸치고 있었고, 몸은 먼지(또는 종기)로 뒤덮여 있었으며, 긴 머리는 윤기 없이 **뻣뻣했다**(또 그 머릿속에 어떤 작은 생물들이 사는지는 하나님만 아신다). 인도 친구에게 "차라리 머리를 미는 것이 낫지 않을까? 그게 더 관리하기 편할 것 같은데"라고 묻자, "아니야. 이 사람들은 구걸에 도움이 되니까 머리를 저렇게 기르는 거야"라고 대답했다. 얼마나 불쾌감을 주고 비참해 보이는지 이루 말할 수 없었다.

그것이 바로 구원받을 때 우리의 모습이 아닐까. "상한 것과 터진 것과 새로 맞은 흔적 뿐이거늘 … 그것을 짜며 싸매며 기름으로 부드럽게 함을 받지 못하였도다"(사 1:6). 우리는 때가 덕지덕지 묻은 심히 불쾌한 모습이었다. 죄에서 우리를 구원해 주시도록 믿음으로 구할 때, 주님은 그 순간 우리의 병든 영을 고쳐주시고 눈과 같이 희게 해 주셨다. 우리를 정결하고 거룩하게 해 주신 것이다.

성경은 "주 예수 그리스도의 이름과 우리 하나님의 성령 안에서 씻음과 거룩함과 의롭다 하심을 받았느니라"(고전 6:11)라고 말한다.[36] 예수님은 "말씀을 통해 물로 씻음으로"(엡 5:26) 우리를 깨끗하게 하셨고, "중생의 씻음과 성령의 새롭게 하심으로 … 우리를 구원하셨다"(딛 3:5). 이제 우리는 "마음에 뿌림을 받아 악한 양심으로부터 벗어나고 몸은 맑은 물로 씻음을 받았으니 참 마음과 온전한 믿음으로 하나님께 나아가자"(히 10:22).

단 한가지 문제가 있는데 우리가 아직 이 땅에 살고 있다는 것이다. 이미 목욕을 하고 씻었음에도 불구하고 먼지 나는 더러운 길을 걸어가야 하기 때문에 때로는 발이 더러워지기도 한다. 모든 먼지를 언제나 피할 수 있는 방법은 없다. 그것은 마치 흡연실에 들어가는 것과 같아서, 담배를 직접 피우지 않더라도 거기 있으면 간접흡연의 피해를 입기도 하고, 거기 있다가 나오면 담배 냄새가 날 수밖에 없다. 이것이 바로 죄가 어떻게 오염시키는지에 대한 그림이다.

때때로 우리 자신이 불경한 말을 내뱉지 않더라도 욕설이 많은 일터에서 일해야 할 때도 있고 그럴 때 듣는 것만으로도 더러움을 느낄 수 있다. 옷이나 행동이 외설적이고 음란한 사람들과 접촉할 때에도 우리 자신은 도덕적으로 바르게 살아왔음에도 불구하고 그들의 죄악된 행동에 의해 나도 오염이 된 듯한 느낌이 든다. 그렇다고 다시 목욕을 해야 되는 것은 아니다. 발만 씻으면 된다. "아버지! 예수님의 이름으로 저의 이 더러움을 깨끗하게 씻어주세요." 성경에서 정결 예식purification은 죄를 씻는 목적도 있지만 부정함uncleanness을 씻는 목적도 있다.

빛 가운데 행하며 자기 뜻이나 불순종의 지배 아래 살지 않음에도 불구하고 때로는 죄를 범할 때가 있다. 그것이 바로 발이 더러워지는 것이다. 사실 우리 모두는 날마다 어느 정도 부족한 모습으로 살아간다. 시기심이나 경쟁심이 스치고 지나갈 때도 있고, 동료 그리스도인에 대해 판단하는 말을 할 때도 있고, 기도하면서 주님께 초점을 맞추지 못할 때도 있다. 어려운 지체에 대해 긍휼의 마음이 부족할 때도 있고, 주님이 우리를 사용하시는 것으로 인해 교만해질 때도 있다. 헌신되고 구별된 하나님의 자녀라 할지라도 이 모양 저 모양으로 여전히 흠과 티가 있다. 그렇다고 그럴 때마다 다시 구원을 받아야 하는 것은 아니다. 깨달을 대마다 즉시 주님께 가서 발의 더러움을 씻어 주시도록 요청하고 긍휼과 은혜를 구하면 된다.[37]

데이빗 레이븐힐David Ravenhill은 이 중요한 주제에 관하여 성경이 어떻게 가르치고 있으며 하이퍼 그레이스 동료들이 어떻게 잘못 이해하고 있는지 생생하게 묘사한다.

> 자동차 판매 영업소에서 차를 구입하는 모든 사람에게 차를 소유하는 동안 계속 무료 세차를 받을 수 있게 해 준다고 상상해보자. 차를 구입하면 무료 세차 증서를 받게 된다. 판매자는 차를 구입한 당신에게 깨끗한 차는 그의 영업을 홍보하고 판촉하는 최고의 방법이기 때문에 앞으로의 세차 비용을 그가 이미 전부 지불했다고 말한다.

며칠 후 우연히 움푹 팬 시골 진흙탕 길을 운전하고 나서 차에 진흙이 잔뜩 묻게 되자 공짜 세차를 받기로 결심한다. 그러나 세차장에 가기 전에 친구들이 세차할 필요가 없다고 말한다. 처음에 한번 받은 세차로 충분하며, 이후에 다시 세차하라는 제안은 전부 틀린 말이고 거짓이라고 얘기한다.

친구와 논쟁도 하고 설득도 하며 더러운 차를 보여주어도 친구는 여전히 계속 세차의 필요성을 인정하지 않는다. 일단 판매자가 한번 세차를 해 주면 차는 영원히 깨끗하고, 그것이 판매자의 말의 의미라고 주장한다. 또한 반복적인 세차의 필요성을 주장하는 것은 판매자와 영업소에 대한 모욕이라고까지 말한다. "판매자가 처음 세차를 위해 값을 지불했을 때, 그것은 자동적으로 차를 영원히 씻은 것이다. 과거, 현재, 미래의 더러움까지 다 씻겼다. 다시 씻을 필요가 없다."

이런 논리는 누가 봐도 너무나 어리석고 무지하고 터무니없는 논리다. 분명히 판매자의 의도는 이미 세차 값을 지불했기 때문에 필요할 때 언제든지 와서 서비스를 받으라는 것이다.

판매자와의 대화를 돌이켜볼 때, 그가 개인적으로 더러운 차를 싫어하며 그래서 공짜 세차를 계속 받을 수 있도록 값을 지불했다고 한 말을 기억한다. 만약 차가 더러워진다면 세차를 받으라는 말이다. 세차를 받기 위해 더러운 길을 일부러 찾아다니라는 의도는 결코 아니다. 그렇게 한다면 세차 서비스를 악용하는 것이며 그의 영업에 대한 모욕이라고 판매자는 말했다.

마찬가지로 그리스도의 속죄는 나의 모든 죄값을 완전히 지불했다. 그렇다고 이것이 회개할 필요성을 배제하는 것은 아니며 마음대로 죄를 지을 수 있는 허가증을 주는 것도 아니다. 이와 다르게 말하는 '친구들'은 완전히 오도하고 있고 잘못 말하고 있다.

안타깝게도 이것이 바로 새로운 하이퍼 그레이스 메시지의 배후에 있는 논리다. 이 거짓된 가르침의 본질은 과거, 현재, 미래의 모든 죄가 이미 대속을 받았고 따라서 더 이상 회개할 필요가 없다는 것이다. 이 견해의 지지자들은 회개하는 것이 곧 그리스도께서 모든 죄값을 지불하신 것을 믿지 않는다고 하나님께 말씀드리는 것과 같다고 본다.

다음의 논리는 이 신학이 틀렸다는 것을 밝혀준다. 만약 회개가 이미 용서받은(즉, 회개할 필요가 없는) 죄를 인정하는 것이라면, 왜 구원받기 위해서는 먼저 회개해야 한다고 말하는가? 만약 구원받은 이후 회개하는 것이 잘못이라면, 동일한 '논리'를 적용할 때 구원받기 전에 회개하는 것도 잘못이다. 이런 종류의 가르침은 결국 궁극적 화해ultimate reconciliation 또는 보편구제설universalism로 이어지게 된다는 것이 문제다. 즉 예수님께서 모든 죄값을 지불하셨기 때문에 모든 사람이 구원받는다는 입장으로 이어지게 된다. (이 그릇된 신학에 관하여 더 알기 원하면 14장을 참조하라.)

죄 씻음에 대한 공급provision은 십자가에서 완성되었다. 그러나 내가 씻음 받는 과정process은 나의 회개에 달려있는 것이지 그전에 이루어지는 것이 아니다.[38]

예수님께서 우리가 필요로 하는 모든 것의 값을 이미 다 지불하셨고 공급하셨다. 우리는 이 땅에서 주님과 동행하면서, 날마다 또는 순간마다 필요한 용서와 씻음과 인도와 공급을 받는 것이다. 신학적인 논쟁으로 여기지 말고 이성적으로 한번 생각해보자. 사랑이 많은 하나님께서 이제 우리의 아버지가 되셨다. 좋은 관계 안에서는 언제나 의사소통이 잘 이루어진다. 여기에는 때때로 죄를 자백하는 일도 포함된다. 좋은 소식은 우리가 주님을 바라볼 때 하나님은 항상 우리에게 은혜 위에 은혜를 더하신다는 사실이다.[39]

CHAPTER 06

성령님, 책망, 그리고 회개

6 성령님, 책망, 그리고 회개

하이퍼 그레이스 운동의 가장 공통적인 가르침 중 하나는, 하나님께서 이미 우리의 모든 죄를 용서하셨고 더 이상 기억하지 않으시며 예수 안에서 우리를 온전하게 보시기 때문에 성령께서 신자들의 죄를 책망하지 않으신다는 것이다. 하나님은 결코 우리가 죄를 주목하는 것을 원하지 않으신다고 믿는다. 심지어 일부 하이퍼 그레이스 교사들은 성령께서 아직 **구원받지 못한 죄인들**unsaved sinners의 죄도 책망하지 않으신다고 주장한다. 스티브 맥베이 목사는 다음과 같이 말한다.

> 성령께서 불신자들로 하여금 그들의 잘못을 깨닫게 해주시길 바라고 기도하는 것은 무의미한 일이다. 성령님은 그 일을 하지 않으신다. 이유는 다음과 같다. 예수님께서 십자가에서 이미 그들의 죄를 처리하셨기 때문에 그들의 죄는 문제가 안된다. "다 이루었다"라고 말씀하셨을 때, 거기에는 이미 복음을 믿은 사람뿐만 아니라 온 세상이 포함된 것이다. 예수를 믿지 않는 사람의 구체적인 죄들(잘못된 구체적인 행실들)은 단지 더 깊은 문제를 가리킬 뿐이다.[1]

성령께서 불신자들의 죄를 책망하지 않으신다니! 이것은 수 세기에 걸쳐 주님께 돌아온 수 많은 신자들이 놀랄 일이다. 그들은 모두 동일한 성령님을 통해 자신의 죄를 깊이 깨닫고 영광스러운 개종을 체험했기 때문이다. 나 역시 1971년 동일한 체험을 했으며, 사람들이 나를 위해 기도하고 있는 지조차 몰랐는데 성령님의 책망이 강력하게 임했다.

노예 매매상인이었다가 회심한 이후 「어메이징 그레이스Amazing Grace」를 작사한 존 뉴턴은 또 다른 찬송가 「나 오랫동안 죄를 기뻐했네In Evil I Took Long Delight」에서 이것을 아주 잘 표현하고 있다.

> 나의 양심은 죄책감에 사로잡혀
> 나를 절망으로 몰아넣었네
> 내 죄로 인해 그 보혈 흘리시고
> 주님 십자가에 못 박히셨네[2]

위대한 은혜 설교자 찰스 스펄전 역시 동일한 생각을 아름답게 표현하고 있다.

복음 전도가 활발하게 일어나고 있는 이 시대에 영혼들을 쉽게 평안과 기쁨으로 인도함으로써 얄팍한 신앙이 너무 많이 생겨나고 있다. 이 시대의 개종자들을 비난하는 것이 아니다. 그러나 영혼들을 눈물의 십자가로 인도하여 먼저 자신의 어둠을 보게 하고 그 이후에 '완전히 깨끗케 됨'을 확신할 수 있도록 도와주어야 한다. 너무 많은 이들이 죄를 가볍게 여기고 주님을 가볍게 대한다. 하나님 앞에서 유죄판결과 사형선고를 받고 목에 줄이 감긴 채 서 본 사람은 용서받을 때 기쁨에 감격하여 울 수밖에 없고, 죄를 미워할 수밖에 없으며, 보혈로 씻어 주신 예수 그리스도를 높이는 삶

을 살 수밖에 없다.³

전적으로 맞는 말이다! 한 사람의 개종의 깊이는 그가 믿을 때 죄에 대한 성령님의 책망을 얼마나 깊이 경험했는가에 달려있다고도 할 수 있다. 1975년 돌아가신 스코틀랜드 전도자 제임스 A. 스튜어트(James A. Stewart)의 말은 여전히 의미심장하다.

> 나는 지옥으로 가는 죄인들을 즐겁게 해 줄 수 없다. … 나는 매 순간 마지막 기회인 것처럼 복음을 전파한다. 왜냐하면 영혼들이 지옥 불 못에서 내 이름을 저주하며 이렇게 말하는 것을 원하지 않기 때문이다. "나는 이러이러한 전도 집회에 갔었다. 그러나 그 전도자 스튜어트는 사람들을 즐겁게 해 주는 말과 농담만 했고, 기독교를 하나의 익살극처럼 만들었다."
> 구식 전도 방법은 사람들을 울게 만들지만, 최신 '할리우드' 방식은 사람들을 웃게 만든다. 모두 즐겁고 좋은 시간을 가져야 하고, 좋은 모임이 되려면 많은 농담을 해야 한다. 따라서 오늘날의 전도 활동 안에는 통탄스러울 정도로 죄의 대한 책망이 빠져있다. 성령님은 결코 경박한 분위기 속에서 역사하실 수 없다.
> 모임의 영적 분위기가 얼마나 중요한지 소수의 하나님의 백성들만 아는 것 같다. … 예를 들어 요란한 분위기, 즉 예배 인도자는 광대 같고 설교자는 육적으로 노력하며 자신을 높이는 그런 경박하고 가벼운 분위기에서 구원받았다면, 당신도 마찬가지로 영적인 삶에 깊이가 없는 요란하고 경박한 그리스도인이 될 수밖에 없다.⁴

아주 타당한 말이다. 하나님의 경이로운 거룩하심을 조금이라도 맛본 사람은 자신의 죄의 깊이를 깨닫고 그분의 사랑으로 말미암아 변화를 경험한다. 믿을 수 없다면 이사야(사 6:5)와 베드로(눅 5:8~9)와 욥(욥 42:1~6)에게 한번 물어보라. 그러나 일부 하이퍼 그레이스 교사들은 이와 다르게 주장한다. "당신은 예수님과 당신 자신에게 동시에 초점을 맞출 수 없습니다. 자신의 결점에 주목하면서 주님의 영광스러운 완벽함을 동시에 바라보는 것은 불가능합니다. 당신 자신 또는 예수님 둘 중 하나입니다."[5]

사실은 그와 반대다. 우리는 예수님께 초점을 맞출 때 비로소 우리가 누구인지 제대로 알 수 있다. 주님의 '영광스러운 완벽함'을 바라볼 때, 우리는 '자신의 결점'을 처리할 수 있다. 그것은 구원받는 순간 시작된다. 구원이라는 것은 죄에 대하여 면밀하고 혹독하지만 궁극적으로는 놀라운 책망이 임하는 것이다. 인도네시아에서 오래 사역을 하면서 1960~70년대 그곳에 임한 성령의 강력한 역사를 경험한 어느 선교사는 "내가 보고 들은 가장 위대한 일은 사람들이 죄에 대해 책망을 받고 구원자의 필요성을 느끼는 것이다"라고 말했다.[6]

스펄전은 다음과 같이 말했다. "죄에 대하여 깊고 쓴 자각을 철저하게 경험하는 것은 큰 가치가 있다. 이 자각은 마시기엔 괴롭지만 우리 내면에 그리고 내세에 정말로 유익하다."[7] "옷을 입기 전에 먼저 벗어야 하고, 건물을 세우려면 주추를 놓기 위해 땅을 파야 한다. 죄를 철저하게 깨닫는 것은 하나님이 우리 마음 가운데 가장 먼저 행하시는 은혜의 역사 가운데 하나다."[8]

그렇다면 하나님께서 십자가에서 죄를 이미 처리하셨기 때문에 더 이상 불신자들의 죄를 책망하시지 않는다는 맥베이 목사의 주장은 어떻게 봐야 하는가? 또 안드레 라베의 다음 주장은 어떤가? "회개는 내켜 하시지 않는 하나님의 팔을 비틀어 용서해 달라고 구하는 것이 아니다. 하나님은 우리

가 태어나기도 전에 우리를 용서하셨다."[9] 이것은 절대로 성경적인 가르침이 아니다.[10]

성경에는 예수를 믿지 않는 사람들이 여전히 죄 가운데 있음을 시사하는 구절이 많이 있다(골 1:21; 2:13; 딛 3:3; 요 8:23~24 참조). 성경은 불신자들이 죄에 대해 심판을 받는다고 분명하게 가르친다. "너희도 정녕 이것을 알거니와 음행하는 자나 더러운 자나 탐하는 자 곧 우상 숭배자는 다 그리스도와 하나님의 나라에서 기업을 얻지 못하리니 누구든지 헛된 말로 너희를 속이지 못하게 하라 이로 말미암아 하나님의 진노가 불순종의 아들들에게 임하나니"(엡 5:5~6). 이것은 맥베이 목사의 다음 주장과 정면으로 충돌한다. "성령님은 불신자들에게 그들의 구체적인 죄를 책망하시지 않는다. 죄를 책망하는 것으로는 그들의 가장 깊은 필요를 채울 수 없기 때문이다. 성령께서 책망하시는 가장 큰 문제는 잘못된 행실이 아니라 그리스도에 대한 불신이다. 바로 그것이 핵심 사안이다."[11]

그렇지 않다. 죄는 당연히 중요한 문제다. 그리고 하나님은 불신자들의 죄를 책망하신다. 복음은 죄를 회개하고 용서받는 메시지다. 그래서 베드로도 사도행전에서 유대인들에게 예수님을 거절한 죄를 책망했고 유대인들은 이 말을 듣고 마음의 깊은 찔림을 경험했다.

> 그런즉 이스라엘 온 집은 확실히 알지니 너희가 십자가에 못 박은 이 예수를 하나님이 주와 그리스도가 되게 하셨느니라 하니라 그들이 이 말을 듣고 마음에 찔려 베드로와 다른 사도들에게 물어 이르되 형제들아 우리가 어찌할꼬 하거늘 베드로가 이르되 너희가 회개하여 각각 예수 그리스도의 이름으로 세례를 받고 죄sins 사함을 받으라 그리하면 성령의 선물을 받으리니(행 2:36~38)

6장 성령님, 책망, 그리고 회개 **125**

혹자는 이렇게 말할 수 있다. "그러나 그들이 책망을 받은 죄는 바로 예수님을 거절한 죄였습니다. 브라운 박사님이 직접 그렇게 말씀하고 계시네요." 맞다. 그것은 불신의 죄와 더불어 성령께서 책망하시는 많은 죄들 가운데 하나다. 그러나 맥베이 목사는 "성령께서는 불신자들에게 오직 한가지, 예수님에 대한 불신만 책망하신다. 성령님은 그 사람에게 현재 상태를 보여주심으로써 예수 그리스도를 통해 하나님을 알 수 있도록 이끌어 주신다"[12]라고 주장하는데, 이것은 절대적으로 틀린 말이다. 베드로도 설교할 때, **죄들**sins(복수)[13]을 용서받아야 한다고 설교했으며, **유일한 죄**the sin(다시 말해, 불신)만 용서받아야 한다고 하지 않았다. 사울(바울)이 예수님을 만난 이후 그를 찾아간 아나니아도 말했다. "일어나 주의 이름을 불러 세례를 받고 너의 죄들[i]을 씻으라"(행 22:16).

불신자들이 주님에 대한 필요성을 느끼는 것은 성령께서 죄를 깨닫게 해주실 때다. 셀 수 없이 많은 그리스도인들이 이를 증언한다. 『평지풍파를 일으킬 때다It's Time to Rock the Boat』에서 내가 쓴 것처럼 "죄에 대한 책망이 없으면 개종은 일어날 수 없으며, 죄에 대한 책망이 없으면 십자가를 이해할 수 없다."[14]

이것은 너무 명백해서 더 논쟁할 필요도 없다.[15] 사실 중요한 질문은 이것이다. 즉, 성령님은 **신자들**에게 그들의 죄를 책망하시는가? 하이퍼 그레이스 진영에서는 거의 이구동성으로 아니라고 대답하며, 조셉 프린스는 이렇게 말한다.

> 성령님은 결코 그리스도인의 죄를 책망하시지 않는다. 그분은 결코 당신의 잘못을 지적하기 위해 다가오시는 분이 아니시다. … 죄를 지은 것을 알기

---

i 복수형을 전달하기 위해 영어성경을 직역하였다.

위해서는 성령님의 계시가 필요하지 않다. 다만 죄지은 것을 알았을 때, 당신에게 필요한 것은 성령님께서 당신의 의를 깨닫게 해 주시는 것이다.[16]

클락 휘튼도 다음과 같이 설명한다.

> 성령님께서 세상에서 하시는 일은, 예수님께서 요한복음 16장 9절에서 "그들이 나를 믿지 않기 때문이라"(요 16:9)라고 말씀하신 바로 그 죄를 깨닫게 하시는 것이다. 성령님은 이미 나로 죄를 깨닫게convince 하셨고, 이제 나는 예수님을 믿는다! 성령님은 이제 나로 의를 깨닫게 하시고(요 16:10), 나는 "예수님 안에서 하나님의 의"가 된 것을 확신한다(고후 5:21). 성령님은 나로 심판을 깨닫게 하셨고, 그 진리는 내가 그리스도인이 되도록 도와주었다. 이제 성령님께서 깨닫게 하시는 것은 "이 세상 임금이—내가 아니라—심판을 받았다"라는 것이다(요 16:11)!"[17]

'책망하다', '유죄를 선고하다' 즉 convict에 해당하는 헬라어 단어의 정의는 뒤에서 다시 살펴볼 것이다(휘튼 목사는 그 단어를 얹서 '깨닫게 하다', '납득시키다', 즉 convince로 번역하고 있다). 그러나 더 깊은 질문은 이것이다. 성령님께서 우리에게 우리 죄에 대하여 말씀하시는가? 그분은 우리가 잘못한 것에 주목하시는가? 그분은 우리를 꾸짖고 교정하는 분이신가? 물론이다. 왜 그런가? 우리를 너무나 사랑하시기 때문이다. 만약 사랑하시지 않는다면 뒤로 물러서서 죄가 우리를 무너뜨리고 파괴하도록 내버려 두실 것이다. 그러나 무한한 사랑과 선하심 때문에 우리로 죄에 대해 불편함을 느끼게 하시고 거기서 돌이켜 하나님을 향하게 하신다.

하이퍼 그레이스 교사들은 이에 동의하지 않으며, 4장에서 언급한 것처럼 하나님께서 우리의 죄를 보시지 않기 때문에 성령님께서 죄를 책망하시지 않는다고 주장한다. 사실은 그렇지 않다. 하나님께서는 분명히 우리의 죄를 보시며, 죄는 우리 영혼에 매우 해롭고, 또 하나님 아버지는 우리를 정말 사랑하시기 때문에 성령님은 우리가 죄를 멀리하도록 도우신다.

책망 vs. 정죄

안타깝게도 일부 그리스도인들은 죄에 대한 책망conviction과 정죄condemnation를 혼동한다. 그리하여 성령께서 우리의 잘못을 말씀하시면, 절망과 정죄감을 느끼고 더 멀리 도망친다. 이것은 원수의 거짓말이며 반드시 폭로되어야 한다. 나는 하이퍼 그레이스 진영의 동료들이 이 파괴적인 거짓말을 폭로하는 것을 지지한다. 이 진리가 "지붕 위에서 전파"될지어다! **성령께서는 하나님의 자녀를 결코 정죄하지 않으신다.**

『가서 다시는 죄를 범하지 말라Go and Sin No More』에서 내가 설명한 바, "만약 당신이 거듭난 그리스도인이고 보혈로 씻김 받은 하나님의 자녀라면, 지옥에 갈 수밖에 없는 운명이 아니다. 하나님은 '네가 어찌 되든 상관없다! 악한 자여 나를 떠나라!'라고 말씀하시지 않는다. 절대로! 대신 '너는 내 것이다! 내 아들 예수를 통하여 너를 완전히 용납한다'라고 말씀하신다."[18]

그러면 책망과 정죄의 차이점은 무엇인가? 책망은 그리스도인에게 "너는 죄를 지었다. 그러니 나에게 나오라!"라고 말하는 반면, 정죄는 잃어버린 영혼들과 지옥에 갈 죄인들에게 "너에게 유죄를 선고한다. 나를 떠나라!"라고 말한다.

책망은 좋은 것이며 지옥이 아닌 하늘로부터 온다. 하나님의 책망이 우리의 심령을 깨뜨리고 성령님께 순복하도록 이끌 때 우리는 감사해야 한다. 왜냐하면 그분의 훈계를 받는 것은 항상 생명을 가져오기 때문이다. 사실 성령님의 책망은 우리를 "모든 진리 가운데로 인도하시는"(요 16:13) 그분의 사역의 일환이다. 19세기 신학자 찰스 하지Charles Hodge는 "성령님의 내적인 가르침에서 흘러나오는 것보다 더 친밀하고 저항할 수 없는 책망은 없다"라고 썼다.[19]

혹자는 이렇게 말할 수 있다. "그렇지만 제가 알기로 신약성경에는 성령님께서 그리스도인이 아닌 세상의 죄를 책망하신다고 나와있습니다. 요한복음 16장 8절이 그렇게 말하고 있지 않습니까? 그 외 신약성경 어디에서도 교회에 대한 성령님의 사역과 관련하여 '**책망하다**convict'라는 단어가 사용되는 것을 본 적이 없습니다."

헬라어 원어를 찾아보고 성경을 정확하게 한번 살펴보자. 요한복음 16장 8절에서 '책망하다convict'라고 번역된 헬라어는 '엘렌코elencho'이며 그 의미는 '죄를 깨닫게 하다convince', '책망하다convict', '경책하다reprove', '교정하다correct', '꾸짖다rebuke', '징계하다discipline'가 될 수 있다. 이 단어는 신약성경에 17번 등장하는데 각 구절들을 한번 살펴보자. 이 단어가 어떻게 사용되었는지 정확하게 볼 수 있도록 '엘렌코'에 해당하는 단어에 강조 표시를 하였다.

복음서부터 시작해보자.[i]

- 네 형제가 죄를 범하거든 가서 너와 그 사람과만 상대하여 **권고하라**tell him his fault 만일 들으면 네가 네 형제를 얻은 것이요(마 18:15)
- 분봉 왕 헤롯은 그의 동생의 아내 헤로디아의 일과 또 자기가 행한 모든

---

i   영어는 저자가 사용한 ESV 성경의 표현을 사용하였다.

- 악한 일로 말미암아 요한에게 **책망을 받고**been reproved(눅 3:19)
- 악을 행하는 자마다 빛을 미워하여 빛으로 오지 아니하나니 이는 그 행위가 **드러날까 함이요**be exposed(요 3:20)
- 너희 중에 누가 나를 죄로 **책잡겠느냐**convict 내가 진리를 말하는데도 어찌하여 나를 믿지 아니하느냐(요 8:46)
- 그가 와서 죄에 대하여, 의에 대하여, 심판에 대하여 세상을 **책망하시리라**convict(요 16:8)

독자는 이 단어가 어떻게 사용되었는지 감이 올 것이다. 자신에게 잘못한 형제를 꾸짖을 때 사용된 것 또한 알아차렸을 것이다.

'엘렌코'가 서신서에서는 어떻게 사용되었는지 계속 살펴 보자. 서신서에서는 우선 세상의 죄인과 관련하여 쓰였고, 그 다음에는 계속해서 죄를 짓는 장로와 관련하여 사용되었다.

- 그러나 다 예언을 하면 믿지 아니하는 자들이나 알지 못하는 자들이 들어와서 모든 사람에게 **책망을 들으며**convicted 모든 사람에게 판단을 받고 (고전 14:24)
- 너희는 열매 없는 어둠의 일에 참여하지 말고 도리어 **책망하라**expose … 그러나 **책망을 받는**exposed 모든 것은 빛으로 말미암아 드러나나니 드러나는 것마다 빛이니라(엡 5:11,13)
- 범죄한 자들을 모든 사람 앞에서 **꾸짖어**rebuke 나머지 사람들로 두려워하게 하라(딤전 5:20)

독자는 금방 알아차렸을 것이다. 불신자들의 죄를 **책망하고**convict 세상의 어둠을 **폭로할 때**expose 사용된 헬라어 단어가 죄를 지은 장로를 **꾸짖을**rebuke 때도 동일하게 사용된다. 그 외에도 많다. 바울은 디모데에게 말씀을 전할 때 듣는 이들을 확실하게 '엘렝코'하라, 즉 책망하고 꾸짖으라고 말한다(말씀의 배경은 에베소 교회 사역에 대해 말하고 있음이 분명하다). "너는 말씀을 전파하라 때를 얻든지 못 얻든지 항상 힘쓰라 범사에 오래 참음과 가르침으로 **경책하며**reprove 경계하며 권하라"(딤후 4:2).

만약 디모데의 회중이 오늘날 하이퍼 그레이스 가르침을 들었다면 이렇게 항의했을지도 모르겠다. "디모데, 당신은 우리를 경책하고 책망해서는 안 됩니다. 우리는 이미 의롭게 되었고 하나님은 우리의 죄를 보시지 않습니다. 왜 우리를 경책하십니까?" 바울에게도 틀렸다고 말했을지도 모른다. "바울, 당신은 분명히 은혜를 제대로 모르고 있습니다! 그래서 디모데에게도 형편없는 조언을 주고 있습니다!"

그런데 바울은 디도에게도 동일한 조언을 주며 장로의 자격에 관하여 다음과 같이 언급하고 있다. "미쁜 말씀의 가르침을 그대로 지켜야 하리니 이는 능히 바른 교훈으로 권면하고 거슬러 말하는 자들을 **책망하게**rebuke 하려 함이라"(딛 1:9). 그 지역 사람들을 제자로 세우는 것의 어려움을 언급하면서 바울은 "이 증언이 참되도다 그러므로 네가 그들을 엄히 **꾸짖으라**rebuke 이는 그들로 하여금 믿음을 온전하게 하려 함이니라"(13절)라고 말한다.

물론 디도의 목회 대상이었던 사람들 중 그리스도인이 아닌 사람들도 있었을 것이다. 그러나 바울은 디모데에게 그랬던 것처럼 디도에게도 구원받은 사람들이나 잃어버린 영혼들이나 동일하게 사역의 기본적인 요소로 책망하고 꾸짖어야 한다고 분명하게 말한다. "너는 이것을 말하고 권면하며 모든 권위로 **책망하여**rebuke 누구에게서든지 업신여김을 받지 말라"(딛 2:15).

오늘날 바울의 사역을 모델로 삼는다고 하는 자들이 바울이 고집했던 사역 스타일을 거절하는 모습은 모순적이기 그지없다.

히브리서는 여기서 한 걸음 더 나아간다. 히브리서 저자는 분명히 **그리스도인들**에게 말한다. "또 아들들에게 권하는 것 같이 너희에게 권면하신 말씀도 잊었도다 일렀으되 내 아들아 주의 징계하심을 경히 여기지 말며 그에게 **꾸지람을 받을**reproved 때에 낙심하지 말라"(히 12:5). 메시지는 분명하다. 하나님의 꾸지람은 자녀에 대한 아버지의 사랑의 표시다. "징계는 다 받는 것이거늘 너희에게 없으면 사생자요 친아들이 아니니라"(8절).

야고보도 신자들에게 분명하게 권고한다. "만일 너희가 사람을 차별하여 대하면 죄를 짓는 것이니 율법이 너희를 범법자로 **정죄하리라**convict"[i] (약 2:9). 그렇다. **신자로서 우리는 죄에 대해 책망을 받는다.** 여기서 유념할 것은, 신자는 **하나님의 율법**으로 책망을 받는다는 사실이다. 하이퍼 그레이스 교사들은 율법을 위험하고 파괴적인 것으로 간주하며 비난하지만, 야고보는 여기서 율법이 책망을 통해 생명을 주는 역할을 한다고 말한다. 나 역시 토라Torah(율법)를 읽으면서 죄에 대한 책망을 얼마나 많이 받았는지 모른다. 토라는 하나님의 거룩하심과 완전하심에 대한 더 깊은 계시를 주고, 주님께 달려가서 주님 발 앞에 엎드려 더 주님을 닮고 싶게 만든다. (이에 관하여 더 자세한 것은 12장을 참조하라.)

'엘렌코'는 신약성경에 두 번 더 사용된다. 유다서 15절에서는 경건하지 않은 자들에게 임할 심판에 관하여 언급하면서 "이는 뭇 사람을 심판하사 모든 경건하지 않은 자가 경건하지 않게 행한 모든 경건하지 않은 일과 또 경건하지 않은 죄인들이 주를 거슬러 한 모든 완악한 말로 말미암아 그들

---

i 한국어 성경은 '정죄'라는 표현을 사용하였으나 영어는 convict, 즉 '책망하다'이다.

을 **정죄하려**convict[i] 하심이라 하였느니라"라고 말한다. 하이퍼 그레이스 교사들은 이 구절에 대해서는 전혀 문제 삼지 않는다. 왜냐하면 이 구절은 교회가 아닌 세상의 죄에 대해 말하고 있기 때문이다.

그러나 요한계시록 3장 19절에서 성령의 음성으로 전하시는 예수님의 말씀은 어떻게 이해해야 하는가? "무릇 내가 사랑하는 자를 **책망하여**reprove 징계하노니 그러므로 네가 열심을 내라 회개하라 … 귀 있는 자는 성령이 교회들에게 하시는 말씀을 들을지어다"(계 3:19,22). 성령님은 분명히 지금도 신자들의 죄를 책망하신다.

그러나 조셉 프린스는 "성령님은 결코 당신의 죄를 책망하시지 않는다. **결코** 당신의 잘못을 지적하기 위해 다가오시는 분이 아니다. 성령께서 당신의 죄를 책망하시는 것과 관련된 성경 구절이 있으면 한번 찾아보라고 도전하고 싶다"[20]라고 말하는데, 이 도전은 이미 해결됐다고 봐야할 것이다.[21]

경건한 슬픔

교사이자 전도자인 존 셔스비John Sheasby는 아름답고 감동적인 그의 저서 『장자권: 종의 처소에서 아버지의 집으로The Birthright: Out of the Servants' Quarters Into the Father's House』 중반부에서 하이퍼 그레이스와 동일한 오류를 범하고 있다. 그는 영광스러운 진리를 제시하지만 궁극적으로 그것은 성경의 내용과 어긋난다. 라오디게아 교인들과 교제를 회복하기 원하시는 주님의 말씀(계 3:20)을 토대로 셔스비는 다음과 같이 말한다.

---

[i] 이 구절도 마찬가지로 한국어 성경은 '정죄'라는 표현을 사용하였으나 영어는 convict, 즉 '책망하다'이다.

예수님의 이 땅에서의 삶의 패턴은 사람을 변화시키시는 하나님의 방법에 대한 통찰력을 보여준다. 삭개오가 그랬던 것처럼(눅 19:1~10), 당신이 행동performance에 의해 변화되지 않고 그분의 임재를 통해 변화될 것을 하나님은 아신다. 그분의 사랑의 능력, 임재의 기쁨, 용납으로부터 흘러나오는 평안은 책망, 질책, 정죄, 거절보다 사람의 마음을 훨씬 더 잘 변화시킬 수 있다.[22]

하나님의 거룩한 임재와 그분의 사랑에 대한 계시보다 우리를 더 잘 변화시킬 수 있는 것은 없다. 이것은 당연한 사실이다. 그러나 셔스비가 완전히 간과하고 있는 것이 있는데, 라오디게아 교회에게 말씀하시는 바로 그 문맥에서 예수님은 "무릇 내가 **사랑하는 자**를 책망하여 징계하노니 그러므로 네가 열심을 내라 회개하라"(계 3:19)라고 말씀하고 계신다. 책망과 경책은 하나님의 사랑의 증거이며 그분의 임재와 선하심의 표현이다. 그러나 셔스비는 요한계시록 3장 19절(사랑으로 우리를 책망하시고 징계하시며 회개하라고 촉구하시는 말씀)을 무시한 채 20절("내가 문 밖에 서서 두드리노니")을 인용하고 있다.

성령께서 야고보를 통해 그리스도인들에게 거역과 죄에 대한 강한 책망의 말씀을 하신 이유도 마찬가지다.

> 그런즉 너희는 하나님께 복종할지어다 마귀를 대적하라 그리하면 너희를 피하리라 하나님을 가까이하라 그리하면 너희를 가까이하시리라 죄인들아 손을 깨끗이 하라 두 마음을 품은 자들아 마음을 성결하게 하라 슬퍼하며 애통하며 울지어다 너희 웃음을 애통으로, 너희 즐거움을 근심으로 바꿀지어다 주 앞에서 낮추라 그리하면 주께서 너희를 높이시리라(약 4:7~10)

이 구절들은 모두 신약의 구절들이다. 즉 신자들에게 하신 말씀이다. 신자임에도 불구하고 그릇된 생활방식으로 인해 하나님의 원수로 살아가는 자들에게 회개하고 죄에 대해 애통해 하라고 촉구하시며, 하나님은 겸손한 자들에게 자비를 베푸신다고 약속하시는 말씀이다.

성령님은 우리의 마음이 불편한 것을 원치 않으시고 언제나 기분이 좋기를 원하신다고 말하는 사람도 있을 것이다. 직설적으로 말하자면 그것은 매우 미성숙한 생각이다. 첫째로, 그것은 삶 자체에 대해 매우 피상적인 태도를 드러내는 말이다. 춤출 때가 있고 슬퍼할 때가 있다(전 3:1~8). 예수님도 직접 "애통하는 자는 복이 있나니 그들이 위로를 받을 것임이요 … 지금 우는 자는 복이 있나니 너희가 웃을 것임이요"(마 5:4; 눅 6:21)라고 말씀하셨다.

둘째로, 그것은 하나님과의 관계가 매우 피상적임을 드러내는 말이다. 하나님의 사랑받는 자녀로서 그분을 슬프시게 한 것을 알았을 때 어떻게 반응하는 것이 합당한가? 주님의 보혈로 산 바 된 자녀로서 하나님이 우리를 기뻐하시지 않음을 알았을 때 어떻게 반응해야 하는가?

만약 남편이 아내에게 죄를 범했고 아내가 "여보, 당신의 행동은 제 마음을 정말 상하게 했어요"라고 말하면 남편이 "당신은 내 기분을 안 좋게 하는군요"라고 대답하는 것이 정상인가? 이기적이고 미성숙하며 배우자와 관계가 안 좋은 사람이 아니라면 절대로 그렇게 하지 않을 것이다. 오히려 "상처를 줘서 미안해요. 제가 고칠게요"라고 말할 것이다. 아내에게 아픔을 주어서 남편도 마음이 아플 것이다. 참된 관계란 그런 것이다. 하나님께서 말씀을 통해 우리와 관계를 맺는 방식도 마찬가지이며 우리도 그렇게 반응하기를 기대하신다.

고린도후서 7장에 나오는 구체적인 예를 한번 보자. 바울은 그의 책망에 대한 고린도 교인들의 진심 어린 반응을 칭찬하고 있다. 고린도 교인들에게 아픔을 준 것이 자신을 또한 아프게 했다고 말한다. 그러나 그 아픔이 경건한 회개에 이르게 한 것으로 인해 바울은 기뻐했다.

> 그러므로 내가 편지로 너희를 근심하게 한 것을 후회하였으나 지금은 후회하지 아니함은 그 편지가 너희로 잠시만 근심하게 한 줄을 앎이라 내가 지금 기뻐함은 너희로 근심하게 한 까닭이 아니요 도리어 너희가 근심함으로 회개함에 이른 까닭이라 너희가 하나님의 뜻대로 근심하게 된 것은 우리에게서 아무 해도 받지 않게 하려 함이라 하나님의 뜻대로 하는 근심 godly grief은 후회할 것이 없는 구원에 이르게 하는 회개를 이루는 것이요 세상 근심은 사망을 이루는 것이니라(고후 7:8~10)

이 말씀을 건너뛰어서는 안된다. (나는 모든 하이퍼 그레이스 지지자들에게 바울의 메시지를 곰곰이 생각해 볼 것을 권한다.) 하나님의 뜻대로 하는 경건한 근심(또는 슬픔)godly grief이라는 것이 있으며, 이것은 참된 회개를 낳기 때문에 유익한 것이다. 반복해서 말하지만, 바울은 여기서 불신자들이 아니라 신자들에게 말하고 있다.

그리고 바울은 이 경건한 근심과 참된 회개가 어떤 것인지 묘사한다. 그것은 많은 하이퍼 그레이스 교사들이 말하는 것처럼 "하나님께 동의하는 것"을 훨씬 뛰어넘는 것이다. 회개는 진심을 담아 철저하고 간절하게 하는 것이다. "보라 하나님의 뜻대로 하게 된 이 근심이 너희로 얼마나 간절하게 하며 얼마나 변증하게 하며 얼마나 분하게 하며 얼마나 두렵게 하며 얼마나 사모하게 하며 얼마나 열심 있게 하며 얼마나 벌하게 하였는가 너희가 그 일에 대하여 일체 너희 자신의 깨끗함을 나타내었느니라"(11절).

안드레 라베는 '메타노이아metanoia'라는 주제만을 가지고 소책자를 썼는데

(그는 메타노이아를 '회개'가 아닌 '명확성clarity'으로 잘못 정의한다). 그 안에 눈에 띄는 표현이 하나 있다. "자신의 노력이나 훈련을 통해 죄에 대해 죽을 수 없다. 당신을 죄에서 분리시켜주는 것은 후회나 진실한 죄 고백이 아니다. 파괴적인 습관과 생각으로부터 당신을 자유케 해 줄 수 있는 것은 슬픔의 깊이가 아니라 통찰력의 명확성clarity of insight이다."[23]

나는 여기서 우리가 '자신의 노력과 훈련'을 통해 죄에 대해 죽을 수 있다고 주장하는 것이 아니다. 그러나 말씀이—특히 고린도후서 7장 말씀이—명확하게 밝히고 있는 것은, 성령께서 우리의 죄를 책망하실 때 깊은 슬픔과 후회가 있으며, 성령으로 말미암은 그 슬픔과 후회는 우리를 변화시키는 회개의 과정의 일부라는 것이다.

성령님의 책망하시는 사역을 소홀히 여기는 것은 우리 자신에게 큰 해가 된다. 이것을 인정하는 일부 하이퍼 그레이스 교사들도 있다. 예를 들어 롭 루퍼스 목사는 다음과 같이 말한다.

> 잘못을 범하고 죄를 짓고 불순종한 것을 깨달을 때 경건한 슬픔godly sorrow이 온다. 바울이 고린도후서 7장 10절에서 "하나님의 뜻대로 하는 근심godly sorrow은 후회할 것이 없는 구원에 이르게 하는 회개를 이루는 것이요 세상 근심은 사망을 이루는 것이니라"라고 말한 것처럼 경건한 슬픔은 다음과 같은 경우에 온다.
>
> · 열심을 잃어버렸을 때
> · 그저 종교적인 일상을 반복할 때
> · 마음이 냉담할 때
> · 방관적인 태도로 타협할 때

6장 성령님, 책망, 그리고 회개

- 마음에 쓴 뿌리를 숨기고 있을 때
- 부도덕함을 은밀하게 감추고 있을 때

우리의 상태가 이러할 때 성령님은 우리를 돕기 위해 오신다. 우리를 너무나 사랑하시기 때문에 오셔서 죄를 깨닫게 해 주신다. 정죄하고 위협하기 위해서가 아니라 사랑으로 우리의 마음을 깨뜨리시기 위해서다. 우리는 계시로 그분의 선하심을 깨닫게 된다. 그리고 하나님이 얼마나 위대하시고 선하시고 자비로우신지 보게 될 때 회개할 수밖에 없다. 우리가 범한 죄와 하나님의 마음을 아프시게 한 것을 깨달을 때, 우리의 마음은 슬픔으로 깨어질 것이다. 그리고 온전히 변화되고자 하는 갈망과 그릇된 것을 우리 삶에서 제거하고자 하는 마음을 갖게 될 것이다. 하나님의 뜻에 부합한 경건한 근심은 우리를 더 나은 모습으로 변화시키지만 세상 근심은 심리적(정신적)인 죄책감을 가져오며 결국 의욕을 꺾고, 파괴적인 영향을 끼치고, 우리를 무력하게 만든다.[24]

이렇게 말해준 루퍼스 목사에게 감사하다. 성령님의 책망을 받을 때 또는 양심의 책망을 받을 때, 우리는 동일한 성령님의 도우심과 능력으로 죄에서 돌이켜 하나님께로 향한다. 이것이 회개다. 회개는 귀하고 아름다운 것이다. 안타깝게도 하이퍼 그레이스 교사들은 이것을 잘 이해하지 못한다.

스티브 맥베이 목사는 다음과 같이 말한다.

회개repentance란 무엇인가? 많은 이들은 그것을 '후회remorse'와 혼동한다. 후회는 우리가 잘못한 것에 대해 마음이 불편한 것을 말한다. "죄책감과 수치심에 젖어 굽실거리지 않으면 우리는 진정으로 회개하지 않은 것이다. 그렇게 회개해야만 하나님의 선하심이 우리 삶 가운데 풀어질 수 있다"라고 흔히들 생각하는데, 그것은 성경이 말하는 회개가 아니다.[25]

글쎄다. "죄책감과 수치심에 젖어 굽실거리는 것"과 "우리가 잘못한 것에 대해 마음이 불편한 것"은 별개다. 후자는 분명히 고린도후서 7장과 성경 전체에서 말하는 회개의 의미에 포함된다. 누가복음 15장에서 탕자가 정신차리고 회개했을 때도 마찬가지였다.

> 이에 스스로 돌이켜 이르되 내 아버지에게는 양식이 풍족한 품꾼이 얼마나 많은가 나는 여기서 주려 죽는구나 내가 일어나 아버지께 가서 이르기를 아버지 내가 하늘과 아버지께 죄를 지었사오니 지금부터는 아버지의 아들이라 일컬음을 감당하지 못하겠나이다 나를 품꾼의 하나로 보소서 하리라 하고(눅 15:17~19)[26]

하이퍼 그레이스 교사들은 바로 이 본문을 사용하여 아버지가 정죄하지 않고 아들을 받아주었고, 그를 만나기 위해 달려나갔으며, 완전히 다시 용납해 주고 잔치를 베풀어 주었음을 강조한다. 그리고 종종 하이퍼 그레이스 진영 밖의 사람들은 그 축하에 대해 분노한 큰형과 같다고 정죄한다. 그러나 사실 이 본문은 회개에 관하여 생생하게 잘 묘사하고 있다. 탕자는 자신의 어리석음을 깨닫고, 죄책감에 마음이 찔렸으며, 죄를 고백하고 아버지와의 관계를 바로잡고자 하는 마음이 간절했다.

그러나 휘튼 목사의 주장은 이런 이해—그리고 많은 성경 말씀의 증언—와 아주 대조적이다. "내가 믿기로 신약성경이 말하는 회개는 성령께서 죄를 책망하시고, 내가 죄송한 마음을 느끼며, 죄를 고백하고, 용서를 구하고, 그것을 더 이상 하지 않기로 결단하는 그런 것이 아니다. 이 전형적인 시나리오는 회개라는 선물에 대한 터무니없는 설명이다. 그것은 이교도적인 생각이다!"[27]

그것이 어떻게 이교도적인 생각인가. 안타깝게도 지금까지 내가 읽어본 거의 모든 하이퍼 그레이스 교사들의 글을 보면 신약성경의 '회개하다repent' 및 '회개repentance'에 대한 기본적인 정의를 동일하게 내린다. 다음 예를 보자.

> 신약성경은 헬라어로 기록되었으며, '회개'에 해당하는 헬라어는 '메타노이아metanoia'다. 그것은 두 단어에서 왔다. 첫 번째 '메타'는 '이후after'를 의미하며, 두 번째 '노이아'는 '관찰한 결과(로서 어떤) 생각을 하다to think as the result of observing'라는 의미다. 따라서 신약성경에서 '회개하다'라는 단어는 '어떤 문제를 가까이서 살펴본 이후 (이전과) 다르게 생각하다'라는 의미가 된다. 간단히 말해서, 생각을 바꾸는 것, 사고방식을 180도 전환하는 것이다. 그것은 나중에 다시 알게 된 어떤 것이며, 가까이서 관찰하기 이전에 생각했던 것과는 다른 생각을 말한다. 따라서 회개는 하나님 앞에서 굽실거리거나 죄책감과 수치심에 시달리는 것이 아니다. 그것은 우리의 생각을 바꾸는 것이다.[28]

또 다른 예다.

> 회개에 관한 더 많은 설교가 필요하다고 느끼는 모든 이들에게 고한다. '회개하다'라는 단어의 우선적인 뜻이 무엇인지 보자. 헬라어로 '메타노에오metanoeo'라는 이 단어는 『테이어 헬라어 사전Thayer's Greek Lexicon』에 따르면

단순히 '생각을 바꾸다'라는 뜻이다. 그러나 개인적인 성장 배경과 교파의 영향 때문에 많은 이들이 회개가 애통함과 슬픔을 포함한다는 인식을 갖고 있다.[29]

하나 더 보자.

옛 언약에서 회개는 본질적으로 '죄를 그만 짓는 것'을 의미했다. 축복과 저주가 율법에 대한 순종에 달려있었기 때문이다. 새 언약에서 회개는 언약의 조건terms of the covenant과 연결되어 있으며, 우리가 회개해야 할 주된 죄는 불신이다. 그리고 '회개하다'에 해당하는 헬라어는 단순히 '생각을 바꾸다'라는 의미다. 하나님에 대하여 그리고 죄에 대하여 당신의 생각을 바꾸라. 그러면 마음으로 믿을 수 있게 된다. … 용서받기 위해 우리의 행동을 회개하는 것이 아니다. 예수님께서 십자가에서 다 이루신 일에 대하여 우리의 생각을 바꾸고, 마음을 열어 복음을 믿는 것이다.[30]

회개가 단지 '생각을 바꾸고' 하나님의 관점에 동의하는 것을 의미하는가? 그것이 정말로 이 헬라어 명사와 동사의 의미인가? 절대 그렇지 않다. 모든 주요 신약 헬라어 사전들은 이와 대조된다(테이어 사전도 마찬가지다. 위의 내용은 사실 잘못 인용한 것이다). 성경의 많은 증언도 이와 상충한다. 예수님과 제자들이 사용하신 아람어(그리고 히브리어)도 마찬가지다. 그리고 상식적으로도 이는 틀린 것이다.

상식적인 예를 먼저 들어보자. 내가 당신을 차에 태우고 남쪽으로 가야 하는데 북쪽을 향하고 있다. 우리가 잘못된 방향으로 가고 있다고 당신이 지적하지만, 나는 길을 잘 알고 있으며, 목적지를 향해 잘 가고 있다고 고집한다. 잠시 후에 우리가 북쪽으로 가고 있다는 확실한 증거를 당신이 내밀자 내가 말한다. "당신이 맞았고 내가 완전히 틀렸네요! 우리는 잘못된 방향으로 가고 있군요!" 그리고 나는 계속해서 잘못된 방향으로 운전을 한다.

이것이 참된 '회개'의 모습인가? 절대 그렇지 않다. 행동―곧 방향―의 변화를 수반하지 않는 생각의 변화는 절대적으로 무가치하다. 헬라어 학자이자 아일랜드 교회 리더인 리처드 트렌치Richard Trench는 회개는 "성령님께서 생각과 마음과 삶에 일으키시는 강력한 변화"라고 말했다.[31] 그것은 '사고방식의 180도 전환' 훨씬 그 이상의 것이다.

물론 일부 하이퍼 그레이스 교사들은 분명히 참된 회개로 인한 극적인 방향 전환을 강조한다. 휘튼 목사의 메시지가 대표적이다. "참된 회개는 행동으로 나타나는 증상behavioral symptoms을 다루는 대신 죄의 뿌리를 밝혀낸다. 율법주의는 단지 표면적인 행동의 문제를 다루기 때문에 지속적인 승리를 경험하기 어렵다."[32] 그는 또한 다음과 같은 놀라운 발언을 했다. "참된 회개는 우리 안에서 죄의 권세를 깨뜨리는데, 그것은 성령님께서 우리에게 진리를 계시해 주시고 또 죄를 양산하는 구체적인 미혹의 영역을 알도록 우리의 생각을 새롭게 해주심으로써 이루어진다. 하나님은 우리가 예수 그리스도처럼 사고하도록 인도하신다. 우리의 사고방식이 그리스도를 닮게 되면, 행동방식 또한 그리스도처럼 될 것이다!"[33] 척 크리스코도 "바른 믿음은 항상 바른 행동을 낳는다"라고 언급했다.[34]

그러나 하이퍼 그레이스 교사들은 성령님의 책망하시는 사역을 계속 경시하고, 회개는 후회와 슬픔을 포함한다는 것을 계속 부정하며, '회개'가 단순히 '생각을 바꾸는 것'을 의미한다고 강조함으로써 많은 그리스도인들이 진실로 회개하고 하나님의 영광스러운 자유를 경험하는 것을 실제로 방해하고 있다. 때로는 참된 회개와 생명을 구원하는 책망을 '은혜'라는 미명 하에 거절한다.

반복해서 말하지만 우리를 근본적으로 변화시키는 것은 하나님의 생명과 진리와의 만남이며, 우리가 회개하도록 이끄는 것도 하나님의 길이 참으심과 인자하심이다(롬 2:4).[35] 또한 죄를 고백하면서도 진정한 변화를 경험하지 못한 채 수년간 하나님 앞에 비참함을 느끼며 굽실거릴 수도 있다. 그럴 수 있다는 데에 나는 절대적으로 동의한다. 다만 내가 동의할 수 없는 부분은 회개의 본질과 정의에 관한 것이다. 회개는 종종 슬픔과 근심을 동반한다. 그것은 성령님의 책망과 꾸짖음에 뒤따라오는 것이다. 또한 회개는 '우리를 의롭다고 하시는 하나님께 동의하며 생각을 바꾸는 차원'을 훨씬 뛰어넘는 것이다.

그래서 모든 주요 헬라어 사전들과 신학 사전들도 '회개'와 관련된 헬라어(명사 '메타노이아'와 동사 '메타노에오')를 '생각을 바꾸는 것' 이상의 의미로 정의 내린다. 물론 어떤 문맥에서는 그 정도의 의미로 사용될 수 있다.[36] 그러나 대다수의 경우 그렇지 않음이 분명하다.

생각의 전환

율법 조문이 아닌 성령님에게만 관심이 있기 때문에 사전적 의미가 어떠한지에는 관심이 없다고 하는 사람들도 있다. 이것은 지혜롭지 않은 태도다. 첫째로, 하이퍼 그레이스 교사들은 충분한 근거없이 헬라어의 의미를 설명한다. 그들이 헬라어를 그렇게 사용하는 것은 괜찮고, 그들과 의견이 다른 사람들이 그렇게 사용하는 것은 왜 문제가 되는가? 둘째로, 단어는 의미를 가지고 있다. 하나님은 목적을 가지고 정확하게 의사소통하는 분이시다. 그렇다면 우리는 성경에 나온 이 단어의 본래의 의미를 이해하기 위해 최선을 다해야 한다. 왜냐하면 하나님은 헬라어와 히브리어(그리고 부분적으로는 아람어)로 그분의 말씀을 우리에게 주셨기 때문이다. 그 언어들을 잘 이해하면 우리에게 유익하다. 셋째로, 하나님은 우리를 돕기 위해 그리스도의 몸 안에 교사들과 학자들을 주셨다. 헬라어나 히브리어가 아닌 다른 언어로 성경을 읽는 모든 사람들은 성경 번역을 위해 수년 동안 수고한 성경학자들에게 빚지고 있는 것이다.

나는 개인적으로 단어 연구를 좋아한다. 박사학위 논문도 '치유'에 해당하는 히브리어 단어('라파rapha'라는 어근을 가진 단어)가 다른 고대 셈어들Semitic languages과 비교하여 어떻게 사용되었는지에 입각한 것이었다. 단어 하나에 관한 연구로 박사학위 논문을 쓴 것이다! 그 이후로 나는 히브리어 성경의 여러 용어에 관한 글을 즐겨 써왔으며 그때마다 풍성한 축복을 누렸다. 하나님 말씀 안에는 진귀한 보물이 담겨있다.

주요 사전들은 모두 '메타노이아(회개)'와 '메타노에오(회개하다)'에 관하여 신약성경에 쓰인 일차적 의미에 동의한다. 신약 헬라어 분야에 있어서 최고의 사전으로 알려진 『신약성경과 초기 기독교 문헌의 헬라어-영어 사전A Greek-English Lexicon of the New Testament and Other Early Christian Literature』은 '메타노이아'가 '생각의 전환'이라는 기본적인 의미를 가지고 있지만 신약성경 전체에서 그것은 '회개', '방향 전환', '개종'을 의미한다고 설명하고 있다. '메타노에오'의 한가지 의미는 '생각을 바꾸다'인데 신약성경에서는 그 의미로 사용된 경우를 찾아볼 수 없고,[37] 두 번째 정의는 '회한을 느끼다', '회개하다', '개종하다'인데 이렇게 사용된 사례는 신약성경에 많다고 언급한다. (이런 사전을 한번 펴보고 각 항목마다 얼마나 많은 연구가 이루어졌는지 알면 놀랄 것이다. 가히 믿기 어려울 정도다.)

『헬라어 신약성경 분석 용어집Analytical Lexicon of the Greek New Testament』에서는 '메

타노이아'의 정확한 의미를 '이후에 알아차리는 것(너무 늦어서 결과를 피할 수 없음을 함의)'으로 언급한 다음, '메타노이아'는 신약성경에서 주로 다음 두 가지로 사용된다고 설명한다. 1) '회개', '생각의 전환', '개종'의 의미로 쓰이며, 대부분 어떤 행동에 관하여 생각하는 방식이 종교적, 윤리적으로 변한 것을 표현한다(마 3:2). 2) 그 다음은 뉘우치는 감정으로써 회한을 느끼며 미안해하는 것이다(눅 17:3~4).[38]

『의미론에 기초한 신약 헬라어-영어 사전Greek-English Lexicon of the New Testament: Based on Semantic Domains』은 신약성경에서 '메타노이아'는 "죄와 의에 대한 생각과 태도가 완전히 바뀌고, 그 결과 삶의 방식을 바꾸는 것"을 의미한다고 설명한다. "영어에서는 '회개하다'의 초점이 죄 때문에 경험하는 슬픔이나 뉘우침에 있긴 하지만, '메타노에오'와 '메타노이아'의 역점은 보다 구체적으로 생각과 행동이 모두 완전히 변화하는 것에 있다."[39]

『테이어 신약 헬라어-영어 사전Thayer's Greek English Lexicon of the New Testament』(앞서 언급했듯이, 어느 하이퍼 그레이스 리더는 이 사전의 내용을 잘못 인용하여 사람들을 오도한다)은 '메타노에오'에 관하여 이렇게 말한다.

> 동사 '메타노에오'는 '누군가에게 잘못한 것에 대해(눅 17:3) 생각을 바꾸다', 즉 '회개하다(이미 한 일에 대해 유감스럽게 생각하다, 욘 3:9)'라는 의미다. 특히 자신의 죄를 인식하고 통절히 슬퍼하며 하나님의 용서를 간절히 구하는 사람들에게 사용된다. **과거의 죄를 미워하여 진심으로 고치고 보다 좋은 쪽으로 생각을 바꾸는 것**, 다시 말해 죄를 미워하며 변화된 마음에 합당하게 행동하는 것을 의미한다(눅 3:8).[40]

명사 '메타노이아'에 관해서는 테이어 사전에 이렇게 나와있다.

생각의 변화(전환): 잘못된 의도나 행동에 대해서 회개한 사람 안에 나타나는 모습(히 12:17). 특히 자신의 실수와 악행을 미워하기 시작하고 더 나은 삶의 길을 가기로 결단한 사람들의 '생각의 변화'를 말한다. 그 결과 죄를 인식하고 그것에 대해 슬퍼하며 진심으로 고치고 선한 행위의 열매가 나타난다. 그리고 죄에 대한 깊은 슬픔으로 인해 더 나아진 영적 상태를 묘사하는 데 사용된다(고후 7:9).[41]

『신약성경 신학 사전Theological Dictionary of the New Testament』은 그 단어를 이렇게 설명한다.

'메타노에오'와 '메타노이아'는 종교적 개종 또는 도덕적 개심에 대한 고대의 개념을 신약성경이 새롭게 표현하는 방식이다. … 예수님의 회개 설교는 급진적인 개종, 본성의 변화, 악에서 확고하게 돌이키는 것, 완전한 순종으로 단호하게 하나님을 의지하는 것을 요구한다(막 1:15; 마 4:17; 18:3).[42]

당대 가장 위대한 헬라어 학자였던 A. T. 로버트슨은 이렇게 말했다. 회개에 관한 신약의 설교는 "당신의 생각과 삶을 바꾸라. 지금 당장 옳은 방향으로 전환하라"라고 말한다.[43] 널리 호평을 받는 사전인 『신국제 신약신학 사전New International Dictionary of New Testament Theology』은 "'메타노이아'의 의미를 '생각의 전환'에 제한하는 이 지적인 해석은 신약성경과 거의 관계가 없다. 신약성경에서는 전인적으로 돌이키는 결정이 강조되고 있으며, 단지 외적으로 돌아서거나 지적인 생각의 전환에 관한 것이 아님이 분명하다."[44] 또 다른 탁월한 사전인 『신약 주석 사전The Exegetical Dictionary of the New Testament』은 '메타노에오'를 '돌아서다', '생각을 바꾸다', '회개하다'로 정의하며, '메타노이아'를 '방향 전환', '개종', '회개'로 정의하고 있다.[45]

같은 사전에 다음과 같은 설명이 나온다. 복음서에서부터 "회개는 무엇보다 죄에서 돌이키는 것이다(막 1:4 하반절). … 뿐만 아니라 회개는 진노하여 이스라엘을 대적하시는 하나님을 철저하게 인정하는 것이며, 또한 구원에 관하여 과거의 방법을 의지하는 것이 쓸모없어 보일 정도로 죄로 인한 전적인 타락을 철저하게 고백하는 것을 의미한다."[46]

이것은 결코 단순히 생각을 바꾸는 것이 아니다. 또는 "하나님은 모든 것을 하실 수 있다는 진리를 토대로 불가능한 일에 대한 나의 생각을 고치는" 문제도 아니다. 예수님께서 회개를 전파하실 때(마 4:17) 단순히 '생각을 크게 조정하는 것'만을 요구하신 것이 아니라는 말이다.[47] 분명히 이 구절은 그 이상의 의미를 담고 있다. 1989년에 출간한 책에서 내가 이미 피력한 바, "회개는 영적인 혁명을 의미한다. 죄의 견고한 진이 무너지고, 사단의 묶임이 풀어지며, 일생 동안의 결박이 끊어지고, 완고한 마음이 열린다. 회개는 포로 된 자를 자유케 한다!"[48]

앞에서 예수님, 세례요한, 사도들이 본래 아람어, 그리고 아마 히브리어를 사용했을 것이라고 언급했다. 따라서 그들이 모국어로 동료 유대인들에게 설교할 때 헬라어를 쓰지는 않았을 것이다. 이것은 중요한 요소다. 왜냐하면 틀림없이 '생각을 바꾸라'라고 말하지 않았을 것이기 때문이다. 『평지풍파를 일으킬 때It's Time to Rock the Boat』에서도 언급한 것처럼 "'회개하다'에 해당하는 기본적인 아람어와 히브리어 단어는 '돌아서다', '되돌아가다', '180도 전환하다'라는 의미를 가지고 있다. ('회개하다'에 해당하는 다른 히브리어 단어는 '슬픔, 근심, 후회를 느끼다', '다시 생각해보다, 생각을 바꾸다'를 의미한다.)"[49]

『신약 주석 사전The Exegetical Dictionary of the New Testament』에 나오는 것처럼, "신약

성경에서 '회개하다'라는 단어의 이해에 결정적인 것은 구약의 '슈브shoov'라는 단어다('돌아서다', '현재의 상태에서 돌아서서 떠나온 지점으로 되돌아가다').."[50] 그렇다. 구약 선지자들에 이어 사도들의 회개 설교는 분명하게 "돌아서라! 하나님께로 돌아가라! 죄에서 돌이켜 하나님을 의지하라! 하나님은 자비로우셔서 당신을 용서하시고 변화시켜 주신다!"라는 의미다. 또한 신약성경이 확실하게 회개의 증거가 행동으로 나타나야 함을 말하고 있는 것(눅 3:7~14; 행 26:20)은 이를 확증해준다.[51]

'회개하다'가 단지 '생각을 바꾸다'라는 의미라면 얼마나 말도 안되는지 한번 보라. 예수님의 말씀도 완전히 터무니없는 말이 되어버린다.

> 화 있을진저 고라신아 화 있을진저 벳새다야 너희에게 행한 모든 권능을 두로와 시돈에서 행하였더라면 그들이 벌써 **베옷을 입고 재에 앉아** 회개하였으리라(생각을 바꿨으리라?)(마 11:21)

단순히 생각을 바꿨다는 의미가 될 수 없다. 성경 그대로 "벌써 베옷을 입고 재에 앉아 회개하였으리라"이다. 요한의 세례도 마찬가지다.

> 죄 사함을 받게 하는 회개(생각의 전환?)의 세례를…(눅 3:3)

이것도 말도 안된다! 요한의 세례는 죄사함을 받게 하는 **회개**의 세례였다. 만약 회개가 죄에 대한 책망없이 단지 생각을 바꾸는 것이라면 바울은 고린도 교인들에게 다음과 같이 말할 이유가 없었다. "하나님의 뜻대로 하는 근심은 후회할 것이 없는 구원에 이르게 하는 회개를 이루는 것이요"(고후 7:10).

죄인이 전능하신 하나님 앞에 자신이 범한 죄를 뉘우쳐야 한다는 입장이 그렇게도 과하단 말인가? 구약시대에만 국한된 입장이어야 하는가(나는 그런 가르침도 들어보았다)? 주님께서 십자가에 못박히신 것이 자신의 죄 때문인 것을 깨달았을 때 죄인이 뼈저리게 아파한다는 것이 비이성적인 생각인가?[52]

물론 우리는 믿지 않는 사람들에게 "후회하고, 더 잘하며, 행동을 개선하고, 믿으라"라고 말하지 않는다. 그러나 만약 성령님께서 그들을 다루고 계신다면 우리는 그들에게 이렇게 말할 것이다. "예수의 보혈로 당신을 죄에서 구원해 달라고 바로 지금 하나님께 마음으로 부르짖으세요. 지금 마귀의 손아귀에서 당신을 건져 주시고 하나님의 소유가 되게 해 달라고 입을 열어 간구하세요. 악한 아집에서 당신을 건져 주시고 하나님을 의지할 수 있게 도와 달라고 구하세요. 예수님은 당신을 자유케 하시고 온전케 하실 것입니다. 예수님을 신뢰하세요."

'회개하다'의 의미가 단순히 '생각을 바꾸다' 또는 '하나님은 모든 것을 하실 수 있다는 진리를 토대로 불가능한 일에 대한 나의 생각을 고치는 것'이 아님을 아주 분명하게 밝혀주는 성경 구절이 더 있다. 다음 요한계시록 말씀들을 잘 살펴보자.

> 이 재앙에 죽지 않고 남은 사람들은 손으로 **행한 일을 회개하지** 아니하고 오히려 여러 귀신과 또는 보거나 듣거나 다니거나 하지 못하는 금, 은, 동과 목석의 우상에게 절하고 또 **그 살인과 복술과 음행과 도둑질을 회개하지** 아니하더라(계 9:20~21)
>
> 사람들이 크게 태움에 태워진지라 이 재앙들을 행하는 권세를 가지신 하나님의 이름을 비방하며 또 회개하지 아니하고 주께 영광을 돌리지 아니하더라 또 다섯째 천사가 그 대접을 짐승의 왕좌에 쏟으니 그 나라가 곧

어두워지며 사람들이 아파서 자기 혀를 깨물고 아픈 것과 종기로 말미암아 하늘의 하나님을 비방하고 **그들의 행위를 회개하지** 아니하더라(계 16:9~11)

신약의 많은 말씀 가운데 위 구절들은 또한 "옛 언약의 회개는 죄에서 돌이킴을 의미했지만 새 언약의 회개는 하나님을 의지함을 의미한다"라는 개념을 반박한다.[53] 사실 신·구약 전체에 걸쳐 회개는 죄에서 돌이키고 하나님을 의지하는 것을 의미한다(죄에서 돌이키면 바로 하나님을 의지하게 된다). 신약성경을 보면 하나님의 나라가 이 땅을 침노하였고, 예수님께서 십자가에서 우리 죄를 위해 죽으시고 다시 부활하셨으며, 성령님께서 우리에게 오셨기 때문에, 회개할 수 있는 초자연적인 은혜가 있는 것이다.

이 모든 것은 결국 우리의 상상을 초월하는 하나님의 사랑을 입증한다. 그리고 죄는 너무나 파괴적이어서 우리가 주님께 민감하지 못하여 불순종할 때, 성령님은 죄를 깨닫게 하시며 불편함을 느끼게 하시고 그 죄에서 돌이켜 하나님을 의지하게 하시는 것이다. 이에 대해 하나님을 찬양하라!

이것이 하나님의 은혜의 역사이며, 아버지의 사랑이다. 또한 생명으로 가는 길이다. 이를 받아들이면 하나님 안에서 풍성한 삶을 누리게 될 것이다.

CHAPTER 07

성화의 문제

7 성화의 문제

신학이나 성경 언어에 대한 배경 지식이 없는 독자들도 책을 이해하는데 어려움이 없도록 나는 가능한 한 단순하고 명료하게 이 책을 쓰고자 노력했다. 그러나 내가 제시하는 내용은 모두 히브리어, 아람어, 헬라어 성경에 대한 수십 년간의 깊은 연구를 바탕으로 한 것이며, 몇몇 장에서 우리는 말씀을 조금 더 깊이 볼 것이다. 바로 7장이 그중 하나다.

가장 중요한—그리고 논쟁적인—이슈부터 보자. 우리는 **이미** 완전히 성화되었는지, 완전히 성화되는 **과정** 가운데 있는지, 아니면 완전한 성화는 여전히 **미래**에 속한 것인지에 대한 문제다. ('성화sanctification'와 '거룩holiness'이 사실상 동의어이기 때문에 다음과 같이 질문해도 상관없다. 우리는 이미 완전히 거룩한가? 완전히 거룩해지는 과정 가운데 있는가? 아니면 완전한 거룩은 여전히 미래에 속한 것인가?)

성경은 성화에 관하여 세 가지를 분명하게 가르치고 있다. 1) 거듭난 순간 우리는 주님께 거룩하게 구별되었다. 2) 거듭난 순간부터 죽는 날까지 하나님의 도우심과 능력으로 거룩함 가운데 자라도록 부름받았다. 3) 부활할 때 우리는 영원히 그리고 온전하게 거룩해질 것이다. 신학적인 용어로 우리는 성화되었고have been, 성화되고 있으며are being, 완전하게 성화될 것이다 will be. 달리 표현하면 성화는 점진적progressive이다.

하이퍼 그레이스 교사들은 이를 완강히 부인한다. 존 크라우더는 "거룩

7장 성화의 문제 **153**

해지기 위해 무엇인가를 도모하려는 순간 당신은 구원을 위해 그리스도가 아닌 자신을 신뢰한 것이다"라고 언급한다.[1] 클락 휘튼 목사는 "당신은 그리스도와 같다. **영원하고 변할 수 없는 거룩한 상태다**"라고 표현한다.[2] 앞장에서 언급했듯이 하이퍼 그레이스 메시지는 점진적인 성화, 즉 우리가 거룩함 가운데 자라도록 부름받았고 거룩을 추구해야 한다는 개념은 "영적으로 치명적인 거짓말(클락 휘튼의 표현)"이라고 주장한다.[3]

이 모든 신학적 개념에 대해 익숙하지 않은 독자를 위해 내가 하이퍼 그레이스 교사들과 동의하는 점과 그렇지 않은 점을 성경을 근거로 간단명료하게 설명하겠다.

거듭난 순간 우리는 의롭게 되었으며(즉 하나님 보시기에 '의로우며' '죄가 없다'라고 선언되었다), 이것이 우리의 선한 행위가 아닌 믿음에 의한 것이라는 점에 나는 그들과 동의한다. 또 구원받는 순간 하나님께 거룩하게 구별되었다(성화되었다)는 점에도 동의한다. 이것도 마찬가지로 선한 행위가 아닌 믿음에 의한 것이다. 그래서 신약성경은 우리를 '성도(거룩한 자들)'라고 부르며, 심지어 우리의 행동이 특별히 성도답지 않은 순간에도 그렇게 부른다.

그러나 하이퍼 그레이스 교사들은 우리가 구원받는 순간 하나님 보시기에 전적으로, 완벽히, 영원히 거룩하게 되었다고 주장하며, 그것은 우리가 무엇을 하고 어떻게 사는지와 관계가 없다고 생각한다. 즉 우리는 '믿음으로 단번에 완전히' 의롭게 되었을 뿐만 아니라, '믿음으로 단번에 완전히' 성화되었다는 것이다. 라이언 루퍼스 목사는 이렇게 말한다. "성화는 과정이 아니다! 우리는 점점 거룩해지는 것이 아니다. 우리는 단번에 거룩해진다. 우리는 단번에 성화되며, 우리의 삶은 우리 안에 이미 일어난 것이 넘쳐흐르는 것이다. 이 넘침의 기적이 생각과 몸을 통해 흘러나온다!"[4]

조셉 프린스는 다음과 같이 표현한다. "골로새서 2장은 우리가 이미 그리스도안에서 완전하게 되었다고 말한다. 완전하게 되고자 노력하는 것이 아니다. 그리스도께서 십자가에서 우리를 완전하게 하셨고, 믿는 순간 우리는 그리스도 안에서 완전해진다. 완전함을 향해서 나아가는 것이 아니라 완전함으로부터 시작하는 것이다."[5] "하나님은 '죄'라는 감옥에서 우리를 꺼내어 '의'라는 감옥으로 옮기셨다. '죄'의 감옥에서 '의'의 감옥으로 옮겨가기 위해 우리가 스스로 할 수 있는 일이 있는가? 아무것도 없다면, 반대로 우리가 행한 잘못 때문에, 즉 스스로의 힘으로 다시 '죄'의 감옥으로 돌아갈 수 있다고 생각하는 근거는 무엇인가?"[6] 이어서 더 강하게 말한다. "예수님을 영접한 순간 하나님은 우리에게 주님과의 바른 관계에 있어 영원한 'A+'를 주셨다."[7] 존 크라우더는 "우리는 보이지 않는 사다리를 올라가는 것이 아니다. 우리는 이미 목적지에 도달했다"라고 설명한다.[8]

크라우더는 나쁜 행동을 정당화하는 조잡한 신학은 반대하지만, 그러면서도 "우리가 지금 완전하며 구원받는 순간 죄에 대한 전쟁은 결정적으로 끝났다"라는 주장을 펼친다.[9]

그러면 이 교사들은 '거룩함을 추구하라', '거룩하라', '완전하라'라고 요구하는 성경 말씀들과 우리를 계속 '성화되고 있는' 존재로 묘사하는 말씀들을 어떻게 해석하는가? 그런 구절들을 무시하거나 재해석하는데, 때로 아주 이상한 방식으로 그렇게 한다.

그러나 그것뿐만이 아니다. 만약 하이퍼 그레이스 교사들이 옳다면 그 말은 곧 지금까지 살았던 가장 훌륭한 은혜 교사들이 틀렸음을 의미한다. 다시 말해 종교 개혁가들(예컨대 마틴 루터나 장 칼뱅)도 잘못 이해하고 있었으며, 『천로역정Pilgrim's Progress』의 저자이자 자서전 『죄인 괴수에게 넘치는 은혜Grace Abounding to the Chiefest of Sinners』를 쓴 존 번연John Bunyan, 또 『구원의 은혜All of Grace』의 저자이며 단연코 이들 가운데 가장 위대한 은혜 설교자라 할 수 있

7장 성화의 문제 **155**

는 찰스 스펄전도 잘못 이해하고 있었다는 의미가 된다.[10] 형태는 조금씩 다르더라도 이들은 모두 기본적으로 점진적인 성화를 믿었다. 즉, 일단 구원받고 하나님께 거룩하게 구별되면, 우리는 남은 일생 동안 거룩함 가운데 계속 자라간다고 믿었다.

물론 루터, 칼뱅, 번연, 스펄전도 부분적으로 틀릴 수 있다. 이들 사이에서도 실제로 차이점이 존재하며, 실수가 없는 사람은 없고, 나 역시 이들과 관점이 다 일치하는 것은 아니다. 그러나 여기서 하이퍼 그레이스 교사들이 암시하는 바를 파악해야 한다. 그들은 자신들만 이것을 제대로 알고 있으며, 과거의 대표적인 은혜 교사들이 거의 모두다 이 중요한—심지어 기본적인—핵심을 잘못 이해했다고 생각한다.[11]

우리는 이 문제를 어떻게 풀어야 하는가? 사실 그리 복잡하지 않다. 하이퍼 그레이스 교사들은 이미 이루어진 과거의 성화에 관한 구절에만 초점을 맞춘다. 그리고 최종적인 성화와 지속적이고 점진적인 성화에 대해 말하는 성경 구절은 간과하거나 잘못 이해하고 있다. 우리는 하나님의 말씀 전체를 취해야 한다. 그러면 모든 것이 선명해질 것이다.

우선 하이퍼 그레이스 교사들의 매우 중요한 주장 하나에 먼저 동의를 표하고자 한다. 나 역시 수년간 주장해온 내용이다.[12] 신약성경은 거듭난 신자인 우리를 '죄인'이 아니라 '성도'라고 부르며('성도'는 문자적으로 '거룩한 사람들'을 의미한다), 우리도 스스로를 그렇게 여겨야 한다. 다시 말해 주님을 아는 사람은 "저는 은혜로 구원받은 죄인입니다"라고 말하기 보다 "저는 과거에 죄인이었으나 지금은 은혜로 용서받고 은혜로 살아가는 성도입니다"라고 말해야 한다.

이것은 바울이 고린도전서 1장 2절에서 말한 것이다. "고린도에 있는 하나님의 교회 곧 그리스도 예수 안에서 **거룩하여지고 성도**라 부르심을 받은 자들과('거룩하여지고'와 '성도'라는 단어의 헬라어 어원은 같다)". NLT 성경은 문장 순서를 바꾸어 이 구절을 다음과 같이 번역하고 있다. "하나님의 거룩한 백성으로 부르심을 입은 여러분, 하나님은 그리스도 예수를 통해 여러분을 거룩하게 만드셨습니다."

다음은 나의 저서『가서 다시는 죄를 범하지 말라Go and Sin No More』에서 발췌한 내용이다.

> 성경에 따르면 '죄인'은 하나님의 원수다. 반면 하나님의 백성은 '성도'라고 불린다. 다시 말하면 죄를 짓고 회개하는 것―그가 신자라 할지라도―과 신분이 죄인인 것은 별개다. 나쁜 행동을 한 다음 그것을 고치는 것과 나쁜 사람으로 사는 것은 별개다. 간통에 대한 생각을 한 후에 거기서 즉시 돌이키는 것과 간통자가 되는 것은 별개다. 나는 심각한 마약 중독자였으며 반항적인 속물이었고, 더러운 죄인이었다. 그러나 나는 지금 성도다―비록 불완전하지만 그럼에도 불구하고 극적으로 놀랍게 변화 받은 성도다. 죄는 더 이상 내 삶의 규칙이 아닌 규칙의 예외다. 하나님을 알기 전에는 죄짓는 것이 나의 습관이었지만, 지금 나의 습관은 하나님을 위해 사는 것이다.[13]

그래서 지금도 어떤 교회들은 서로를 성도라고 부른다. 주일 아침 "성도님 요즘 어떻게 지내세요?"라고 인사하기도 하고, 「성자들이 행진할 때」라는 찬양도 있다. 목사님이 주일 아침에 "(성도님 대신에) 죄인들이여, 요즘 어떻게 지내시나요?"라고 인사한다면 너무나 이상할 것이다. 주님 안에서 우리의 정체성은 더 이상 죄인이 아니다. 우리를 성도라고 부르고(엡 1:1), 성도 또는 '거룩한 자들'로 살도록 부르심 받았다고(롬 1:7) 말하는 신약성경이 우리가 따라야 할 모범이기 때문이다.[14] 성경은 우리가 성도로 살아가는 것이 진정한 우리의 모습이고 우리 본연의 부르심이라고 말한다. 성경이 우리를 죄인으로 지칭하는 경우는 노골적이고 고의적으로 죄를 지을 때뿐이다(약 4:1~10, 특히 8절).

따라서 하이퍼 그레이스 메시지를 전하는 형제들이 그리스도 안에서 우리가 누구인지에 관하여 강조하며 새로운 본성에 따라 살 것을 권면할 때, 또 우리가 죄에 대해 죽었고 더 이상 죄 가운데 살 수 없다고 상기시켜줄 때, 나는 전심으로 그들의 의견에 동의한다. 그것이 복음의 변화시키는 능력이며, 은혜의 변화시키는 능력이다. 문제는 이들이 일부 성경 구절을 기초로 그들의 신학을 세우고, 그 외 많은 구절들을 무시하고 거절하거나, 또는 잘못 재해석함으로써 결국 말씀과 반대되는 신학적 결론을 도출할 때 생겨난다. (이 부분은 본 장 후반부에서 더 상세히 다루겠다.)

이미, 그러나 아직

그들은 또한 '이미, 그러나 아직'이라는 신약성경의 개념을 인식하지 못하는(또는 거절하는) 것 같다.[15] 파이어 미니스트리 스쿨FIRE School of Ministry에 있는 동료 밥 글래드스턴Bob Gladstone 박사는 이렇게 설명했다.

'이미, 그러나 아직'이라는 성경적 긴장을 이해하지 못하면 성경적인 은혜뿐만 아니라 예수님까지도 바르게 이해할 수 없다. 하나님의 나라는 이미 시작되었지만 또 아직 완성되지 않았다. 때가 이미 왔지만 또 때가 아직 아니다. 나는 구원받았지만 또 나는 구원받고 있다. 나는 성화되었지만 또 나는 성화되고 있다. 나는 새 피조물이지만 또 나는 부활을 기다린다. 나는 지금 하나님의 자녀이지만 또 나는 끝까지 견디라는 권고—때로는 경고—를 받는다. 따라서 은혜는 값없이 주시는 선물로서 나를 구원하기도 하지만, 동시에 지속적인 성화의 과정에서 나를 다스리기도 한다. 그러나 그것은 나의 자유의지 또는 충성된 청지기가 되라는 부르심을 결코 무효화하지 않는다.[16]

우리는 이미 구속받았으며(엡 1:7) 이미 성령을 받았지만 현재 성령님은 하나님의 소유가 된 사람들의 구속의 날까지 우리 기업의 보증이 되신다(엡 1:14). 우리는 이미 예수님과 함께 하늘에 앉힌 바 되었지만(엡 2:6), 현재 이 땅의 몸을 입고 살고 있기 때문에 그로 인해 탄식한다(고후 5:2). 죽을 것이 생명에게 삼켜지게 하려는 것이다(고후 5:4). 우리는 이미 아들로 택함 받았다(롬 8:15). 그러나 지금 우리는 "속으로 탄식하여 양자 될 것 곧 우리 몸의 속량을" 기다린다(롬 8:23).

우리는 이미 죄에 대해 죽었으며 죄 가운데 더 이상 살 수 없다(롬 6:1~7). 그러나 스스로 죄에 대하여 죽은 자로 간주해야 하고, 죄가 우리를 다스리는 것을 거절해야 한다(롬 6:11~19). 우리는 이미 옛사람을 벗어버렸고 새사람을 입었다(엡 4:22~24). 그러나 성경은 우리에게 땅에 있는 지체를 "죽이고" "벗어 버리며" 새사람을 "입으라"라고 명령한다(골 3:1~14). 이것은 바로 '이미, 그러나 아직'이 의미하는 것이다.

내가 앞에서 언급한 "우리는 성화되었고, 성화되고 있으며, 또 완전하게 성화될 것이다"의 의미도 이것이다. 어느 신학자는 성화를 세 가지 측면, 즉 지위적인 면positional(과거), 점진적인 면progressive(현재), 완료적인 면perfect(미래)으로 구분하여 다음과 같이 설명했다.

성화 또는 거룩은 세 가지 측면이 있다. 1) 성화는 지위적이다. 이것은 과거에 일어났으며, 그리스도께서 우리의 구속을 위해 십자가를 통해 하나님의 자녀로서 완벽한 지위perfect position를 주셨다(히 10:10). 2) 성화는 점진적이다. 이것은 현재 그리스도인들의 삶 가운데 일하시는 성령님의 역사다. 우리의 성품을 그리스도 안에서의 지위에 맞게 성장하도록 인도해 가시며 일생 동안 이루어지는 일이다(딤후 3:16~17; 골 1:28; 벧후 3:18). 3) 성화는 완성된다. 이것은 미래에 관한 것이다. 그리스도인이 천국에 이르렀을 때 우리의 성품과 행동이 그리스도 안에서의 지위처럼 온전해짐으로써 완성될 것이다(살전 3:12~13; 빌 1:6; 요일 3:2~3).[17]

하이퍼 그레이스 교사들은 이를 부인하며 다음과 같이 주장한다. "종교 개혁가들도 충분히 개혁되지 않았다. 십자가가 지위적으로 만이 아니라 실질적으로 우리를 그리스도와 연결시켰다. 그것은 단지 우리의 죄를 덮을 뿐만 아니라 우리의 죄성 자체를 근절한다."[18]

내가 보기에 이것은 하이퍼 그레이스 운동의 근본적인 해석의 오류 중 하나다. 이런 오류 때문에 하이퍼 그레이스 리더들은 다음 야고보서 1장 13~14절과 같은 구절을 제대로 설명하지 못한다. "사람이 시험을 받을 때에 내가 하나님께 시험을 받는다 하지 말지니 하나님은 악에게 시험을 받지도 아니하시고 친히 아무도 시험하지 아니하시느니라 **오직 각 사람이 시험을 받는 것은 자기 욕심에 끌려 미혹됨이니**." 여기서 우리는 이렇게 질문해 볼 수 있다. "아직 이 땅에 살고 있는 우리 안에서 죄성이 완전히 근절되었다면, 왜 내 안에 여전히 악한 욕심이 있는 것인가?"

야고보서 4장 1절도 마찬가지다. "너희 중에 싸움이 어디로부터 다툼이 어디로부터 나느냐 너희 지체 중에서 싸우는 정욕으로부터 나는 것이 아니냐" 존 크라우더는 야고보가 우리의 혼 안에서 일어나는 싸움에 대하여 말하고 있는 것이 아니라, 교회 안에서 일어나는 분열과 싸움에 대하여 말하고 있다고 주장한다.[19] 그러나 교회 안의 분열과 싸움이 그리스도인인 우리에게서 비롯된 것이 아니라면 어디서 왔다는 말인가?

우리는 예수 안에서 이긴 자이지만(요일 5:4) 아직은 완전함에 미치지 못했으며(약 3:2 "우리가 다 실수가 많으니"에 유념하라), 우리는 새 피조물이지만(고후 5:17) 마음을 새롭게 함으로 변화를 받아야 하는 것이 현실이다(롬 12:2).

요한의 글에 대한 대표적인 학자인 레이먼드 E. 브라운Raymond E. Brown은 요한일서와 관련하여 다음과 같이 설명했다.

> 우리는 이미 하나님의 자녀이며 그 신분에는 죄로부터의 자유가 수반된다. 예수님은 "너희가 아브라함의 자손이면 아브라함이 행한 일들을 할 것이거늘"(요 8:39)이라고 말씀하시며 도전하셨다. 요한일서의 저자는 이것을 조금 다르게 표현한다. "너희는 정말로 하나님의 자녀다. 따라서 하나님께 합당한 일을 해야 하고 마귀의 일인 죄를 범하면 안 된다." 그러나 요한은 우리가 아직 온전하게 되지 못했으며 여전히 성장해야 한다는 것을 안다. 하나님의 씨가 하나님의 자녀들 안에 있기 때문에 우리가 하나님과 같아지는 순간까지 계속 우리를 하나님의 아들의 형상, 곧 하나님의 형상으로 변화시켜 간다. 하나님의 씨가 그리스도인들을 변화시킬수록 그리스도인들이 죄를 짓는 것은 점점 더 어려워진다.[20]

하이퍼 그레이스 교사들은 이 사실을 이해하지 못하는 것 같다. 따라서 그들의 신학의 대부분(또는 전부)을 예수님 안에서의 **지위**positional standing 위에 세운다. 이것은 성경을 해석할 때 심각한 오류를 많이 낳는다. 그러나 예수님께서 십자가에서 이미 우리를 위해 이루신 일과 예수님 안에서 이미 우리가 어떤 존재가 되었는지에 관하여 매우 강력하게 강조하기 때문에, 많은 이들이 이 은혜 메시지를 통해 강력하게 변화를 받는다. 문제는 진리가 오류와 섞일 때 항상 피해자가 발생한다는 것이다. 특히 하이퍼 그레이스 메시지가 극단으로 치달을 때 피해자는 계속 증가할 수밖에 없다.

거룩하게 되어가다

거듭난 바로 그 순간 즉각적으로 그리고 특별한 자기 계발 없이 우리가 거룩해졌다(성화되었다)고 언급하는 말씀들을 한번 보자. 고린도전서 6장 11절에서 죄악된 삶에 관한 목록을 언급한 후 바울은 이렇게 말한다. "너희 중에 이와 같은 자들이 있더니 주 예수 그리스도의 이름과 우리 하나님의 성령 안에서 씻음과 **거룩함과 의롭다 하심을 받았느니라**."

바울이 세 개의 동사—씻음 받고washed, 거룩하게 되고sanctified, 의롭게 되고justified—를 전부 과거형으로 사용한 것에 주목하라.[21] 이 문맥에서 고린도 교회 신자들이 변화된 것은 절대적으로 사실이긴 하지만(바울은 그들 가운데 일부만 과거에 불의했었다고 말한다), 그렇다고 '불의한 삶을 포기한 것'이 그들을 '거룩하게' 만든 것은 아니다. 오히려 그들이 거룩하게 되었기 때문에 불의한 삶을 포기한 것이다.

고린도전서 1장 30절도 동일한 진리를 말한다. "너희는 하나님으로부터 나서 그리스도 예수 안에 있고 예수는 하나님으로부터 나와서 우리에게 지혜와 의로움과 거룩함과 구원함이 되셨으니" 그렇다. 매우 실제적인 의미에서 예수님은 우리의 의와 거룩과 구속이 되셨으며 이것은 너무나 영광스러운 일이다.[22]

히브리서 10장 10절도 아주 강력하게 표현한다. "예수 그리스도의 몸을 단번에 드리심으로 말미암아 우리가 거룩함을 얻었노라." 좋든 나쁘든, 하이퍼 그레이스 신학을 반영하고 있는 『미러 성경 The Mirror Bible』에는 이렇게 표현되어 있다. "그분의 결단에 의해 그분은 즉시 우리를 거룩해진 존재로 보신다. 단 한 번의 제사, 예수님의 죽임 당하신 몸을 통해 말이다." 안드레 라베는 이 구절을 인용하지는 않지만 십자가를 가리키면서 이렇게 말한다. "이 한 사람 안에서, 이 한 사건을 통해, 모든 시대 모든 인류의 모든 죄악이 최종적으로 다루어져 하나님께서 죄를 결코 다시 생각하시지 않게 된 것이다!"[23]

십자가 사건 이후로 하나님께서 '죄를 결코 다시 생각하시지 않게' 되었다는 것은 분명히 말도 안 되는 주장이다(어떤 이들은 고린도후서 5장 18~20절 말씀으로 이를 주장하려고도 한다).[24] 그럼에도 우리는 하이퍼 그레이스 교사들이 히브리서 10장 10절에 근거하여 우리의 성화가 완전하며, 과거에 이미 끝났고, 우리가 덧붙일 것이 없다는 결론을 어떻게 내리게 되었는지 이미 살펴보았다. (본 장 뒷부분에서 이 구절을 다시 살펴볼 것이다.)

반복하자면, 하이퍼 그레이스 교사들이 우리는 이미 성화되었다고 말할 때 나는 그들의 말에 동의한다. 그러나 문제는 그것이 전체가 아닌 부분적인 진리라는 데에 있다. 하나님의 말씀은 우리가 지금도 성화되고 있으며(우리가 적극적으로 참여하고 있는 과정), 언젠가 궁극적으로 성화될 것이라고 분명하게 언급한다. 달리 말해 하이퍼 그레이스 교사들이 이야기의 끝으로 이해하고 있는 부분은 사실 이야기의 시작점에 불과하다.[25] 요컨대, 주님께서 우리를 거룩하게 구별하셨고 거룩한 존재(성도)로 부르셨으며 예수님이 우리의 거룩과 의와 구속이 되셨기 때문에, 우리는 계속해서 삶의 모든 영역에서 이것을 살아내도록, 즉 모든 행동에서 거룩하고 또 거룩함을 추구하도록 부름받았다. 우리는 주님의 은혜를 힘입어 주님 안에서 이 삶을 살아간다.

데살로니가전서 4장 3절에서 바울은 이것을 매우 분명하게 언급한다. "하나님의 뜻은 이것이니 너희의 거룩함이라 곧 음란을 버리고" 이것이 바로 하나님께서 부르신 삶이다. 하나님은 그들의 성화—거룩—를 원하시며, 바울은 "너희가 거룩하고 음란을 버리는 것이 하나님의 뜻"이라고 구체적인 지시를 준다.

데살로니가서 학자인 C. A. 워너메이커C. A. Wannamaker는 이렇게 설명한다. "바울은 그가 믿는 하나님이 바로 구약의 거룩한 하나님, 즉 모든 죄와 더러움에서 구별되어 계시며 이스라엘 백성들에게 구별된 삶을 통해 동일한 거룩함을 요구하는 분이심을 이해하고 있었다(레 11:44; 19:2; 21:8). 하나님은 변하지 않으셨으며, 동일한 요구 사항을 하나님의 새로운 백성들인 그리스도인들에게 요구하고 계신다." 그는 또한 이렇게 설명한다. "바울은 죄로부터의 분리, 즉 성화를 그리스도인의 삶의 근본적인 부분으로 이해했다(롬 6:19,22)." 로마서 6장 22절에 따르면 성화의 목표는 다름 아닌 영생이다. 이것은 왜 바울이 성화(거룩)가 데살로니가 교인들을 향한 하나님의 뜻이라고 말했는지를 설명해준다.[26]

바울은 여기서 행동과 순종을 요구하는 생활방식을 말하고 있다. 따라서 여기서의 성화는 점진적이며, 바울은 데살로니가 신자들에게 그 과정에 참여하라고 명령하는 것이다. 아마도 지난 세기 최고의 신약 학자라고 할 수 있으며 특히 바울에 관하여 최고의 권위자 중 한 사람인 F. F. 브루스F. F. Bruce가 지적한 것처럼, 성화에 해당하는 헬라어 '하기아스모스hagiasmos'는 '거룩하게 하는 과정'을 의미한다.[27]

바울은 계속 말한다. "각각 거룩함과 존귀함으로 자기의 아내 대할 줄을 알고 하나님을 모르는 이방인과 같이 색욕을 따르지 말고"(살전 4:4~5). 이것은 본 장 앞부분에 인용한 존 크라우더의 말과 정반대다. "거룩해지기 위해 무엇인가를 도모하려는 순간 당신은 구원을 위해 그리스도가 아닌 자신을 신뢰한 것이다."[28] 그렇지 않다. 그리스도를 신뢰하며 주님께 구별된 사람으로서 우리는 구별된 삶을 살아내기 위해—거룩해지기 위해—구체적인 행위를 하도록 부름받았다. (본 장 뒷부분에서 베드로전서 1장을 살펴보며 이 부분을 다시 검토하겠다.)

바울의 말을 계속 보자. "이 일에 분수를 넘어서 형제를 해하지 말라 이는 우리가 너희에게 미리 말하고 증언한 것과 같이 이 모든 일에 주께서 신원하여 주심이라"(살전 4:6). 바울은 신자들에게 거룩하게 살라는 부르심을 거절한 결과에 대하여 경고한다. 그러나 이런 구절을 하이퍼 그레이스 지지자들에게 인용하면 그들은 우리를 율법주의자 또는 두려움에 묶인 사람으로 취급할 것이다. 바울은 데살로니가전서 4장 7~8절에서 이렇게 마무리짓는다. "하나님이 우리를 부르심은 부정하게 하심이 아니요 거룩하게 하심이니 그러므로 저버리는 자는 사람을 저버림이 아니요 너희에게 그의 성령을 주신 하나님을 저버림이니라." 하나님이 그의 거룩한 영을 주시고 거룩함 가운데 우리를 부르셨기 때문에 우리는 거룩한 삶을 살아야 한다.

데살로니가전서 5장 23절에 나온 데살로니가 교인들을 향한 바울의 기도를 또한 주목해서 보자. "평강의 하나님이 친히 너희를 온전히 거룩하게 하시고 또 너희의 온 영과 혼과 몸이 우리 주 예수 그리스도께서 강림하실 때에 흠 없게 보전되기를 원하노라." 그들이 이미 완전하게 성화되었다면 바울이 왜 이들의 완전한 성화를 위해 기도하겠는가? 그들은 아직 완전하게 성화되지 않았던 것이다. 성화는 점진적이다.[29]

로마서는 아마도 하이퍼 그레이스 설교자들이 가장 좋아하는 책인 것 같다(로마서는 내가 가장 좋아하는 책 중 하나이기도 하다). 로마서에서 바울이 성화에 관해 말하는 부분을 주의 깊게 봐야 한다. "너희 육신이 연약하므로 내가 사람의 예대로 말하노니 전에 너희가 너희 지체를 부정과 불법에 내주어 불법에 이른 것 같이 이제는 너희 지체를 의에게 종으로 내주어 거룩함에 이르라"(롬 6:19). 너무나 분명한 말씀이다. 우리의 지체를 의에게 종으로 내주어 **거룩함에 이르러야** 한다. 거룩(성화)은 과정이다.

이어서 보자. "너희가 죄의 종이 되었을 때에는 의에 대하여 자유로웠느니라"(롬 6:20). 다시 한번 바울은 우리가 성도가 아닌 죄인이었을 때 살던 방식에 관하여 이야기한다. "너희가 그때에 무슨 열매를 얻었느냐 이제는 너희가 그 일을 부끄러워하나니 이는 그 마지막이 사망임이라 그러나 이제는 너희가 죄로부터 해방되고 하나님께 종이 되어 거룩함에 이르는 열매를 맺었으니 그 마지막은 영생이라"(롬 6:21~22). 놀라운 진리다. 우리는 전에 죄의 종이었으나 이제 하나님의 종이 되었다. 그 결과 우리는 다르게 산다. 그것이 바로 바울이 말하는 '열매'다. "거룩함에 이르는 열매" 그리고 그 "마지막은 영생", 즉 영원히 주님과 누리게 될 생명이다.

우리가 이미 완전히 거룩해졌다면 바울은 분명히 **거룩함에 이르는** 삶을 살라고 권면하지 않았을 것이다. 신약 학자인 레온 모리스Leon Morris는 이렇게 설명한다.

> 그들은 죄의 종으로 살기를 포기했다. 그들은 이제 의의 종이 된 것을 모든 면에서 받아들여야 한다(18절). 이것은 '성화'를 위함이다. 다시 말해 하나님의 종으로서의 신분에 걸맞게 거룩해져야 한다. 로마 그리스도인들은 하나님을 섬기는 일에 전적으로 헌신하는 것의 실제를 삶으로 보여주어야만 했다.[30]

A. T. 로버트슨은 이렇게 말한다.

성화에 관하여…

성화는 목표이며 복된 완성이다. 가끔 일탈을 하거나 흥청거림 없이 새롭게 하나님의 종이 된 사람에게 요구되는 합당한 것이다. … 바울은 '하나님의 의(롬 1:17)'의 개념에 성화를 포함시킨다(칭의, 1:18~5:21 그리고 성화, 6~8장). 이것은 순간적인 행동이 아니라 평생의 과정이다. 바울은 우리가 성화되어야 한다고 말하며(6:1~7:6), 죽음(6:1~14)과 종의 제도(6:15~23)와 결혼(7:1~6)의 비유를 사용하여 이 의무를 설명한다.[31]

그렇다. 바울은 성화를 순간적인 행동이 아니라 '평생의 과정'으로 설명하고 있다.

이 진리들을 다음 히브리서 10장 10절과 어떻게 조화시켜야 하는가? "예수 그리스도의 몸을 단번에 드리심으로 말미암아 우리가 거룩함을 얻었노라." 우선 '단번에'라는 단어는 먼저 예수님의 희생 제사에 적용이 되며, 그 다음 우리의 성화에 적용된다. 예수님의 '단번의' 행위에 기초하여 우리를 위한 '단번의' 성화가 이루어졌다. 신약 학자인 F. F. 브루스는 이렇게 설명한다. "예수 그리스도의 단번의 희생 제사의 결과로 하나님의 백성들이 얻은 성화는 내적인 죄씻음이며 하나님의 임재를 위해 준비되는 것이다. 그 결과 하나님께 합당한 예배를 드릴 수 있게 된다."[32]

히브리서 10장 10절이 예수 그리스도의 희생 제사로 말미암아 우리가 단번에 성화되었음을 의미한다면, 하이퍼 그레이스 교사들의 주장이 옳다는 말인가? 그렇지 않다. 바로 뒤에 나오는 히브리서 10장 14절을 보자.

"그가 **거룩하게 되어가는**^i 자들을 한 번의 제사로 영원히 온전하게 하셨느니라." 10절의 동사는 '완료된 상태'를 의미하지만 14절의 동사는 진행 중인 '과정'을 의미한다.^33 (곧 14절의 "영원히 온전하게 하셨느니라"를 살펴볼 것이다.) 히브리서 10장 26~29절은 예수의 보혈에 의해 **성화되었으나** 십자가를 외면한 신자들에게 닥치게 될 가혹한 심판에 관하여 경고한다. (이 구절들 역시 곧 살펴보겠다.)

간단히 요약하자면, 본 장 시작 부분에서 나는 우리가 예수 그리스도의 죽으심과 성령의 역사로 성화**되었으며**, 또 성령의 도우심으로 예수님께서 하신 일을 삶에 적용함으로써 계속 성화**되어간**다고 설명했다. 히브리서 10장 10절과 14절은 바로 이것을 말해준다. "예수 그리스도의 몸을 단번에 드리심으로 말미암아 우리가 **거룩함을 얻었노라** … 그가 **거룩하게 되어가**는 자들을 한 번의 제사로 영원히 온전하게 하셨느니라."^34 히브리서 학자인 윌리엄 L. 레인도 언급한 것처럼 이 헬라어 동사는 아주 명백하게 "성화의 과정 가운데 있는 사람들"을 의미한다.^35

이 모든 전문 용어가 헷갈릴 수도 있다. 하지만 헬라어 동사 체계는 매우 정확하며, 같은 저자가 단 몇 구절을 사이에 두고 (10절과 14절에서) 이렇게 구체적이고 까다롭게 용어를 사용할 경우에는 그가 말하는 것을 정확하게 이해할 필요가 있다. 이 말씀을 쉽게 바꾸어 쓰면 다음과 같다. "예수 그리스도의 단번의 희생 제사를 통해 당신은 거룩하게 구별되었고, (그 희생 제사를 통해) 이제 하나님의 임재 안으로 완전히 들어갈 수 있게 되었으며, 일상 생활 가운데 당신은 거룩해지고 있습니다."

다음 히브리서 12장 14절 말씀은 이 개념을 더욱 공고히 한다. "모든 사

---

i "거룩하게 되어가는"은 한글 성경을 인용하지 않고, 진행의 의미를 살리기 위해 영어성경을 직역하였다.

람과 더불어 화평함과 거룩함을 따르라 이것이 없이는 아무도 주를 보지 못하리라." 성경의 다른 버전들을 봐도 의미는 명확하다.[i] 우리는 성화(또는 거룩)를 추구하도록 부름 받았다. 이미 완전히 거룩하게 되었다면 이것은 필요없는 말이 되며, 우리가 거룩해지기 위해 할 수 있는 것은 아무것도 없다.

만약 휘튼 목사의 말이 맞고 당신이 그리스도인으로서 "영원히 변하지 않는 거룩한 상태"에 있다면,[36] 왜 하나님은 우리에게 **거룩하라**고 말씀하시고, 왜 성경은 우리가 거룩해져 가는 **과정** 가운데 있다고 언급하며 또 거룩을 **추구하라**고 명령하는가? 하이퍼 그레이스의 근간을 이루는 이 신학은 『미러 성경The Mirror Bible』이 히브리서 12장 14절을 다음과 같이 번역한 이유를 설명해주는 것 같다. "모든 사람과 화평을 추구하라. 참된 교제는 완전한 용서와 무죄innocence의 상황에서만 누릴 수 있다. 이로써 당신의 삶 속에서 하나님이 가시적으로 드러나시게 된다." 이 번역은 본래의 성경과 의미가 상당히 다르다.

영원히 온전하게 하시다

그러면 히브리서 10장 14절 말씀을 어떻게 이해해야 하는가? "그가 거룩하게 되어가는 자들을 한 번의 제사로 **영원히 온전하게 하셨느니라.**" 여기서 히브리서 저자는 우리가 이미 전적으로 온전하며, 동시에 우리가 거

---

[i] 저자는 비교를 위해 이에 해당하는 영문 성경 세 가지 버전을 본문에 포함하였으나 본 국역본에서는 책의 흐름을 방해하지 않도록 각주로 분리해 놓았다. ESV성경: "Strive for peace with everyone, and for the holiness without which no one will see the Lord." NASB성경: "Pursue peace with all men, and the sanctification without which no one will see the Lord." NIV성경: "Make every effort to live in peace with all men and to be holy; without holiness no one will see the Lord."

룩해져 가는 과정 가운데 있다고 말하고 있는데, 그는 지금 한 구절 안에서 모순된 말을 하는 것이 아니다. 그렇다면 '온전하게 하셨다perfected'는 또 다른 시작이 있어야 한다. 히브리서에서 '온전하게 하다make perfect(헬라어:*teleo*)' 동사를 살펴봄으로써 그 의미를 찾아보는 것은 어렵지 않다.

그전에 먼저 빌립보서 3장 12절에 나온 바울의 말을 한번 보자. "내가 이미 얻었다 함도 아니요[그의 궁극적인 영적 목표를 의미] **온전히 이루었다** 함도 아니라." 글쎄, 바울이 이미 온전해지지 않았다면, 우리도 이미 온전해지지 않았음이 분명하다.

다시 히브리서로 돌아가 보면, '되다be', '온전해지다become perfect', '온전하게 했다perfected' 이런 동사들이 빈번하게 등장하는 것을 볼 수 있다. 먼저 예수님께서 '온전하게' 되심을 언급할 때(히 2:10; 5:9; 7:28), 이 구절들은 예수님의 역할을 위해 온전하게 되신 것을 의미한다. 즉, 예수님은 고난을 통해 우리의 온전한 리더와 제사장이 되셨다.

그리고 율법 및 제사 조직에 관하여서는, 이것들은 사람(혹은 사물)을 '온전하게' 해 주지 못했으며, 예배자들이 하나님께 즉각적이고 영원히 접근할 수 있게 해 주지 못했다(히 7:19; 9:9; 10:1).[37] 히브리서 11장 40절은 십자가 이전 시대의 신자들은 우리가 없이는 구속의 충만함을 경험할 수 없었음을 의미한다. 반면 히브리서 12장 23절은 하나님의 보좌 앞에서의 장면을 보여주는데, 거기서 신자들의 영은 그들의 궁극적인 목표, 즉 온전함에 도달하게 되었다고 언급한다.

이것을 염두에 두고, 특히 우리가 율법에 관한 구절에서 이미 배운 것을 기억하며 히브리서 10장 14절을 다시 한번 보자. "그가 거룩하게 되어 가는 자들을 한 번의 제사로 영원히 온전하게 하셨느니라." 이것은 무엇을 의미하는가? 이 구절은 예배자들이 하나님과의 바른 관계로 완전히 회복되지 못한 채 해마다 예물을 반복해서 가져와야 했던 것 대신에 예수님께서 한 번의 제사로 우리를 단번에 하나님 보시기에 의롭게 만드시고 우리에게 하나님의 임재로 나아갈 수 있는 완전하고 방해받지 않는 길을 열어 주셨다는 뜻이다. 우리는 이 기초 위에서 성화의 과정에 참여한다.

다음은 히브리서 주석가들이 히브리서 10장 14절을 설명하는 내용이다.

> 십자가에서 그리스도께서 한 번의 제사를 드리심으로써, 이후 대대로 믿음으로 반응하는 모든 사람들을 계속 거룩하게 하고 계신다. 온전하게 되는 것은 죄가 없는 완벽함을 약속하는 것이 아니라, 하나님의 구원의 목적이 완전히 실현되는 것을 그리스도인들에게 약속하는 것이다.[38]
>
> "온전하게 하셨느니라"라는 말씀은 구약의 희생 제사가 죄를 없이 하지 못한 것과 뚜렷한 대조를 이룬다(10:1,11). … 그리스도의 제사는 사람들을 온전하게 하셨고 씻어 주셨다. 그리스도의 수난이 다시 반복될 필요가 없는 것처럼, 이 '온전케 함'은 갱신이나 보충이 결코 필요 없을 정도로 완벽한 것이었다. 하나님의 백성들이 죄에서 건짐 받고 하나님의 임재 가운데 들어가기 위해 여기에 덧붙일 수 있는 것은 아무것도 없다.[39]

요약하자면 예수님은 단 한 번의 영광스러운 제사를 통해 우리를 하나님께 드리시기 위해 필요한 모든 것을 다 이루셨다. 즉, 우리의 죄를 다 씻으시고 모든 죄값을 다 치르셨으며 구원받는 순간 하나님의 자녀가 되게 하셨다. 거듭난 바로 그 순간부터 우리가 변화 받아야 할 여러 가지를 인식하기도 전에, 온 우주에서 가장 거룩한 곳인 하나님의 보좌 앞으로 나아갈 길이 우리에게 열렸다. 바로 그리스도의 십자가의 능력을 통해 그것이 가능해진 것이다. 얼마나 놀라운 구원자이신가! 『CJB Complete Jewish Bible』성경은 이 구절을 다음과 같이 번역하고 있다. "그가 하나님을 위해 구별되고 거룩하게 되어가는 자들을 한 번의 제사로 영원히 그 목표로 이끄셨다"(히 10:14).

그러나 이야기는 여기서 끝나지 않는다. 만약 우리가 이 단번의 희생 제사를 거절한다면, 또 우리가 이미 용서받았고 거룩하게 되었기 때문에 계속 고의적인 죄를 지어도 된다고 생각하고 그렇게 산다면, 혹은 어쩌면 1세기 유대인 신자들이 겪었을지도 모르는 유혹처럼 예수님의 희생 제사를 버리고 다른 속죄의 수단을 찾는다면, 우리에게 엄하고 두려운 경고만이 남아있다.

> 우리가 진리를 아는 지식을 받은 후 짐짓 죄를 범한 즉 다시 속죄하는 제사가 없고 오직 무서운 마음으로 심판을 기다리는 것과 대적하는 자를 태울 맹렬한 불만 있으리라 모세의 법을 폐한 자도 두세 증인으로 말미암아 불쌍히 여김을 받지 못하고 죽었거든 하물며 하나님의 아들을 짓밟고 자기를 거룩하게 한 언약의 피를 부정한 것으로 여기고 은혜의 성령을 욕되게 하는 자가 당연히 받을 형벌은 얼마나 더 무겁겠느냐 너희는 생각하라 (히 10:26~29)

이 구절들을 주의 깊게 살펴보자. 이것은 바로 그리스도인들을 향한 경고다. 그리고 이 경고는 다음과 같은 말씀으로 마무리된다. "원수 갚는 것이 내게 있으니 내가 갚으리라 하시고 또 다시 주께서 그의 백성을 심판하리라 말씀하신 것을 우리가 아노니 살아 계신 하나님의 손에 빠져 들어가는 것이 무서울진저"(히 10:30~31).

히브리서의 저자는 여기서 진리의 지식을 받아들이고 예수의 보혈로 **거룩하게 된** 사람들에 관하여 언급하고 있다. 그런 사람들이라 할지라도 고의적으로 죄를 계속 범한다면―일시적인 실수나 유혹에 대한 지속적인 갈등이 아니라, 결심하고 고의적으로 주님께로부터 돌아선다면―그것은 하나님의 아들을 거절하고, 언약의 피를 모독하며, 은혜의 성령을 격노하시게 하는 것이다. (그렇다. 바로 '은혜의 성령'께서 격노하실 수 있다.) 히브리서 저자는 10절에서 우리가 예수님의 단번의 제사로 단번에 거룩하게 되었으며, 14절에 우리가 영원히 온전하게 되었다고 언급한 후에 이 경고를 하고 있다.

하이퍼 그레이스 교사들은 이런 구절들을 히브리서 전체 문맥에서―심지어 10장의 문맥에서도―제외시킴으로써, 결국 잘못 이해하고 있는 것이다. 히브리서가 말하고 있는 요지는 너무나 명백하다. 예수 그리스도의 십자가 사역은 결코 반복될 필요가 없으며 어떤 것도 덧붙일 수 없다. 또한 십자가에서 다 이루신 사역을 통해 우리는 하나님께 거룩하게 드려졌고 그분의 거룩한 임재 가운데 온전히 나아갈 수 있게 되었다(이것은 15장에서 더 논의할 것이다). 우리의 죄책감이 씻겼고, 하나님께서 우리의 모든 죄를 용서하시고 더 이상 기억하지 않으신다. 그리고 이제 우리에게 거룩을 살아내고 거룩을 추구하라고 말씀하시며, 거룩하신 하나님과 거룩한 보혈을 함부로 여기지 말라고 경고하신다. 일부 학자들은 그것을 다음과 같이 표현했다. "성화는 일어났다. 그러나 그것은 여전히 임무로 남아있다"(브라운Braun). "그리스도께서 이루신 일의 영속적인 효과를 나에게 적용하는 것은 계속 진행되는 일이다"(애트리지Attridge).[40]

히브리서는 우리가 하나님의 은혜를 멸시하고 십자가를 버리고 다시 죄악으로 돌아간다면, 하나님께서 우리를 위해 행하신 모든 것을 잃게 된다고 분명하게 언급한다. 그래서 히브리서는 다음과 같은 경고의 말씀으로 가득하다.

모든 사람과 더불어 화평함과 거룩함을 따르라 이것이 없이는 아무도 주를 보지 못하리라 너희는 하나님의 은혜에 이르지 못하는 자가 없도록 하고 또 쓴 뿌리가 나서 괴롭게 하여 많은 사람이 이로 말미암아 더럽게 되지 않게 하며 음행하는 자와 혹 한 그릇 음식을 위하여 장자의 명분을 판 에서와 같이 망령된 자가 없도록 살피라 너희가 아는 바와 같이 그가 그 후에 축복을 이어받으려고 눈물을 흘리며 구하되 버린 바가 되어 회개할 기회를 얻지 못하였느니라(히 12:14~17)

이것은 하이퍼 그레이스 진영 쪽에서 말하는 은혜와 성화의 개념과 상응하지 않겠지만 신약성경은 분명히 이렇게 가르치고 있다. 루터교 신학자 R. C. H. 렌스키는 다음과 같이 설명한다.

저자는 그리스도의 희생 제사에 관한 모든 설명을 다 했기 때문에, 이 죄에 대하여 "다시 속죄하는 제사가 없다", 즉 이런 종류의 죄인에게 효력이 있는 어떤 희생 제사도 남아있지 않다고 말할 수 있는 것이다. 그리스도께서 드리신 단번의, 최종적인, 최고의 제사를 영원히 거절한 죄인들에게 남겨진 것은 무엇인가? 그리스도께서 그들의 죄를 속죄하지 않으신 것이 아니라, 그리스도와 그의 희생 제사를 거절했기 때문에 그들에게는 더 이상 남아 있는 것이 없다.[41]

위 설명은 클락 휘튼이 강력하게 주장한 다음 내용과 상당히 상충되는 설명이다. "인간의 행위를 조건으로 하는 은혜는 전혀 은혜가 아니다. 불확실하거나, 조건적이거나, 두려운 은혜는 **전혀** 은혜라고 할 수 없다. 더 이상 말할 필요도 없다."[42] 간단히 말해서, 예수님께서 값을 다 지불하셨다.

예수님을 거부하고 그분이 하신 일을 부인한다면 우리는 그 모든 것을 잃게 된다.

히브리서의 독자들은 10장 이전에도 2장 1~3절, 3장 6~14절, 4장 1절, 11절에서 인내하라는 권면을 이미 여러 번 들었음을 기억할 필요가 있다. 그리고 12장 끝에 강한 경고의 말씀이 다시 등장한다. "그러므로 우리가 흔들리지 않는 나라를 받았은즉 은혜를 받자 이로 말미암아 경건함과 두려움으로 하나님을 기쁘시게 섬길지니 우리 하나님은 소멸하는 불이심이라"(히 12:28~29; 신 4:24 참조).

베드로도 독자들에게 그들이 받은 큰 구원에 합당한 삶, 이제 그들이 섬기고 사랑하고 본받아야 할 분이신 하나님의 거룩하심에 합당한 삶을 살라고 권면했다. 그리스도인으로서 우리는 주님께 합당한 삶을 살아야 한다(8장을 보라). 베드로는 이렇게 권면한다. "그러므로 너희 마음의 허리를 동이고 근신하여 예수 그리스도께서 나타나실 때에 너희에게 가져다 주실 은혜를 온전히 바랄지어다"(벧전 1:13).

그렇다. 우리가 기다려야 할 **미래의 은혜**가 있다. 그 은혜가 우리의 성화를 완성할 것이다. 요한은 이렇게 표현한다. "사랑하는 자들아 우리가 지금은 하나님의 자녀라 장래에 어떻게 될지는 아직 나타나지 아니하였으나 그가 나타나시면 우리가 그와 같을 줄을 아는 것은 그의 참모습 그대로 볼 것이기 때문이니 주를 향하여 이 소망을 가진 자마다 그의 깨끗하심과 같이 자기를 깨끗하게 하느니라"(요일 3:2~3).

베드로는 이어서 말한다. "너희가 순종하는 자식처럼 전에 알지 못할 때에 따르던 너희 사욕을 본받지 말고 오직 너희를 부르신 거룩한 이처럼 너희도 모든 행실에 거룩한 자가 되라 기록되었으되 내가 거룩하니 너희도 거룩할지어다 하셨느니라"(벧전 1:14~16). 우리의 행실은 주님께 중요하다.

히브리서 저자가 히브리서 12장 29절에서 아무런 해명 없이 신명기 4장 24절 말씀을 인용한 것처럼, 베드로도 여기서 "이 말씀은 율법에서 왔으며, 율법은 더 이상 우리에게 적용되지 않음을 안다"라는 식의 설명 없이 레위기 19장 말씀을 그대로 인용하고 있다.

또한 베드로는 "외모로 보시지 않고 각 사람의 행위대로 심판하시는 이를 너희가 아버지라 부른즉 너희가 나그네로 있을 때를 두려움으로 지내라 너희가 알거니와 너희 조상이 물려 준 헛된 행실에서 대속함을 받은 것은 은이나 금 같이 없어질 것으로 된 것이 아니요 오직 흠 없고 점 없는 어린 양 같은 그리스도의 보배로운 피로 된 것이니라"(벧전 1:17~19)라고 말한다.

베드로는 그의 서신을 어떻게 시작했는가?

> 예수 그리스도의 사도 베드로는 본도 갈라디아 갑바도기아 아시아와 비두니아에 흩어진 나그네 곧 하나님 아버지의 미리 아심을 따라 성령이 거룩하게 하심으로 순종함과 예수 그리스도의 피 뿌림을 얻기 위하여 택하심을 받은 자들에게 편지하노니 은혜와 평강이 너희에게 더욱 많을지어다
> (벧전 1:1~2)

베드로는 "순종함과 예수 그리스도의 피 뿌림을 얻기 위하여" 성령님에 의해 **거룩하게 하나님께 구별된** 신자들에게 편지를 쓰고 있다(여기서 '순종'과 예수 그리스도의 피 뿌림이 함께 등장하고 있음에 주목하라).

따라서 성령님의 거룩케 하시는 역사로 구원받은 후, 우리는 계속 성령님의 도우심으로 거룩한 삶을 살아야 한다. 그러면 마지막 날에 하나님의 은혜로 "그 영광 앞에 흠이 없이 기쁨으로 서게" 될 것이다(유 24). 이것은 바울이 골로새 교인들에게 한 말과도 정확하게 일치한다.

전에 악한 행실로 멀리 떠나 마음으로 원수가 되었던 너희를 이제는 그의 육체의 죽음으로 말미암아 화목하게 하사 너희를 거룩하고 흠 없고 책망할 것이 없는 자로 그 앞에 세우고자 하셨으니 만일 너희가 믿음에 거하고 터 위에 굳게 서서 너희 들은 바 복음의 소망에서 흔들리지 아니하면 그리 하리라 이 복음은 천하 만민에게 전파된 바요 나 바울은 이 복음의 일꾼이 되었노라(골 1:21~23)

독자는 이제 확실히 이해할 것이다. 명확한 이해를 위해 성경을 깊이 들여다 보는 것은 분명 가치 있는 일이다. 본 장을 시작할 때 내가 언급한 말도 이제 이해가 될 것이다. "신학적인 용어로 우리는 성화**되었고**, 성화**되고 있으며**, 완전하게 성화**될 것이다**. 다르게 표현하면, 성화는 점진적이다." 이 말은 우리가 노력하여 구원을 얻는다거나 또는 행위로 구원을 유지한다는 뜻이 전혀 아니다. 이것은 예수님께서 우리를 위해서, 또 우리 안에서 이미 이루신 것을 삶으로 살아내는 것이며, '성도'가 도라는 부르심을 살아내는 것이다.

베드로의 서신서로 돌아가 보자. 그의 글은 거룩한 행실에 대한 권고로 가득하다. "마음으로 뜨겁게 서로 사랑하라"(벧전 1:22), "모든 악독과 모든 기만과 외식과 시기와 모든 비방하는 말을" 버리라(벧전 2:1), "영혼을 거슬러 싸우는 육체의 정욕을 제어하라"(벧전 2:11), 세상에서 행실을 바르게 하여(벧전 2:12) 하나님의 택하신 족속, 왕 같은 제사장, 그의 소유가 된 백성으로 살라(벧전 2:9~10), 권위에 순종하고 예수님의 본을 따라 원수에게 보복하지 말라(13~23절), 남편과 아내는 정결함 가운데 살라(벧전 3:1~7), 연합하고 동정하며 형제를 사랑하며 불쌍히 여기며 겸손하라(8절), 다른 사람에게 선을 행하고 우리를 저주하는 자들을 축복하라(9~17절), "그 후로는 다시 사람의 정욕을 따르지 않고 하나님의 뜻을 따라 육체의 남은 때를 살게 하려 함이라 너희가 음란과 정욕과 술 취함과 방탕과 향락과 무법한 우상 숭배를 하여 이방인의 뜻을 따라 행한 것은 지나간 때로 족하도다"(벧전 4:2~3).

베드로는 계속 우리에게 강력히 권고한다. 정신을 차리고 근신하라(벧전 4:7), 무엇보다도 서로 뜨겁게 사랑하라(8절), 서로 대접하기를 원망 없이 하라(9절), 다른 사람의 유익을 위해 우리의 은사를 사용하라(10~11절), 복음을 위해 기쁘게 고난을 받으라(12~16절). 그리고 심지어 "하나님의 집에서 심판을 시작할 때가 되었나니 만일 우리에게 먼저 하면 하나님의 복음을 순종하지 아니하는 자들의 그 마지막은 어떠하겠냐고" 질문한다(17절). 동료 장로들에게는 양 무리의 본이 되는 참 목자가 되라 촉구하고(벧전 5:1~4), 젊은 자들에게는 겸손하라고 충고한다(5~6절). 모든 이들에게 마귀의 공격에 대항하여 근신하고 깨어 있을 것을 권고하며(8~9절), "모든 은혜의 하나님 곧 그리스도 안에서 너희를 부르사 자기의 영원한 영광에 들어가게 하신 이가 잠깐 고난을 당한 너희를 친히 온전하게 하시며 굳건하게 하시며 강하게 하시며 터를 견고하게 하시리라"라고 격려한다. 베드로가 말하는 이 모든 권면의 말은 다시 말하면 "너희도 모든 행실에 거룩한 자가 되라"(벧전 1:15)라는 의미다.

이런 서신서(바울 서신서와 매우 유사하다)를 쓴 베드로가 이 시대에 살았다면 하이퍼 그레이스 진영으로부터 틀림없이 율법주의자로 낙인찍혔을 것이다. 특히 서신을 요약하는 다음 말씀은 더욱 놀랍다. "내가 신실한 형제로 아는 실루아노로 말미암아 너희에게 간단히 써서 권하고 **이것이 하나님의 참된 은혜임을 증언하노니 너희는 이 은혜에 굳게 서라**"(벧전 5:12).[43]

얼마나 놀라운 말씀인가! 그렇다. 바로 '이것', 즉 예수님을 통해 놀라운 구원의 선물을 받았기 때문에 성령의 능력으로 거룩하게 살라는 이 부르심이 바로 하나님의 참된 은혜다. 우리는 이 은혜에 굳게 서야 한다!

모든 사람에게 구원을 주시는 하나님의 은혜가 나타나 우리를 양육하시되 경건하지 않은 것과 이 세상 정욕을 다 버리고 신중함과 의로움과 경건함으로 이 세상에 살고 복스러운 소망과 우리의 크신 하나님 구주 예수 그리스도의 영광이 나타나심을 기다리게 하셨으니 그가 우리를 대신하여 자신을 주심은 모든 불법에서 우리를 속량하시고 우리를 깨끗하게 하사 선한 일을 열심히 하는 자기 백성이 되게 하려 하심이라(딛 2:11~14)

CHAPTER 08

주를 기쁘시게
할 것이
무엇인가
시험하여 보라

8 주를 기쁘시게 할 것이 무엇인가 시험하여 보라

하이퍼 그레이스 교사들은 우리가 구원받는 순간 완전히 성화된다는 가르침(7장)과 더불어, 하나님께서 항상 우리를 완전한 존재로 보신다고 주장한다(4장에서 언급한 것처럼 하나님은 우리의 죄를 보시지 않는다고 믿는다). 하나님께서 항상 우리를 완벽하게 의로운 존재로 보시기 때문에, 하나님을 기쁘시게 하기 위해 우리가 할 수 있는(또는 해야 하는) 일은 아무것도 없다. 즉, 우리는 이미 하나님이 기뻐하시는 존재가 되었다는 것이다.

클락 휘튼은 다음과 같이 말한다. "하나님께서 나를 보실 때 예수님의 보혈을 통해서 보시는 것이 아니라, (이미) 씻음 받는 존재로 나를 보신다. 또한 하나님은 우리를 거룩하고 의로운 존재로 보신다. 하나님은 우리의 어떤 모습도 사랑하신다."[1] 라이언 루퍼스는 이렇게 말한다.

> 우리에게 실수와 실패가 있을 수 있지만 하나님은 그것을 보지 않으시며 우리를 예수 안에서 항상 완전하고 의로운 존재로 보신다. 우리가 그리스도 안에서 계속 성장해가고 부르심 안에 거하도록 하나님은 우리가 분투할 때 도와주신다. 그분은 우리를 자랑스러워하신다.[2]

우리가 어떻게 살고 무엇을 하든지 상관없이, 하나님은 "우리를 자랑스러워하신다"라는 주장이다. 라이언 루퍼스 목사는 이렇게 말한다. "당신은 하나님 아버지의 칭찬을 들을 필요가 있다. 하나님은 당신으로 인해 흥분하시고 감격하시며 당신을 너무나도 기뻐하신다. 그 어떤 실패나 넘어짐도 당신을 그분의 사랑에서 떼어놓을 수 없다."[3]

하나님 아버지가 항상 우리를 보시고 감격하시고, 항상 우리를 자랑스러워하시며 항상 우리를 칭찬하시고, 항상 우리를 너무나도 기뻐하신다는 말을 잘 생각해보자. 정말 항상일까? (정말 어떤 것도 우리를 하나님의 사랑에서 떼어놓을 수 없는지에 관한 질문은 부록에서 다루겠다.)

루퍼스 목사의 말을 한번 더 인용해보자.

> 다스리는 삶을 산다는 것은 하나님과 바른 관계 가운데 있음을 아는 것이다. 하나님이 우리에게 화가 나 있는 것이 아니라 우리를 너무나 좋아하심을 아는 것이다. 우리로 인해 행복해하시고, 우리를 인정하시며, 기뻐하심을 아는 것이다. 그분의 사랑이 끊임없이 우리를 향하고, 그분의 은총이 언제나 우리 위에 머무는 것을 아는 것이다. 다스리는 삶을 사는 것은 하나님과의 바른 관계가 결코 변하지 않음을 알고, 우리를 무력하게 하는 죄책감과 정죄감에서 완전히 벗어난 삶을 사는 것이다.[4]

하나님을 기쁘시게 하기 위해 우리가 시도할 수 있는 일은 아무것도 없다는 개념(하나님은 마치 우리가 모든 면에서 완전하신 예수 그리스도인 것처럼 대하시기 때문이다)에 관하여 휘튼 목사는 다음과 같이 말한다. "하나님을 기쁘시게 하려고 '노력한다면', 우리는 평생 끝마칠 수 없는 일을 하고 있는 것이며, 계속 지칠 수밖에 없다."[5] 폴 엘리스는 이렇게 말한다. "자신을 개선하고 싶어 하는 것 자체는 아무 문제가 없지만, 우리는 그리스도 안에서 지금 이미 최고로 하나님을 기쁘시게 하고 있음을 알아야 한다."[6] 존 크라우더는 좀 더 노골적으로 표현한다. "이제는 교회가 **하나님을 기쁘시게 하는** 것에서 벗어날 시간이다."[7]

앤드류 팔리는 은혜를 이해하기 전에 "주위 그리스도인들로부터 하나님의 은총 안에 머물기 위해서는 어떤 조건을 충족해야 한다는 미묘한 메시지를 받았었다"라고 설명하면서,[8] 그의 저서 『벌거벗은 복음The Naked Gospel』에서 우리가 하나님의 은총 안에 머물기 위한 조건은 아무것도 없다고 분명하게 말한다.

스티브 맥베이는 훨씬 더 단도직입적으로 표현한다. "우리는 하나님을 실망시키는 것에 관하여 이야기할 수 있다. 그러나 성경은 '우리가 하나님을 실망시키는 것은 불가능하다'라고 말한다. 거짓말일 뿐만 아니라 불가능한 일이다."[9] 조셉 프린스 또한 이를 확언하며 다음과 같이 말한다. "우리 삶에 하나님의 임재가 머물도록 하기 위해 우리가 한 것은 아무것도 없기 때문에, 역으로 그분의 임재가 떠나도록 하기 위해 우리가 할 수 있는 것 역시 아무것도 없다."[10]

아들이 하는 말들이 과연 맞는지 살펴보자. 절대적으로 맞는 부분도 있다. 하나님은 우리를 그 아들 예수의 피로 구속받은 사랑스럽고 소중한 자녀로 바라보시며, 우리의 행위가 아닌 예수님께서 하신 일 때문에 용납 받은 하나님의 가족의 일원으로 바라보신다. 모든 것이 다 하나님의 은혜 덕분이다. 그러나 다른 한편, 하나님께서 우리를 보실 때 "우리의 어떤 모습도 사랑하신다", "항상 우리로 인해 행복해하시고 우리를 인정하시며 기뻐하신다", "우리가 하나님을 실망시키는 것은 불가능하다", "우리가 어떤 행동을 해도 하나님의 임재는 우리를 떠나지 않는다"라는 주장들은 절대적으로 틀리다.

나는 이 부분을 세심하게 다루기 원한다. 혹시 독자들 중에 항상 자신이 무엇인가 미흡하고 부적격이라고 느끼며, 하나님을 기쁘시게 하기엔 턱없이 부족하다는 마음과 죄책감으로 고통받아온 이들이 있을 수 있기 때문이다. 어쩌면 당신은 매우 민감한 사람이거나 자기 성찰적인 성향의 사람일 수 있다. 그리고 "네 마음과 목숨과 힘을 다하여 하나님을 사랑하고 네 이웃을 네 자신같이 사랑하라" 하신 계명에 비추어 자신을 평가할 때 '나는 이 말씀대로 도저히 살 수 없을 것 같아. 하나님은 분명히 나에게 화가 나셨을 거야'라고 생각할 수 있다.

은혜 메시지가 그토록 해방감을 주는 이유도 여기에 있다. 우리가 예수님께서 하신 일 때문에 용납받았고 최악의 날에도 여전히 아버지의 사랑을 받는다는 사실이 큰 위안이 되는 것이다. 그리고 하나님께서 항상 우리를 완전하고 거룩하게 보신다는 생각이 너무나 자유케 하기 때문에 주님을 더 사랑하고 거룩한 삶에 더 헌신하게 된다.

앤드류 워맥Andrew Wommack은 다음과 같이 표현한다.

> 하나님은 공의가 아닌 긍휼과 은혜 때문에 우리 삶 가운데 역사하신다. 그것을 이해하게 되면 하나님의 사랑이 우리의 마음을 가득 채울 것이다. 복음을 이해하게 되면 하나님의 사랑을 이해하게 된다. 사랑을 이해하게 되면 믿음이 역사할 것이다. 믿음은 사랑으로써 역사한다고 했기 때문이다 (갈 5:6). 이러한 이해는 우리에게 자유롭게 죄를 범할 수 있도록 해주는 것이 아니라 죄로부터 자유롭게 해준다.[11]

이것은 하이퍼 그레이스 메시지를 받아들인 많은 이들의 경험이며, 그것이 진실로 생명을 주는 경험인 것에 대해 나는 의심의 여지가 없다. 혹시라도 당신의 영적인 기질과 삶이 이에 해당한다면, 나는 진리와 오류를 신중하게 분별하여 돕기를 원한다. 당신이 하나님의 선하심과 은총을 확신하며 주님 안에 안전하게 머물면서 동시에 "주를 기쁘시게 할 것이 무엇인가 시험하여 보라"(엡 5:10)는 성경적 부르심을 붙들 수 있도록 돕기 위해서다.

먼저 바울이 에베소 교인들에게 쓴 이 놀라운 생수 같은 말씀을 깊이 들이키며 시작해보자.[12] 내가 새 신자였을 때 이 말씀을 읽고 암송하며 각 구절의 깊이와 아름다움에 압도당했던 기억이 난다. 각 어구마다 너무 많은 의미가 담겨 있어서 바울이 표현한 것을 탐구하기만 해도 책 몇 권은 써야 할 것이다. 우리는 여기서 에베소서 1장 3~14절에 초점을 맞추고자 한다.

> 찬송하리로다 하나님 곧 우리 주 예수 그리스도의 아버지께서 그리스도 안에서 하늘에 속한 모든 신령한 복을 우리에게 주시되 곧 창세 전에 그리스도 안에서 우리를 택하사 우리로 사랑 안에서 그 앞에 거룩하고 흠이 없게 하시려고(엡 1:3~4)

하나님 곧 예수 그리스도의 아버지께서 우리의 하나님이시고 아버지가 되시며(요 20:17), 하늘에 속한 모든 신령한 복을 그리스도 안에서 우리에게 이미 주셨다. 즉 우리가 태어나기도 전에, 세상이 창조되기도 전에, 하나님은 그 아들 안에서(우리는 우리 자신 안에서가 아니라 '그리스도 안에서' 택함 받은 것이다) 한 백성을 갖기로 결정하셨다. 그리고 우리를 향하여 "사랑 안에서 그 앞에 거룩하고 흠이 없게" 하시려는 목적과 부르심을 가지고 계셨다.

청교도 지도자 조셉 캐럴Joseph Caryl은 다음과 같이 말했다. "완전한 거룩함은 성도들의 이 땅에서의 목표이며 하늘에서의 상급이다."[13] 오스왈드 챔버스Oswald Chambers도 이렇게 말했다. "하나님은 인간을 향한 한가지 목표를 갖고 계시는데, 그것은 거룩이다! 그분의 유일한 목표는 '우리로 성도 되게 하는 것'이다. 하나님은 인간을 위한 영구적 축복 제조기가 아니시다. 인간이 가엾어서 구원하러 오신 것이 아니라, 거룩한 존재로 살도록 그들을 창조하셨기 때문에 구원하러 오셨다."[14]

> 그 기쁘신 뜻대로 우리를 예정하사 예수 그리스도로 말미암아 자기의 아들들이 되게 하셨으니 이는 그가 사랑하시는 자 안에서 우리에게 거저 주시는 바 그의 은혜의 영광을 찬송하게 하려는 것이라(엡 1:5~6)

이 영광스러운 변화를 위한 하나님의 방법은 예수 그리스도를 통해 우리를 자녀 삼으신 것이다. 그래서 하나님께서 이렇게 말씀하셨다. "너희가 아들이므로 하나님이 그 아들의 영을 우리 마음 가운데 보내사 아빠 아버지라 부르게 하셨느니라 그러므로 네가 이후로는 종이 아니요 아들이니 아들이면 하나님으로 말미암아 유업을 받을 자니라"(갈 4:6~7; 히 2:11과 롬 8:15 참조). 예수 그리스도 안에 있던 아들의 영(양자의 영)이 이제 우리 안에 있으며, 그래서 우리도 "아바 아버지!"라고 부를 수 있다.

본질상 진노의 자녀였으며 행위로는 사단에게 종 노릇했던 죄인인 우리를 변화시키사, 그분의 거룩하고 소중한 자녀로 삼으신 이 위대한 역사를 하나님은 값없이 이루셨다. 그분의 은혜의 영광을 찬송하도록 하기 위해!

> 우리는 그리스도 안에서 그의 은혜의 풍성함을 따라 그의 피로 말미암아 속량 곧 죄 사함을 받았느니라 이는 그가 모든 지혜와 총명을 우리에게 넘치게 하사 그 뜻의 비밀을 우리에게 알리신 것이요 그의 기뻐하심을 따라 그리스도 안에서 때가 찬 경륜을 위하여 예정하신 것이니 하늘에 있

는 것이나 땅에 있는 것이 다 그리스도 안에서 통일되게 하려 하심이라(엡 1:7~10)

가히 믿기 어려울 정도로 놀라운 말씀이다. 예수의 보혈은 너무나 강력하여 우리의 죄값을 완전하게 지불하셨고, 완전한 용서와 구속을 성취하셨다. 그리고 하나님은 그분의 놀랍고, 풍성하며, 엄청난 은혜—우리에게 넘치도록 부어주신 은혜—로 이 모든 일을 이루셨다. (가장 최근에 '넘치도록 부어주신' 어떤 것을 경험해 본 것은 언제인가? 이에 해당하는 헬라어는 '기대한 것보다 훨씬 이상임을 암시하며, 무엇인가 풍성하게 있음'을 의미한다.)[15] 그리고 우리 안에서 하나님이 이 일을 하시는 것은 예수 그리스도를 하늘과 땅에서 가장 뛰어난 분으로 세우시는 그분의 놀라운 계획의 일환이다.

모든 일을 그의 뜻의 결정대로 일하시는 이의 계획을 따라 우리가 예정을 입어 그 안에서 기업이 되었으니 이는 우리가 그리스도 안에서 전부터 바라던 그의 영광의 찬송이 되게 하려 하심이라(엡 1:11~12)

"그리스도 안에서"라는 어구가 반복되는 것에 주목해보자. 이 어구는 신약성경 다른 본문에서는 3회 밖에 등장하지 않는 반면(벧전 3:16; 5:10,14), 바울 서신서에서는 76회나 등장한다. 또한 바울은 '그분 안에서', 즉 예수 안에서 우리가 어떤 존재인지에 대해서도 여러 번 언급한다.[16] 우리의 모든 소유, 우리 존재의 모든 것은 '그분 안에' 있다. 즉 그분을 통해, 그분에 의해, 그분 때문에 얻어진 것이며, 이는 하나님의 영광을 찬송하도록 하기 위함이다.

그 안에서 너희도 진리의 말씀 곧 너희의 구원의 복음을 듣고 그 안에서 또한 믿어 약속의 성령으로 인치심을 받았으니 이는 우리 기업의 보증이 되사 그 얻으신 것을 속량하시고 그의 영광을 찬송하게 하려 하심이라(엡 1:13~14).

하나님의 은혜가 언제 우리에게 넘치도록 부어졌는가? 우리가 주님께 충성을 입증해 보인 이후인가? 오랜 시간 주님을 신실하게 섬긴 이후인가? 죄를 충분히 버린 이후인가? 그렇지 않다. 우리를 구원해주시고 새 생명을 달라고 예수님께 믿음을 드렸을 때다. 우리의 이름이 하늘에 기록된 순간(눅 10:20), 흑암의 권세에서 건짐을 받은 순간(골 1:13), 우리가 다시 살아나고 구속받고 용서받은 순간(엡 2:1~9), 하나님의 자녀가 된 순간(요 1:12~13), "약속의 성령으로 인치심을 받은" 순간이다.

에베소서 학자인 윌리엄 클라인William Klein은 다음과 같이 설명한다. "바울이 의미한 인seal은 소유권의 표시다. … 그렇다면 신자들의 삶 가운데 계신 성령님의 임재는 그들이 하나님의 소유물이라는 표시가 된다(고린도후서 1장 22절도 이를 확증한다)." 클라인은 또한 성령님은 여기서 "하나님의 '계약금earnest money', 즉 완전한 기업을 주실 것에 대한 일종의 보증이 되신다. … 성령님은 선금down payment이시며 나머지 부는 뒤따라올 것이다. 성령으로 충만한 삶은 천국을 미리 맛보는 것과 같다(고후 5:18~21 참조)"라고 언급한다.[17]

바울이 이 열두 구절에서 말하고 있는 부요함을 우리는 겨우 조금 맛보았다. 예수님 안에서 우리를 향한 하나님의 사랑이 믿을 수 없을 만큼 부요하고 넘치는 사랑임을 아는가? 에베소서 말씀 한 군데를 더 살펴보자.

그는 허물과 죄로 죽었던 너희를 살리셨도다 그 때에 너희는 그 가운데서 행하여 이 세상 풍조를 따르고 공중의 권세 잡은 자를 따랐으니 곧 지금 불순종의 아들들 가운데서 역사하는 영이라 전에는 우리도 다 그 가운데서 우리 육체의 욕심을 따라 지내며 육체와 마음의 원하는 것을 하여 다른 이들과 같이 본질상 진노의 자녀이었더니 긍휼이 풍성하신 하나님이 우리를 사랑하신 그 큰 사랑을 인하여 허물로 죽은 우리를 그리스도와 함께 살리셨고 (너희는 은혜로 구원을 받은 것이라) 또 함께 일으키사 그리스도 예수 안에서 함께 하늘에 앉히시니 이는 그리스도 예수 안에서 우리에게 자비하심으로써 그 은혜의 지극히 풍성함을 오는 여러 세대에 나타내려 하심이라 너희는 그 은혜에 의하여 믿음으로 말미암아 구원을 받았으니 이것은 너희에게서 난 것이 아니요 하나님의 선물이라 행위에서 난 것이 아니니 이는 누구든지 자랑하지 못하게 함이라 우리는 그가 만드신 바라 그리스도 예수 안에서 선한 일을 위하여 지으심을 받은 자니 이 일은 하나님이 전에 예비하사 우리로 그 가운데서 행하게 하려 하심이니라(엡 2:1~10)

그렇다. 하나님은 우리가 그리스도 예수와 연합되었기 때문에, 우리를 그리스도와 함께 죽음에서 일으키시고 그와 함께 하늘에 앉히셨다. 그것은 너무 놀라운 일이어서 하나님은 오는 여러 세대에 그 은혜와 자비의 지극히 풍성함에 대한 본보기로서 우리를 가리키실 수 있게 되셨다. 이것은 천사들도 살펴보기를 원하는 것이었다(벧전 1:12). 하나님의 은혜가 천사들이 보기에도 너무나 영광스럽고 이해할 수 없었던 것이다. 아무리 믿기 힘들어도 이 모든 말씀은 진실이며, 우리는 정말로 영적으로 하나님의 아들과 함께―따라서 하나님과 함께―하늘에 앉아있다.

부르심에 합당한 삶

그렇다면 이 땅에서는 어떻게 살아야 하는가? 어떻게 행동해야 하는가? 바울은 이런 질문을 에베소서 4~6장에서 다루고 있으며, 에베소서의 앞부분만큼이나 뒷부분에도 주목해야 한다. 우리의 시민권은 하늘에 있으며(빌 3:20), 우리는 예수 안에서 하늘에 속한 신분을 가지고 있다. 그러나 동시에 아직 이 땅에 있으며, 이곳에 사는 동안 하나님께서 우리에게—그의 사랑하는 자녀이자 구속받은 백성으로서, 외부인이 아닌 내부자로서—요구하시는 것들이 있다.

베드로는 이 땅에서의 삶을 "나그네로 있을 때"(벧전 1:17)라고 묘사한다. "사랑하는 자들아 거류민과 나그네 같은 너희를 권하노니 영혼을 거슬러 싸우는 육체의 정욕을 제어하라"(벧전 2:11). 그는 또한 다음과 같이 권면한다.

> 외모로 보시지 않고 각 사람의 행위대로 심판하시는 이를 너희가 아버지라 부른즉 너희가 나그네로 있을 때를 두려움으로 지내라 너희가 알거니와 너희 조상이 물려 준 헛된 행실에서 대속함을 받은 것은 은이나 금 같이 없어질 것으로 된 것이 아니요 오직 흠 없고 점 없는 어린 양 같은 그리스도의 보배로운 피로 된 것이니라(벧전 1:17~19)

베드로는 육신적이고 세상적인 것은 예수 안에서 우리의 새로운 본성 및 하늘의 부르심과 거슬러 싸우는 것이며 우리를 위한 것이 아니라고 말한다. 하나님께서 우리의 구원을 위하여 큰 값을 지불하셨기 때문에 우리는 이 땅에서 경건한 두려움으로 살아야 한다.

바울도 동일하게 예수 그리스도 안에서 우리의 지고한 부르심과 하늘의 신분을 기억하고 "부르심을 받은 일에 합당하게 행하라"(엡 4:1)라고 촉구한다. 이것은 바울 서신서에서 반복되는 주제이다.

- 오직 너희는 그리스도의 복음에 합당하게 생활하라(빌 1:27)
- 이로써 우리도 [너희 믿음에 관하여] 듣던 날부터 너희를 위하여 기도하기를 그치지 아니하고 구하노니 너희로 하여금 모든 신령한 지혜와 총명에 하나님의 뜻을 아는 것으로 채우게 하시고 주께 합당하게 행하여 범사에 기쁘시게 하고 모든 선한 일에 열매를 맺게 하시며 하나님을 아는 것에 자라게 하시고(골 1:9~10)
- [우리가 너희 각 사람에게 권면하고 위로하고 경계하노니] 이는 너희를 부르사 자기 나라와 영광에 이르게 하시는 하나님께 합당히 행하게 하려 함이라(살전 2:12)

이 말은 곧 우리의 높은 부르심에 합당하지 **않게** 살 수도 있다는 말이다. 바울이 데살로니가 교인들에게 (그의 가르침을 따라 그동안 잘 행해온 것처럼) "마땅히 어떻게 행하며 하나님을 기쁘시게 할 수 있는지"에 관하여 권면한 것은, 하나님을 기쁘시게 하지 **않는** 방식으로 사는 것 또한 가능하기 때문이다. 바울이 에베소 교인들에게 말과 행위와 태도로 "하나님의 성령을 근심하게 하지 말라"(엡 4:30)라고 강하게 권고한 것도 마찬가지로 성령님을 근심하게 하는 방식으로 사는 것이 가능하기 때문이다.

여기서 우리가 유념할 것이 있다. 베드로와 바울이 이런 권면을 하는 이유는 바로 예수님과 우리의 연합 때문이다. 우리가 하나님의 아들과 딸이기 **때문에**, 구속받았고 용서받았기 **때문에**, 새 피조물이기 **때문에**, 영적으로 하늘에 앉아있기 **때문에**, 하나님의 진노가 아니라 은혜의 대상이기 **때문에**, 그들은 우리에게 말과 생각과 행동으로 하나님을 기쁘시게 하라고 권면하는 것이다.

그래서 히브리서 저자는 하나님께서 우리를 징계하실 때 그것은 곧 우리를 자녀로 대하고 계심을 의미한다고 설명한다.

> 또 아들들에게 권하는 것 같이 너희에게 권면하신 말씀도 잊었도다 일렀으되 내 아들아 주의 징계하심을 경히 여기지 말며 그에게 꾸지람을 받을 때에 낙심하지 말라 주께서 그 사랑하시는 자를 징계하시고 그가 받아들이시는 아들마다 채찍질하심이라 하였으니 너희가 참음은 징계를 받기 위함이라 하나님이 아들과 같이 너희를 대우하시나니 어찌 아버지가 징계하지 않는 아들이 있으리요 징계는 다 받는 것이거늘 너희에게 없으면 사생자요 친아들이 아니니라(히 12:5~8)

많은 하이퍼 그레이스 교사들은 그들의 책, 설교, 블로그에서 아버지의 사랑의 징계discipline에 대한 내용을 사실상 없애 버렸다. 징계는 우리 삶 가운데 불순종이 있고, 우리에게 무엇인가 부족함이 있음을 의미한다. 그렇지 않으면 하나님께서 우리를 징계하실 일이 없을 것이다. 그런데 이것은 하이퍼 그레이스 교사들의 주장, 즉 '하나님께서 우리를 어떻게 보시는가'에 대한 그들의 과장된 이해와 충돌한다. 그들은 하나님의 풍성한 은혜의 대상으로서 우리가 '그리스도 안에' 있다는 것의 의미는 잘 설명하지만, 또 다른 측면, 즉 우리가 이 땅에서 이 부르심을 살아내야 한다는 것과 때로는 우리가 하나님의 기대에 미치지 못하고 하나님을 기쁘시게 하지 못할 때도 있다는 사실을 설명하지 못한다.

물론 그렇다고 절망하여 고개를 떨구고 정죄감에 빠질 필요는 전혀 없다. 에베소서 1장과 2장에서 살펴본 내용은 모두 진실이며, 그것이 그리스도 안에서의 진정한 우리 모습이다. 하나님은 단지 우리에게 이렇게 말씀하고 계시는 것이다. "내가 너를 위해 한 일에 합당하게, 그리고 하나님의 자녀이자 보혈로 씻긴 바 된 성도로서 너의 고귀한 신분에 합당하게, 나는 네가 정말 신중하게 살기를 원한다."

다음은 고린도 교인들을 향한 바울의 권면의 기초다.

> 하나님의 성전과 우상이 어찌 일치가 되리요 으리는 살아 계신 하나님의 성전이라 이와 같이 하나님께서 이르시되 내가 그들 가운데 거하며 두루 행하여 나는 그들의 하나님이 되고 그들은 나의 백성이 되리라 그러므로 너희는 그들 중에서 나와서 따로 있고 부정한 것을 만지지 말라 내가 너희를 영접하여 너희에게 아버지가 되고 너희는 내게 자녀가 되리라 전능하신 주의 말씀이니라 하셨느니라 그런즉 사랑하는 자들아 이 약속을 가진 우리는 하나님을 두려워하는 가운데서 거룩함을 온전히 이루어 육과 영의 온갖 더러운 것에서 자신을 깨끗하게 하자(고후 6:16~7:1)

하나님께서 싫어하시는 일들이 고린도에서 확실히 일어나고 있었다. 하나님께서 분명히 그들의 모든 모습을 사랑하신 것은 아니었다. 고린도에서 그분의 백성들이 하는 모든 일에 대해 좋아서 흥분하시거나 무분별하게 칭찬만 하지도 않으셨다. 그렇다고 그들이 하나님의 소중하고 사랑스러운 자녀가 아니라는 뜻은 아니다. 다만 하나님의 백성은 약속을 받았기 때문에 그들은 "하나님을 두려워하는 가운데서 거룩함을 온전히 이루어 육과 영의 온갖 더러운 것에서" 자신을 깨끗하게 해야만 했다.[18]

이런 영적 실재의 이중성을 받아들이지 못하는 이유는 무엇인가? 우리는 아버지로부터 정말 사랑을 받지만 **동시에** 그분을 기쁘시게 하도록 부름받

앉다. 우리는 예수님과 함께 하늘에 앉아있지만 **동시에** 이 땅에서 그것을 나타내는 삶을 살아야 한다. 하나님은 우리를 구속받은 성도로 간주하시지만 **동시에** 우리의 허물과 흠도 보신다. 예수님께서 직접 명확하게 말씀하셨다. "무릇 내가 사랑하는 자를 책망하여 징계하노니 그러므로 네가 열심을 내라 회개하라"(계 3:19).

하나님의 책망, 하나님의 징계, 회개하라는 하나님의 부르심—죄에서 돌이켜 하나님께로 돌아가는 것(6장 참조)—은 모두 그분의 사랑의 증거다. 이것을 받아들이지 못하는 이유가 무엇인가?

하나님은 항상 우리를 기뻐하시는가

본 장 초입부에서 라이언 루퍼스의 말을 인용했다. "당신은 하나님 아버지의 칭찬을 들을 필요가 있다. 하나님은 당신에 대한 사랑 때문에 흥분하고 감격해서 어쩔 줄 몰라 하시며 당신을 너무나도 기뻐하신다."

그러나 성경을 보면 하나님 아버지가 항상 칭찬만 하시고 항상 우리를 마냥 기뻐하시기만 하는 것은 아니라는 점을 알 수 있다. 물론 우리가 하나님의 자녀인 한, 두려움과 절망 가운데 움츠러들 필요는 없다. 우리를 교정하시거나, 꾸짖으시거나, 징계하실 때, 그것은 하나님께서 우리를 사랑하시고 우리에게 신실하시기 때문이다. 그것은 좋은 소식이며, 주님과의 관계의 한 부분이다.

확실한 것은 하나님은 우리를 참소하는 분이 아니시며, 약한 자를 정죄하는 분이 아니시다. 그분은 절망의 주가 아니시다. 우리를 위하는 분이시지, 대적하는 분이 아니시며, 그래서 우리를 교정해 주신다. 때로 그 교정이 엄할지라도, 그 가운데서 아버지의 사랑을 느낄 수 있는가? 자유롭게 죄를 고백하고, 자유롭게 죄 씻음을 받으며, 성령님의 책망에 자유롭게 응할 수 있는 그런 안정감이 있는가? (5장과 6장에서 이에 대하여 논의하였다.) 우리가 아니라 주님이 주목의 대상이 되어야 한다는 사실을 붙잡을 수 있는가? (다시 말해 우리가 하나님의 영광을 위해 살아야 하고 우리가 그분께 속한 것이지 그분이 우리의 천상의 벨보이는 아니시다.)[19]

고린도 교회를 향한 바울의 권면을 고찰해보자. 바울은 그들을 "그리스도 예수 안에서 거룩하여지고 성도라 부르심을 받은 자들"이라고 부른다(고전 1:2. 이 구절에 대해서 더 보기 원하면 7장을 보라). 그는 고린도 교인들을 극찬하며, 그들의 미래에 관하여 담대하게 선포함으로써 분명히 그들을 향한 하나님의 마음을 표현하고 있다.

> 그리스도 예수 안에서 너희에게 주신 하나님의 은혜로 말미암아 내가 너희를 위하여 항상 하나님께 감사하노니 이는 너희가 그 안에서 모든 일 곧 모든 언변과 모든 지식에 풍족하므로 그리스도의 증거가 너희 중에 견고하게 되어 너희가 모든 은사에 부족함이 없이 우리 주 예수 그리스도의 나타나심을 기다림이라 주께서 너희를 우리 주 예수 그리스도의 날에 책망할 것이 없는 자로 끝까지 견고하게 하시리라(고전 1:4~8)

그러나 바울은 또한 그들을 엄하게 질책하는데, 이것도 하나님의 마음의 표현이다. 다시 말하면 하나님은 그의 백성들의 어떤 모습은 전혀 기뻐하지 않으셨으며, 분명히 항상 칭찬만 하신 것도 아니다.

바울은 "내가 명하는 이 일에 너희를 칭찬하지 아니하나니 이는 너희의 모임이 유익이 못되고 도리어 해로움이라"(고전 11:17)라고 썼다. 주님의 만찬을 합당하지 않게 먹고 마시는 것에 관하여 그는 이렇게 질문한다. "너희가 먹고 마실 집이 없느냐 너희가 하나님의 교회를 업신여기고 빈궁한 자들을 부끄럽게 하느냐 내가 너희에게 무슨 말을 하랴 너희를 칭찬하랴 이것으로 칭찬하지 않노라!"(고전 11:22). 바울은 사실 하이퍼 그레이스 설교자들에게 은혜 메시지의 유일한 출처인데, 그렇다면 바울이 하나님의 뜻에 어긋나게 말하고 있는 것인가? 하나님은 고린도 교인들을 칭찬하시는데 바울은 질책을 하고 있는 것인가?

예수님의 살과 피를 기념하는 성찬은 너무나 거룩한 것이어서 바울은 다음과 같이 강하게 경고한다.

> 그러므로 누구든지 주의 떡이나 잔을 합당하지 않게 먹고 마시는 자는 주의 몸과 피에 대하여 죄를 짓는 것이니라 사람이 자기를 살피고 그 후에야 이 떡을 먹고 이 잔을 마실지니 주의 몸을 분별하지 못하고 먹고 마시는 자는 자기의 죄를 먹고 마시는 것이니라 그러므로 너희 중에 약한 자와 병든 자가 많고 잠자는 자도 적지 아니하니 우리가 우리를 살폈으면 판단을 받지 아니하려니와 우리가 판단을 받는 것은 주께 징계를 받는 것이니 이는 우리로 세상과 함께 정죄함을 받지 않게 하려 하심이라(고전 11:27~32)

고린도 교인들이 합당하지 않게 성찬에 참여한 결과 어떤 이들은 병들고 심지어 죽는 일까지 발생했을 때 하나님은 '그 모습 그대로'를 사랑하셨는가? 그런 상황에서 그들로 인해 감격하셨는가?

바울이 그들 가운데 근친상간의 죄가 있다는 것을 들었을 때 이렇게 말한다. "너희 중에 심지어 음행이 있다 함을 들으니 그런 음행은 이방인 중에서도 없는 것이라 누가 그 아버지의 아내를 취하였다 하는도다 그리하고도 너희가 오히려 교만하여져서 어찌하여 통한히 여기지 아니하고 그 일

행한 자를 너희 중에서 쫓아내지 아니하였느냐"(고전 5:1~2). 바울은 심지어 그런 죄를 짓고도 회개하지 않은 형제는 "사탄에게 내어 주어 육신은 멸하게 하고 영은 주 예수의 날에 구원을 받게 하라"라고 명하고 있다(5절).

아마도 고린도 교인들은 바울에게 이렇게 말했어야 했는지도 모르겠다. "왜 우리에게 그렇게 격하게 말씀하시나요? 당신은 그야말로 옹졸한 율법주의자이시군요! 하나님 아버지는 항상 우리로 인해 기뻐서 어쩔 줄 몰라 하시며 우리를 칭찬하신다는 것을 모르십니까? 하나님은 결코 우리에게 실망하시지 않는다는 사실을 모르시나요? 당신은 은혜에 대한 계시를 받을 필요가 있습니다!"

바울과 하이퍼 그레이스 지지자 사이의 차이는 너무나 명백하다. 조셉 프린스는 이렇게 말했다. "자신을 살피며 당신의 다음 안에 죄가 있는지 찾는 것을 멈추십시오. 어떤 사람이 속죄제 제물을 제사장에게 가져오면 제사장은 그 사람을 살핀 것이 아니라 그가 가져온 제물을 살펴보았습니다examine."[20] 이와 대조적으로 바울은 고린도전서에서 다음과 같이 말한다. "사람이 자기를 살피고examine 그 후에야 이 떡을 먹고 이 잔을 마실지니"(고전 11:28). 고린도후서에서도 "너희 자신을 시험하라(살피라)examine"(고후 13:5)라고 말하고 있다.[21]

그렇다면 하나님의 아들이시고 하나님의 형상이시며 "나를 본 자는 아버지를 보았다"라고 하신 예수님은 또 어떻게 말씀하셨는가? 예수님도 마찬가지로 하이퍼 그레이스 교사들과 동의하신 것 같지는 않다.

만약 하나님께서 항상 우리를 온전히 거룩하고 의롭게 보시고 우리의 결점을 결코 보지 않으신다면,[22] 왜 예수님은 소아시아 일곱 교회 중 다섯 교회를 책망하셨는가? 주님은 그들이 잘한 일만 말씀하신 것이 아니라, "내가 네 행위를 아노니"라고 거듭 말씀하시며 그들의 죄악을 열거하셨다. 만

만약 이 교회들이 하이퍼 그레이스 메시지를 늘 듣고 살았다면, 주님의 책망을 들었을 때 이 신자들이 얼마나 충격을 받았을지 상상할 수 있겠는가?

"주님 왜 우리를 책망하십니까? 왜 우리의 죄를 상기시키시나요? 왜 우리를 심판으로 위협하십니까? 우리에게 실망하신 건가요? 주님은 우리의 허물을 보지 않으시며, 항상 우리를 기뻐하시고, 결코 실망하지 않으신다고 배웠습니다. 예수님, 은혜를 잘 모르시는 거 아닌가요?"

에베소 신자들에게 예수님은 말씀하셨다. "너를 책망할 것이 있나니 너의 처음 사랑을 버렸느니라"(계 2:4). 버가모 신자들에게 주님을 슬프시게 한 목록을 열거하시기 전에 "네게 두어 가지 책망할 것이 있나니"(14절)라고 말씀하시고, 두아디라 신자들에게는 "네게 책망할 일이 있노라 자칭 선지자라 하는 여자 이세벨을 네가 용납함이니 그가 내 종들을 가르쳐 꾀어 행음하게 하고 우상의 제물을 먹게 하는도다"(20절)라고 말씀하셨다.

하이퍼 그레이스 설교자들은 예수님께서 우리를 이렇게 바라보신다고 주장한다. "나는 너희 모두를 아름답고 거룩하고 의롭게 보며, 내가 보는 너희의 어떤 모습도 사랑한다!" 그러나 예수님께서 직접 이 주장에 강하게 반대하시며 사데 교회를 향해 말씀하셨다. "내가 네 행위를 아노니 네가 살았다 하는 이름은 가졌으나 죽은 자로다 너는 일깨어 그 남은 바 죽게 된 것을 굳건하게 하라 내 하나님 앞에 **네 행위의 온전한 것을 찾지 못하였노니**"(계 3:1~2).

이 한 구절이 하이퍼 그레이스의 주장을 완전히 무너뜨린다. 예수님은 분명히 우리의 행위를 살펴보시며, 때때로 우리의 행위가 온전하지 못할 때, 우리를 향한 크신 사랑으로 회개를 촉구하신다.

라오디게아 교인들을 향한 말씀도 그렇다. "내가 네 행위를 아노니 네가 차지도 아니하고 뜨겁지도 아니하도다 네가 차든지 뜨겁든지 하기를 원하노라 네가 이같이 미지근하여 뜨겁지도 아니하고 차지도 아니하니 내 입에서 너를 토하여 버리리라 네가 말하기를 나는 부자라 부요하여 부족한 것이 없다 하나 네 곤고한 것과 가련한 것과 가난한 것과 눈 먼 것과 벌거벗은 것을 알지 못하는도다"(계 3:15~17).[23]

그러나 우리가 기억해야 할 것이 있다. 하나님은 우리의 허물과 실패를 보시는 그 순간에도 여전히 우리를 깊이 사랑하신다. 그래서 우리를 내치거나 정죄하지 않으시며, 다시 주님께로 부르신다. 그것이 바로 성령님의 책망의 목적이며(6장을 보라), 주님께서 사랑으로 꾸짖으시는 이유다. (요한계시록 3장 19절을 다시 읽어보라. "무릇 내가 사랑하는 자를 책망하여 징계하노니 그러므로 네가 열심을 내라 회개하라.")

잠깐 멈추어 한번 생각해 보자. 부모가 자녀를 사랑하기 위해 자녀를 꼭 완전하고 흠이 없는 존재로 보아야만 하는가? (조부모에게 물어보면 더욱 확실해지는 문제다.) 자녀들이 좋지 않은 하루를 보내고 왔을 때, 그들에게 "너는 내 자녀가 아니고 나는 너의 부모가 아니다!"라고 말하는가? 그렇다면 우리가 사랑받고 있으며 안전하다고 느끼기 위해 하나님께서 우리의 허물과 흠을 보시지 않는다고 주장하는 이런 비성경적인 신학을 왜 꼭 세우려고 하는가? 우리는 예수님 때문에 용납 받았고, 그것이 우리의 안정감의 기초다. 이제 "우리가 마음에 뿌림을 받아 악한 양심으로부터 벗어나고 몸은 맑은 물로 씻음을 받았으니"(히 10:22) 하나님께 담대히 나아가며, 이 높은 부르심에 합당하게 사는 것은 우리의 거룩한 특권이다.

예수님께서 요한계시록 2~3장의 모든 교회들에게 이기는 자에게 주시는 약속을 포함하여 놀라운 격려의 말씀을 주신 것을 기억하자(계 2:7, 11, 17, 26~28; 3:5, 12). 특히 3장 21절에서는 이렇게 말씀하신다. "이기는 그에게는 내가 내 보좌에 함께 앉게 하여 주기를 내가 이기고 아버지 보좌에 함께 앉은 것과 같이 하리라." 이기는 자는 확실히 아버지 마음을 기쁘시게 했다. 이들이 바로 하나님을 기쁘시게 한 자들이라는 사실에 의심의 여지가 없다.

존 크라우더는 "이제 교회가 하나님을 기쁘시게 하는 것에서 벗어날 시간이다"라고 말했지만,[24] 사도 바울의 다음 권면은 이와 극명한 대조를 이룬다.

- **주를 기쁘시게 할** 것이 무엇인가 시험하여 보라(엡 5:10)
- 그런즉 우리는 몸으로 있든지 떠나든지 **주를 기쁘시게 하는** 자가 되기를 힘쓰노라(고후 5:9)
- 주께 합당하게 행하여 **범사에 기쁘시게 하고** 모든 선한 일에 열매를 맺게 하시며 하나님을 아는 것에 자라게 하시고(골 1:10)
- 그러므로 형제들아 우리가 끝으로 주 예수 안에서 너희에게 구하고 권면하노니 너희가 마땅히 어떻게 행하며 **하나님을 기쁘시게 할 수 있는지**를 우리에게 배웠으니 곧 너희가 행하는 바라 더욱 많이 힘쓰라(살전 4:1)
- 오직 하나님께 옳게 여기심을 입어 복음을 위탁 받았으니 우리가 이와 같이 말함은 사람을 기쁘게 하려 함이 아니요 오직 우리 마음을 감찰하시는 **하나님을 기쁘시게 하려 함이라**(살전 2:4)

에베소서의 후반부(4~6장)를 살펴보면, 하나님을 기쁘시게 하기 위해 어떻게 살아야 하는지 구체적인 지시를 준다. 다음은 4장에서만 발췌한 권면의 말씀이다.

- 그러므로 주 안에서 갇힌 내가 너희를 권하노니 너희가 부르심을 받은

일에 합당하게 행하여 모든 겸손과 온유로 하고 오래 참음으로 사랑 가운데서 서로 용납하고 평안의 매는 줄로 성령이 하나 되게 하신 것을 힘써 지키라(1~3절)
- 오직 사랑 안에서 참된 것을 하여 범사에 그에게까지 자랄지라 그는 머리니 곧 그리스도라(15절)
- 그러므로 내가 이것을 말하며 주 안에서 증언하노니 이제부터 너희는 이방인이 그 마음의 허망한 것으로 행함 같이 행하지 말라(17절)
- 그런즉 거짓을 버리고 각각 그 이웃과 더불어 참된 것을 말하라 이는 우리가 서로 지체가 됨이라 분을 내어도 죄를 짓지 말며 해가 지도록 분을 품지 말고 마귀에게 틈을 주지 말라 도둑질하는 자는 다시 도둑질하지 말고 돌이켜 가난한 자에게 구제할 수 있도록 자기 손으로 수고하여 선한 일을 하라 무릇 더러운 말은 너희 입 밖에도 내지 말고 오직 덕을 세우는 데 소용되는 대로 선한 말을 하여 듣는 자들에게 은혜를 끼치게 하라 하나님의 성령을 근심하게 하지 말라 그 안에서 너희가 구원의 날까지 인치심을 받았느니라 너희는 모든 악독과 노함과 분냄과 떠드는 것과 비방하는 것을 모든 악의와 함께 버리고 서로 친절하게 하며 불쌍히 여기며 서로 용서하기를 하나님이 그리스도 안에서 너희를 용서하심과 같이 하라(25~32절)

오늘날 신자들에게 이렇게 살라고 말하면, '행동 수정'과 '죄를 관리하는 사업'을 한다고 즉시 비난할 것이다.[25] 그러나 바울은 진심으로 다음과 같이 말하고 있으며, 나도 이에 공감한다. "예수님은 그분의 은혜와 자비로 우리를 놀랍게 구속하셨고 변화시키셨습니다. 이제 우리는 주님께 속한 존재가 되었으므로, 주님의 크신 이름에 합당한 삶을 살아야 합니다. 주님처럼 생각하고 말하고 행동해야 합니다. 이전의 방식대로 더 이상 살지 말고, 성령 안에서 새로운 생명으로 살아야 합니다!"

이것이 바로 바울이 역설하는 바다. 에베소서 5장에서도 하나님을 본받으라는 부르심에 기초한 구체적인 지침을 계속해서 이야기한다.

> 그러므로 사랑을 받는 자녀 같이 너희는 하나님을 본받는 자가 되고 그리스도께서 너희를 사랑하신 것 같이 너희도 사랑 가운데서 행하라 그는 우리를 위하여 자신을 버리사 향기로운 제물과 희생제물로 하나님께 드리셨느니라 음행과 온갖 더러운 것과 탐욕은 너희 중에서 그 이름조차도 부르지 말라 이는 성도에게 마땅한 바니라 누추함과 어리석은 말이나 희롱의 말이 마땅치 아니하니 오히려 감사하는 말을 하라 너희도 정녕 이것을 알거니와 음행하는 자나 더러운 자나 탐하는 자 곧 우상 숭배자는 다 그리스도와 하나님의 나라에서 기업을 얻지 못하리니 누구든지 헛된 말로 너희를 속이지 못하게 하라 이로 말미암아 하나님의 진노가 불순종의 아들들에게 임하나니 그러므로 그들과 함께 하는 자가 되지 말라 너희가 전에는 어둠이더니 이제는 주 안에서 빛이라 빛의 자녀들처럼 행하라 빛의 열매는 모든 착함과 의로움과 진실함에 있느니라 주를 기쁘시게 할 것이 무엇인가 시험하여 보라(엡 5:1~10)

하이퍼 그레이스 교사들에게는 미안하지만 나는 예수님과 바울과 말씀의 편에 서서 확신을 가지고 담대하게 이 진리를 고백한다. 나는 예수 그리스도 안에서 용납 받았다(엡 1:1~6). 내 안에 착한 일을 시작하신 주님께서 그것을 이루실 것이다(빌 1:6). 하나님 아버지는 나에게 그분의 은혜를 넘치도록 부어 주시고 나를 주님의 소유로 부르셨다(엡 2:4~7). 나를 위해 죽으시고 다시 사신 예수 그리스도께서 하나님 우편에 앉아 계시며 나를 위해 중보하시기 때문에, 그 누구도 나를 정죄할 수 없다(롬 8:34).

그래서 하나님을 기쁘시게 하고자 우리는 최선을 다한다. 우리를 향한 하나님의 놀라운 선하심을 항상 기억하면서, 하나님께서 우리로 인해 슬퍼하시지 않도록 최선을 다해 그분께 기쁨을 드리는 삶을 사는 것이다. "아버지가 자식을 긍휼히 여김 같이 여호와은 자기를 경외하는 자를 긍휼히 여기시나니 이는 그가 우리의 체질을 아시며 우리가 단지 먼지뿐임을 기억하심이로다"(시 103:13~14). 아마도 가장 놀라운 것은 이것이 아닐까 싶다. 일단 하나님과 친밀해지면 그분을 기쁘시게 하는 것은 어렵지 않다.

하나님을 기쁘시게 하고자 하는 갈망, 그리고 예수님과 함께 하늘에 앉은 하나님의 자녀로서 높은 부르심에 합당하게 걷고자 하는 거룩한 갈망이 마음 가득히 넘쳐흐르지 않는가? 삶의 끝자락에 이르렀을 때 나도 바울처럼 이렇게 고백하기를 원한다. "나는 선한 싸움을 싸우고 나의 달려갈 길을 마치고 믿음을 지켰으니"(딤후 4:7). 그리고 그날 하나님께서 "잘하였도다 착하고 충성된 종아 … 네 주인의 즐거움에 참여할지어다!"(마 25:21)라고 하시는 말씀을 간절히 듣고 싶다.

하나님의 사랑이 나를 사로잡고 나를 이끌어간다. 당신도 그러하기를!

CHAPTER 09

영성은 쉬운 것인가

9 영성은 쉬운 것인가

존 크라우더는 이렇게 묻는다. "행복하고, **쉬운**effortless 기독교가 당신에게 충격으로 들리는가? 날마다 기쁨이 넘치고, 죄가 없는 삶을 사는 것이 불가능해 보이는가?"[1] "죄가 없는 삶에 대한 질문은 잠시 제쳐 놓더라도, 쉬운 기독교라는 개념은 어떤가? 충격으로 들리는가?"

그는 계속해서 말한다. "복음을 무엇보다 '좋은 소식'이라고 부르는 데는 이유가 있다. 복음은 하나님과의 **쉬운** 연합에 대한 찬란하고 행복한 메시지다. 또한 복음은 종교 안에 흔히 존재하는 인간의 의지력에 강한 충격을 가하고 분개심을 일으킨다. … 그리스도 안에서 하나님과 당신의 연합은 즉각적이고 **쉬운** 것이다. 그것은 처음 믿는 순간 일어난다. 우리가 '그리스도 안에' 있다는 이 토대 위에 모든 교리가 세워져야 한다. … 참된 개종은 당신을 행복하고 거룩한 삶으로 **쉽게** 인도한다."[2]

크라우더는 믿음을 행위로 표현하지 않는 사람은 불신자보다 더 악하다고 말하는데, 이것은 참된 신자는 행위를 통해 믿음을 나타낼 수밖에 없음을 바르게 강조하는 말이다. 그런데 실제로 믿음이 행위로 나타나는 것에 관하여 그가 의도한 의미는 다음과 같다. "**쉬운** 기도, 신뢰하는 기도—믿음으로 하나님만 의뢰하는 기도—는 하나님의 에너지가 주입된 기도이다."[3] 영국 설교자 존 헨리 조엣John Henry Jowett, 1864~1923은 이와는 매우 다른 관점을 가지고 있었다.

> 갈보리의 사역자들은 땀방울이 핏방울이 되도록 하나님께 간구해야 하며, 그들의 중보는 종종 극도의 고통에 도달한다. 냉담하게 기도한다면 우리는 더 이상 갈보리의 사역자가 아니다. 참된 중보는 희생, 피를 흘리는 희생이다. 그것은 갈보리의 길을 계속 이어가고, 그리스도의 남은 고난을 '채우는' 것이다. … 형제들이여, 이것이 우리 주님의 사역이었다. 중보의 고난을 온전케 했던 고뇌에 찬 갈망! 우리를 통해 이것이 이어지고 있는가? 우리의 기도는 피를 흘리는 기도인가? 주님의 못 박힌 손과의 고통스러운 교제가 있는가? 나는 나의 기도가 부끄러울 때가 너무 많다. 나의 기도는 너무 자주 아무런 대가 지불이 없으며, 아무런 피 흘림이 없다. 나의 피상적인 고통에도 불구하고 열매를 주시는 우리 주님의 은혜와 겸손 앞에 부끄러울 따름이다. … 우리가 피 흘리기를 멈추면, 우리는 진정으로 축복할 수 없다.[4]

크라우더와 조엣의 말이 둘 다 옳을 수 있는가? 하나는 진리이고 하나는 오류인가? 아니면 양쪽 다 약간의 진리를 담고 있는가?

존 셔스비는 그의 저서 『장자권The Birthright』에서 하나님의 자녀는 지속적으로 강청하는 기도를 할 필요가 없다고 말한다. 누가복음 11장 5~8절에서 친구는 밖에 있고 자녀들은 집 안에 아버지와 함께 누워있는 비유를 언급하며 다음과 같이 말한다.

> 이 비유는 아버지의 집 안에서 우리가 누리는 따뜻함과 친밀함에 관한 내용이다. 만약 이 아버지가 밖에 있는 친구의 요청에 마지못해 응답한다

면, 집 안에 있는 자녀들의 요청에는 얼마나 적극적으로 응답하겠는가? 문 밖에 서 있는 친구는 노크를 해야 하지만, 바로 옆에 누워있는 자녀들은 속삭이기만 하면 된다. 친구는 강청해야 하지만, 자녀들은 아빠의 잠옷을 잡아당기기만 하면 된다. 요점은 이렇다. 즉, 우리는 밖에 있는 친구가 아니라, 안에 있는 자녀들이다. 아빠의 따뜻한 품에 누워있는 자녀들. 하나님은 그렇게 우리 곁에 가까이 계시며, 우리는 하나님께 소중한 자녀들이다.[5]

우리가 하나님의 자녀인 것은 맞지만, 그것이 이 비유의 요점은 아니다. 왜냐하면 기도를 가르쳐 달라는 제자들의 요청(눅 11:1)에 대한 답변으로 주님께서 이 비유를 말씀하고 계시기 때문이다. 더 중요한 것은, 하나님의 자녀들은 문을 두드릴 필요가 없다고 셔스비는 주장하는데, 사실 이 비유는 그의 주장과 정확히 반대로 이해되어야 한다. 예수님께서 비유를 마무리하시면서 직접 말씀하셨다. "내가 또 너희에게 이르노니 구하라 그러면 너희에게 주실 것이요 찾으라 그러면 찾아낼 것이요 **문을 두드리라 그러면 너희에게 열릴 것이니** 구하는 이마다 받을 것이요 찾는 이는 찾아낼 것이요 **두드리는 이에게는 열릴 것이니라**"(9~10절). 다시 말해 이 비유의 요점은 집요하게 (또 담대하게!) 기도하라는 것이다(8절).

예수님은 우리에게 두드리라고 말씀하신다. 그런데 하이퍼 그레이스 교사들은 두드릴 필요가 없다고 말한다. 누구의 말을 따라야 하는가?

존 크라우더는 앞으로 추수의 현장에서 주님을 위한 우리의 사역은 '완전히 쉬울' 것이라고 말한다. 모든 신자들이 정말 이것을 기대해도 될까? 이것이 참으로 성경적이고 현실적인 말인가? 아니면 크라우더가 어떤 강력한 것을 깨닫긴 했지만 그것을 과장된 말로 표현하고 있는 것인가?

조셉 프린스도 '쉬운 영성'을 강조한다. 몇 년 전 사람들이 나에게 그의 가르침에 대해 묻기 시작했다. 어떤 이들은 말했다. "그는 이단이야. 잘못된 복음false gospel을 전하고 있어. 그 사람 가르침은 무엇인가 잘못됐어." 그러나 "그의 메시지를 듣고 내 삶이 극적으로 변화되었다"라고 고백하는 이들도 있었다.

나는 기독교 TV를 포함하여 TV를 잘 보지 않고, 또한 여러 그룹을 돌아다니며 사역하지 않기 때문에 당시 그의 사역을 잘 알지 못했다. 곧바로 그의 메시지를 들어보기 시작했고, 그의 저서『넘치는 은혜Unmerited Favor』(그 다음에는『이기는 삶Destined To Reign』)를 읽어 보았다. 나는 하나님 앞에서 정말 열린 마음과 흥미를 가지고 책을 읽기 시작했고, "아버지, 이 형제가 가르치는 것 중에 제가 들어야 할 것이 있다면 듣게 해 주십시오. 제 삶 가운데 주님의 넘치는 은혜에 합당하지 않게 살고 있는 영역이 있다면 계시해 주십시오. 제게 주님의 은혜에 대한 신선한 계시를 주십시오!"라고 기도하며 읽었다.

2장에서 언급한 것처럼, 나는 내가 완벽한 기준이며 모든 사람이 나의 기준을 따라야 한다고 생각하지 않는다. 그리고 모든 영역에서 내가 완전한 진리와 계시 가운데 살고 있어서, 가르치기만 하고 배울 필요는 없다고 생각하지도 않는다. 그것은 절대로 있을 수 없는 일이다. 은혜라는 주제에 있어서도 나는 단 한순간도 하나님의 놀라운 인자와 자비와 사랑을 폄하하거나, 경시하거나, 부인하기를 원하지 않는다. 나를 붙들어주고 능력을 준 것은 하나님의 전적인 은혜이고, 삶의 모든 순간 나는 은혜에 의존하여 살고 있다.

비판적인 태도가 아닌 열린 마음으로 조셉 프린스의 책을 읽었을 때 그 안에 탁월한 내용을 많이 발견할 수 있었다. (『이기는 삶Destined To Reign』도 마찬가지다.) 그의 글은 주님을 정말 알고 주님의 선하심을 맛본 사람의 글이다. 또한 말씀을 즐거워하고, 예수님을 예배하고 사랑하는 것이 무엇인지 정말 아는 사람 같다.

그의 책의 많은 부분, 특히 다음과 같은 내용은 내 마음을 가득 채웠다(물론 나는 커피를 한 번도 마셔본 적이 없기 때문에, 라떼에 대한 그의 설명은 이해할 수 없지만 말이다).

> 말씀을 읽는 시간은 주님과 보내는 정말 친밀한 개인적인 시간이다. 나는 그분의 임재 안에 완전히 빠져들어 시간 감각을 다 잃어버린다. 말씀을 연구하다가 시계를 쳐다보면 벌써 새벽 5시일 때가 한두 번이 아니다. 카페에서 사랑하는 친구들과 함께 따뜻한 라떼를 마시며 즐겁게 웃고 대화를 나눌 때 시간이 쏜살같이 지나가듯이 예수님의 임재도 그렇게 누릴 수 있다.[6]

아멘! 나는 프린스 목사의 다음 설명에 전적으로 동의한다. "어떤 이들은 은혜가 하나님의 거룩을 위협한다고 생각한다. 절대로 그렇지 않다! 은혜의 기준은 모세의 율법의 기준보다 훨씬 높다."[7] 그런데 그는 여기에 덧붙여 말한다. "은혜 아래 있을 때, 당신은 모세의 율법의 기준을 쉽게 성취할 뿐만 아니라 그것을 훨씬 능가하게 될 것이다."[8] 이 말이 사실인지 살펴보자.

우리가 '은혜 아래' 있을 때, "모세의 율법의 기준을 쉽게… 훨씬 능가하게 될 것"이라는 이해는 하나님의 말씀에서 비롯된 것인가? '쉬운 영성'이라는 것이 존재하는가? 만약 존재한다면, 나도 정말 갖고 싶다.

프린스 목사는 "하나님의 사랑으로 넘쳐흐를 때, 당신은 노력하지 않고도 쉽게 율법을 성취하게 될 것이다"라고 말한다.[9] 많은 부분에서 이것은 맞는 말이다. 그러나 에베소 교회처럼 가끔 우리는 그 사랑에서 뒤로 물러

갈 때가 있다. 그럴 때 예수님은 말씀하신다. "그러므로 어디서 떨어졌는지를 생각하고 회개하여 처음 행위를 가지라 만일 그리하지 아니하고 회개하지 아니하면 내가 네게 가서 네 촛대를 그 자리에서 옮기리라"(계 2:5). 이것은 긴급한 경고의 말씀이다. 이것은 의도적이고, 노력이 요구되는 반응을 촉구하고 있다. 그렇지 않은가?[10]

프린스 목사는 그의 저서 『넘치는 은혜 Unmerited Favor』에서 '쉬운(노력이 필요없는)' 영성에 대해 14회나 언급한다. Effort(노력, 수고)라는 단어는 이런저런 형태로 총 68회나 등장한다. 『이기는 삶 Destined To Reign』 책에서는 effortless(쉬운)라는 단어가 부제에까지 등장한다('쉬운 성공, 완전함, 그리고 승리하는 삶의 비결 The Secret to Effortless Success, Wholeness and Victorious Living'). 그의 글 안에서 진리는 무엇이고 오류는 무엇인가?

자기 노력인가 인내로 하는 경주인가

전도자이자 뮤지션인 벤자민 던 Benjamin Dunn도 『행복한 복음: 행복하신 하나님과의 쉬운 연합 The Happy Gospel: Effortless Union With a Happy God』의 부제에 '쉬운 effortless'을 사용하며("행복하신 하나님"에 관한 주제는 다른 장에서 별도로 다루겠다), 앤드류 워맥도 자신의 저서 『노력 없이 오는 변화: 말씀은 당신의 삶을 변화시킬 수 있는 씨입니다 Effortless Change: The Word Is the Seed That Can Change Your Life』의 제목에 '노력 없이 오는 (즉 쉬운) effortless'을 사용한다.[11] 우리는 소위 '쉬운 영성'을 어떻게 이해해야 하는가?

조셉 프린스는 다음과 같이 말한다.

하나님이 주시는 좋은 성공을 우리 자신의 노력만 가지고서는 결코 이뤄

낼 수 없다. 아무리 애쓰고 분투한다 할지라도, 스스로의 힘으로 의와 용서를 얻을 수 없다. 우리가 성취하는 성공은 어떤 것이든 부분적인 성공이다. … 자신의 노력을 신뢰하는 사람들은 주님이 주시는 축복들을 보지 못하고 받지 못한다. 그들은 단지 자신의 노력을 통해 얻을 수 있는 '선'을 신뢰한다.[12]

나는 이 말에 동의한다. 이 말에 이의를 제기할 사람은 없을 것이다. 조셉 프린스는 "주님의 임재가 순식간에 성취하는 것을 우리의 모든 분투, 의지력, 훈련, 자기 노력을 다 동원해도 성취할 수 없다"라고 말했다.[13] 절대적으로 맞는 말이다. 내가 가진 아이디어를 실행하며 만 시간을 보내는 것보다 나는 살아계신 하나님과의 참된 만남으로 30분 보내는 것을 선택할 것이다. 프린스 목사는 확실하고 강력한 메시지도 전하지만, 동시에 사람들을 오도할 수 있는 말들도 전한다. 예컨대, "중간은 없다. 자신의 노력과 하나님의 은혜를 섞을 수 없다"라는 말이 그렇다.[14]

그래서 페달에서 우리 발을 떼고 하나님께 넘겨드리라는 말인가? 그렇다면 하나님은 왜 우리에게 그분의 은혜를 힘입어 수고하고 노력하라고 말씀하시는가? "너희 안에서 행하시는 이는 하나님이시니 자기의 기쁘신 뜻을 위하여 너희에게 소원을 두고 행하게 하시나니 … 두렵고 떨림으로 너희 구원을 이루라"라고 왜 이렇게 말씀하시는가?(빌 2:12~13).

프린스 목사는 "예수님께서 당신을 위해 하신 일을 전적으로 받아들일 때, '행위doing'는 쉽게 흘러나온다"라고 말한다.[15] 그렇다면 왜 주님은 우리에게 경주하고, 싸우고, 인내하라고 거듭 촉구하시는가? 그러한 일은 전혀 쉬운 것이 아니다.

그는 이렇게 설명한다. "몇 년 전에 나는 이것을 교회 성도들과 나누었다. 삶을 살아가는 데에는 근본적으로 두 갈래의 길이 있다. 첫 번째는 자기 노력에 전적으로 의존하는 삶이고, 두 번째는 자격 없는 자에게 주시는 unmerited 하나님의 은총과 축복에 전적으로 의존하는 삶이다."[16] 왜 이런 이분법을 꼭 사용하는가? 자격 없는 자에게 주시는 하나님의 은총과 축복에 의존하면서 인내와 순종으로 경주할 수는 없는가?

프린스 목사가 무슨 주장을 하려고 하는지 전적으로 이해하지만, 나는 이 균형 잡히지 않은 가르침이 많은 신자들에게 어떤 영향을 미치는지를 보아왔다. 그들은 기어를 중립으로 넣고, 하나님이 사랑으로 주시는 모든 권고를 거절한다. 그들에게 말씀을 인용하려고 하면 자신들을 율법 아래 가두지 말라고 한다. 우리는 이렇게 아무것도 요구하지 않는 그런 '복음'을 전파하고 실천해서는 안 되며, "하나님의 뜻을 다the whole counsel of God"(행 20:27) 가르치기 위해 최선을 다해야 할 것이다.

그러나 분명한 것은 많은 그리스도인들이 조셉 프린스와 여타 하이퍼 그레이스 교사들의 메시지를 듣고 실제로 변화를 경험한다는 것이다. 그것은 그들이 가르치는 내용이 많은 부분 성경적이기 때문이다. 나는 그 부분을 진심으로 인정하며, 나 역시 그들의 자료를 거리낌 없이 추천할 수 있다면 정말 좋겠다. 그러나 문제는 조셉 프린스와 여타 하이퍼 그레이스 교사들이 때때로 은혜를 과장되게 가르치며, 어떤 때는 심각한 오류와 섞어서 가르친다는 것이다. 그래서 이 메시지를 듣는 사람들 중 피해자들이 너무 많이 생겨나고 분열이 발생하고 있다.

프린스 목사는 다음과 같이 말한다. "주님께 지혜를 구한다는 것은 이렇게 고백하는 것이다. '주님, 저는 할 수 없지만, 주님은 하실 수 있습니다. 저의 노력을 포기하고, 자격 없는 자에게 주시는 주님의 은총과 지혜를 전적으로 의지합니다.' 당신이 주님의 지혜를 받아들일 때, 장수뿐만 아니라 부와 존귀도 당신을 따라올 것이다. 지금 주님께 달려가라!"[17] 그렇지만 '주님께 달려가는 것' 조차도 노력이 필요하고, 우리가 달려갈 때 극복해야 할 장애물도 종종 있다.

그는 "세상의 성공은 자기 힘과 노력과 의지력으로 애써서 성취하지만, **자격 없는 자에게 주시는 하나님의 은총을 전적으로 의존할 때** 당신은 초자연적이고 쉬운 성공을 거두게 된다"라고 말한다.[18] 말하자면 아무것도 하지 말고 그냥 하나님이 다 하시기를 기다리기만 하라는 의미 같다.

안타깝게도 프린스 목사는 종종 그가 한 말의 뜻을 충분히 설명하지 않기 때문에, 비록 그의 의도는 전혀 그렇지 않다 하더라도 그의 가르침은 너무 자주 초점이 없고, 훈련되지 않고, 거룩하지 않은 영성을 낳는다. 결과적으로 이 '쉬운 영성'을 받아들인 사람들은 적극적으로 기도하며 주님의 임재 가운데 나아가는 것이나, 주님의 짐을 지며 육신을 거절하는 것에 대한 부르심을 받아들이지 않는다. 따라서 우리가 할 일은 믿는 것뿐이라고 가르치는 하이퍼 그레이스 교사들과 더불어, 이 말씀을 듣는 많은 이들이 결국 영적으로 게을러지고, 그들에게 노력하라고 말하는 사람은 전부 율법주의자로 취급받는 현실이 전혀 이상한 일이 아니다. 그렇다면 다음 야고보서의 말씀은 어떻게 이해해야 하는가? "행함이 없는 네 믿음을 내게 보이라 나는 행함으로 내 믿음을 네게 보이리라"(약 2:18).

벤자민 던의 가르침은 조셉 프린스의 가르침보다 훨씬 더 극단적이다. 물론 벤자민 던 역시 예수님과의 교제의 아름다움과 주님의 임재의 능력에 관하여 놀라운 것을 많이 가르친다. 그의 글을 읽고 있으면 파니 크로스비 Fanny Crosby가 지은 찬송가「주의 음성을 내가 들으니」에 나오는 다음 글귀가 떠오른다. "주님의 보좌 앞에서 나의 하나님과 친구처럼 교제하며 기도로 보내는 한 시간이 내게 주는 이 순전한 기쁨!"[19]

어떤 것은 통찰력있게 가르치는 반면, 주님을 기쁘시게 하는 노력을 극단적으로 공격하는 던의 모습은 실로 유감스럽다. 그는 이렇게까지 말하기도 한다. "노력과 율법을 통해 주님을 기쁘시게 하라고 요구하는 사람들은 애석하게도 은혜와의 연합의 유익을 놓치고 있다. 그리스도인으로서 은혜와 연합한 삶을 누려야 하는데, 대신 그들은 **율법과 간음을 범하고 있다**."[20]

사도행전 21장 18~26절에서 바울과 같은 편에 섰던 예수를 믿는 유대인 신자들은 "율법에 열성을 가진 자들"(20절)이었다. 그들은 모두 율법과 간음을 범하고 있었는가? 그것이 바로 던이 의미하는 바가 아닌가? 게다가 "노력을 통해 주님을 기쁘시게 하라고 요구하는 사람들"이라고 표현함으로써, 마치 주님을 기쁘시게 하고자 노력하는 것이 죄라도 되는 것처럼 왜곡되게 표현하고 있다. (이 주제에 대해서는 8장에서 이미 논의하였다.)

던은 다음과 같이 진술한다. "복음이 가진 '쉬움effortlessness'이라는 속성을 냉담apathy으로 오해해서는 안 된다. 반대로 그 하늘의 축복과 사랑이 우리의 마음을 사로잡게 되면, 우리는 거룩한 일을 하시는 하나님의 흐름을 멈출 수 없다."[21] 이것은 확실히 놀라운 진리다. 그러나 안타깝게도 그가 '쉬움'을 정의하는 방식과 더불어, 하나님은 우리가 노력하기를 원하신다는 사실을 거절하는 것은 쉽게 냉담으로 이어질 수 밖에 없다. 이 메시지를 받아들이는 사람들 안에서 나는 이런 태도를 너무나 많이 보아왔다.

그는 이렇게 질문한다.

> 그러면 이 모든 것 가운데 우리의 노력의 위치는 어디인가? 예수님을 따르는 자로서 우리의 자리는 어디인가?

기독교 안에서 우리의 위치는 단순하게 주님의 소유가 되는 것, 즉 그리스도 안에 거하는 것이다. 주님께서 하신 일에 그저 순복하라. 신비적인 연합에 순복하라!

그리스도와의 연합을 인식할 때 놀라운 일들이 발생한다. 가장 예기치 못한 순간에 사랑이 부어지고, 가장 예상 밖의 사람에게 사랑이 흘러가는 것을 발견하게 된다.

모욕을 주는 대신에, 사람들을 안아주는 자신을 발견하게 되며,

거룩한 삶은 단순하게 사랑이 흘러넘치는 것이 되고,

과거에 정말 애쓰고 노력했던 것들이 이제는 매우 쉽게 다가온다.

우리가 그리스도와 하나이며, 주님의 몸에 참여하기 때문에 주님의 성품에도 참여한다는 것을 알아야 한다.[22]

그는 다음과 같이 말한다. "하나님과의 이 연합을 위해 필요한 유일한 노력은 그리스도의 노력이다. 그리스도께서 하신 일에 어린 아이 같은 경이로움과 놀라움으로 단순하게 반응하면 된다. 그냥 '예, 저는 그것을 믿습니다!'라고 외치라."[23]

이것이 성경적인 개념인가? 주님께서 우리에게 주님과의 "신비적인 연합에 순복"하고 "예, 저는 믿습니다"라고 고백하는 것 이상으로 아무것도 하지 말라고 하시는가?

이에 대해 곧 살펴보겠지만, 사실 신약성경 전체가 이를 부정하고 있다. 던이 가르치는 다른 탁월한 내용들을 생각할 때, 그가 이렇게 과장되고 심지어 진리가 아닌 많은 주장을 펼치는 것은 정말로 유감스러운 일이다.

이 주제에 관한 앤드류 워맥의 일부 진술에도 동일한 문제가 있다. 그는 다음과 같이 말한다. "쉬운 변화, 그것은 불가능한 것처럼 들린다. 그러나 그것이 바로 하나님 나라가 역사하는 방식이라고 성경은 말하고 있다." "나는 이 책을 통해 당신이 변화를 새롭게 이해하고, 변화에 새롭게 접근할 수

있도록 성경적인 진리를 나누기 원한다. 이 진리를 마음으로 받아들이고 삶에 적용한다면 당신의 삶에서 쉽게 변화가 일어나는 것을 볼 수 있을 것이다."[24]

그러나 성경적인 진리를 우리 마음에 받아들이고 삶에 적용하는 것은 노력이 필요하다. 그렇지 않은가? 워맥은 다음과 같이 말한다. "만약 우울증과 싸우고 있다면, 당신은 하나님의 말씀을 주야로 묵상하고 있지 않은 것이다."[25] 그러나 하나님의 말씀을 주야로 묵상하려면 결단력과 훈련이 필요하다. (그건 그렇고, 우울증에 빠진 사람에게 이런 충고는 그다지 도움이 되지 않을 것 같다.)

앤드류 워맥은 "내가 내적으로 변화되었을 때, 내 삶의 모든 외적인 것들이 즉시 변화되기 시작했다"라고 고백하는데, 사실 나도 이것을 직접 경험했다.[26] 그러나 내적인 변화는 종종 만만치 않은 영적인 노력spiritual effort을 요한다.

그런데 워맥은 "당신이 그저 협력하고 하나님의 말씀이 싹트도록 허락한다면, 당신은 쉽게 변화될 것이다"라고 주장한다.[27] 이것은 마치 "당신이 식습관을 잘 훈련하고 규칙적으로 운동을 하면, 쉽게 체중을 줄이게 될 것이다"라고 말하는 것과 같다.

그렇다면 우리는 '쉬운' 영성의 메시지를 어떻게 이해해야 하는가? 물론 이들이 우리에게 가르쳐주는 중요한 진리들이 있으며, 그것은 우리를 자유케 하고 삶을 변화시키는 진리다. 그러나 메시지가 너무나 과장되고 균형 없이 전달되고 있어서 결국 유익보다는 해를 더 끼치고 그리스도인들을 돕기보다는 어려움을 주고 있다.

쉬운 영성의 메시지는 기본적으로 다음과 같이 말한다. "분투하지 말라. 영적인 사람이 되려고 노력하지 말라. 예수님께서 이미 값을 다 지불하셨다. 당신은 받아들이기만 하면 된다. 예수님께서 하신 일에 당신이 덧붙일 수 있는 것은 아무것도 없다. 율법주의자가 되지 말라. 행위와 믿음 또는 율법과 은혜를 섞지 말라. 하나님은 당신이 안식하고 즐기기를 원하신다. 옛사람은 죽었고 새사람은 하늘에 앉아있다. 주님께서 당신을 통해 그분의 일을 하시도록 하는 것 외에 당신이 할 일은 아무것도 없다."

다시 말하지만, 이 메시지의 일부는 놀라운 진리다. 문제는 진리가 아닌 부분이 치명적일 수 있다는 사실이다.

확실히 예수님께서 우리의 모든 죄값을 다 지불하셨으며 그가 단번에 드리신 희생 제사에 우리가 더할 수 있는 것은 아무것도 없다는 사실은 영광스러운 진리다(히 9:13~28; 10:1~4). 그것은 우리의 영원한 기쁨의 원천이 되기에 충분하다. 그리고 하나님께서 우리가 그분 안에서 안식하기를 원하시고(마 11:28~30; 히 4:9~10), 그분은 평안을 누리길 원하시며(요 14:27), 우리를 지켜 주시는 그분의 능력을 신뢰하길 원하시고(요 10:27~29; 고전 1:8; 빌 1:6), 우리의 행위가 아닌 믿음으로 의롭게 된 것(롬 3:20~31; 4:1~16; 갈 3:1~14; 엡 2:8~9; 딤후 1:8~10; 딛 3:4~7)을 알기 원하시는 것이 사실이다. 얼마나 영광스러운 진리들인가. 이 말씀들은 내게 주님과 동행하는 삶의 기반이 되어주었다.

포도나무이신 주님 안에 거할 때 자동적으로 열매를 맺게 되는 것은 사실이다(요 15:7). 하나님은 행위가 아닌 믿음을 통해 우리 가운데 기적을 행하시는 것도 사실이며(갈 3:5), 우리가 아무리 주님을 위해 수고한다 하더라도 우리 안에서, 우리를 통해서 역사하는 것은 하나님의 은혜라는 것도 사실이다(고전 15:10).

나 역시 주님을 따르는 것은 분투보다 기쁨이라고 정직하게 말할 수 있으며, 주님 안에 거할 때 영적인 열매는 '자연스럽고' 쉽게 흘러나온다. 그러나 동시에 주님을 진실로 높이고, 옳은 일을 하며, 지속적으로 주님 안에 거하기 위해서는 결단과 훈련이 필요하다. 또한 주님께 온전히 순종하고 육체와 세상을 거절하기 위해 격렬한 싸움을 싸우기도 한다. '믿음의 사도'로 널리 알려진 스미스 위글스워스Smith Wigglesworth는 이렇게 말했다. "큰 싸움이 큰 믿음을 낳는다. 큰 시험이 큰 간증을 낳는다. 큰 시련만이 큰 승리를 낳는다."[28]

위글스워스는 또한 다음과 같이 말했다.

> 날마다 하루에도 수십 번 그를 하나님의 능력에서 멀어지게 잡아당기는 '육신의 팔arm of flesh'을 모든 면에서 끊지 않고, 성령의 능력으로 옷 입고 주님의 불과 열정에 사로잡힐 수 있는 사람은 아무도 없다. 많은 사람들이 땅의 것에 너무 사로잡혔기 때문에 영광을 잃어버렸다. 하나님께서 계획하신 것을 성령 안에서 성취하려면, 결코 육신으로 되돌아가서는 안된다. 성령으로 충만하면, 하나님은 우리를 그분과의 관계 안으로 인도해 가시며 우리의 모든 것이 되어 주신다.[29]

이것은 쉬운 것이 아니다! 그렇다면 쉬운 영성을 받아들이는 사람들은 죄에 저항하지 않고 그저 설렁설렁 사는 것은 아닐까? 육체를 십자가에 못 박는 대신 육체의 욕구를 만족시키고, 싸우는 삶 대신 흘러 떠내려가는 삶을 사는 것은 아닐까? (나는 모든 사람을 말하는 것이 아니며, 일부 사람들에 대해 말하는 것이다. 그러나 '일부'라 함은, 점점 증가하는 다수까지는 아니더라도 적지 않은 소수를 말한다.)

신약성경 안에 하나님의 백성들에게 주를 기쁘시게 하고, 끝까지 믿음으로 경주하며, 부르심을 성취하기 위해 열심히 노력하라는 권면의 말씀이 가득한 것은 부인할 수 없는 사실이다. 우리는 생명을 주시는 하나님의 말씀을 있는 그대로 받아들이고 붙들어야 한다.

안식하고 또 경주하라

이제 여러분들에게 많은 신약성경 구절을 소개하고자 한다. 이 말씀을 읽으면서 당신의 반응을 스스로 살펴보라. 만약 갈씀에 대해 방어적인 자세를 취하거나, 변명할 필요성을 느끼거나, 혹은 이 말씀들이 당신의 신학을 위협한다면 무엇인가 심각하게 잘못된 것이다.

예수님께서 이 문제에 대해 어떻게 말씀하셨는지 한번 보자.

예수님은 쉬운 영성을 가르치셨는가?

좁은 문으로 들어가기를 힘쓰라 내가 너희에게 이르노니 들어가기를 구하여도 못하는 자가 많으리라(눅 13:24)

예수께서 이르시되 손에 쟁기를 잡고 뒤를 돌아보는 자는 하나님의 나라에 합당하지 아니하니라 하시니라(눅 9:62)

또 무리에게 이르시되 아무든지 나를 따라오려거든 자기를 부인하고 날마다 제 십자가를 지고 나를 따를 것이니라 … 누구든지 자기 십자가를 지고 나를 따르지 않는 자도 능히 내 제자가 되지 못하리라 … 이와 같이 너희 중의 누구든지 자기의 모든 소유를 버리지 아니하면 능히 내 제자가 되지 못하리라(눅 9:23; 14:27,33)

세상에서는 너희가 환난을 당하나 담대하라 내가 세상을 이기었노라(요 16:33)

죄에 대해서는 어떤가? 예수님은 죄에 대한 승리가 쉽다고 가르치셨는가?

만일 네 손이 너를 범죄하게 하거든 찍어버리라 장애인으로 영생에 들어가는 것이 두 손을 가지고 지옥 곧 꺼지지 않는 불에 들어가는 것보다 나으니라 만일 네 발이 너를 범죄하게 하거든 찍어버리라 다리 저는 자로 영생에 들어가는 것이 두 발을 가지고 지옥에 던져지는 것보다 나으니라 만일 네 눈이 너를 범죄하게 하거든 빼버리라 한 눈으로 하나님의 나라에 들어가는 것이 두 눈을 가지고 지옥에 던져지는 것보다 나으니라 거기에서는 구더기도 죽지 않고 불도 꺼지지 아니하느니라 사람마다 불로써 소금치듯 함을 받으리라(막 9:43~49)

예수님 자신의 영적인 삶은 어떠하셨는가?

내가 불을 땅에 던지러 왔노니 이 불이 이미 붙었으면 내가 무엇을 원하리요 나는 받을 세례가 있으니 그것이 이루어지기까지 나의 답답함이 어떠하겠느냐(눅 12:49~50)

예수께서 힘쓰고 애써 더욱 간절히 기도하시니 땀이 땅에 떨어지는 핏방울 같이 되더라(눅 12:44)

바울은 이 문제에 대해 어떻게 말하고 있는지 한번 살펴보자.

사도 바울은 쉬운 영성을 가르쳤는가?

운동장에서 달음질하는 자들이 다 달릴지라도 오직 상을 받는 사람은 한 사람인 줄을 너희가 알지 못하느냐 너희도 상을 받도록 이와 같이 달음질하라 이기기를 다투는 자마다 모든 일에 절제하나니 그들은 썩을 승

리자의 관을 얻고자 하되 우리는 썩지 아니할 것을 얻고자 하노라(고전 9:24~25)

너는 그리스도 예수의 좋은 병사로 나와 함께 고난을 받으라(딤후 2:3)

제자들의 마음을 굳게 하여 이 믿음에 머물러 있으라 권하고 또 우리가 하나님의 나라에 들어가려면 많은 환난을 겪어야 할 것이라 하고(행 14:22)

죄에 대해서는 어떤가? 바울은 죄에 대한 승리가 쉽다고 가르쳤는가?

그러므로 너희는 죄가 너희 죽을 몸을 지배하지 못하게 하여 몸의 사욕에 순종하지 말고 또한 너희 지체를 불의의 무기로 죄에게 내주지 말고 오직 너희 자신을 죽은 자 가운데서 다시 살아난 자 같이 하나님께 드리며 너희 지체를 의의 무기로 하나님께 드리라(롬 6:12~13)

또한 너희가 이 시기를 알거니와 자다가 깰 때가 벌써 되었으니 이는 이제 우리의 구원이 처음 믿을 때보다 가까웠음이라 밤이 깊고 낮이 가까웠으니 그러므로 우리가 어둠의 일을 벗고 빛의 갑옷을 입자 낮에와 같이 단정히 행하고 방탕하거나 술 취하지 말며 음란하거나 호색하지 말며 다투거나 시기하지 말고 오직 주 예수 그리스도로 옷 입고 정욕을 위하여 육신의 일을 도모하지 말라(롬 13:11~14)

죄를 이기기 위해 의식적인 노력이 요구된다고 가르쳤는가?

음행을 피하라 … 우상 숭배하는 일을 피하라 … 또한 너는 청년의 정욕을 피하고 주를 깨끗한 마음으로 부르는 자들과 함께 의와 믿음과 사랑과 화평을 따르라(고전 6:18; 10:14; 딤후 2:22)

오직 너 하나님의 사람아 이것들을 피하고 의와 경건과 믿음과 사랑과 인내와 온유를 따르며 믿음의 선한 싸움을 싸우라 영생을 취하라 이를 위하여 네가 부르심을 받았고 많은 증인 앞에서 선한 증언을 하였도다(딤전 6:11~12)[30]

영적 전쟁에 관해서는 어떻게 말했는가?

끝으로 너희가 주 안에서와 그 힘의 능력으로 강건하여지고 마귀의 간계를 능히 대적하기 위하여 하나님의 전신 갑주를 입으라 우리의 씨름은 혈과 육을 상대하는 것이 아니요 통치자들과 권세들과 이 어둠의 세상 주관자들과 하늘에 있는 악의 영들을 상대함이라 그러므로 하나님의 전신 갑주를 취하라 이는 악한 날에 너희가 능히 대적하고 모든 일을 행한 후에 서기 위함이라(엡 6:10~13)

바울 자신의 영적인 삶은 쉬웠다고 고백했는가?

그러므로 나는 달음질하기를 향방 없는 것 같이 아니하고 싸우기를 허공을 치는 것 같이 아니하며 내가 내 몸을 쳐 복종하게 함은 내가 남에게 전파한 후에 자신이 도리어 버림을 당할까 두려워함이로다(고전 9:26~27)

내가 그리스도와 그 부활의 권능과 그 고난에 참여함을 알고자 하여 그의 죽으심을 본받아 어떻게 해서든지 죽은 자 가운데서 부활에 이르려 하노니 내가 이미 얻었다 함도 아니요 온전히 이루었다 함도 아니라 오직 내가 그리스도 예수께 잡힌 바 된 그것을 잡으려고 달려가노라 형제들아 나는 아직 내가 잡은 줄로 여기지 아니하고 오직 한 일 즉 뒤에 있는 것은 잊어버리고 앞에 있는 것을 잡으려고 푯대를 향하여 그리스도 예수 안에서 하나님이 위에서 부르신 부름의 상을 위하여 달려가노라(빌 3:10~14)

바로 이 시각까지 우리가 주리고 목마르며 헐벗고 매맞으며 정처가 없고 또 수고하여 친히 손으로 일을 하며 모욕을 당한즉 축복하고 박해를 받은즉 참고 비방을 받은즉 권면하니 우리가 지금까지 세상의 더러운 것과 만물의 찌꺼기 같이 되었도다(고전 4:11~13)

우리가 그를 전파하여 각 사람을 권하고 모든 지혜로 각 사람을 가르침은 각 사람을 그리스도 안에서 완전한 자로 세우려 함이니 이를 위하여 나도 내 속에서 능력으로 역사하시는 이의 역사를 따라 힘을 다하여 수고하노라(골 1:28~29)

나는 선한 싸움을 싸우고 나의 달려갈 길을 마치고 믿음을 지켰으니(딤후 4:7; 행 20:24 참조)

바울이 어떻게 주님과 동행했으며, 어떻게 사역했는지 그의 자세한 고백을 한 번 읽어보자.

우리가 사방으로 우겨쌈을 당하여도 싸이지 아니하며 답답한 일을 당하여도 낙심하지 아니하며 박해를 받아도 버린 바 되지 아니하며 거꾸러뜨림을 당하여도 망하지 아니하고 우리가 항상 예수의 죽음을 몸에 짊어짐은 예수의 생명이 또한 우리 몸에 나타나게 하려 함이라(고후 4:8~10)

오직 모든 일에 하나님의 일꾼으로 자천하여 많이 견디는 것과 환난과 궁핍과 고난과 매 맞음과 갇힘과 난동과 수고로움과 자지 못함과 먹지 못함 가운데서도 깨끗함과 지식과 오래 참음과 자비함과 성령의 감화와 거짓이 없는 사랑과 진리의 말씀과 하나님의 능력으로 의의 무기를 좌우에 가지고 영광과 욕됨으로 그러했으며 악한 이름과 아름다운 이름으로 그러했느니라 우리는 속이는 자 같으나 참되고 무명한 자 같으나 유명한 자요 죽은 자 같으나 보라 우리가 살아 있고 징계를 받는 자 같으나 죽임을 당하지 아니하고 근심하는 자 같으나 항상 기뻐하고 가난한 자 같으나 많은 사람을 부요하게 하고 아무 것도 없는 자 같으나 모든 것을 가진 자로다(고후 6:4~10)

우리가 마게도냐에 이르렀을 때에도 우리 육체가 편하지 못하였고 사방으로 환난을 당하여 밖으로는 다툼이요 안으로는 두려움이었노라(고후 7:5)

또 어찌하여 우리가 언제나 위험을 무릅쓰리요 형제들아 내가 그리스도 예수 우리 주 안에서 가진 바 너희에 대한 나의 자랑을 두고 단언하노니 나는 날마다 죽노라 내가 사람의 방법으로 에베소에서 맹수와 더불어 싸웠다면 내게 무슨 유익이 있으리요 죽은 자가 다시 살아나지 못한다면 내일 죽을 터이니 먹고 마시자 하리라(고전 15:30~32)

'쉬운'이라는 단어가 위 구절들(이 외에도 더 많은 구절들이 있다)과 조화를 이루는 것 같지는 않다. 베드로의 이야기를 한번 들어보자.

베드로는 쉬운 영성을 가르쳤는가?

그러므로 너희가 더욱 힘써 너희 믿음에 덕을, 덕에 지식을 지식에 절제를, 절제에 인내를, 인내에 경건을 경건에 형제 우애를, 형제 우애에 사랑을 더하라 이런 것이 너희에게 있어 흡족한즉 너희로 우리 주 예수 그리스도를 알기에 게으르지 않고 열매 없는 자가 되지 않게 하려니와 이런 것이 없는 자는 맹인이라 멀리 보지 못하고 그의 옛 죄가 깨끗하게 된 것을 잊었느니라 그러므로 형제들아 더욱 힘써 너희 부르심과 택하심을 굳게 하라 너희가 이것을 행한즉 언제든지 실족하지 아니하리라 이같이 하면 우

리 주 곧 구주 예수 그리스도의 영원한 나라에 들어감을 넉넉히 너희에게 주시리라(벧후 1:5~11)

우리는 그의 약속대로 의가 있는 곳인 새 하늘과 새 땅을 바라보도다 그러므로 사랑하는 자들아 너희가 이것을 바라보나니 주 앞에서 점도 없고 흠도 없이 평강 가운데서 나타나기를 힘쓰라(벧후 3:13~14)

죄에 대한 승리가 쉽다고 가르쳤는가?

사랑하는 자들아 거류민과 나그네 같은 너희를 권하노니 영혼을 거슬러 싸우는 육체의 정욕을 제어하라(벧전 2:11)

그리스도께서 이미 육체의 고난을 받으셨으니 너희도 같은 마음으로 갑옷을 삼으라 이는 육체의 고난을 받은 자는 죄를 그쳤음이니 그 후로는 다시 사람의 정욕을 따르지 않고 하나님의 뜻을 따라 육체의 남은 때를 살게 하려 함이라 너희가 음란과 정욕과 술취함과 방탕과 향락과 무법한 우상 숭배를 하여 이방인의 뜻을 따라 행한 것은 지나간 때로 족하도다(벧전 4:1~3)

근신하라 깨어라 너희 대적 마귀가 우는 사자 같이 두루 다니며 삼킬 자를 찾나니 너희는 믿음을 굳건하게 하여 그를 대적하라 이는 세상에 있는 너희 형제들도 동일한 고난을 당하는 줄을 앎이라(벧전 5:8~9)

베드로는 우리가 주님을 위해 고난을 받도록 부름받았다고 말한다.

그러므로 너희가 이제 여러 가지 시험으로 말미암아 잠깐 근심하게 되지 않을 수 없으나 오히려 크게 기뻐하는도다 … 부당하게 고난을 받아도 하나님을 생각함으로 슬픔을 참으면 이는 아름다우나 죄가 있어 매를 맞고 참으면 무슨 칭찬이 있으리요 그러나 선을 행함으로 고난을 받고 참으면 이는 하나님 앞에 아름다우니라 이를 위하여 너희가 부르심을 받았으니 그리스도도 너희를 위하여 고난을 받으사 너희에게 본을 끼쳐 그 자취를 따라오게 하려 하셨느니라 … 그러나 의를 위하여 고난을 받으면 복 있는 자니 … 선을 행함으로 고난 받는 것이 하나님의 뜻일진대 악을 행함으로 고난 받는 것보다 나으니라 … 사랑하는 자들아 너희를 연단하려고 오는 불 시험을 이상한 일 당하는 것 같이 이상히 여기지 말고 오히려 너희가 그리스도의 고난에 참여하는 것으로 즐거워하라 이는 그의 영광을 나타내실 때에 너희로 즐거워하고 기뻐하게 하려 함이라 … 그러므로 하나님의 뜻대로 고난을 받는 자들은 또한 선을 행하는 가운데에 그 영혼을 미쁘신 창조주께 의탁할지어다 … 모든 은혜의 하나님 곧 그리스도 안에서 너희를 부르사 자기의 영원한 영광에 들어가게 하신 이가 잠깐 고난을 당한 너희를 친히 온전하게 하시며 굳건하게 하시며 강하게 하시며 터를 견고하게 하시리라(벧전 1:6; 2:19~21; 3:14,17; 4:12~13,19; 5:10)

예수님, 바울, 베드로 모두 다 너무나 분명하게 말하고 있다. 히브리서 저자는 어떤가?

히브리서 저자는 쉬운 영성을 가르쳤는가?

그러므로 우리는 들은 것에 더욱 유념함으로 우리가 흘러 떠내려가지 않도록 함이 마땅하니라(히 2:1)

형제들아 너희는 삼가 혹 너희 중에 누가 믿지 아니하는 악한 마음을 품고 살아 계신 하나님에게서 떨어질까 조심할 것이요 오직 오늘이라 일컫는 동안에 매일 피차 권면하여 너희 중에 누구든지 죄의 유혹으로 완고하게 되지 않도록 하라 우리가 시작할 때에 확신한 것을 끝까지 견고히 잡고 있으면 그리스도와 함께 참여한 자가 되리라(히 3:12~14)

그러므로 우리는 두려워할지니 그의 안식에 들어갈 약속이 남아 있을지라도 너희 중에는 혹 이르지 못할 자가 있을까 함이라 그러므로 우리가 저 안식에 들어가기를 힘쓸지니 이는 누구든지 저 순종하지 아니하는 본에 빠지지 않게 하려 함이라(히 4:1,11)

그러므로 너희 담대함을 버리지 말라 이것이 큰 상을 얻게 하느니라 너희에게 인내가 필요함은 너희가 하나님의 뜻을 행한 후에 약속하신 것을 받기 위함이라(히 10:35~36)

히브리서 저자도 바울과 동일하게 주님과 동행하는 것이 인내하며 달리는 경주와 같다고 가르치고 있다.

이러므로 우리에게 구름 같이 둘러싼 허다한 증인들이 있으니 모든 무거운 것과 얽매이기 쉬운 죄를 벗어 버리고 인내로써 우리 앞에 당한 경주를 하며 믿음의 주요 또 온전하게 하시는 이인 예수를 바라보자 그는 그 앞에 있는 기쁨을 위하여 십자가를 참으사 부끄러움을 개의치 아니하시더니 하나님 보좌 우편에 앉으셨느니라 너희가 피곤하여 낙심하지 않기 위하여 죄인들이 이같이 자기에게 거역한 일을 참으신 이를 생각하라 너희가 죄와 싸우되 아직 피흘리기까지는 대항하지 아니하고(히 12:1~4)[31]

그리스도인의 삶은 노력이 필요하다. 나는 묻고 싶다. 하나님의 말씀이 이토록 명확하고 충분하게 증언해주는데, 어떻게 쉬운 영성을 주장할 수 있는가? 하나님의 말씀은 이 잘못되고 과장된 개념을 철저하게 뒤집고 있다. 그 아들 안에서 안식을 주시는 하나님은 또한 우리에게 경주하라고 말씀하신다.

야고보서의 말씀을 잊어서는 안 될 것이다. "자유롭게 하는 온전한 율법을 들여다보고 있는 자는 듣고 잊어버리는 자가 아니요 실천하는 자니 이 사람은 그 행하는 일에 복을 받으리라"(약 1:25). 그저 듣기만 하지 않고 행하고 인내하려면 노력이 필요하다. "이와 같이 행함이 없는 믿음은 그 자체가 죽은 것이라"(약 2:17).

유다의 증언 또한 잊어서는 안된다. "사랑하는 자들아 우리가 일반으로 받은 구원에 관하여 내가 너희에게 편지하려는 생각이 간절하던 차에 성도에게 단번에 주신 믿음의 도를 위하여 힘써 싸우라는 편지로 너희를 권하여야 할 필요를 느꼈노니"(유 3). 다시 말하면, 복음의 순수성을 지키기 위해 싸워야 할 싸움이 있다는 것이다.

죄에 대하여 싸워야 할 싸움도 있다. "어떤 의심하는 자들을 긍휼히 여기라 또 어떤 자를 불에서 끌어내어 구원하라 또 어떤 자를 그 육체로 더럽힌 옷까지도 미워하되 두려움으로 긍휼히 여기라"(22~23절). "능히 너희(우리)를 보호하사 거침이 없게 하시고 너희(우리)로 그 영광 앞에 흠이 없이 기쁨으로 서게 하실"(24절) 분에 관하여 언급하기 직전에, 유다가 죄에 대한 싸움을 이야기하고 있음에 주목하라. 하나님은 그분의 역할을 하시고, 우리는 우리의 역할을 해야 한다. 그래서 유다는 독자들에게 "지극히 거룩한 믿음 위에 자신을 세우며 … 하나님의 사랑 안에서 자신을 지키라"(20~21절)라고 권면하고 있다.

바울도 다음과 같이 말한다. "이제는 그의 육체의 죽음으로 말미암아 화목하게 하사 너희를 거룩하고 흠 없고 책망할 것이 없는 자로 그 앞에 세우고자 하셨으니 **만일 너희가 믿음에 거하고**if we continue in our faith 터 위에 굳게 서서 너희 들은 바 복음의 소망에서 흔들리지 아니하면 그리하리라"(골 1:22~23). 하나님의 은혜는 우리의 순종과 함께 간다.

19세기의 J. C. 라일J. C. Ryle 주교는 '쉬운 성화effortless sanctification'에 관하여 이와 비슷한 과장된 가르침을 접했다. 성경 말씀을 토대로 이 교리를 살펴본 후 그는 다음과 같이 질문한다. "신자들에게 죄와 싸우는 것에 관하여 너무 많이 생각하지 말고, 오히려 '하나님께 자신을 순복하며' 그리스도의 손에 수동적으로 머물라고 가르치는 것이 지혜로운 것인가? 이것이 균형 잡힌 가르침인지 나는 의심하지 않을 수 없다."[32]

그는 또한 다음과 같이 말했다.

> 신자들에게 능동적으로 노력하라고 가르치며, 예수님께서 명하신 일을 적극적으로 수행할 책임이 있다고 말하고, 수동적으로 '순복'한 채 가만히 있지 말고 일어나서 행하라고 분명하게 말씀하는 구절을 서신서에서 25~30개 정도는 금방 찾을 수 있다. 거룩한 충돌, 갈등, 전쟁, 싸움, 군사의 삶, 씨름은 진정한 그리스도인의 특징이다.[33]

신학적인 용어로 표현하자면, "칭의justification에서는 우리의 행위가 전혀 필요가 없으며 오직 그리스도를 단순하게 신뢰하기만 하면 된다. 그러나 성화sanctification에서는 우리의 행위가 너무나 중요하며 하나님은 우리에게 싸우고, 깨어있고, 기도하고, 노력하고, 애쓰고, 수고하라고 명령하신다."[34]

그는 "그리스도인의 이 싸움은 거대한 현실이고, 정말 중요한 주제다"라고 정확하게 가르치며, 다음과 같이 설명한다.

우리는 싸워야 한다. 요한계시록 일곱 교회에 보내는 편지를 보면 '이기는 자'에게만 약속이 있다. 은혜가 있는 곳에 싸움이 있을 것이다. 그리스도인은 군사다. 싸움 없이는 거룩함도 없다. 구원받은 영혼들은 항상 싸울 수밖에 없다. 이것은 절대적으로 불가피하다. 이 싸움에서 중립을 지키고 가만히 앉아있을 수 있다고 생각해서는 안 된다. … 우리는 선택권이 없다. 싸우든지 패배하든지 둘 중 하나다. 누구도 피해 갈 수 없다. … 우리가 대면하고 있는 원수는 쉬지도 않고, 졸지도 않고, 잠도 자지 않는다. 살아 있는 동안 우리는 전신 갑주를 입어야 하고, 지금 원수의 땅에 서 있음을 기억해야 한다. 어느 성인은 죽어가면서 다음과 같이 고백했다. "요단 강을 건너기 직전까지 사단은 내 발뒤꿈치를 물어뜯었다." 우리는 죽는 순간까지 싸워야 한다.[35]

바울은 고린도 교인들에게 "주 안에서의 수고"가 헛되지 않다고 격려한다(고전 15:58). 이 수고는 절대로 쉬운 일이 아니다! 주님 안에서 안식과 평안을 누리면서 하나님의 은혜를 힘입어 노력하고, 경주하고, 싸우고, 예수님의 이름으로 이겨야 한다. 노력에는 상급이 있다. 안식하고 또 경주하라!

CHAPTER 10

하나님은 항상 기분이 좋으신가

10 하나님은 항상 기분이 좋으신가

나의 훌륭한 동료 사역자들—내가 진심으로 존경하고, 또 하나님의 은혜와 긍휼로 많은 영혼들을 치유하는 일에 쓰임 받아온 이들—가운데 어떤 이들은 "하나님은 기분이 좋으시다"라고 강조하는 것을 좋아한다. 물론 무슨 말을 하고 싶어 하는지 잘 알고 있다. 그들은 너무 많은 신자들이 하나님에 대한 잘못된 이미지로 어려움을 겪는 것을 보아온 것이다. 정죄감이나 두려움에 계속 시달리는 사람, 하나님의 '노여움'을 사지 않기 위해 애쓰는 사람, 때로는 허물이 있는 이 땅의 아버지나 권위자의 이미지를 확대하여 하나님을 그런 존재로 바라보는 사람 등등 그런 이들을 향하여 '하나님은 항상 기분이 좋으신 분'이라고 이들은 선포한다.

캘리포니아에 있는 어느 사역 학교의 졸업생은 이 메시지가 자신에게 준 강력한 영향에 대해 다음과 같이 간증했다.

> 하나님께서 지금 이 시기에 저를 많이 정결케 하고 계십니다. 주님으로부터 오지 않은 모든 것을 태우시고 저를 주님으로 더 많이 채우고 계십니다. 저는 정말 많은 자유를 경험했고 또 경험하고 있습니다. 과거에는 제 마음을 나누는 것을 잘 하지 못했으며, 다른 사람에게 상처를 주고 싶지 않아 사람들과 직면하는 것도 좋아하지 않았습니다. 자유롭게 말할 수 있

는 것은 기분 좋은 일입니다. 이제는 담대하게 의사소통할 수 있습니다. 그뿐만 아니라 하나님을 예배할 때도 이전보다 훨씬 더 많은 자유를 누리게 되었습니다. 하나님의 임재 안에 있을 때 다른 어떤 것도 중요하지 않습니다. 하나님은 항상 기분이 좋으시다는 것을 저는 이제 압니다. 이전에는 머리로 알았지만, 이제는 마음으로 깨닫게 되었습니다. 이 과정에서 배울 것이 아직 더 많지만, 그 과정 또한 귀하다는 것을 압니다. 요컨대, 나의 아빠 하나님은 너무나 좋은 분이십니다. 저는 주님과 이렇게 춤추듯 동행하는 것이 너무 좋습니다.[1]

또 어떤 그리스도인은 '기분이 좋으신' 하나님에 대한 성경적인 고찰을 나누었다.

하나님은 우리를 꼭두각시처럼 조종하거나, 인간에게 악을 풀어놓는 그런 분이 아니시다. 하나님 안에는 악이나 어둠이 전혀 없으시다(요일 1:5). 하나님은 선하신 분이며(시 25:8; 시 34:8), 또한 기분이 좋으시다(시 2:4; 시 37:13). 그분은 사단의 계략을 비웃으시며, 이방 나라들의 계획을 보고 웃으신다. 하나님은 모든 것이 합력하여 선을 이루게 하신다(롬 8:28). 이 세상의 혼란 때문에 하나님은 당황하지 않으시며, 우리도 당황해서는 안 된다.

하나님의 보좌가 있는 방은 온 우주의 근원이다. 그곳의 기류가 이 땅의 교회의 영적 기류를 다스려야 한다. 다시 말해, 하나님의 태도가 우리의 태도가 되어야 한다. 다른 모든 것은 어리석고, 육적이고, 두려움과 거짓말에 기초한 것들이다. 하나님의 보좌가 있는 방의 기류는 어떤 것일까?[2]

이것은 하나님의 진리로 가득한 놀라운 통찰이다. 그러나 이것이 이야기의 전말을 전하고 있는가? 하나님은 항상 기뻐하시기만 하는가?

신학적으로 사고하는 독자들은 하나님을 어떤 특정한 '기분'에 제한하여 표현하는 것이 틀렸다고 즉각 지적할 수도 있다.[3] 그런 독자들과 이런 메시지를 전하는 친구들에게는 미안하지만, 단순하게 질문 하나 해보자. 성경에 따르면, 하나님은 항상 기분이 좋으신가?

그에 대한 대답은 '기분 좋다'라는 말을 어떤 의미로 사용하느냐에 달려 있다. 하나님은 항상 선하시고, 친절하시고, 의로우시고, 긍휼히 여기시고, 진리와 빛과 사랑으로 가득한 분이시라는 의미라면, 항상 기분이 좋으시다고 말해도 무방하다. 하나님은 결코 낙담하거나, 절망하거나, 변덕스럽거나, 성미가 급한 분이 아니시며, 그분 안에는 우울함이 전혀 없으시다는 의미라면 그렇게 말해도 괜찮을 것이다.

그러나 하나님이 결코 화를 내거나 진노하지 않으시며, 또는 결코 슬퍼하거나 아파하지 않으신다는 의미라면, 그것은 틀린 말이다. 그런 의미라면 '기분이 안 좋으신' 하나님의 모습을 성경에서 마주치지 않기란 불가능하다. 성경을 함께 살펴보자.

은혜 교사인 척 크리스코는 다음과 같이 말했다.

> 좋은 소식은… 하나님이 당신을 항상 기뻐하시는 이유는 그리스도께서 이루신 일 때문이다. 하나님이 당신을 '그리스도 안에' 두신 것은, 말하자면 하나님께 큰 기쁨을 드리는 자리에 당신을 두신 것이다. 자녀가 실수하고 아직 미성숙하며 넘어질 때도, 하나님 아버지는 조울증 환자처럼 반응하지 않으심을 당신이 믿기 원하신다. 하나님은 화를 내셨다가 금방 냉담해지시고, 결국 당신이 제대로 할 때 기뻐하시는 그런 분이 아니시며, 우리

를 향하여 언제나 기뻐하시는 분이시다. 하나님은 기분이 좋으시다.[4]

척 크리스코의 글 안에는 많은 진리가 담겨 있다. 그러나 다시 물어보자. 이것이 이야기의 전말을 진술하는가? 하나님은 항상 '기분이 좋으신가'?

벤자민 던의 저서 『행복한 복음The Happy Gospel』은 부제가 '행복하신 하나님과의 쉬운 연합Effortless Union With a Happy God'이다. 그는 로더럼Rotherham이 번역한 디모데전서 1장 11절을 '행복하신 하나님'에 대한 그의 관점을 지지해 줄 근거로서 사용하는데, 거기에 "행복하신 하나님의 기쁜 소식"이라는 표현이 나온다.[5] 대부분의 다른 역본은 이를 "복되신 하나님"이라고 번역하고 있다. 그러나 '복되신'에 해당하는 헬라어 '마카리오스makarios'는 종종 '참으로 행복한(마태복음 5장 3~12절의 팔복에서처럼)'이라는 의미로 사용된다. 그렇다면 하나님은 정말 항상 행복해하시는가?

시편 16편은 "주의 앞에는 충만한 기쁨이 있다"라고 가르치며(시 16:11), 느헤미야 8장 10절은 "여호와로 인하여 기뻐하는 것이 너희의 힘이니라"라고 말한다. 즉 우리는 주님께로부터 기쁨을 얻는다. 히브리서 12장 22절은 새 언약을 통해 우리가 천만 천사의 기뻐하는 모임에 이르렀다고 말하고 있으며, 스바냐 3장 17절은 그의 백성들이 회복되었을 때 우리 하나님이 얼마나 기뻐하시는지에 관한 모습을 보여준다. "너의 하나님 여호와가 너의 가운데에 계시니 그는 구원을 베푸실 전능자이시라 그가 너로 말미암아 기쁨을 이기지 못하시며 너를 잠잠히 사랑하시며 너로 말미암아 즐거이 부르며 기뻐하시리라 하리라"(습 3:17).[6]

누가복음 15장 7절, 10절은 죄인 한 사람이 회개하면 하늘에서 정말 기뻐한다고 말하고 있는데, 죄인들이 계속 회개하고 구원받고 있기 때문에 하나님의 보좌 앞에는 기쁨이 충만할 것이다. 복음으로 말미암아 사마리아 영혼들에게 구원과 자유가 임하였을 때, 이 땅에서도 "그 성에 큰 기쁨이 있더라"라고 성경은 말하고 있다(행 8:8).

시편 45편 7절을 인용하고 있는 히브리서 1장 9절은 예수님께서 즐거움의 기름부음으로 말미암아 동류들보다 뛰어나게 되셨다고 말하고 있으며, 누가복음 10장 21절은 성령으로 기뻐하시는 예수님에 대해 묘사하고 있다. 예수님은 제자들에게 가르침을 주시면서 "내가 이것을 너희에게 이름은 내 기쁨이 너희 안에 있어 너희 기쁨을 충만하게 하려 함이라"(눅 15:11)라고 말씀하신다. 기쁨은 성령의 열매 중 하나다(갈 5:22).

어느 그리스도인은 다음과 같이 말했다.

> 하나님의 보좌가 있는 방의 분위기는 기쁨으로 충만하다. 그의 임재 안에 들어갈 때 우리는 기쁨으로 충만하게 될 것이다(유 24). 땅, 성전, 천사들(욥 38:7), 하늘에 있는 모든 것들이 기쁨으로 넘친다. 그것은 포이[i]보다 더 걸쭉하고, 방금 요리한 라우라우[ii]의 김이 나는 돼지고기보다 더 기름지다. 따라서 두려움, 분노, 스트레스, 염려, 증오가 아닌 기쁨과 평강 가운데 걷는 것이 우리에게 마땅한 일이다. 우리는 하늘의 시민으로서(엡 2:19), 하늘의 어떠함을 나타내야 하며, 이 땅에서 가장 기쁨으로 충만한 사람이 되어야 한다.[7]

그러나 이것은 우리 삶의 모든 면을 말해주지 못한다. 전도서가 우리에게 "울 때가 있고 웃을 때가 있으며 슬퍼할 때가 있고 춤출 때가 있다"(전

---

i Poi: 하와이의 전통주식인 타로 요리.

ii Lau lau: 고기와 생선을 나뭇잎에 싸서 찐 하와이 요리.

3:4)라고 말하는 이유가 있다. 복음서에 화를 내시고, 슬퍼하시고, 고민하시고, 우시는 예수님의 모습이 기록된 이유도 마찬가지다. 예수님은 정확히 하나님의 본체의 형상이시다. 사실 성경은 하나님에 대하여 두 가지 측면을 다 언급하고 있다. 하나님은 기뻐하실 때도 있고 화내실 때도 있다. 진노로 넘치실 때도 있고 사랑으로 넘치실 때도 있다. 만족스러워하실 때도 있고 불만족스러워하실 때도 있다. 그래서 바울은 로마에 있는 이방인 신자들에게 말했다. "그러므로 하나님의 인자하심과 준엄하심을 보라 넘어지는 자들(유대인 불신자들)에게는 준엄하심이 있으니 너희가 만일 하나님의 인자하심에 머물러 있으면 그 인자가 너희에게 있으리라 그렇지 않으면 너도 찍히는 바 되리라"(롬 11:22).

하이퍼 그레이스 교사들은 우리가 하나님의 인자에만 전적으로 초점을 맞추기를 원하며, 마치 하나님의 엄위하심은 우리에게 적용되지 않는 것처럼 말한다. 바울은 그렇게 가르치지 않았다. 그는 로마 그리스도인들에게 참 감람나무의 유대인 가지들은 "믿지 아니하므로 꺾이고 너는 믿으므로 섰느니라 높은 마음을 품지 말고 도리어 두려워하라"(롬 11:20)라고 말했다. 이것은 그의 서신서에 등장하는 바울의 많은 경고 중 하나다.

역사의 시작점으로

인류사의 시작점으로 거슬러 올라가 보자. 아담과 하와가 에덴에서 범죄했을 때 하나님은 기분이 좋으셨는가? 그들을 에덴에서 쫓아 내실 때 하나님은 기분이 좋으셨는가? 가인이 그의 동생 아벨을 죽인 후 하나님께서 가인을 대면하셨을 때 하나님은 기분이 좋으셨는가? 노아의 시대, 노아와 그의 가족을 제외하고, 모든 생물을 지면에서 쓸어 버리실 때 하나님은 기분이 좋으셨는가? 행복해하셨는가? 성경은 다음과 같이 말한다. "여호와께서 사람의 죄악이 세상에 가득함과 그의 마음으로 생각하는 모든 계획이 항상 악할 뿐임을 보시고 **땅 위에 사람 지으셨음을 한탄 하사 마음에 근심하시고**"(창 6:5~6).

하나님께서 한탄하시고 마음에 근심하셨다고 성경은 기록하고 있는데, 이것을 보고 어떻게 '기분 좋으신 하나님'이라고 말할 수 있는가? "이르시되 내가 창조한 사람을 내가 지면에서 쓸어버리되 사람으로부터 가축과 기는 것과 공중의 새까지 그리하리니 이는 내가 그것들을 지었음을 한탄함이니라"(창 6:7).

위 구절은 하나님께서 가볍고 즐거운 마음으로 하신 말씀으로 해석할 수 없다. 그분의 영광을 위해 사랑으로 창조하신 땅의 모든 인간들을 짐승들과 함께 멸하실 때, 어떻게 하나님께서 미소를 짓고 계셨다고 생각할 수 있는가?

> 땅 위에 움직이는 생물이 다 죽었으니 곧 새와 가축과 들짐승과 땅에 기는 모든 것과 모든 사람이라 육지에 있어 그 코에 생명의 기운의 숨이 있는 것은 다 죽었더라 지면의 모든 생물을 쓸어버리시니 곧 사람과 가축과 기는 것과 공중의 새까지라 이들은 땅에서 쓸어버림을 당하였으되 오직 노아와 그와 함께 방주에 있던 자들만 남았더라(창 7:21~23)

이 일이 일어날 때 하늘에서 파티라도 벌어졌는가? 척 크리스코는 『하나님은 기분이 좋으시다 God is in a good mood』에서 다음과 같이 질문한다. "하나님께서 항상 파티 기분이시라면 어떨까?"[8] (이 책의 개정판 『놀라운 복음: 하나님의 선하심을 경험하는 삶 Extraordinary Gospel: Experiencing the Goodness of God』에서는 "하나님께서 항상 축제 기분이시라면 어떨까?"라고 바꿔서 질문을 한다.) 파티 기분? 축제 기분? 하나님께서 소중한 피조물들을 홍수로 멸하시면서 그렇다는 말인가?

수 세기 후에 이스라엘 백성이 금송아지를 만들어 범죄 했을 때, 모세는 그의 백성들의 죄악 때문에 먹지도 마시지도 않고 사십 주야를 하나님 앞에 엎드려 있었다. "여호와께서 **심히 분노하사** 너희를 멸하려 하셨으므로 내가 두려워하였노라"(신 9:19). 이것이 '행복해'하시는 하나님의 모습으로 보이는가? 물론 하나님은 모세의 기도를 들으시고 이스라엘 백성을 멸하지 않으셨다. 그러나 이런 비극적인 시간에 하나님께서 기분 좋으셨을 거라고 생각한다면 너무나 그릇된 해석이다.

이것은 구약에서 반복되는 패턴이다. 하나님은 계속 이스라엘 백성들에게 손을 내미시며 그들에게 회개하라고 촉구하시고, 돌아오기만 하면 생명과 자비를 베풀고자 하시지만, 그들은 끊임없이 거절했다. 이것이 하나님의 마음을 아프게 했다고 특히 선지서를 통해 수없이 표현된다.[9] 하나님은 지나가는 모든 사람과 간음을 행하는 아내를 헌신적으로 사랑하는 남편에 자신을 비유하기까지 하신다.[10] 사랑하는 신부가 돌과 나무로 만든 우상을 숭배하며, 자신을 파괴하고, 영적으로 다른 연인들과 간음을 행할 때 하나님은 행복해하셨는가?

유다 백성들이 자녀를 몰렉 우상에게 산 채로 불태워 바칠 때 하나님은 행복해하셨는가(렘 7:28~34; 19:1~15)? 이런 말씀은 '행복하신' 하나님에 대한 묘사라고 할 수 없다. "그러므로 주 여호와께서 이와 같이 말씀하시니라 보라 나의 진노와 분노를 이곳과 사람과 짐승과 들나무와 땅의 소산에 부으리니 불같이 살라지고 꺼지지 아니하리라 하시니라"(렘 7:20).

다음 구절 역시 언제나 '파티(또는 축제)'를 벌이기를 원하시는 하나님에 대한 묘사라고 할 수 없기는 마찬가지다.

그 조상들의 하나님 여호와께서 그의 백성과 그 거하시는 곳을 아끼사 부지런히 그의 사신들을 그 백성에게 보내어 이르셨으나 그의 백성이 하나님의 사신들을 비웃고 그의 말씀을 멸시하며 그의 선지자를 욕하여 여호와의 진노를 그의 백성에게 미치게 하여 회복할 수 없게 하였으므로 하나님이 갈대아 왕의 손에 그들을 다 넘기시매 그가 와서 그들의 성전에서 칼로 청년들을 죽이며 청년 남녀와 노인과 병약한 사람을 긍휼히 여기지 아니하였으며(대하 36:15~17)

나는 구약성경에서 이와 비슷한 구절들, 하나님의 깨어진 마음, 슬픔, 고통, 맹렬한 진노를 표현하고 있는 많은 구절들을 쉽게 인용할 수 있다. 그러나 여기서 일단 신약성경으로 넘어가 보자. 신약을 볼 때 염두에 둘 것은 우리가 예수님을 볼 때 우리는 아버지를 본다는 사실이다.

유대인들의 불신 때문에 한숨 쉬실 때 예수님은 기분이 좋으셨는가? "바리새인들이 나와서 예수를 힐난하며 그를 시험하여 하늘로부터 오는 표적을 구하거늘 예수께서 마음속으로 깊이 탄식하시며 이르시되 어찌하여 이 세대가 표적을 구하느냐 내가 진실로 너희에게 이르노니 이 세대에 표적을 주지 아니하리라 하시고"(막 8:11~12).

외식하는 종교 지도자들에게 일곱 가지 화를 선포하시며 꾸짖으실 때 예수님은 기분이 좋으셨는가? "화 있을진저 외식하는 서기관들과 바리새인들이여 너희는 천국 문을 사람들 앞에서 닫고 너희도 들어가지 않고 들어가려 하는 자도 들어가지 못하게 하는도다"(마 23:13). 이 충격적인 선포를 하시고 과연 예수님께서 '행복해하셨다'고 말할 수 있겠는가?

예수님이 예루살렘을 보고 우시며 다음과 같이 말씀하실 때는 또 어떠한가?

이르시되 너도 오늘 평화에 관한 일을 알았더라면 좋을 뻔하였거니와 지금 네 눈에 숨겨졌도다 날이 이를지라 네 원수들이 토둔을 쌓고 너를 둘러 사면으로 가두고 또 너와 및 그 가운데 있는 네 자식들을 땅에 메어치며 돌 하나도 돌 위에 남기지 아니하리니 이는 네가 보살핌 받는 날을 알지 못함을 인함이니라 하시니라(눅 19:42~44)

크게 미소를 지으시며 제자들에게 윙크라도 하시면서 이 말씀을 하셨다고 생각하는가?

겟세마네 동산에 베드로, 야고보, 요한을 데리고 가셔서 "심히 놀라시며 슬퍼하기 시작하셨을" 때, 제자들에게 "내 마음이 심히 고민하여 죽게 되었다"(막 14:33~34)라고 말씀하실 때, 주님은 기분이 좋으셨는가? 이것이 과연 '행복하신' 주님 또는 '축제 기분이신' 주님에 대한 묘사인가? 주님께서 극심한 고뇌 가운데 이 말씀을 하시는 것을 제자들이 듣고 서로 등을 두드리며 기뻐서 웃기라도 했다는 이야기인가?

자비와 진노의 하나님

하나님께서 항상 기분이 좋으시다는 그런 무조건적이고 포괄적인 진술은 지극히 피상적이다. 우리가 하나님의 형상으로 창조되었고, 거룩한 기쁨과 슬픔, 거룩한 사랑과 분노를 함께 경험할 수 있다는 사실은 이런 주장이 사람들을 오도할 수 있고, 또 때로는 완전히 틀린 것임을 말해준다. 하나님을 항상 기분 좋으신 분으로 묘사해야 하는 이유는 무엇인가?

"하나님은 언제나 선하시다"라고 말하는 것과 "하나님은 항상 기분이 좋으시다"라고 말하는 것은 완전히 다르다. 전자는 백 퍼센트 맞는 말이지만,

후자는 틀린 말이다.

자녀들이 아플 때 하나님은 기분이 좋으실 수가 없다. 자녀들이 하나님에 대하여 잘못된 것을 믿고 그로 인해 하나님으로부터 멀어져 갈 때 기분이 좋으실까? 전 세계 고통받는 아이들의 부르짖음을 들으실 때 하나님은 기분이 좋으실까?

이사야 63장 9절은 하나님께서 이스라엘의 모든 환난에 동참하셨다고 기술한다. 다음 히브리서 말씀도 마찬가지이다. "우리에게 있는 대제사장은 우리의 연약함을 동정하지 못하실 이가 아니요 모든 일에 우리와 똑같이 시험을 받으신 이로되 죄는 없으시니라"(히 4:15). 분명히 우리 하나님은 그의 백성들의 고통에 마음이 움직이신다. 이는 하나님이 너무나 선하시고, 자비로우시며, 친절하시고, 또 우리를 돌보시기 때문이다.

예수님께서 요한계시록 2~3장에서 요한을 통해 소아시아 일곱 교회들에게 말씀하실 때 주님은 기분이 좋으셨는가? 드아디라 교회에게 하신 말씀을 보자.

> 그러나 네게 책망할 일이 있노라 자칭 선지자라 하는 여자 이세벨을 네가 용납함이니 그가 내 종들을 가르쳐 꾀어 행음하게 하고 우상의 제물을 먹게 하는도다 또 내가 그에게 회개할 기회를 주었으되 자기의 음행을 회개하고자 하지 아니하는도다 볼지어다 내가 그를 침상에 던질 터이요 또 그와 더불어 간음하는 자들도 만일 그의 행위를 회개하지 아니하면 큰 환난 가운데에 던지고 또 내가 사망으로 그의 자녀를 죽이리니 모든 교회가 나는 사람의 뜻과 마음을 살피는 자인 줄 알지라 내가 너희 각 사람의 행위대로 갚아 주리라(계 2:20~23)

주님께서 이것을 장난기 어린 눈빛으로 말씀하시거나 멋진 곡조를 붙여 노래라도 부르셨을 것이라고 생각하는가? "내가 사망으로 그의 자녀를 죽이리니"라고 경고하실 때 과연 기쁨에 겨워 어찌할 바를 몰라 하셨는가? 요한이 이 말씀을 기록할 때 "함께 파티해요, 하나님! 정말 위대하신 분이세요!"라고 말했는가? 척 크리스코는 "예수님은 우리에 대해선 언제나 기분이 좋으시다"[11]라고 좀 더 미묘하게 말했지만 이 표현도 전적으로 맞지는 않다.

하나님을 거절한 세상 사람들에 대해서는 어떠신가? 그들을 향해서도 항상 기분이 좋으실까? 요한계시록 6장에서 여섯째 인이 떼어진 후, 요한은 그가 본 충격적인 심판의 환상을 묘사한다.

> 내가 보니 여섯째 인을 떼실 때에 큰 지진이 나며 해가 검은 털로 짠 상복 같이 검어지고 달은 온통 피 같이 되며 하늘의 별들이 무화과나무가 대풍에 흔들려 설익은 열매가 떨어지는 것 같이 땅에 떨어지며 하늘은 두루마리가 말리는 것 같이 떠나가고 각 산과 섬이 제 자리에서 옮겨지매(계 6:12~14).

요한은 이 심판에 대한 사람들의 반응을 다음과 같이 묘사하고 있다.

> 땅의 임금들과 왕족들과 장군들과 부자들과 강한 자들과 모든 종과 자유인이 굴과 산들의 바위 틈에 숨어 산들과 바위에게 말하되 우리 위에 떨어져 보좌에 앉으신 이의 얼굴에서와 그 어린 양의 진노에서 우리를 가리라 그들의 진노의 큰 날이 이르렀으니 누가 능히 서리요 하더라(계 6:15~17).

신분이 높건 낮건 상관없이 "보좌에 앉으신 이의 얼굴에서와 그 어린 양의 진노" 때문에 두려워서 움츠린 사람들이 하나님은 항상 기분이 좋으시다는 데에 과연 동의하겠는가? "그들의 진노의 큰 날"에 이 사람들이 하나님과 어린 양을 '재미있으신 분' 또는 '행복하신 분'으로 묘사하겠는가? 바울이 그의 서신서에서 하나님의 **진노**를 열일곱 번씩이나 언급한 것이 우연의 일치인가?[12]

오늘날 일부 교사들은 "하나님이 항상 기분이 좋으시다"라는 것을 강조하는 반면, 바울은 사랑과 긍휼이 많으신 우리 아버지, 모든 은혜와 위로와 자비의 하나님은 또한 진노의 하나님이심을 강조한다.

> 하나님의 진노가 불의로 진리를 막는 사람들의 모든 경건하지 않음과 불의에 대하여 하늘로부터 나타나나니 … 오직 당을 지어 진리를 따르지 아니하고 불의를 따르는 자에게는 진노와 분노로 하시리라 악을 행하는 각 사람의 영에는 환난과 곤고가 있으리니 먼저는 유대인에게요 그리고 헬라인에게며 … 누구든지 헛된 말로 너희를 속이지 못하게 하라 이로 말미암아 하나님의 진노가 불순종의 아들들에게 임하나니 … 이것들(죄들)로 말미암아 하나님의 진노가 임하느니라(롬 1:18; 2:8~9; 엡 5:6; 골 3:6)

하이퍼 그레이스 교사들은 "속 편하게 살아라! 하나님은 항상 기분 좋으시다!"라고 말하는데, 바울은 "조심해라! 하나님의 진노가 다가오고 있다"라고 말한다.

요한계시록 19장 15절은 예수님을 "하나님 곧 전능하신 이의 맹렬한 진노의 포도주 틀을 밟는" 분으로 묘사한다.[i] 이것이 즐거운 일로 보이는가? 예수님께서 웃으시면서 이런 일을 하실 것이라고 생각하는가? 하나님의 진노의 포도주 틀을 밟으실 분이 예수님이시라는 사실에 대해 어떻게 생각하는가? 이것이 우리가 갖고 있는 예수님의 이미지에 부합하는가? 바울은 가장 두려운 날에 대해 다음과 같이 묘사한다.

> 주 예수께서 자기의 능력의 천사들과 함께 하늘로부터 불꽃 가운데에 나타나실 때에 하나님을 모르는 자들과 우리 주 예수의 복음에 복종하지 않는 자들에게 형벌을 내리시니 이런 자들은 주의 얼굴과 그의 힘의 영광을 떠나 영원한 멸망의 형벌을 받으리로다 그 날에 그가 강림하사 그의 성도들에게서 영광을 받으시고 모든 믿는 자들에게서 놀랍게 여김을 얻으시리니 이는 (우리의 증거가 너희에게 믿어졌음이라) (살후 1:7~10)

우리는 위 구절의 내용을 설교하며 가르치고 있는가? 이것은 우리가 보고 싶어 하는 예수님의 한 측면인가?

성경의 내용을 바꾸는 것

그러면 하이퍼 그레이스 교사들은 진노에 관한 이런 구절들을 어떻게 해

---

[i] 다른 역본들도 유사하게 표현한다. "He treads the winepress of the fury of the wrath of God Almighty"(NIV); "It is he who treads the winepress from which flows the wine of the furious rage of ADONAI, God of heaven's armies"(CJB); "He will release the fierce wrath of God, the Almighty, like juice flowing from a winepress"(NLT); "and He treads the wine press of the fierce wrath of God, the Almighty"(NAS); "and he treadeth the winepress of the fierceness and wrath of Almighty God"(KJV).

석하는가? 일부는 단순하게 말한다. "네, 우리는 하나님의 진노가 온다는 것을 믿습니다. 그러나 그것은 신자들을 위한 것이 아닙니다. 왜냐하면 하나님이 우리를 세우심은 노하심에 이르게 하심이 아니라고 했기 때문입니다"(살전 5:9; 1:10).

"하나님의 진노는 결코 새 언약의 자녀들을 위한 것이 아니라는 점"까지는 나도 동의한다. (하나님의 징계와 사랑의 심판은 우리를 위한 것이지만 진노는 아니다.) 그러나 하이퍼 그레이스를 믿는 친구들에게 질문하고 싶은 것이 있다. 하나님의 진노가 온다고 정말 믿는다면, 왜 그것에 대해 거의 말하지 않는가? 왜 세상에 경고하지 않는가?

한 단계 더 나아가, 하이퍼 그레이스 교사들은 이 주제가 그들의 메시지 가운데 설 자리가 전혀 없는 듯한 인상을 주는데 반하여, 바울과 다른 신약성경 저자들은 왜 이를 자주 언급하였는가? 신약성경이 하나님의 백성이자 자녀인 우리에게 왜 그렇게도 자주 하나님의 진노를 언급했는가? 왜 우리도 이것을 이해하는 것이 그토록 중요한가? 하나님의 성품과 거룩의 본질과 죄의 추악함에 관하여 이것은 우리에게 무엇을 가르쳐주는가?

다른 하이퍼 그레이스 교사들은 단순하게 성경 번역에서 그것을 빼 버림으로써 실제로 하나님의 진노에 관한 내용을 지워버린다. 이것은 과장하는 말이 아니다. 믹 무니Mick Mooney의 바울의 옥중서신(에베소서, 골로새서, 빌립보서, 빌레몬서) 확장 의역본expanded paraphrase은 이것에 대한 정확한 실례다. 그의 글 중에는 정말 탁월하고 영감을 주는 내용도 있지만, 매우 잘못된 내용도 있다. 어떤 때는 말씀 위에 그의 신학을 세우는 것이 아니라, 자신의 신학을 말씀 안에 담기도 한다.

예를 들어, 어떤 하이퍼 그레이스 교사들은 우리가 성령을 근심하게 할 수 있다는 개념을 받아들이기 어려워하는데, 에베소서 4장 30절은 "하나님의 성령을 근심하게 하지 말라 그 안에서 너희가 구원의 날까지 인치심을 받았느니라"라고 말씀하고 있다. 다음은 이 말씀을 믹 무니가 의역한 내용이다.

> 성령님은 이제 당신 안에 사신다. 따라서 당신의 삶에 있는 그분의 놀라운 임재를 자신에게 상기시키라. 그분의 인도하심을 따라 당신 안에 남아있는 쓴 마음, 분노, 화를 모두 비우라. 성령님이 당신의 내면을 온전히 치유하시고 새롭게 하시도록 허락함으로써 당신은 다른 이들을 친절히 대하고 긍휼히 여길 수 있을 것이다.[13]

성령님을 근심하게 한다는 내용은 아예 사라져 버렸다. 신자들에게 하나님의 진노에 관하여 언급하는 다음 구절도 한번 보자. 바울은 에베소서 5장 5~6절에서 이렇게 말한다. "너희도 정녕 이것을 알거니와 음행하는 자나 더러운 자나 탐하는 자 곧 우상 숭배자는 다 그리스도와 하나님의 나라에서 기업을 얻지 못하리니 누구든지 헛된 말로 너희를 속이지 못하게 하라 이로 말미암아 하나님의 진노가 불순종의 아들들에게 임하나니."
무니의 역본은 다음과 같이 되어있다.

> 하나님의 나라는 사랑의 나라다. 이 세상의 부도덕함과 더러움에 빠져 있는 사람들은 하나님의 나라로 아직 들어오지 못했다. 누구도 헛된 말로 당신을 속이지 못하게 하라. 당신의 구원에는 능력이 없지 않으며, 아직도 캄캄한 길을 걷고 있는 사람들을 속이고 함정에 빠트리는 모든 것으로부터 당신을 자유케 할 만큼 충분히 강력하다.[14]

여기서도 역시 하나님의 진노에 대한 내용은 완전히 빠져있다. 다가오는 하나님의 진노에 관하여 바울이 경고하고 있는 또 다른 말씀에서는 진노를 십자가의 예수님께 적용한다. 골로새서 3장 5~6절에서 바울은 "그러므로 땅에 있는 지체를 죽이라 곧 음란과 부정과 사욕과 악한 정욕과 탐심이니 탐심은 우상 숭배니라 이것들로 말미암아 하나님의 진노가 임하느니라"라고 말하고 있다. 믹 무니는 이것을 다음과 같이 바꾸어 말한다.

> 옛 본성, 땅의 본성에 속한 것들, 즉 정욕과 탐욕을 일으키고 악한 욕망을 좇아가도록 유혹하는 것들을 추구하지 말라. 우리는 예수 그리스도께서 이 모든 사랑스럽지 않은 행위와 갈망에 대한 형벌을 다 받으셨음을 안다. 예수님께서 우리만 사랑하시는 것이 아니라 온 세상을 너무나 사랑하셔서, 이 모든 사랑스럽지 않고 자기만족만을 위한 행위에서 우리를 자유케 하시고자 그것들이 초래하는 하나님의 형벌의 진노를 다 담당하셨음을 기억하라.[15]

너무 놀랍게도 이 "은혜주의 의역grace paraphrase"은 실제로 성경을 다시 쓰고 있다. 앞으로 다가올 하나님의 진노에 대한 부분은 완전히 삭제해버리고, 대신 과거에 예수님께서 담당하셨다고 말한다.[16] 성경을 함부로 변경하는 것은 심각한 일이다.

믹 무니가 그의 의역본이나 또는 『보라! 예수님께서 다 이루신 일을Look! The Finished Work of Jesus』 같은 저서에서 놀라운 진리 또한 많이 가르쳐주는 것을 감안할 때, 이런 내용은 더 유감스럽게 느껴진다.[17] 다른 하이퍼 그레이스 교사들과 마찬가지로 무니 역시 영광스러운 진리와 심각한 오류를 섞고 있으며, 그의 "은혜주의 의역"은 정확하게 이에 들어맞는 사례다.

헬라어 성경을 의역한 프랑수와 뒤 트와François du Toit의 『미러 성경Mirror Bible』도 역자에게 은사와 통찰력이 분명히 있음에도 불구하고, 하나님의 진노에 대한 언급을 지속적으로 삭제해버린다. 다음은 로마서 1장 18절 말씀이다. "하나님의 진노가 불의로 진리를 막는 사람들의 모든 경건하지 않음과 불의에 대하여 하늘로부터 나타나나니." 미러 성경은 이 말씀을 다음과 같이 번역하고 있다. "하늘이 인정하는 하나님의 의는, 자신의 불의로 눈멀어 있는 이 땅의 가짜 의와 극명한 대조를 이룬다." 말도 안되는 번역이다.

에베소서 5장 5~6절을 다시 한번 살펴보자. "너희도 정녕 이것을 알거니와 음행하는 자나 더러운 자나 탐하는 자 곧 우상 숭배자는 다 그리스도와 하나님의 나라에서 기업을 얻지 못하리니 누구든지 헛된 말로 너희를 속이지 못하게 하라 이로 말미암아 하나님의 진노가 불순종의 아들들에게 임하나니."

미러 성경은 위 말씀을 다음과 같이 번역한다.

> 그리스도의 생애는 하나님의 나라에 대한 명확한 정의를 내려준다. 우리는 이중 기준을 가지고 살 수 없다. 간음, 정욕, 탐욕으로 사람들에게 해를 가하는 것은 마치 자신에 대한 왜곡된 이미지를 숭배하는 것과 같으며, 그것은 바로 우상 숭배다. 헛된 말로 당신을 유혹하는 사람들과 교제하지 말라. 불신은 하나님의 형상을 가진 자로 창조된 모습을 왜곡시키는 그런 사람을 낳을 뿐이다. 이것은 확실히 하나님을 기쁘시게 하지 못한다.[18]

골로새서 3장 6절, "이것들로 말미암아 하나님의 진노가 임하느니라"도 이와 비슷하게 다음과 같이 번역한다. "이 왜곡된 표현들은 당신의 삶을 향한 하나님의 계획과 소망에 완전히 상반되는 것들이다." 여기서도 '진노'는 완전히 사라지고 없다.

히브리서 10장 31절도 보자. "살아 계신 하나님의 손에 빠져 들어가는 것이 무서울진저." 그는 이것을 다음과 같이 번역한다. "당신의 구원을 위해 피 흘리신 그 손을 고의로 피하는 것은 얼마나 어리석은 일인가." 이것은 히브리서 말씀이 전달하고자 하는 내용이 아니다. 히브리서 12장 29절도 마찬가지다. 히브리서 저자는 25~29절의 강력한 권고를 마무리 지으며 "우리 하나님은 소멸하는 불이심이라"라고 말한다. 미러 성경은 이 말씀을 "우리를 향한 그분의 질투는 불처럼 타오른다"라고 번역하고 있다. 그 자체로는 맞는 말이지만, 히브리서 저자가 신명기 4장 말씀을 인용하여 여기서 전달하고자 했던 내용은 결코 아니다. 다음은 신명기 4장 23~24절이다. "너희는 스스로 삼가 너희의 하나님 여호와께서 너희와 세우신 언약을 잊지 말고 네 하나님 여호와께서 금하신 어떤 형상의 우상도 조각하지 말라 네 하나님 여호와는 소멸하는 불이시요 질투하시는 하나님이시니라." 바로 다음에는 이스라엘이 주님을 떠나면 그들에게 임할 무서운 심판에 대한 약속이 이어진다.

믹 무니의 의역 가운데 명백하게 생략된 것들이 그의 놀라운 통찰을 크게 손상시키는 것처럼, 프랑수와 뒤 트와도 마찬가지다. 죄의 추함과 하나님의 백성들의 높은 부르심을 종종 강조하는 그의 탁월하고 아름다운 번역은 다음과 같은 말씀 변경으로 인해 크게 약화된다. "네가 어찌하여 네 형제를 비판하느냐 어찌하여 네 형제를 업신여기느냐 우리가 다 하나님의 심판대 앞에 서리라 기록되었으되 주께서 이르시되 내가 살았노니 모든 무릎이 내게 꿇을 것이요 모든 혀가 하나님께 자백하리라 하였느니라 이러므로 우리 각 사람이 자기 일을 하나님께 직고하리라." 이 로마서 14장 10~12절 말씀을 미러 성경은 놀랍게도 다음과 같이 번역하고 있다.

누가 너에게 형제의 심판자가 될 자격을 주었는가? 무슨 근거로 형제를 정죄하는가? 우리 모두 예수님의 족적footprint 위에 서 있다. (우리는 모두 주님 안에서 동일하다.) 선지자는 하나님의 음성을 듣고 이렇게 말했다. "주께서 말씀하시기를, 나 자신의 생명이 나의 확신의 보증이다. 모든 무릎이 나를 예배하며 꿇을 것이요. 모든 혀가 하나님의 영감을 받은 동일한 근원으로부터 자발적으로 말할 것이다." 이와 같이 하나님의 진리는 각 사람 안에서 개인적으로 표현될 것이다.[19]

위 번역에 의하면 우리가 하나님께 직고할 날은 없다고 봐야한다. 저자의 의도와 아주 다르게 번역된 야고보의 강한 권면은 또 어떻게 받아들여야 하는가? 이 말씀은 신약성경에 나오는 가장 강력한 각성의 촉구 중 하나다. "하나님을 가까이하라 그리하면 너희를 가까이하시리라 죄인들아 손을 깨끗이 하라 두 마음을 품은 자들아 마음을 성결하게 하라"(약 4:8). 미러 성경은 이를 다음과 같이 번역하고 있다. "**하나님의 따뜻한 품에 안겨 그분과의 친밀함을 경험하라.** (그리스도 안에서 하나님은 모든 의미의 거리와 유보를 없애셨다.) **죄인은 더러움이 다 씻긴 손으로 하나님께 올 수 있으며, 두 마음을 품은 자들은 성결하게 된 마음으로 올 수 있다**"(볼드체는 뒤 트와의 강조).

어떻게 이렇게 성경을 다시 쓸 수 있는가. 번역자의 신학이 헬라어 원문의 명백한 의미를 어떻게 바꾸고 있는지 주의해서 보자. 헬라어 원문은 특히 죄를 지은 신자들이 하나님께 가까이 나올 필요가 있다고 말하고 있으며(죄로 인해 분명히 하나님과 멀어졌기 때문이다) 하나님께서 그들을 가까이하시리라는 약속을 언급하고 있다. 그러나 원문의 의미와 다르게 미러 성경은 "그리스도 안에서 하나님은 모든 의미의 거리와 유보를 없애셨다"라고 번역하고 있다. '~에게 안기다snuggle up'라는 번역어도 오류가 있다. 야고보서의 나머지 말씀을 읽어보고 그가 지금 '(하나님 품에) 안기고' 싶은 기분인지, 혹은 하나님을 그렇게 묘사하고 있는지 살펴보라.

지옥에 관한 어느 유용한 기사의 말미에 폴 엘티스는 다음과 같은 말을 한다. "지옥 심판condemnation of hell은 은혜의 복음에 설 자리가 없다."[20] 그는 다음과 같이 설명했다.

> 예수님의 복음은 "하나님께 나오라. 그렇지 않으면 너희는 지옥 불에 타게 될 것이다"가 아니고, "하나님의 나라가 가까이 왔고 너희는 이에 참여할 수 있다"이다. 예수님은 지옥을 가지고 사람들을 겁주는데 관심이 있지 않으시며, 모든 이들을 하나님 나라에 초청하는데 관심이 있으시다. 주님의 초청은 지금도 변함이 없다.
>
> 우리는 지옥의 나쁜 소식이 아닌, 하나님 나라의 기쁜 소식을 전하도록 위임받았다. 다린 허포드Darrin Hufford가 "하나님은 사람들이 (마땅히 받아야 할) 행동의 대가what they deserve를 받는 것을 결코 기뻐하지 않으시며, 반대로 우리를 거기서 구원하신다"라고 말한 것과 같다. 그것은 은혜이며 기쁜 소식이다. 그것이 바로 세상 사람들이 가장 들어야 할 메시지다."[21]

그렇다면 최고의 기쁜 소식 전파자라고 할 수 있는 예수님(막 1:15 참조)[22]은 왜 그렇게 강한 표현으로 사람들에게 지옥에 관하여 경고하셨는가? 왜 산상수훈에서 다른 이들도 아닌 제자들에게 다가올 지옥 심판에 관하여 말씀하셨는가? 왜 누가복음 13장에서 유대인들에게 "너희도 만일 회개하지 아니하면 다 이와 같이 망하리라"(3절)라고 말씀하셨는가?

주님께서 미래의 심판에 관하여 경고하신 비유의 목적은 무엇이었는가?[23] "그들은 영벌에 의인들은 영생에 들어가리라"(마 25:46)라는 말씀으로 마무리되는 양과 염소의 비유에서 예수님이 말씀하고자 하신 것은 무엇이었는가? 예수님은 알곡과 가라지의 비유도 다음과 같이 마무리하신다.

> 인자가 그 천사들을 보내리니 그들이 그 나라에서 모든 넘어지게 하는 것과 또 불법을 행하는 자들을 거두어 내어 풀무 불에 던져 넣으리니 거기서 울며 이를 갈게 되리라 그 때에 의인들은 자기 아버지 나라에서 해와 같이 빛나리라 귀 있는 자는 들으라(마 13:41~43)

이것이 은혜의 복음 안에 설 자리가 없다는 말인가? 사도행전에는 사도들과 전도자들이 잃어버린 영혼들에게 전하는 설교가 여러 편 나온다. 그중 첫 번째 베드로의 설교는 이렇게 마무리된다. "또 여러 말로 확증하며 권하여 이르되 너희가 이 패역한 세대에서 구원을 받으라 하니"(행 2:40). 그 다음 설교에서 베드로는 다음과 같이 경고한다. "모세가 말하되 주 하나님이 너희를 위하여 너희 형제 가운데서 나 같은 선지자 하나를 세울 것이니 너희가 무엇이든지 그의 모든 말을 들을 것이라 누구든지 그 선지자의 말을 듣지 아니하는 자는 백성 중에서 멸망 받으리라 하였고"(행 3:22~23).

이 구절들은 '은혜'를 기반으로 한 메시지가 아니라는 말인가? 이런 경고가 복음 메시지 안에는 적절치 않다는 것을 베드로가 미처 알지 못하고 한 소리인가? 베드로가 하나님에 대한 잘못된 시각을 전하고 있는 것인가?

바울도 베드로와 마찬가지로 예수님을 통한 죄 용서의 복음과 그것을 거절했을 때 따라오는 결과에 대해 경고했다.

> 그러므로 형제들아 너희가 알 것은 이 사람을 힘입어 죄 사함을 너희에게 전하는 이것이며 또 모세의 율법으로 너희가 의롭다 하심을 얻지 못하던

모든 일에도 이 사람을 힘입어 믿는 자마다 의롭다 하심을 얻는 이것이라 그런즉 너희는 선지자들을 통하여 말씀하신 것이 너희에게 미칠까 삼가라 일렀으되 보라 멸시하는 사람들아 너희는 놀라고 멸망하라 내가 너희 때를 당하여 한 일을 행할 것이니 사람이 너희에게 일러줄지라도 도무지 믿지 못할 일이라 하였느니라 하니라(행 13:38~41)

바울은 아덴에서 그의 전도 설교를 마치며 다음과 같이 더욱 강력하게 말한다. "알지 못하던 시대에는 하나님이 간과하셨거니와 이제는 어디든지 사람에게 다 명하사 회개하라 하셨으니 이는 정하신 사람으로 하여금 천하를 공의로 심판할 날을 작정하시고 이에 그를 죽은 자 가운데서 다시 살리신 것으로 모든 사람에게 믿을 만한 증거를 주셨음이니라 하니라"(행 17:30~31).

보다시피 바울은 강경한 회개 메시지를 선포했다.[24] 하나님께서 예수 그리스도를 통해 "천하를 공의로 심판할" 날에 대해서 경고했다. 그가 벨릭스에게 "예수 믿는 도"를 전하며 "의와 절제와 장차 오는 심판을 강론"했던 이유도 바로 이 때문이었을 것이다(행 24:24~25).

당연히 지옥 심판은 은혜의 복음에 설 자리가 있다. 사실 그것은 십자가의 은혜 메시지를 더욱 부각시켜준다. 우리 모두는 죄 때문에 지옥 심판을 받아 마땅하지만, "우리가 아직 죄인 되었을 때에 그리스도께서 우리를 위하여 죽으심으로 하나님께서 우리에 대한 자기의 사랑을" 확증하셨기 때문이다(롬 5:8). 바울은 이어서 말한다. "그러면 이제 우리가 그의 피로 말미암아 의롭다 하심을 받았으니 더욱 그로 말미암아 진노하심에서 구원을 받을 것이니 곧 우리가 원수 되었을 때에 그의 아들의 죽으심으로 말미암아 하나님과 화목하게 되었은즉 화목하게 된 자로서는 더욱 그의 살아나심으로 말미암아 구원을 받을 것이니라"(9~10절).

우리는 절대로 신자들을 지옥으로 위협하지 않으며, 또한 하나님이 화가 나셔서 사람들을 지옥으로 끌고 가려 하는 분이시라고 사람들에게 말하지 않는다. 하나님은 절대 그런 분이 아니시다. 우리는 신자들과 불신자들 모두에게 하나님에 관하여 진리 전체를 말해야 한다. 그러나 애석하게도 하이퍼 그레이스 교사들은 일면만을 묘사하고 있다. 비록 그 일면이 소중하고, 아름답고, 절대적으로 중요하다 할지라도 그것은 일면일 뿐이며, 다른 면이 분명히 존재한다.

"하나님은 항상 기분이 좋으시다"라고 강조하는 여러 친구들은 A. W. 토저A. W. Tozer가 아래 글을 통해 말하고자 한 것을 표현하고 싶어 하는 것 같다.

> 하나님은 함께 지내기 쉬운 분이심을 항상 기억하라. 당신의 마음이 바르기만 하다면, 그분은 형식에 큰 관심이 없으시다. 하나님은 친절하시고, 선하시며, 은혜로우시다. 그런데 우리 중에 같이 지내기에 아주 쉽지 않은 사람들이 있다. 만약 하나님께서 우리처럼 함께 지내기 힘든 분이시라면, 하나님과 우리 영혼 사이에는 끊임없는 다툼이 있을 것이다. 하나님은 분명히 함께 지내기 쉬운 분이시며, 당신이 바른 의도를 가지고 있음을 아신다면, 그분은 당신이 여러 가지 실수를 해도(토저의 말은 어떤 것을 적절한 '종교적' 절차에 따라 하지 않는 실수를 의미한다) 그냥 내버려 두시며 상관하지 않으실 것이다.[25]

그러나 이것이 토저가 말한 내용의 전부는 아니다. 그는 또한 다음과 같이 말했다. "하나님은 가장 성숙한 사람이라 할지라도 때로는 여전히 부드럽게 대해야 한다는 것을 아시기 때문에, 우리의 무지를 빨리 간과하신다.

그러나 결코 우리의 죄를 빨리 간과하시지는 않는다. 죄는 우리 삶의 위협적인 부분이다. 그래서 하나님은 속히 오셔서 그것을 다루신다."[26]

토저는 우리의 죄가 하나님께 어떤 영향을 미치는지에 관하여 다음과 같이 말했다. "사람은 죄로 인해 자기 자신을 낭비해버린다. 우리는 이 땅에서 가장 하나님 같은 존재다. 따라서 죄로 자신을 낭비하는 것은 인간의 가장 큰 비극이며 하나님의 가장 무거운 슬픔이다."[27]

하나님이 사랑이시라(요일 4:8)는 단순한 사실은 하나님께서 항상 기분이 좋으실 수는 없다는 점을 분명하게 해준다. 성인과도 같았던 독일의 기독교 지도자 바실레아 쉴링크Basilea Schlink는 이렇게 말했다. "하나님처럼 영혼을 사랑하는 사람은 고통을 피할 수 없다. 그리고 하나님을 정말로 사랑하는 사람은 하나님의 고통을 감지할 것이다."[28]

이것은 사랑의 대가다.

CHAPTER 11

마르키온을 재고하다

11 마르키온을 재고하다

마르키온은 2세기 인물로서 영향력 있는 교회 리더였으나 이단이었다. 오늘날 대부분의 그리스도인들은 그를 잘 모른다. 그러나 마르키온처럼 급진적이지는 않다 하더라도, 많은 사람들이 그의 신학 노선을 따르고 있다. 마르키온은 구약의 하나님과 신약의 하나님이 다르다고 가르쳤으며, 구약성경 전체를 거절했고, 사복음서 대부분을 포함한 신약성경 일부도 받아들이지 않았다.

다음은 마르키온의 사상을 상당 부분 받아들인 독일의 비평 신학자 아돌프 폰 하르나크Adolph Von Harnack의 글이다.

> 그리스도 안에 있는 하나님의 은혜에 관한 바울의 복음의 참신함과 독특함과 위대함에 완전히 넋을 잃은 마르키온은 복음에 대한 다른 모든 이해, 특히 구약 종교와의 연합은 진리에 반하는 것이며 진리에서 퇴보하는 것이라고 느꼈다. 따라서 마르키온은 율법과 복음, 진노와 은혜, 행위와 믿음, 육체와 영, 죄와 의, 죽음과 생명을 첨예하게 대립시킬 필요가 있다고 생각했으며, 이것이 곧 구약 종교에 대한 바울 사도의 비평이라고 생각했고, 이는 그의 종교적 견해의 기초가 되었다. 또한 이것을 토대로 구약과

신약의 하나님을 다른 하나님, 즉 세상을 창조하시고 의로우시고 진노하시는 구약의 하나님과, 그리스도 이전에는 거의 알려지지 않은, 오직 사랑과 자비를 베푸시는 복음의 하나님으로 구분 짓는 것이 필요하다고 여겼다.[1]

어디서 많이 들어본 말이다. 그 이유는 오늘날 점점 더 많은 기독교 지도자들이 신구약의 하나님을 날카롭게 대조하고 있기 때문이다. 물론 마르키온과는 달리, 구약의 하나님과 신약의 하나님이 같은 분이시라고 믿기는 한다. 구약성경도 하나님의 감동으로 기록된 말씀이라는 사실에 동의는 하지만, 실제로는 몇몇 인물 연구, 역사서의 가르침, 예언서의 약속, 잠언의 지혜, 그리고 일부 '긍정적인' 시편이 주는 교훈을 제외하고 구약에서 거의 가치를 발견하지 못한다. 하이퍼 그레이스 교사들은 주로 대조의 목적으로 구약성경을 사용한다. 즉, 우리는 율법이 얼마나 나쁜지 앎으로써, 은혜가 얼마나 좋은지 알 수 있다는 것이다. 이 교사들 가운데 많은 이들은 심지어 예수님의 가르침이 '옛 언약 아래' 있었으며, 더이상 우리에게 적용되지 않는다고 주장한다. (이에 관한 내용은 13장을 참조하라.) 성경의 내용을 묵살하는 것은 신학적으로, 영적으로 매우 위험한 일이다.

안드레 반 데르 멀위의 저서 『은혜: 금지된 복음GRACE: The Forbidden Gospel』에서 발췌한 다음 내용을 보면 내가 과장하는 것이 아님을 알 것이다.

나는 이 말이 비판적으로 들릴 수 있다는 것을 안다. 그러나 성서공회가 구약과 신약을 한 권의 책으로 같이 묶어서 펴내기로 결정한 것은 슬픈 현실이다. 이 하나의 결정이 전세계 그리스도인들 가운데 만연한 혼동을 야기해왔다. 십자가 사건 이전에 기록된 성경의 많은 책들은 하나님을 묘사할 때, 십계명과 율법의 도덕 기준에 감히 불순종했을 때 그들을 벌하시고 멸하시는 잔인하고 무자비한 분으로 묘사하고 있다.[2]

그야말로 경악할 만한 주장이다. 첫째, 성경에 신구약을 함께 넣기로 결정한 것은 '성서공회'가 아니다. 구약성경은 초대교회 성도들의 유일한 성경이었다. 얼마 후 (우리가 지금 '신약'이라고 부르는) 다른 책들이 거기에 포함된 것이다. 구약은 하나님의 감동으로 된 책이며, 이후에 나온 모든 책의 토대이다. 그래서 흔히 "구약은 숨겨진 신약이고, 신약은 드러난 구약이다"라고 말하기도 한다.

둘째, 구약으로 인해 혼동을 겪는 이유는 그리스도인들이 균형을 잃은 은혜 메시지를 배우기 때문이다. 그들이 말씀을 정확하게 배웠다면 구약성경을 사랑하고 소중히 여겼을 것이다. 셋째, 구약의 하나님은 (마르키온이 믿었던 것처럼) 이질적이고 덜 중요한 신이 아니라 예수 그리스도의 놀라우신 아버지, 성부 하나님이시다. 만약 우리가 이 하나님을 잔인하고 무자비한 분으로 여긴다면 우리는 그분이 정말로 누구신지 모르고 있는 것이다. 넷째, 십계명이나 도덕에 관한 여타 율법 자체에 문제가 있다는 암시 역시 잘못됐다. (이것은 다음 장에서 다룰 것이다.)

하나님께서 구약을 통해 우리에게 주신 소중한 보물을 하나도 잃어버리지 않기를 바라는 마음으로 좀 더 깊이 살펴보도록 하자. 예수님도 "그러므로 천국의 제자된 서기관마다 마치 새것과 옛것을 그 곳간에서 내오는 집 주인과 같으니라"라고 말씀하셨다(마 13:52).

우리는 먼저, 구약성경이 예수님의 제자들에게 '유일한' 성경이었음을 기억할 필요가 있다. 이것은 그들에게 주신 하나님의 말씀이었고, 그들이 사랑하는 거룩한 성경이었다. 그들은 이 성경이 시대에 뒤졌고 더 이상 쓸모

없는 '낡은' 책이라고 생각하지 않았다. '낡은' 것은 시내산 언약Sinaitic covenant 이었으며, 그것은 예레미야가 구약에서 예언한 것처럼(렘 31:31~34) 새 언약(더 좋은 언약)에 의해 대체되고 있었다. 예수님의 제자들 중 누구도 이 히브리 성경(즉 구약성경)이 곧 대체되어야 할 낡은 책이라고 믿지 않았다. 그들은 자신들이 가지고 있는 거룩한 성경 두루마리의 모든 말씀을 사랑했으며, 만약 그들에게 '구약'성경에 관하여 질문했다면 무슨 소리인지 이해를 못했을 것이다. 우리가 구약성경이라고 부르는 39권의 책이 그들이 아는 전부였으며 그들에게 유일한 성경, 즉 하나님의 말씀이었기 때문이다.[3]

그래서 예수님도 유대인들에게 만약 그들이 모세를 믿었더라면 예수님을 믿었을 것이라고(요 5:39~47) 말씀하시면서 계속해서 구약의 증언을 가리키셨으며, 제자들도 예수님의 사역을 보면서 구약의 말씀을 기억했다(요 2:13~17; 시 69:9 참조). 또한 광야에서 마귀에게 시험을 받으실 때도 신명기 말씀을 세 번이나 인용하시면서 마귀를 물리치셨다(마 4:1~10). (당신은 영적인 공급과 회복을 위해 신명기 말씀을 얼마나 자주 찾아보는가?) 바울도 이 '히브리 성경'에 대하여 다음과 같이 말했다. "모든 성경은 하나님의 감동으로 된 것으로 교훈과 책망과 바르게 함과 의로 교육하기에 유익하니 이는 하나님의 사람으로 온전하게 하며 모든 선한 일을 행할 능력을 갖추게 하려 함이라"(딤후 3:16~17).

오늘날 우리는 이것을 믿는가? 또 이것을 실천하는가? 우리는 하나님의 사람들이 온전하게 되고 모든 선한 일을 행할 능력을 갖추도록, 또 "교훈과 책망과 바르게 함과 의로 교육"하기 위해서 구약성경을 사용하는가? 은혜에 관하여 놀라운 계시를 받았던 바울은 혹시 우리가 모르는 어떤 것을 알았던 것이 아닐까? (바울이 은혜에 관하여 설교했을 때 그가 사용한 성경은 구약성경이었다는 점을 기억하라!) 말하자면, 바울은 그리스도인들이 구약성경을 고의적으로 소홀히 여긴다면 '온전하게 될 수 없고 모든 선한 일을 행할 능력을 갖출 수 없게 된다'라고 말하고 있는 것이다.

위의 내용이 히브리 성경(유대인들은 이를 '타나크Tanakh'라 부른다)에 관해 바울이 논의한 내용의 전부는 아니다.[4] 바울은 하나님께서 우리에게 소망을 주고 또 인내하도록 돕기 위해 구약성경을 주셨다고 말했다. "무엇이든지 전에 기록된 바는 우리의 교훈을 위하여 기록된 것이니 우리로 하여금 인내로 또는 성경의 위로로 소망을 가지게 함이니라"(롬 15:4). '성경the Scriptures' 대신에 '구약성경the Old Testament'을 넣어서 이 말씀을 다시 한번 읽어보자. 왜냐하면 로마서의 수신자들이 당시 가지고 있었던 유일한 성경은 구약성경이었기 때문이다.

"구약성경을 읽으며 소망을 얻을 수 있다는 사실은 받아들이지만, 구약 안에 있는 모든 경고와 심판은 오늘날 우리와 더 이상 상관이 없습니다"라고 말할 수도 있다. 정말 상관이 없을까? 그렇다고 생각한다면 바울이 고린도 교인들에게 쓴 다음 서신 내용을 한번 읽어보자.

> 형제들아 나는 너희가 알지 못하기를 원하지 아니하노니 우리 조상들이 다 구름 아래에 있고 바다 가운데로 지나며 모세에게 속하여 다 구름과 바다에서 세례를 받고 다 같은 신령한 음식을 먹으며 다 같은 신령한 음료를 마셨으니 이는 그들을 따르는 신령한 반석으로부터 마셨으매 그 반석은 곧 그리스도시라 그러나 그들의 다수를 하나님이 기뻐하지 아니하셨으므로 그들이 광야에서 멸망을 받았느니라(고전 10:1~5)

이 말씀은 신약의 그리스도인들과 무슨 상관이 있는가? 바울은 이어서 말한다.

이러한 일은 우리의 본보기가 되어 우리로 하여금 그들이 악을 즐겨 한 것 같이 즐겨 하는 자가 되지 않게 하려 함이니 그들 가운데 어떤 사람들과 같이 너희는 우상 숭배하는 자가 되지 말라 기록된 바 백성이 앉아서 먹고 마시며 일어나서 뛰논다 함과 같으니라 그들 중의 어떤 사람들이 음행하다가 하루에 이만 삼천 명이 죽었나니 우리는 그들과 같이 음행하지 말자 그들 가운데 어떤 사람들이 주를 시험하다가 뱀에게 멸망하였나니 우리는 그들과 같이 시험하지 말자 그들 가운데 어떤 사람들이 원망하다가 멸망시키는 자에게 멸망하였나니 너희는 그들과 같이 원망하지 말라 **그들에게 일어난 이런 일은 본보기가 되고 또한 말세를 만난 우리를 깨우치기 위하여 기록되었느니라** 그런즉 선 줄로 생각하는 자는 넘어질까 조심하라(고전 10:6~12)

내게는 이 말씀이 심각한 경고로 들린다. 심각한 경고가 아니면 무엇이겠는가? 이스라엘이 어떻게 죄를 지었고 하나님께서 어떻게 심판하셨는지에 대한 내용이 오늘 우리에게 적용되지 않는다면 바울은 왜 이것을 썼겠는가? 히브리서 저자는 우리가 복음을 거절할 때 따라오는 결과는 이스라엘이 율법을 거절했을 때의 결과보다 훨씬 더 가혹하다고 여러 번 언급했다. (나는 7장에서 이와 관련된 구절을 이미 논의했다.) 바울은 교회에 경고한다. "이스라엘이 범한 실수를 반복하지 마라. 그렇지 않으면 그에 따른 결과가 있을 것이다."

가장 위대한 은혜 설교자인 바울이 고린도전서 10장에 이 말씀을 기록했다. 만약 이 말씀이 은혜에 관한 당신의 이해와 맞지 않다면, 바울을 바꾸려고 시도하지 말고 은혜에 관한 당신의 생각을 바꿔야 한다. 당신도 은혜에 인간의 혼합물을 섞기를 원치 않을 것이다. 참되고, 순수하고, 완전한 은혜를 당신도 원하리라고 믿는다.

옛 언약은 새 언약을 확증해준다

고린도전서에는 바울이 구약성경을 인용한 예가 또 나온다. 여기서 바울은 몸 안에 짓는 지속적이고 회개하지 않은 죄가 얼마나 심각한 것인지에 관하여 설명하고 있다. 아버지의 아내와 음행한 사람에 대해 그는 다음과 같이 말한다. "주 예수의 이름으로 너희가 내 영과 함께 모여서 우리 주 예수의 능력으로 이런 자를 사탄에게 내주었으니 이는 육신은 멸하고 영은 주 예수의 날에 구원을 받게 하려 함이라"(고전 5:4~5). 이것은 극단적인 조언이다. 회개하지 않은 죄가 확산되도록 그냥 내버려 둘 때 그만큼 위험하기 때문이다.

바울은 계속해서 말한다.

> 내가 너희에게 쓴 편지에 음행하는 자들을 사귀지 말라 하였거니와 이 말은 이 세상의 음행하는 자들이나 탐하는 자들이나 속여 빼앗는 자들이나 우상 숭배하는 자들을 도무지 사귀지 말라 하는 것이 아니니 만일 그리하려면 너희가 세상 밖으로 나가야 할 것이라 이제 내가 너희에게 쓴 것은 만일 어떤 형제라 일컫는 자가 음행하거나 탐욕을 부리거나 우상 숭배를 하거나 모욕하거나 술 취하거나 속여 빼앗거든 사귀지도 말고 그런 자와는 함께 먹지도 말라 함이라 밖에 있는 사람들을 판단하는 것이야 내게 무슨 상관이 있으리요마는 교회 안에 있는 사람들이야 너희가 판단하지 아

니하랴 밖에 있는 사람들은 하나님이 심판하시려니와 "이 악한 사람은 너희 중에서 내쫓으라"(고전 5:9~13)

바울은 신명기에 **아홉 번**이나 등장하는 말씀을 인용하며 이 강력한 권고를 마무리한다. "너는 이같이 하여 너희 중에서 악을 제할지니라"(신 13:5; 17:7,12; 19:19; 21:9,21; 22:21,22,24). 신명기에서 이 구절은 회개하지 않고 계속 죄를 짓는 이스라엘 백성을 죽이라는 말이었으며, 고린도전서에서 이 구절은 회개하지 않고 계속 죄를 짓는 그리스도인을 출교하라excommunicate는 말이었다. 둘 다 죄의 위험성을 강조하고 있으며, 성경의 처방도 극단적이다. 모세의 율법 아래서는 죽음이었고, 새 언약 아래서는 출교였다(어떤 경우에는 그 사람을 사단에게 내어주기까지 했다).[5]

이것은 하나님의 사랑의 역사이며 은혜 메시지의 일부다. 그러나 그 은혜 메시지는 하나님의 사람들이 반복적으로 범하는 죄를 간과할 때, 오염되게 되어있다. 바울은 편지의 수신자들에게 자신이 한 말을 철회하며, "신명기라는 악랄한 책, 그 무서운 율법책에서 내가 인용한 것에 대해 사과한다"라고 말할 필요가 전혀 없었다. 구약성경은 거룩하고, 아름답고, 놀라운 하나님의 말씀이었으며, 신약의 모든 저자들은 그것을 하나님의 말씀으로 인용했다. 덜 중요한 신에 관한 책 혹은 덜 중요한 책으로서 대하거나, 율법 아래서는 얼마나 안 좋고 은혜 아래서는 얼마나 좋은지 대조하기 위해 사용하는 책으로 여기지 않았다.[6]

사도들은 어떻게 살아야 할지에 관하여 신자들을 권면할 때 특별한 이유를 대지 않고 구약성경을 바로 인용했다. 더 정확히 말하면 그들은 구약성경을 하나님의 말씀, 진리의 말씀, 생명의 말씀으로 인용했다. 베드로가 모든 행실에서 거룩하라고 말할 때 어떤 말씀을 인용했는가? 바로 레위기 19

장 2절, "너희는 거룩하라 이는 나 여호와 너희 하나님이 거룩함이니라"를 인용했다(벧전 1:14~16). 반면 하이퍼 그레이스 교사들이 오늘날 신자들에게 모든 행실에서 거룩해야 한다고 권면하거나 또는 레위기 말씀을 특별한 부연 설명 없이 권면의 근거로 인용하는 모습은 상상하기가 어려운 것 같다.[7]

다음 글을 읽어보면 보다 거시적인 관점을 갖게 되고, 또 신약 안에 구약이 얼마나 많이 들어있는지를 알게 될 것이다. 이것은 예수님을 반대하는 유대인들에게 답하기 위해 내가 과거에 시리즈로 펴낸 책 제 4권에서도 인용한 적이 있다.

> 신약의 각 페이지는 히브리(구약) 성경 인용으로 가득하다. 타나크Tanakh에서 직접 인용한 구절이 300개나 되며 구약을 암시하는 구절은 수천 개에 이른다. 신약성경 본문의 10퍼센트 이상이 구약에서 인용한 구절 또는 직접 암시하는 구절로 이루어져 있음이 입증 가능하다는 것은 거의 만장일치로 동의한다. 어떤 학자들은 신약성경에서 거의 **세 구절 중 한 구절**—총 8,000구절 중에서 2,500구절—이 구약성경을 인용했거나 구약을 암시하는 구절로 이루어져 있다고 주장한다. 10퍼센트가 넘는다는 것이다. 신약의 마지막 책 요한계시록은 404구절로 이루어져 있는데, 요한계시록이 타나크의 구절을 직접 인용하고 있지 않음에도 불구하고, 그중 대부분(331개)의 구절이 히브리 성경의 이미지를 토대로 삼는다. 이 모든 사실은 새 언약의 성경 안에 히브리 성경이 얼마나 깊이 엮혀 있는지를 보여준다.[8]

거듭 말하지만, 간혹 예외를 제외하고 구약은 신약과 **대조**하기 위해 (신약성경에) 인용되는 것이 아니라, 오히려 신약에서 일어나는 일을 확증해주고 그 진실성을 증명해주며 해석해주는 역할을 한다. 그래서 베드로는 자기가 메시야에 관하여 "교묘히 만든 이야기"를 따르는 것이 아니라는 증거로 변화산의 영광을 언급했고, 곧바로 구약성경의 예언적인 말씀을 언급했다. "또 우리에게는 더 확실한 예언이 있어 어두운 데를 비추는 등불과 같으니 날이 새어 샛별이 너희 마음에 떠오르기까지 너희가 이것을 주의하는 것이 옳으니라"(벤후 1:16~19). 달리 말해 베드로는 이렇게 말하고 있는 것이다. "우리는 주님께서 영화롭게 되시는 모습을 두 눈으로 직접 보았다. 그러나 너희는 (우리와 마찬가지로) 구약성경의 예언적인 말씀을 가지고 있다. 이 영광스러운 말씀에 집중하라!"

당신의 신학을 정말로 진동시키기를 원한다면 다음 내용을 자세히 보라. 바울이 행위의 의를 믿음의 의와 대조할 때 그는 레위기 말씀을 인용하여 행위의 의를 설명했고, 신명기 말씀을 인용하여 믿음의 의를 설명했다. (로마서 10장 5~10절을 보라.)⁹ 그렇다. 바울은 대조하기 위해서가 아니라, 믿음으로 말미암는 의를 선포하기 위한 발판으로서 신명기 말씀을 사용했다. 바울은 예수님 안에서 거듭난 신자들이, '믿음으로 의롭다 하심을 받은'(창 15:6; 롬 4:3 인용) 아브라함으로부터 시작된 영적인 계보에 참여한다고 보았다. 그리고 바울이 로마서와 갈라디아서에서 "의인은 믿음으로 말미암아 살리라"(롬 1:17; 갈 3:11)라는 말씀을 선포했을 때, 그는 하박국 2장 4절을 인용하고 있었다. 이 말씀은 새 언약에 대한 예언이 아니라, 오히려 모든 하나님의 백성들을 위한 부르심의 말씀이라고 할 수 있는데, 거기에는 (구약의) 이스라엘 백성도 포함된다. 그래서 바울은 로마서 3장에서 "그런즉 우리가 믿음으로 말미암아 율법을 파기하느냐 그럴 수 없느니라 도리어 율법을 굳게 세우느니라"(31절)라고 말할 수 있었던 것이다.

그뿐만이 아니다. 구약 안에는 하나님의 자비, 은혜, 긍휼에 대한 놀라운 계시들이 많이 들어있다. 다음 구절들을 보자.

여호와는 긍휼이 많으시고 은혜로우시며

노하기를 더디 하시고 인자하심이 풍부하시도다

자주 경책하지 아니하시며

노를 영원히 품지 아니하시리로다

우리의 죄를 따라 우리를 처벌하지는 아니하시며

우리의 죄악을 따라 우리에게 그대로 갚지는 아니하셨으니

이는 하늘이 땅에서 높음 같이

그를 경외하는 자에게 그의 인자하심이 크심이로다

동이 서에서 먼 것 같이

우리의 죄과를 우리에게서 멀리 옮기셨으며

아버지가 자식을 긍휼히 여김 같이

여호와께서는 자기를 경외하는 자를 긍휼히 여기시나니

이는 그가 우리의 체질을 아시며

우리가 단지 먼지뿐임을 기억하심이로다(시 103:8~14)

그래서 다윗은 다음과 같이 선포할 수 있었다.

내 영혼아 여호와를 송축하라

내 속에 있는 것들아 다 그의 거룩한 이름을 송축하라

내 영혼아 여호와를 송축하며

그의 모든 은택을 잊지 말지어다

그가 네 모든 죄악을 사하시며

네 모든 병을 고치시며

네 생명을 파멸에서 속량하시고

인자와 긍휼로 관을 씌우시며

좋은 것으로 네 소원을 만족하게 하사

네 청춘을 독수리 같이 새롭게 하시는도다(시 103:1~5)

다윗은 시내산 언약 아래 살면서, 하나님의 은혜와 선하심에 대한 이 계시를 경험했다. '은혜'에 해당하는 신약성경 단어(헬라어 '카리스charis')는 히브리어 '헨hen'('h'는 후두음으로 발음)에 상응하는 단어다. '헨'은 구약성경에서 하나님께서 그의 백성들을 은혜롭게 대하시는 것을 묘사할 때 빈번하게 사용된다.[10] 거듭 말하지만 이것은 시내산 언약 아래서의 일이며, 이는 십자가 이전과 이후의 하나님이 동일한 분이심을 보여준다. 그 하나님은 또한 시내산에서 모세에게 다음과 같이 말씀하시며 자신을 계시하셨다.

여호와께서 그의 앞으로 지나시며 선포하시되 여호와라 여호와라 자비롭고 은혜롭고 노하기를 더디하고 인자와 진실이 많은 하나님이라 인자를 천대까지 베풀며 악과 과실과 죄를 용서하리라 그러나 벌을 면제하지는 아니하고 아버지의 악행을 자손 삼사 대까지 보응하리라(출 34:6~7)

미가 선지자의 이름은 '누가 하나님과 같으리이까' 또는 '누가 야훼와 같으리이까'를 축약한 말이다. 그는 미가서 끝에서 다음과 같이 고백했다.

주와 같은 신이 어디 있으리이까 주께서는 죄악과 그 기업에 남은 자의 허물을 사유하시며 인애를 기뻐하시므로 진노를 오래 품지 아니하시나이다 다시 우리를 불쌍히 여기셔서 우리의 죄악을 발로 밟으시고 우리의 모든 죄를 깊은 바다에 던지시리이다 주께서 옛적에 우리 조상들에게 맹세하

신 대로 야곱에게 성실을 베푸시며 아브라함에게 인애를 더하시리이다(미 7:18~20)

이것은 시내산 언약 아래에서 주어진 하나님의 자비, 은혜, 긍휼에 대한 계시이며, 이를 뒷받침하는 구절은 수없이 많다. 그래서 요한복음 1장 17절도 '율법은 모세로 말미암아 주어진 것이요 **그러나** 은혜와 진리는 예수 그리스도로 말미암아 온 것이라'라고 말하지 **않는**다. 즉, 성경에는 두 문장 사이에 '그러나'라는 단어가 없다. "율법은 모세로 말미암아 주어진 것이요 은혜와 진리는 예수 그리스도로 말미암아 온 것이라"(요 1:17)라고 말한다. 첫 번째 것도 영광스러웠지만 두 번째 것은 훨씬 더 영광스러웠다! 첫 번째 것은 기초였으며 두 번째 것은 첫 번째를 무너뜨린 것이 아니라 그 위에 세워졌다.

이것은 사실 바울이 고린도후서 3장에서 가르치는 내용으로써, 그는 돌에 새긴 십계명 안에 구현된 시내산 언약을 "죽음의 직분", "정죄의 직분"이라고 부른다(고후 3:7,9). 분명히 이 대조는 첨예하며, 새 언약의 지극히 뛰어난 영광을 강조한다. 바로 이것이 내가 은혜 메시지를 정말 사랑하는 이유 중 하나다. 그런데 바울의 말을 정확하게 살펴보면, 그는 '시내산 언약도 영광이 있었지만 새 언약의 영광은 그것을 완전히 능가한다'라고 말하고 있다.

흠이 있는 것은 율법이 아닌 우리다

그러면 바울은 시내산 언약을 가리켜 (바울이 구약 전체를 가리키지 않았음에 주목하라) 왜 "죽음의 직분", "정죄의 직분"이라고 말했는가? 시내산 언약이 흠이 있거나 율법이 흠이 있기 때문이 아니었다. 그것은 있을 수 없는 일이다. 흠이 있는 것은 우리였다. 다음 히브리서 말씀은 이를 설명해준다.

> 저 첫 언약이 무흠하였더라면 둘째 것을 요구할 일이 없었으려니와 그들의 잘못을 지적하여 말씀하시되 주께서 이르시되 볼지어다 날이 이르리니 내가 이스라엘 집과 유다 집과 더불어 새 언약을 맺으리라 또 주께서 이르시기를 이 언약은 내가 그들의 열조의 손을 잡고 애굽 땅에서 인도하여 내던 날에 그들과 맺은 언약과 같지 아니하도다 그들은 내 언약 안에 머물러 있지 아니하므로 내가 그들을 돌보지 아니하였노라 (히 8:7~9; 렘 31:31~32 인용)

다시 말해, 율법은 문제가 없고 죄인인 사람들에게 문제가 있었다는 것이다. 바울은 이것을 로마서에서 설명하고 있다. (강조 표시한 말씀을 중심으로 주의 깊게 읽어보자.)

> 그런즉 우리가 무슨 말을 하리요 율법이 죄냐 그럴 수 없느니라 율법으로 말미암지 않고는 내가 죄를 알지 못하였으니 곧 율법이 탐내지 말라 하지 아니하였더라면 내가 탐심을 알지 못하였으리라 그러나 죄가 기회를 타서 계명으로 말미암아 내 속에서 온갖 탐심을 이루었나니 이는 율법이 없으면 죄가 죽은 것임이라 전에 율법을 깨닫지 못했을 때에는 내가 살았더니 계명이 이르매 죄는 살아나고 나는 죽었도다 **생명에 이르게 할 그 계명이 내게 대하여 도리어 사망에 이르게 하는 것이 되었도다** 죄가 기회를 타서 계명으로 말미암아 나를 속이고 그것으로 나를 죽였는지라 **이로 보건대 율법은 거룩하고 계명도 거룩하고 의로우며 선하도다** 그런즉 선한 것이 내게 사망이 되었느냐 그럴 수 없느니라 오직 죄가 죄로 드러나기 위하여 선

한 그것으로 말미암아 나를 죽게 만들었으니 이는 계명으로 말미암아 죄로 심히 죄 되게 하려 함이라 우리가 **율법은 신령한 줄 알거니와 나는 육신에 속하여 죄 아래에 팔렸도다**(롬 7:7~14)[11]

이것을 한 문장으로 말해보자. 율법에 관해서 말하자면(모세의 율법 전체가 아닌 최소한 십계명만 보더라도), 바울은 율법이 거룩하고 선하다는 말을 각각 두 번씩, 의롭고 신령하고 생명에 이르게 한다고 각각 한 번씩 언급했다. 이것은 절대 적지 않은 횟수다. 다 같이 소리 내서 한번 읽어보자. 율법은 거룩하고, 의롭고, 선하고, 신령하며, 생명에 이르게 한다! 그래서 모세도 이스라엘 백성에게 "생명을 택하라", 즉 율법에 순종함으로써 생명을 택하라고 권고했고(신 30:15~20), 하나님도 레위기에서 그분의 계명을 행하면 그로 말미암아 살리라고 말씀하셨다(레 18:5).[12]

문제는 하나님의 율법이 아닌 죄인인 인간들에게 있다. 율법 자체는 완전한데, 우리가 완전하지 못하다. 우리는 완전함과 거리가 멀다. 그래서 생명을 가져와야 할 율법이 죽음과 정죄를 가져오게 된 것이다. 왜 그런가? 그 이유는 율법이 우리 마음에 기록된 것이 아니라 돌판에 새겨졌기 때문이다(고후 3:3~7). 그러나 새 언약에서는 하나님의 법이 우리 마음에 새겨져 있다.

또 주께서 이르시되 그 날 후에 내가 이스라엘 집과 맺을 언약은 이것이니 내 법을 그들의 생각에 두고 그들의 마음에 이것을 기록하리라 나는 그들에게 하나님이 되고 그들은 내게 백성이 되리라(히 8:10; 렘 31:33 인용)
내가 너희를 여러 나라 가운데에서 인도하여 내고 여러 민족 가운데에서 모아 데리고 고국 땅에 들어가서 맑은 물을 너희에게 뿌려서 너희로 정결

11장 마르키온을 재고하다

하게 하되 곧 너희 모든 더러운 것에서와 모든 우상 숭배에서 너희를 정결하게 할 것이며 또 새 영을 너희 속에 두고 새 마음을 너희에게 주되 너희 육신에서 굳은 마음을 제거하고 부드러운 마음을 줄 것이며 또 내 영을 너희 속에 두어 너희로 내 율례를 행하게 하리니 너희가 내 규례를 지켜 행할지라(겔 36:24~27)

이와 관련하여 마틴 로이드 존스Martyn Lloyd-Jones 박사가 다음과 같이 한 말은 많은 영적인 의미를 갖는다. "우리는 율법에 대한 잘못된 시각으로, 율법이 은혜를 반대하는 것처럼 생각하는 경향이 있다. 사실은 그렇지 않다. 한때 율법의 언약이 존재했고, 지금 우리는 은혜의 언약 아래 있다는 그런 의미에서만 율법은 은혜와 대립한다."[13] 다음 장에서 논의하겠지만, 하나님의 율법 자체는 선하다. 다시 말하지만, 문제는 하이퍼 그레이스 교사들이 구약성경을 사용할 때 주로 대조를 위해 사용한다는 사실이다. 그들은 구약의 부요함을 캐내지 못하고, 잘못되고 극단적인 이분법을 사용하며, 구약성경의 많은 교훈과 경고들을 무시한다. 어찌됐든 우리 모두가 '은혜 아래' 있으니 다 괜찮다고 여기는 듯하다.

라이언 루퍼스의 진술은 이에 딱 들어맞는 사례다. "옛 언약은 서서 일하는 언약이다. 새 언약은 앉아서 안식하는 언약이다."[14] 그런데 "여호와는 나의 목자시니 내게 부족함이 없으리로다 그가 나를 푸른 풀밭에 누이시며 쉴 만한 물 가로 인도하시는도다"라고 고백한 다윗은 시내산 언약 아래 살던 사람이었다. 이 시편이 안식을 말하는 것이 아니라면 무엇이겠는가? 한편 우리에게 상을 받도록 달음질하라고 권고한 바울은 새 언약 아래 살던 사람이었다(고전 9:24~27; 이 책 9장 참조). 이 표현은 일하라는 말로 들린다!

확실히 앤드류 팔리 같은 일부 하이퍼 그레이스 교사들은 중요한 것을 쓸데없는 것과 함께 버리지 않으려고 많이 노력했다. "나는 율법이 신자들의 삶과 관련이 없다고 주장을 해왔다. 그러나 구약은 무시되어서는 안될 보물이다."[15]

그는 이렇게 말한다.

> 구약은 신약에서 얻을 수 없는 것을 제공해준다. 하나님이 인류와 어떻게 관계를 맺기 시작하셨는지에 관한 배경을 자세히 말해주며, 또 이 관계를 파괴하기 위해 인간은 할 수 있는 악한 행동을 다 했음을 보여준다. 하나님을 향하여 비열하게 행동한 인류의 악함보다 그리스도의 구속의 역사는 훨씬 더 큰 영향력이 있다. 인류 역사가 이어져 오는 동안 하나님은 우리에게 너무나 은혜로우셨다![16]

앤드류 팔리의 다음 진술들은 정확한 말이다. "구약을 무시하는 것은 하나님께서 수천 년 동안 그려오신 초상화의 많은 부분을 완전히 가리는 것과 같다." 그는 또한 "구약을 문맥 안에서 읽고 가르치는 것은 중요하다"라고 언급했다.[17]

그러나 팔리 목사처럼 말씀을 깊이 연구하는 사람조차도 구약과 신약 사이의 대조를 과장한다. "구약성경에서 우리는 하나님께서 이스라엘 백성들의 죄를 벌하시는 것을 본다. 신약성경에서 우리는 하나님께서 우리의 죄에 대해 예수님을 벌하시는 것을 본다."[18] 이것은 사실이다. 그러나 신약에서 하나님께서 우리의 죄에 대해 우리를 책망하시고 징계하시는 것을 또한 볼 수 있다(히 12:5~13 참조). 그리고 앞서 언급한 것처럼. 신약의 저자들은 '하나님께서 이스라엘 백성들의 죄를 벌하시는 것'을 가리키며, 이것은 우리에게 주는 경고라고 분명하게 말했다. (특히 고린도전서 10장 1~11절을 다시 보라.)[19]

팔리는 다음과 같이 말한다.

> 구약에서 우리는 하나님께서 자기 백성에게서 그분의 임재를 거두시는 모습을 본다. 반면 신약에서 우리는 하나님께서 결코 우리를 떠나지 않으시고 버리지 않으시는 모습을 본다. 하나님의 마음에 합한 자였던 다윗도 성령을 거두지 마시기를 간청하며 "나를 주 앞에서 쫓아내지 마시며 주의 성령을 내게서 거두지 마소서"(시 51:11)라고 간절히 구했다. 새 언약 아래에서는 사도들이 그런 간청을 하는 모습을 찾아볼 수 없다.[20]

오늘날 우리는 분명히 구약 성도들의 경험을 뛰어넘는 여러 가지 방법으로 성령을 경험한다(요 7:39; 요 14~16장). 그러나 히브리서 저자가 "내가 결코 너희를 버리지 아니하고 너희를 떠나지 아니하리라"(히 13:5)라는 귀한 말씀을 전했을 때, 그는 예수님의 말씀이 아닌 구약성경을 인용하고 있었다(신 31:6; 수 1:5~6). 그는 하이퍼 그레이스 교사들이 내세우는 신·구약의 극단적인 대립구조를 알지 못했음이 분명하다.

신약의 신자들이 시편을 빈번하게 인용하고[21] 노래로 부르기도 하며 자주 사용했다는 사실을 잊지 말자(엡 5:19; 골 3:16). 초대교회는 시편 51편을 회개의 시편으로 사용하기도 하고 예배 순서에 이를 넣기도 했다.[22] 예수님은 우리가 주님을 부인하면 주님도 우리를 부인하신다고 경고하셨으며(마 10:32~33), 바울도 이에 동의했다(딤후 2:12, "우리가 주를 부인하면 주도 우리를 부인하실 것이라").[23] 결국 신약의 약속들은 구약의 약속들을 반영한다. 주님께서 결코 우리를 버리지 아니하시고 떠나지 아니하실 것이다. 그러나 만약 우리가 주님을 떠나면 주님도 우리를 떠나실 것이다.[24]

성령님에 관해서 신약은 우리가 성령님을 슬프시게 할 수 있고(엡 4:30),

성령님께서 우리로 인하여 분노하실 수 있으며(히 10:29, 히브리서 저자는 여기서 성령님을 가리켜 은혜의 성령이라고 부른다), 우리가 성령님께 거짓말을 하거나 그분을 시험할 때 무섭고 치명적인 결과가 따라올 수 있다고 가르친다(행 5:1~10). 사도행전 5장에서 아나니아와 삽비라가 성령님께 거짓말을 하고 그 자리에 엎드러져 죽었을 때 누가는 다음과 같이 말했다. "온 교회와 이 일을 듣는 사람들이 다 크게 두려워하니라"(11절). 구약에서 죄를 심판하시는 거룩하신 하나님(레위기 10장 1~3절에서 그렇게 하신 것처럼)은 신약에서도 죄를 심판하시는 동일하게 거룩하신 하나님이셨다(행 5장, 행 12:20~23 참조). 그래서 예수님도 두아디라 교회에게 그들 안에 있는 거짓 선지자를 계속 용인한다면 심각한 결과가 있을 것이라고 경고하셨다.

> 또 내가 그에게 회개할 기회를 주었으되 자기의 음행을 회개하고자 하지 아니하는도다 볼지어다 내가 그를 침상에 던질 터이요 또 그와 더불어 간음하는 자들도 만일 그의 행위를 회개하지 아니하면 큰 환난 가운데에 던지고 또 내가 사망으로 그의 자녀를 죽이리니 모든 교회가 나는 사람의 뜻과 마음을 살피는 자인 줄 알지라 내가 너희 각 사람의 행위대로 갚아 주리라(계 2:21~23).

이것은 예수님의 말씀이다. (내가 여태껏 본 가장 이상한 성경 '해석' 중 하나는 방금 읽은 요한계시록 2장 21~23절 말씀과 '주님의 천사가 헤롯을 치는' 사도행전 12장 20~23절 말씀에 대한 하이퍼 그레이스 교사들의 해석이었다.)[25] 고린도 교인들을 향한 바울의 경고 또한 언급하지 않을 수가 없다. "너희는 너희가 하나님의 성전인 것과 하나님의 성령이 너희 안에 계시는 것을 알지 못하느냐 누구든지 하나님의 성전을 더럽히면 하나님이 그 사람을 멸하시리라 하나님의 성전은 거룩하니 너희도 그러하니라"(고전 3:16~17). 바울은 여기서 신자와 불신자를 막론하고 하나님의 거룩한 성전을 가지고 장난해서는 안되며, 그럴 경우 하나님께서 그 사람을 멸하실 것이라고 분명히 경고한다.

그런데 하이퍼 그레이스 진영이 구약성경을 배격하거나, 오용하거나, 소홀히 여기는 문제에 있어서 가장 모순적인 것은, 은혜에 관한 놀라운 진리 중 큰 부분이 구약에 있다는 점이다. 그리고 구약은 교회보다 먼저 이스라엘 백성에게 주신 약속이다. 그러나 하이퍼 그레이스 교사들은 구약의 구절들을 원래의 맥락에서 완전히 분리하여 인용하는데, 이것은 사실상 이스라엘 백성들로부터 그 약속을 훔치는 것과 같으며, 마치 1층을 없애고 2층을 건축하는 것과 같다. 예를 들면 다음과 같은 구절들이다.

> 여인이 어찌 그 젖 먹는 자식을 잊겠으며 자기 태에서 난 아들을 긍휼히 여기지 않겠느냐 그들은 혹시 잊을지라도 나는 너를 잊지 아니할 것이라 내가 너를 내 손바닥에 새겼고 너의 성벽이 항상 내 앞에 있나니(사 49:15~16)

> 내가 잠시 너를 버렸으나 큰 긍휼로 너를 모을 것이요 내가 넘치는 진노로 내 얼굴을 네게서 잠시 가렸으나 영원한 자비로 너를 긍휼히 여기리라 네 구속자 여호와께서 말씀하셨느니라 이는 내게 노아의 홍수와 같도다 내가 다시는 노아의 홍수로 땅 위에 범람하지 못하게 하리라 맹세한 것 같이 내가 네게 노하지 아니하며 너를 책망하지 아니하기로 맹세하였노니 산들이 떠나며 언덕들은 옮겨질지라도 나의 자비는 네게서 떠나지 아니하며 나의 화평의 언약은 흔들리지 아니하리라 너를 긍휼히 여기시는 여호와께서 말씀하셨느니라(사 54:7~10)

거듭 말하자면, 이것은 예수 그리스도 안에 있는 모든 이들에게 영적으로 적용될 수 있지만, 먼저 하나님께서 고대 이스라엘 백성에게 주신 약속들이며 여전히 이스라엘의 소중한 소유다. 그런 의미에서 마르키온이 구약을 거절하고 폄하한 것은 아주 끔찍한 일이라고 할 수 있다. 부분적으로든 전체적으로든 마르키온의 오류를 따르고 있는 하이퍼 그레이스 교사들과 신자들도 마찬가지다. 마르키온처럼 "그리스도 안에 있는 하나님의 은혜에 관한 바울의 복음의 참신함과 위대함과 독특함에 완전히 넋을 잃어서" 그들이 그렇게 한다는 것은 그야말로 아이러니하다.[26]

이런 이유 때문에 이들은 하나님의 은혜 그리고 은혜의 하나님에 대한 계시에 대체로 눈멀어 있다. 은혜의 계시는 구약 전체에 담겨있고 신약에서 예수님의 인격과 사역 안에서 정점에 이르기 때문이다. 은혜에 대한 계시에 눈멀게 될 때, 앤드류 워맥 강의 시리즈에 나오는 다음 광고 문구처럼 하나님에 대한 잘못되고 파괴적이고 졸렬한 묘사로 이어지게 된다. "하나님의 본질에 대해 혼란스러운가? 하나님은 구약에 나온 것처럼 심판의 하나님이신가 아니면 신약에 나온 것처럼 자비와 은혜의 하나님이신가?"[27] 여기에는 마르키온의 영이 잔존한다.

CHAPTER 12

하나님의 율법은 선하다

12 하나님의 율법은 선하다

신약성경의 기본 진리 가운데 하나는 예수 안에서 우리가 율법 아래 있지 않고 은혜 아래 있다는 것이다(롬 6:14). 우리는 최소한 율법의 정죄 아래 있지 않고(롬 8:1~2), 우리를 그리스도께로 인도하는 교사(또는 몽학선생)으로서의 율법 아래 있지 않으며(갈 3:23~25),[1] 또 칭의의 방법으로서의 율법 아래 있지 않다(롬 3:20). 대신 우리는 예수의 보혈로 의롭다 함을 받았으며, 하나님의 은혜로 예수 안에서 새로운 삶을 살 수 있게 되었다(롬 6:4~11). 요컨대 은혜는 율법이 할 수 없는 것을 했으며(롬 3:3~4), 죄는 더 이상 우리를 주장하지 못한다(롬 6:14). 조셉 프린스는 이것을 간단명료하게 표현했다. "율법은 그 누구도 의롭게 하지 못했으며 가장 훌륭한 사람조차도 정죄했지만, 은혜는 최악의 사람까지도 구원한다."[2]

바울은 다음과 같이 말한다. "율법의 행위로 그의 앞에 의롭다 하심을 얻을 육체가 없나니 율법으로는 죄를 깨달음이니라"(롬 3:20). "율법은 진노를 이루게 하나니 율법이 없는 곳에는 범법도 없느니라"(롬 4:15). "사망이 쏘는 것은 죄요 죄의 권능은 율법이라"(고전 15:56). "무릇 율법 행위에 속한 자들은 저주 아래에 있나니 기록된 바 누구든지 율법 책에 기록된 대로 모든 일을 항상 행하지 아니하는 자는 저주 아래에 있는 자라 하였음이라 또 하나님 앞에서 아무도 율법으로 말미암아 의롭게 되지 못할 것이 분명하니 이는 의인은 믿음으로 살리라 하였음이라 율법은 믿음에서 난 것이 아니니 율법을 행하는 자는 그 가운데서 살리라 하였느니라 그리스도께서 우리를 위하여 저주를 받은 바 되사 율법의 저주에서 우리를 속량하셨으니 기록된 바 나무에 달린 자마다 저주 아래에 있는 자라 하였음이라"(갈 3:10~13).

같은 맥락에서 그는 또한 "율법 안에서 의롭다 함을 얻으려 하는 너희는 그리스도에게서 끊어지고 은혜에서 떨어진 자로다"(갈 5:4)라고 말하며, 반면에 "너희가 만일 성령의 인도하시는 바가 되면 율법 아래에 있지 아니하리라"(갈 5:18)라고 말한다.

하이퍼 그레이스 진영에 있는 이들은 이런 구절들을 잘 알고 있다. 이 말씀들은 아무리 강조해도 지나치지 않으며 널리 전파해야 할 복음의 정수다. 그런데 동시에 하이퍼 그레이스 교사들은 하나님의 율법 자체가 나쁘거나, 결함이 있거나, 구속력이 있다고 생각하는 실수를 흔히 범한다. 사실은 그와 반대인데도 말이다. 지난 장에서 살펴본 것처럼 바울은 율법 자체는 문제가 없으며 "율법은 거룩하고 계명도 거룩하고 의로우며 선하도다"(롬 7:12)라고 신중하게 언급한다.

하나님의 완전하고 아름다운 율법(토라)은 아무 문제가 없으며,[3] 율법의 기준과 규칙도 아무 문제가 없다. 문제는 인간의 죄성이며 시내산 언약의 요구 사항은 이를 잘 보여준다. 안타깝게도 많은 하이퍼 그레이스 교사들은 (율법을 반대하느라) 소중한 것까지 다 갖다 버릴 정도로 율법을 반대한다.

예를 들어 앤드류 팔리는 율법에 관하여 다음과 같은 탁월한 소견을 밝혔다.

> 율법 자체는 악한 것이 아니다. 율법 폐기론자들antinomians, 즉 율법을 싫어하는 자들은 초대교회 시대 이래로 계속 성경을 잘못 해석해왔으며 율법

이 악하다고 말한다. 이 잘못된 교리에 맞서, 사도 바울은 율법이 죄가 아니며 "율법은 거룩하고 계명도 거룩하고 의로우며 선하도다"(롬 7:12)라고 주장했다. 율법 자체는 완전하며, 흠이 없다.[4]

정확히 그렇다. 앤드류 팔리의 말을 계속해서 보자.

> 율법은 지금도 존재하고 오늘날에도 목적이 있지만, 그리스도인들에게 일상생활의 도구나 안내로서 주어진 것이 아니다. **율법의 유일한 목적은 경건하지 않은 자들이 영적으로 죽은 상태를 깨닫도록 하기 위함이다.** 오늘날 율법의 바른 역할을 이해할 때, 우리는 율법폐기론(즉 율법을 싫어하는 것)의 오류에 빠지지 않게 된다. 그리고 율법이 그리스도인의 삶에 설 자리가 없다는 사실을 이해할 때, 우리는 율법주의의 오류에 빠지지 않을 수 있다.[5]

여기서 나는 고개를 갸우뚱하게 된다. 물론 팔리 목사가 다음과 같이 역설해주는 것은 고맙다.

> 우리는 옷을 차려 입고 교회 놀이를 하며 엄격한 종교 규칙을 과시함으로써 주위 사람들에게 존경을 받을 수 있다. 그러나 어떠한 겉치레도 실체를 바꾸지 못한다. 율법 아래의 삶은 곧 스스로 정체를 드러낼 것이다. 그리스도 안에서 우리는 죽고 다시 태어난다. 즉 율법으로부터 자유롭다. 우리는 가장할 필요가 없다. 교회 놀이는 언제나 더 많은 죄를 짓게 할 뿐이다.[6]

팔리 목사는 해이한 삶이나 죄악된 행동을 지지하지는 않지만—그의 글을 보면 이런 삶을 반대한다는 것을 분명히 알 수 있다—다른 하이퍼 그레이스 교사들과 마찬가지로 그는 율법과 도덕적인 삶의 원칙들을 폄하하며 그것은 결코 하나님의 의도가 아니라는 논조로 말한다.

'규칙이 주는 매력'에 관하여 그는 이렇게 언급한다. "규칙과 기준은—우리가 보기에 그것이 아무리 '기독교적'이라 할지라도—하나님께서 직접 생명을 불어 넣어 주신 삶에 대한 형편없는 대체물에 불과하다." 나는 이 진술에 절대적으로 동의한다. 그러나 문제는 다음 내용이다.

> 바울은 신자들의 **일상**에 대해 언급하고 있다. 그는 규칙과 규정이 (골로새서 2장 20~23절과 관련하여) 그들이 갈 길이 아님을 강조해서 말한다. … 또한 '하나님은 신자들이 온전함을 얻고자 규칙에 근거하여 그분께 나아가는 것을 기뻐하신다'라는 생각을 일축해버린다. 바울은 오늘을 사는 우리에게 동일한 질문을 할 것이다. "너희 안에 거하시는 부활하신 그리스도의 임재로 충분하지 않더냐?"[7]

나 역시 온전함을 위해 '규칙에 근거하여' 하나님께 나아가는 것이 바람직한 길이라고 생각하지 않는다. 그러나 나는 팔리 목사에게 묻고 싶다. (물론 나는 그가 예수 그리스도를 진실로 따르는 자라고 믿는다.) "만약 바울이 우리 안에 계신 부활하신 그리스도의 임재로 충분하다고 믿었다면, 신자들에게 어떻게 살아야 할지에 관하여 왜 그렇게 많은 서신서를 쓸 필요가 있었는가? 왜 그는 육적인 본성과 교리적인 오류에 대해 언급하고, 또 때로는 징계를 할 필요가 있었는가? 왜 그는 신자들을 위한 행위 규범을 끊임없이 제시했는가? 왜 그는 하나님께서 교회에 교사의 직임을 주셨다고 말했는가? (왜 팔리 목사는 우리 안에 계신 부활하신 그리스도로 충분하다고 말하기 위해 책까지 써야 했는가?)

골로새서 2장 16~23절에서 바울이 정작 거절한 것은 내적인 영성을 얻기 위해 외적으로 노력하는 것이었다. 다시 말하면, 예수님을 안식일의 성취로 바라보지 않고 이방인들에게 안식일을 지키라고 촉구하는 것을 반대했으며, (자기를 채찍으로 때렸던 중세 수도승들처럼) 온갖 형태의 금욕에 참여하는 것을 반대했다. 이에 대하여 바울은 "자의적 숭배와 겸손과 몸을 괴롭게 하는 데는 지혜 있는 모양이나 오직 육체 따르는 것을 금하는 데는 조금도 유익이 없느니라"(23절)라고 말했다.

그러나 바로 다음 구절들을 보자. 예수 안에서의 새로운 생명에 기초하여 바울은 우리가 어떻게 살아야 할지를 설명한다. 먼저 우리는 죽었고 우리 생명은 하나님 보좌 우편에 앉아 계신 예수님 안에 감추어져 있다(골 3:1~4). 바울은 음란과 같은 외적인 죄들을 언급하며(5절), "땅에 있는 지체"를 죽이는 것부터 시작하여 어떻게 살아야 할지에 관한 구체적인 명령과 원칙을 제시한다. 그리고 우리가 옛사람을 이미 벗었고 새사람을 입었음을 상기시키며(10~11절) 분노와 부끄러운 말과 거짓말(8~9절)을 벗어버리라고 촉구한다. 또한 긍휼과 사랑을 옷 입고, 하나님이 예수 안에서 우리를 용서하신 것처럼 서로 용서하라고 말한다(12~14절).

뒤이어 골로새서 3장 18절~4장 6절에서 바울은 일련의 구체적인 지침(명령이라고 해야 정확할 것이다)들을 제시한다. "아내들아 남편에게 복종하라 이는 주 안에서 마땅하니라 남편들아 아내를 사랑하며 괴롭게 하지 말라 자녀들아 모든 일에 부모에게 순종하라 이는 주 안에서 기쁘게 하는 것이니라 아비들아 너희 자녀를 노엽게 하지 말지니 낙심할까 함이라"(골 3:18~21). 다른 바울 서신서와 마찬가지로 이런 권면은 계속 이어진다. 사실 신약 학자들은 종종 가정과 관련된 이런 지시사항을 '하우스타펠른haustafeln'이라고 지칭하는데, 이 단어는 '가정의 규칙house rules(문자적으로는 가정의 테이블)'이라는 뜻의 독일어다.[8]

게다가 에베소서 6장에서 바울은 가정의 규칙을 제시하며 자신의 입장을 뒷받침하기 위해 십계명을 인용하기까지 한다. "자녀들아 주 안에서 너희 부모에게 순종하라 이것이 옳으니라 네 아버지와 어머니를 공경하라 이것은 약속이 있는 첫 계명이니 이로써 네가 잘되고 땅에서 장수하리라"(엡 6:1~3). 바울에게 있어 십계명은 나쁜 것이 아니라 선한 것이었으며, 에베소에 있는 이방인 신자들에게 이 계명으로 사는 것은 육신 안에서 사는 정죄의 삶이 아니라 성령 안에서 사는 생명의 삶이라고 격려하고 있다.

그러나 라이언 루퍼스는 다른 관점을 개진한다.

> 그것은 율법의 언약이 완전히 지나갔고 당신이 그것에 대해 죽었음을 믿을 때만 그렇다. … 하나님은 당신에게 율법의 언약을 부과하지 않으시며 또 당신이 그 죽음의 직분에 얽매이기를 원하지 않으신다. 하나님은 당신을 거기서 건져 내시고 생명의 언약으로 부활시키셨다. 당신은 율법에서 풀려났다! 더 이상 율법에 대해 책임이 없다. 하나님께서 당신의 마음 가운데 성령을 보내셨고, 주의 영이 계신 곳에는 자유가 있다. 옛 언약과 율법 조문으로부터 당신은 자유케 되었고, 성령의 새로운 길로 들어섰다. 당신은 이 언약 안에서 자유를 누릴 수 있다. 율법으로 돌아갈 필요가 없다. 성령 안에 머무르라. 그리고 성령님이 당신의 삶을 변화시키시는 것을 지켜보라.[9]

라이언 루퍼스의 말에는 분명 많은 진리가 들어있지만 한편으로 심하게 과장되어 있는데, 특히 다음과 같은 표현이 그렇다. "성경은 하나님께서 그의 법을 우리 마음 가운데 두셨다고 말한다. 하나님은 그의 법을 우리 마음 가운데 두셨다. 그것은 십계명이 아니다! 만약 하나님께서 십계명을 우리 마음에 두셨다면 정말 큰일 날 일이다. 그것은 우리를 죽일 것이기 때문이다! 하나님이 우리 마음에 두신 법은 그분의 본성nature, 즉 하나님의 완벽한 본성이다."[10]

그렇지 않다. 십계명을—또는 그중 하나라도—우리 마음에 두신다고, 그것이 '우리를 죽이지는' 않는다. 우리를 죽이는 것은, 그 말씀을 돌판에 새긴 후 우리에게 새로운 본성을 주시지 않은 채 그것을 지키라고 명령하는 것이다. 그것이 바로 바울이 고린도후서 3장에서 말하는 "정죄의 직분", 즉 시내산 언약의 열매다.

우리가 거듭날 때 하나님은 그분의 법을 우리 마음 가운데 두신다. 그리고 그것은 죽음이 아니라 생명을 가져온다. (만약 십계명을 우리 마음에 둔다고 그것이 우리를 죽인다면 왜 바울은 에베소서에서 십계명을 "약속 있는 첫 계명", 또 생명의 약속이라 지칭하며 그 계명에 순종하라 명령하겠는가?)

앤드류 팔리는 『벌거벗은 복음The Naked Gospel』에서 진위형 테스트를 하는데, 그중 다음과 같은 진술이 있다. "구약 율법은 그리스도인의 마음 가운데 기록되어 있으며, 우리로 하여금 그것에 순종하고 싶게 한다."[11] 그는 이것이 거짓이라고 주장했다. 안타깝게도 그는 자신이 한 질문에 스스로 오답을 말한 것이다.

이스라엘에게—영적으로 적용하면 모든 신자들에게—적용되는 새 마음의 언약에서 하나님은 이렇게 약속하셨다. "또 새 영을 너희 속에 두고 새 마음을 너희에게 주되 너희 육신에서 굳은 마음을 제거하고 부드러운 마음을 줄 것이며 또 내 영을 너희 속에 두어 너희로 내 율례를 행하게 하리니 너희가 내 규례를 지켜 행할지라"(겔 36:26~27). 하나님께서 우리에게 새 마음을 주시고, 우리 안에 성령을 주시며, 우리로 하여금 그분의 율례와 규례를 지켜 행하게 하시는 이 모든 것들이 서로 함께 간다는 사실에 유념해야 한다.

그러나 애석하게도 이 시대 '은혜' 중심의 일부 신자들에게 성경의 특정 구절—바울 서신에서 발췌했더라도 우리가 어떻게 살아야 하는지에 관한 구절—을 인용하면, 그들은 다음과 같이 반응할 것이다. "당신은 저를 다시 결박 속에 가둘 수 없습니다. 저는 당신이 믿는 낡은 종교 시스템으로 돌아가지 않을 것입니다!" 사실은 다음과 같이 반응하는 것이 옳지 않을까. "아멘! 바로 그것이 제 마음입니다! 저는 하나님의 법과 그분의 길을 사랑합니다!" 그런데 안드레 반 데르 멀위는 은혜에 관한 자신의 저서의 목표 중의 하나가 "항상 우리를 불리하게 만드는 개념들과 그런 '위협적인' 구절들, 즉 용서받을 수 없는 죄, 십일조, 욥의 고난, 십계명과 같은 구절들을 무장해제시키는 것"이라고 밝힌다.[12]

거듭나고 성령 충만한 그리스도인에게 십계명이 뭐가 그리 위협적인가? 요한일서 3장 4절을 주의 깊게 살펴보자. 요한은 "죄를 짓는 자마다 불법을 행하나니 죄는 불법이라"라고 말했다.[13] 이에 관하여 매튜 헨리Matthew Henry는 그의 주석에 다음과 같이 설명한다.

> 죄는 하나님의 법과 조화가 결핍된 것이다. 하나님의 법은 하나님의 본성과 순결함의 표현이고, 세상의 정부에 대한 하나님의 뜻을 담고 있으며, 이성에 적합할 뿐만 아니라 세상의 유익을 위해 제정되었고, 인간에게 지극한 복과 평화의 길을 보여주며, 인간을 그의 본성과 율법의 창시자에게로 안내한다. 지금 죄를 범하는 것은 하나님의 법을 거절하는 것이며, 다시 말해 하나님의 권위를 거절하는 것이고, 결국 하나님 자신을 거절하는 것이다.[14]

다시 말하자면, 새 마음의 언약에 관한 예레미야 31장 33~34절에서 하나님은 그의 율법His Law(히브리어로 '토라')을 이스라엘 백성들의 마음에 두시고, 그들의 죄를 사하시며, 다시는 기억하지 않으시겠다고 약속하셨다. 그런데 흥미롭게도 초대교회에서 널리 사용된 70인역Septuagint 성경(구약을 헬라어로 번역한 성경)은 이와 다르게 "하나님께서 그의 율법들His laws(복수)을 우리 마음에 두시겠다고" 번역하고 있으며, 이 복수형은 히브리서에 두 번이나 인용되고 있다. "내 법들[i]을 그들의 생각에 두고 그들의 마음에 이것을 기록하리라"(히 8:10; 히 10:16 참조).[15] 바울이 로마서 8장 1~4절에서 언급한 것도 이것이다. 율법이 할 수 없었던 것을 예수님께서 십자가에서 죽으심으로 성취하셨고, 그 결과 이제 "육신을 따르지 않고 그 영을 따라 행하는 우리에게 율법의 요구가 이루어지게 하려" 하신 것이다(4절).[16]

간단하게 말하면, 하나님께서 신자들의 마음에 그의 법을 두지 않았다는 주장과 계명과 규칙이 성령 안에서의 생명과 반대된다는 주장은 완전히 잘못된 주장이다. 오히려 성령님에 의해 그리고 거듭남을 통해 이 법과 계명을 지키는 것이 우리의 본성이라고 신약성경 전체가 말하고 있다. 그래서 바울은 데살로니가전서 4장 2절에서 성도들에게 도덕적인 권면을 시작할 때, '명령'이라는 의미의 헬라어 '파랑겔리아parargelia'를 사용하여 "우리가 주 예수로 말미암아 너희에게 무슨 명령으로 준 것을 너희가 아느니라"(살전 4:2)라고 말한다.

데살로니가전·후서를 연구하는 많은 대표적인 학자들이 이에 대해 논평을 했는데, 그중 C. A. 워너메이커C. A. Wanamaker는 다음과 같이 설명하고 있다.

> 정황으로 미루어 볼 때, 사도들이 개종자들에게 성적으로 거룩한 삶을 사

---

[i] 복수형을 전달하기 위해 영어성경을 직역하였다.

는 것이 하나님을 기쁘시게 하는 삶의 한 부분이라고 가르친 것 같고 이와 관련한 문제가 데살로니가에서 발생한 것을 디모데가 바울에게 알린 것으로 보인다. 그뿐만 아니라 서신서 후반부에 등장하는 '파루시아(재림)'와 관련된 문제들 때문에 디모데가 데살로니가에서 돌아온 직후에 바울이 이 서신서를 쓴 것으로 추측된다. 이 단락에서 바울은 일탈 행위를 강하게 처벌하라고 말하며 또 그들에게 가르친 도덕이 그리스도인의 정체성과 연관되어 있음을 언급하고, 데살로니가 교인들에게 처음에 가르쳤던 성 도덕을 다시 강조한다.[17]

이것은 하이퍼 그레이스 메시지와는 거리가 좀 먼 듯하다. 데살로니가전서 4장에 나오는 바울의 가르침도 마찬가지다(7장을 참조하라). 워너메이커 교수는 이어서 설명한다.

> 바울이 '율법에서 자유로운 복음law-free gospel'의 사도로 알려져 있긴 하지만, 이것은 정확하게 율법(특히 의식적인 율법)을 구원의 수단으로서 거절한 것만 가리키는 것일 수 있다. … 바울은 유대교의 도덕에 관한 율법이 여전히 하나님의 뜻임을 알았기 때문에 그리스도인들을 향한 하나님의 규범으로 계속 언급했다. 그렇게 한 이유는 "너희의 거룩함"이라는 표현에 담겨있다. 바울은 그가 믿는 하나님이 바로 구약의 거룩하신 하나님, 즉 모든 죄와 더러움에서 구별되어 계시며, 이스라엘 백성들에게 구별된 삶을 통해 동일한 거룩함을 요구하는 분이심을 이해하고 있었다(레 11:44; 19:2; 21:8). 하나님은 변하지 않으셨으며, 동일한 요구 사항을 하나님의 새로운 백성인 그리스도인들에게 요구하고 계신다.[18]

워너메이커 교수의 주장을 이해했는가? 바울은 율법을 반대하지 않았다. 그는 유대교 율법과 규례(의식 및 성전과 관련된 요구 사항들)의 준수가 구원에 이르게 해 준다는 생각을 반대한 것이다. 바울은 율법의 도덕적인 기준을 절대적으로 지지했고, 자신의 가르침에서 이를 재차 확증하고 있다. 그리고 바울 사도가 예수님의 권위를 가지고(살전 4:2)[i] 그렇게 했다는 사실에 주목할 필요가 있다.

다음은 G. L. 그린G. L. Green의 설명이다.

> 그들이 받은 가르침은 무시해도 되는 단순한 안내 지침이 아니었으며, 정확히 말하면 '명령' 또는 '지시'였다('파랑겔리아스parangelias'; 행 5:28; 16:24; 딤전 1:5,18; 4:11; 살후 3:4,6,10,12). 따라서 교회 성도들이 마음대로 무시할 수 있는 것이 아니었다. 이 용어는 고대에 글의 저자가 반드시 순종해야 할 권위 있는 명령, 즉 군 지휘관이나 철학자나 신과 같은 존재의 명령을 언급할 때 사용했던 용어다. 따라서 데살로니가 교인들이 바울 사도의 선포를 하나님의 말씀으로 받았을 때(살전 2:13) 그들은 그 안에 담긴 도덕적인 명령들까지 반드시 순종해야 했다.[19]

위 단락을 주의 깊게 다시 읽어 보길 권한다. 그린 교수의 정확한 논평과 앤드류 팔리의 다음 진술을 대조해보자.

어떤 이들은 이렇게 말한다. "저는 모세의 율법 아래 살지 않습니다. 저는 거기서 자유롭습니다. 대신 저는 '그리스도인의 규범Christian principles'으로

---

[i] by the authority of the Lord Jesus: 영어성경에는 '권위'라는 단어가 들어 있다.

삽니다." 이것은 율법에 기초한 접근법을 그럴듯하게 살짝 변형시킨 것이다. 이것은 그리스도만을 의존하는 삶을 누리지 못하게 방해한다. 도덕규범으로 '훌륭한 삶'을 사는 것은 구원을 방해하는 장애물이다. '도덕'을 선택하는 것은 그리스도인이 오직 그리스도만 의존하지 못하도록 가로막을 수 있다. 그리스도인에게 있어 **은혜로 사는 삶**grace life에 대한 보이지 않는 방해는 **훌륭한 삶**great life이다.[20]

스티브 맥베이도 기독교의 도덕률로 살아야 한다고 믿는 것은 거짓말이라고 주장하며, 그 이유를 다음과 같이 설명한다. "우리가 다른 사람을 보며 그가 도덕적으로 또는 비도덕적으로 산다고 생각할 때(어느 쪽으로 생각하든지 간에), 그것은 곧 우리가 사용해서는 안 되는 렌즈로 삶을 바라보고 있음을 의미한다. 하나님은 우리가 도덕 체계에 기초하여 살도록 계획하지 않으셨으며, 그보다 훨씬 더 나은 삶을 살도록 계획하셨다."[21] 그러나 신약성경은 성령 안에서의 삶과 그리스도인의 도덕적 삶 사이에서 양자택일을 하라고 말하지 않으며, 이 두 가지는 늘 함께 언급된다.

순종은 특권이다

믹 무니는 이 진리를 이해하지 못한 것 같다. 그의 **은혜주의 의역**Grace Paraphrase을 보면 에베소서 5장에 나오는 바울의 명령 가운데 일부 내용을 아주 다르게 표현한다. "아내들이여 자기 남편에게 복종하기를 주께 하듯 하라 … 그러므로 교회가 그리스도에게 하듯 아내들도 범사에 자기 남편에게 복종할지니라"(엡 5:22,24). 무니는 이것을 다음과 같이 의역한다. "아내들이여, 여러분의 삶에 대해 남편들이 사랑의 말을 할 때, 주님을 믿는 것처럼 남편을 믿으라 … 그러므로 그리스도께서 우리를 향한 그분의 사랑을 확증하실 때 교회된 우리가 그리스도께 복종하듯이, 아내들은 남편에게 복종하고 범사에 자기 남편의 칭찬을 받아들여야 한다."

아내들에게 남편에게 복종하라는 요구는 "남편들이 아내의 삶에 대해 사랑의 말을 할 때 남편을 믿으라"라는 내용으로 바뀌었다. 그리고 '복종하라submit'라는 용어가 아내들과 교회 모두에게 사용될 때, 교회는 "그리스도께서 우리를 향한 그분의 사랑을 확증하실" 때 복종하며, 아내들은 "범사에 자기 남편의 칭찬을 받아들여야 한다"라고 말한다.

무니의 의역은, 주님께서 우리에게 그냥 복종하라고 명령하실 수 없으며 대신 "우리를 향한 그분의 사랑을 확증"하시고 칭찬을 쏟아부어 주실 때 우리는 단지 응답하면 된다는 인상을 준다. 그러나 하나님은 십자가를 통해 우리를 향한 그분의 사랑을 이미 확증하셨으며, 우리에 대한 그분의 권위를 정당화하실 필요도 없다. 하나님의 사랑은 십자가에서 이미 우리에게 쏟아 부어졌고, 우리는 주님께서 값을 지불하고 사신 그분의 소유가 되었다(고전 6:19~20; 7:23). 우리는 주님의 것이고 주님께 복종하는 것은 우리의 즐거운 특권이다.

폴 엘리스는 다음과 같이 말한다. "가짜 복음은 당신을 규칙이라는 틀 안에 가두지만, 참된 복음은 "그러므로 아들이 너희를 자유롭게 하면 너희가 참으로 자유로우리라"(요 8:36)라고 선언한다."[22] 이 기준을 따른다면 데살로니가 교인들은 바울에게 다음과 같이 말했을 수도 있다. "예수님께서 이미 우리를 자유케 하셨습니다! 그런데 왜 우리에게 규칙을 부과하려고 하십니까?"

물론, "우리는 우리의 점수나 기록하고 있는 사랑이 없는 재판관이라는 하나님에 대한 왜곡된 이미지를 버려야 한다"라는 폴 엘리스의 주장에 나는 동의한다.[23] 하나님은 절대 그런 분이 아니시다. 영광스러운 하늘 아버지에 대한 참된 계시와 거리가 먼 그런 이미지는 우리 마음과 생각에서 완전히 사라지고 새로운 계시로 채워져야 한다.

그러나 하이퍼 그레이스 교사들은 다시 한번 하나님과의 관계에 대해 잘못된 이분법을 사용하고 있는데, 즉 은혜로 충만한 관계와 순종하며 계명을 지키는 관계로 이원화하고 있다. 사실은 둘 다 성령으로 충만하고 자유케 된, 승리하는 삶의 부분이며, 둘 다 사랑의 열매다. 예수님도 "너희가 나를 사랑하면 나의 계명을 지키리라"(요 14:15)라고 말씀하셨으며 요한은 이를 되풀이한다. "그의 계명을 지키는 자는 주 안에 거하고 주는 그의 안에 거하시나니 우리에게 주신 성령으로 말미암아 그가 우리 안에 거하시는 줄을 우리가 아느니라"(요일 3:24; 다음 구절 참조-요일 2:3~4; 3:22; 5:2~3; 요이 1:6, "또 사랑은 이것이니 우리가 그 계명을 따라 행하는 것이요"). 바울도 다음과 같이 말했다. "할례받는 것도 아무 것도 아니요 할례받지 아니하는 것도 아무것도 아니로되 **오직 하나님의 계명을 지킬 따름이니라**"(고전 7:19).

"그런데 무슨 계명을 의미한 건가요? 바울도 로마서 13장 8절에 언급한 것처럼 모든 계명은 예수님이 우리를 사랑하신 것처럼 서로 사랑하라는 계명에 요약된 것이 아닌가요?"라고 질문할 수 있다. 그러나 그런 질문은 핵심에서 벗어난 것이다. 핵심은 신약성경에서 예수님과 사도들이 우리에게 자유롭게 계명을 주고 있으며, 그 계명을 지키는 것은 주님에 대한 사랑의 표현이고, 성령 안에서의 생명과 일치하며, 마땅히 벗어나야 할 죽은 율법주의적 시스템과는 대조적이라는 것이다. (안식일을 제외한 모든 십계명이 서신서에서 되풀이되고 있음에 주목하라.)

그리스도인의 삶과 관련된 율법과 계명을 거절하는 이 문제는 구약성경에 대한 이상한 해석으로까지 이어지고 있다. 척 크리스코는 다음과 같이 주장한다. "출애굽 사건은, 하나님께서 이스라엘 백성에게 하나님의 소유가 되는 관계를 제안하실 때까지는 은혜의 사건이었다. 죽음이 찾아온 것은 이스라엘 백성이 은혜 대신 행위를 기초로 한 언약을 요구했을 때다."[24]

크리스코 박사는 은혜 대신 행위에 기초한 언약을 요구한 것은 이스라엘 백성이었다고 말한다. 그가 어떻게 이런 결론을 도출하게 되었는지 모르겠지만, 출애굽 사건은 야훼 하나님의 명령(12장에서 유월절 어린 양을 잡으라는 명령)과 함께 시작되며 다음과 같은 아름다운 초청으로 절정에 이른다.

> 내가 애굽 사람에게 어떻게 행하였음과 내가 어떻게 독수리 날개로 너희를 업어 내게로 인도하였음을 너희가 보았느니라 세계가 다 내게 속하였나니 너희가 내 말을 잘 듣고 내 언약을 지키면 너희는 모든 민족 중에서 내 소유가 되겠고 너희가 내게 대하여 제사장 나라가 되며 거룩한 백성이 되리라 너는 이 말을 이스라엘 자손에게 전할지니라(출 19:4~6)

하나님은 그들에게 온전히 순종하라고 말씀하셨고—사람들이 이것을 요구한 것이 아니다—신명기 7장에 분명하게 나와있는 것처럼 그것은 은혜에 기초한 초청이었다.

> 여호와께서 너희를 기뻐하시고 너희를 택하심은 너희가 다른 민족보다 수효가 많기 때문이 아니니라 너희는 오히려 모든 민족 중에 가장 적으니라 여호와께서 다만 너희를 사랑하심으로 말미암아, 또는 너희의 조상들에게 하신 맹세를 지키려 하심으로 말미암아 자기의 권능의 손으로 너희를 인도하여 내시되 너희를 그 종 되었던 집에서 애굽 왕 바로의 손에서 속량하셨나니 그런즉 너는 알라 오직 네 하나님 여호와는 하나님이시요 신실하

신 하나님이시라 그를 사랑하고 그의 계명을 지키는 자에게는 천 대까지 그의 언약을 이행하시며 인애를 베푸시되 그를 미워하는 자에게는 당장에 보응하여 멸하시나니 여호와는 자기를 미워하는 자에게 지체하지 아니하시고 당장에 그에게 보응하시느니라 그런즉 너는 오늘 내가 네게 명하는 명령과 규례와 법도를 지켜 행할지니라 너희가 이 모든 법도를 듣고 지켜 행하면 네 하나님 여호와께서 네 조상들에게 맹세하신 언약을 지켜 네게 인애를 베푸실 것이라(신 7:7~12)

하나님께서 율법을 주신 것은 그들을 사랑하셨기 때문이며 또한 조상들에게 하신 맹세를 지키려 하심이었다. 이 모든 것은 그들의 공로가 아닌 하나님의 은혜에 기초한 것이었다. 그러나 애석하게도 그들은 하나님의 높은 기준에 합당한 삶을 살 수가 없었고, 그런 면에서 생명을 약속한 율법이(신 30:15~20) 사망을 가져오게 되었으며(롬 7:10), 새롭고 더 나은 언약을 준비하게 되었는데, 이 모든 것이 하나님의 지혜와 계획 안에서 이루어졌다.

하나님은 이스라엘에게 은혜를 베푸셨지만 그들이 행위의 언약을 요구했다(달리 말하면, 이스라엘이 하나님을 믿기를 거절했기 때문에 그들에게 율법을 주셨다)고 언급한 사람은 크리스코 박사만이 아니다. 안드레 반 데르 멀위는 "하나님께서 그들 편이라는 사실을 이스라엘이 믿지 않았기 때문에 하나님은 결국 지켜야 할 율법과 계명, 즉 믿음(하나님의 선하심에 대한 믿음) 없이도 할 수 있는 것을 주셨다."[25] (그는 이어서 출애굽기 24장 7~8절을 인용한다. 이에 대해서도 곧 논의하겠다.) 폴 엘리스도 다음과 같이 썼다. "하나님은 처음부터 우리와의 관계를 원하셨지만 우리는 규칙을 선호했다. 하나님은 이스라엘이 그의 소유된 백성이 되기를 원한다고 말씀하셨지만 그들은 관심이 없었다. 그들의 태도는 마치 '그냥 우리가 뭘 해야 할지 말씀해주세요. 그럼 그것을 할게요'라고

말하는 것 같았다."[26] (이 마지막 문장은 출애굽기 24장 7~8절을 지칭하는 말이다)

이런 진술들을 읽을 때 솔직히 나는 우리가 같은 성경을 읽고 있는지 의아한 기분이 든다. (엘리스 박사의 진술을 다시 한번 보라. 그리고 앞으로 돌아가서 출애굽기 19장 4~6절 말씀을 다시 읽어보라. 출애굽기 말씀은 엘리스 박사의 진술과 정확히 반대다.)

그렇다면 이런 생각이 도대체 어디서 나온 것인가? 왜 자꾸 출애굽기 24장 7~8절을 인용하여 자신들의 입장을 견지하는가? 먼저 3절을 보면, 모세는 백성들에게 하나님의 계명을 전해주고 백성들은 순종하겠다고 대답한다. 그런 후 "언약서를 가져다가 백성에게 낭독하여 듣게 하니 그들이 이르되 여호와의 모든 말씀을 우리가 준행하리이다 모세가 그 피를 가지고 백성에게 뿌리며 이르되 이는 여호와께서 이 모든 말씀에 대하여 너희와 세우신 언약의 피니라"(7~8절).

많은 하이퍼 그레이스 교사들은 이 구절에 대하여 이스라엘 백성들이 하나님의 은혜를 거절하고 행위 중심의 언약을 요구했다고 부정적으로 해석한다. 어떻게 그런 해석이 나올 수 있는가? 바로 이 문맥에서 척 크리스코가 인용하고 있는 조셉 프린스의 다음 글을 한번 보자.

조셉 프린스는 『넘치는 은혜Unmerited Favor』에서 다음과 같이 말한다.

> 이스라엘 백성이 시내산 기슭에서 이 말씀(출애굽기 19장 4~6절에 나온 초청)을 들은 이후 하나님께 대답할 때 비극 중의 비극이 발생했다. 그들은 교만했고 하나님이 계획하신 관계를 원하지 않았다. 그들은 어느 정도 거리를 두고 하나님을 대하기를 원했다. 비인격적인 계명을 통해.
>
> 그들은 자신들을 다스리고 있는 은혜의 언약을 다른 언약과 바꾸기를 원했다. 모세가 하나님의 말씀을 전달했을 때 그들은 교만한 태도로(이것은

히브리어 구문을 보면 알 수 있다) "하나님께서 우리에게 명령하신 모든 것을 우리는 능히 지킬 수 있습니다!"라는 식으로 반응했다. 말하자면 다음과 같이 반응한 것이다. "하나님, 이제 주님의 선하심과 신실하심을 따라 우리를 심판하거나 축복하지 마시고, 우리의 공로를 따라 우리를 평가해주시고 우리의 순종에 의거하여 우리를 축복해주세요. 우리는 주님께서 요구하시는 것은 무엇이든 능히 지킬 수 있기 때문입니다!"[27]

말되 안되는 해석이다. 첫째로, 나는 조셉 프린스를 폄하할 의도는 전혀 없지만, 히브리어 구문이 이스라엘 백성들의 교만한 반응을 암시한다는 것은 딱 잘라 말해 사실이 아니다. 나는 영어를 읽는 것처럼 성경의 히브리어를 읽을 수 있다(나는 1973년부터 히브리어를 진지하게 공부해왔으며, 히브리어 전공으로 학사학위를 받고, 근동지역 언어 및 문학으로 석박사 학위를 받았다). 내가 분명하게 말할 수 있는 것은, 여기서 하나님은 자신의 은혜스러운 제안에 대해 이스라엘이 순종으로 반응하기를 요구하고 계시며, 그들은 "네, 우리가 주님의 조건을 받아들입니다! 우리가 순종하겠습니다!"(출 19:8)라고 말하고 있다.[28] 이스라엘의 반응은 나쁜 반응이 아니라, **좋은—합당한—**반응이었다.

둘째로, 프린스 목사의 이 결론은 성경 본문이 말하고 있는 것을 완전히 무시할 경우에 나오는 결론이다. 출애굽기 19장 4~6절에 나온 하나님의 초청을 인용할 때, 그는 일부 표현을 볼드체로 강조한다. "나는 **독수리 날개로 너희를 업어 내게로 인도했다.** … (다음 말은 볼드체로 되어있지 않아 여기서는 생략하겠다.) … **너희는 모든 민족 중에서 내 소유가 될 것이다.** … **너희는 내게 대하여 제사장 나라가 되며 거룩한 백성이 될 것이다.**"[29]

그가 볼드체로 표시하지 않은 부분에 어떤 말씀이 있는가? 그 부분이 바로 하나님의 은혜스러운 초청의 조건이다. 역으로 나는 그 부분을 볼드체로 표시해보겠다. "너희가 내 말을 잘 듣고 내 언약을 지키면"—그렇다. 이것은 조건부다!—"너희는 모든 민족 중에서 내 소유가 되겠고 … 너희가 내게 대하여 제사장 나라가 되며 거룩한 백성이 되리라."

놀랍지 않은가? 성경 본문이 완전히 뒤집혀 있다. 사실 하나님은 이스라엘에게 사랑의 선물이자 그의 거룩한 성품의 계시로 이 언약을 주셨지만, 그들은 죄악된 육신의 본성 때문에 그것을 지킬 수가 없었다. 이것은 우리의 거역의 깊이를 드러내심으로써, 구원을 위해 십자가만을 바라보도록 하기 위한 하나님의 계획의 일부다. 은혜라는 명목으로 성경을 다시 쓸 필요까지는 없다.

프린스 목사는 이스라엘이 '교만하게' 반응한 이후에, 하나님께서 자신과 이스라엘 백성 사이에 간격을 두셨다고 주장한다.

> 그 순간부터 하나님은 즉시 이스라엘 백성들을 향해 어조를 바꾸셨다. 하나님은 그들과 거리를 두셨으며, 시내산은 거룩하기 때문에 백성들이 산 근처에 가까이 오지 말게 하라고 모세에게 말씀하셨다. 무슨 일이 일어났는가?
>
> 이스라엘 백성들은 하나님의 은혜를 거절하고 주제넘게 자신들의 의와 순종을 의지하여 응답했으며, 하나님은 뒤로 물러나셨다. 율법의 언약을 선택한 이후 하나님께서 이스라엘 백성들에게 말씀하시는 어조를 한번 보라. "보라 내가 **빽빽한** 구름 가운데 너에게 나아가겠다. … 산을 침범하는 자는 반드시 죽임을 당할 것이다. 그런 자에게는 손을 대지 말고 돌로 쳐 죽이거나 화살로 쏘아 죽여야 할 것이다."[30]

사실은 이와 정반대다. 하나님은 오로지 이스라엘에게만 하나님의 거룩

12장 하나님의 율법은 선하다

한 율법과 아름다운 계명을 주시고 주님의 특별한 소유가 될 기회를 은혜로 주셨다. 이스라엘이 "네, 주님 저희가 순종하겠습니다"라고 응답했을 때, "좋다. 내가 나를 열방 가운데 나타낼 것이다. 나에게 나올 때 신중하게 나와야 한다"라고 말씀하고 계신 것이다.

이 하나님은 출애굽기 3장에서 모세에게 나타나셔서 "네가 선 곳은 거룩한 땅이니 네 발에서 신을 벗으라"라고 말씀하신 바로 그 하나님이시다(출 3:1~6). 그래서 모세는 "하나님 뵈옵기를 두려워하여 얼굴을 가렸다"(6절)라고 성경은 말한다. 이것은 훨씬 그 이전에 일어난 일이다. 그리고 프린스 목사의 주장에 따르면, 출애굽이 막 시작될 무렵은 아직 소위 은혜의 시기였는데, 그렇다면 왜 하나님은 그때부터 다음과 같이 상세하게 율법을 제정하기 시작하셨는가?

> 너희는 무교절을 지키라 이 날에 내가 너희 군대를 애굽 땅에서 인도하여 내었음이니라 그러므로 너희가 영원한 규례로 삼아 대대로 이 날을 지킬지니라 … 너희는 이 일을 규례로 삼아 너희와 너희 자손이 영원히 지킬 것이니 너희는 여호와께서 허락하신 대로 너희에게 주시는 땅에 이를 때에 이 예식을 지킬 것이라(출 12:17,24~25)

놀랍고 의로운 율법

특정 교리를 내세우기 위해 성경을 극단적으로 재해석하는 것은 나의 영을 너무나 슬프게 한다. 그런데 하이퍼 그레이스 신학의 많은 부분은 이러한 잘못된 기초 위에 세워져 있다.

하이퍼 그레이스 교사들의 견해와 반대로, 하나님은 이스라엘에게 하나님의 율법이 놀라운 것이라고 말씀하셨다. "우리 하나님 여호와께서 우리가 그에게 기도할 때마다 우리에게 가까이하심과 같이 그 신이 가까이 함을 얻은 큰 나라가 어디 있느냐 오늘 내가 너희에게 선포하는 이 율법과 같이 그 규례와 법도가 공의로운 큰 나라가 어디 있느냐?"(신 4:7~8). 그리고 하나님은 이어서 이스라엘 백성들에게 명심하고 순종해야 한다고 말씀하셨다. (신명기 4장 뒷부분을 읽어보라.)

그래서 시편 기자도 다음과 같이 감탄하며 외칠 수 있었다.

> 내가 모든 재물을 즐거워함 같이 주의 증거들의 도를 즐거워하였나이다 내가 주의 법도들을 작은 소리로 읊조리며 주의 길들에 주의하며 주의 율례들을 즐거워하며 주의 말씀을 잊지 아니하리이다(시 119:14~16)
> 내 눈을 열어서 주의 율법에서 놀라운 것을 보게 하소서(시 119:18)
> 고관들도 앉아서 나를 비방하였사오나 주의 종은 주의 율례들을 작은 소리로 읊조렸나이다 주의 증거들은 나의 즐거움이요 나의 충고자니이다 내 영혼이 진토에 붙었사오니 주의 말씀대토 나를 살아나게 하소서(시 119:23~25)
> 주께서 내 마음을 넓히시면 내가 주의 계명들의 길로 달려가리이다(시 119:32)
> 또 왕들 앞에서 주의 교훈들을 말할 때에 수치를 당하지 아니하겠사오며 내가 사랑하는 주의 계명들을 스스로 즐거워하며(시 119:46~47)
> 여호와여 주의 인자하심이 땅에 충만하였사오니 주의 율례들로 나를 가르치소서(시 119:64)
> 주의 입의 법이 내게는 천천 금은보다 좋으니이다(시 119:72)

여호와여 주의 말씀(하나님의 율법을 의미)은 영원히 하늘에 굳게 섰사오며(시 119:89)

내가 주의 법을 어찌 그리 사랑하는지요 내가 그것을 종일 작은 소리로 읊조리나이다 주의 계명들이 항상 나와 함께 하므로 그것들이 나를 원수보다 지혜롭게 하나이다 내가 주의 증거들을 늘 읊조리므로 나의 명철함이 나의 모든 스승보다 나으며 주의 법도들을 지키므로 나의 명철함이 노인보다 나으니이다(시 119:97~100)

주의 말씀의 맛이 내게 어찌 그리 단지요 내 입에 꿀보다 더 다니이다 주의 법도들로 말미암아 내가 명철하게 되었으므로 모든 거짓 행위를 미워하나이다 주의 말씀은 내 발에 등이요 내 길에 빛이니이다(시 119:103~105)

주의 증거들로 내가 영원히 나의 기업을 삼았사오니 이는 내 마음의 즐거움이 됨이니이다(시 119:111)

그러므로 내가 주의 계명들을 금 곧 순금보다 더 사랑하나이다(시 119:127)

주의 얼굴을 주의 종에게 비추시고 주의 율례로 나를 가르치소서 그들이 주의 법을 지키지 아니하므로 내 눈물이 시냇물 같이 흐르나이다(시 119:135~136)

주의 법을 사랑하는 자에게는 큰 평안이 있으니 그들에게 장애물이 없으리이다(시 119:165)

시편 1편은 진정으로 복 있는 사람―시냇가에 심은 나무처럼 철을 따라 열매를 맺으며 그 잎사귀가 마르지 아니하고 그가 하는 모든 일이 다 형통한 사람―은 여호와의 율법을 주야로 묵상하는 사람이라고 말하고 있다(2~3절). 또한 하나님은 여호수아에게 약속의 땅을 취하는 열쇠는 율법을 주야로 묵상하고 지켜 행하는 것이며, **그리하면** 그가 형통하리라고 말씀하셨다.

시편 19편 말씀도 마찬가지다.

> 여호와의 율법은 완전하여 영혼을 소성시키며 여호와의 증거는 확실하여 우둔한 자를 지혜롭게 하며 여호와의 교훈은 정직하여 마음을 기쁘게 하고 여호와의 계명은 순결하여 눈을 밝게 하시도다 여호와를 경외하는 도는 정결하여 영원까지 이르고 여호와의 법도 진실하여 다 의로우니 금 곧 많은 순금보다 더 사모할 것이며 꿀과 송이꿀보다 더 달도다 또 주의 종이 이것으로 경고를 받고 이것을 지킴으로 상이 크니이다(시 19:7~11)

하나님의 계명과 율법은 어찌 그리 놀라운지! 그래서 오늘날까지도 정통 유대교 랍비들은 잠언 3장 18절이 토라를 가리키는 것으로 이해한다. "지혜는 그 얻은 자에게 생명나무라 지혜를 가진 자는 복되도다."

다시 말하지만, 하나님의 놀라운 율법이 문제가 아니라 죄인인 사람이 문제다. 그러나 그것이 오늘날 우리가 율법을 바르게 사용하고, 율법의 능력과 아름다움을 바르게 평가하는 것을 가로막아서는 안된다. 거룩이라는 성품과 더불어, 내가 깨달은 하나님의 성품에 대한 가장 놀라운 계시들 중 상당 부분은 토라를 연구함으로써 얻은 것이었다. 그래서 십자가에서 다 이루신 일을 끊임없이 찬양하고, 은혜만으로 구원받는 것을 설교했던 청교도들도 하나님의 율법을 그토록 사랑했던 것이다.[31]

청교도들은 죄인들에게도 율법을 설교하는 것이 필요하다고 믿었다. 왜냐하면 그것이 죄인들의 마음을 깨어지게 하고 준비시켜서, 자격 없는 자에게 베푸시는 하나님의 은혜와 은총을 받아들이도록 도와준다고 확신했기 때문이다. (생각해보니 하이퍼 그레이스 교사들은 예수님께서 산상수훈에서 그렇게 하셨다고 주장한다. 그러나 오늘날 그들 중에 잃어버린 영혼들에게 그렇게 설교하는 사람은 거의 없는 것 같다.)

스펄전은 "나는 율법을 설교하지 않는 사람이 복음을 설교할 수 있다고 믿지 않는다"라고 말한 적이 있다. 그는 다음과 같이 경고했다.

> 율법의 가치를 떨어뜨리면 인간으로 하여금 죄를 깨닫게 하는 하나님의 법을 흐릿하게 만든다. 이것은 죄인에게 이득이 아니라 심각한 손해다. 왜냐하면 죄를 깨닫고 회심할 수 있는 가능성이 줄어들기 때문이다. … 율법을 무시하는 것은 복음에서 가장 강력한 무기를 빼앗는 것이다! 사람들을 그리스도께로 인도해주는 초등교사를 복음에서 제거하는 것과 같다. … 사람들은 공의롭고 거룩한 율법 앞에서 떠는 것을 경험하기 전에는 결코 은혜를 받아들이지 않을 것이다! 율법은 가장 필요하고 복된 목적을 가지고 있다. 율법이 있어야 할 자리에서 율법을 결코 제거해서는 안된다.[32]

하이퍼 그레이스 교사인 롭 루퍼스 목사—그는 균형 잡힌 발언도 많이 했으며, 나는 그 중 일부를 이 책에도 인용했다—는 복음 전도에 율법을 사용하는 것과 관련하여 다음과 같은 발언을 했다.

> 구원받지 못한 영혼들을 위하여 율법이 역할을 제대로 수행하지 못하면, 성령께서 그들을 주님께 인도하기 위해 사용할 수 있는 것은 아무것도 없다. 그들을 그리스도께 진실로 인도할 수 있는 유일한 것은 십계명—하나님의 율법—이기 때문이다! 따라서 하나님의 율법은 전도에 있어서 본질적인 것임에도 불구하고 사라져버린 요소다. 구원받지 못한 영혼들이 하

나님의 율법을 듣지 못하거나 그 규범을 이해하지 못하면, 그들은 율법 없이 그리고 잘못된 동기로 그리스도께 나아 올 위험에 처하게 된다. 다시 말해 율법 자체는 구원할 능력이 없다. 그러나 율법은 우리에게 그리스도가 필요함을 보여준다. 이 깨달음이 없으면 사람들은 자신의 참된 필요를 보지 못하고 감정적으로 결단을 하게 된다. 따라서 사실 율법만이 그들을 그리스도께 인도할 수 있다.[33]

조셉 프린스는 이것이 복음을 전하는 방법이 **아니라고** 주장한다. 그는 회개를 전파했던 이전 세대 설교자들이 많은 회심자들을 얻었던 것도 사실 바울이 고린도후서 3장에서 말하는 "정죄의 직분"이었다고 주장한다. 그 직분은 영광스럽긴 했지만 궁극적으로는 죽음을 가져왔다는 것이다. (물론 바울이 그 내용을 쓸 때, 그것은 기름 부음 있는 회개 설교와 관련된 언급이 전혀 아니었다.)[34] 프린스 목사는 TV에서 다음과 같이 말했다.

> 교회사 가운데 있었던 일부 부흥의 역사들은 율법과 정죄를 많이 사용했습니다. 위대한 하나님의 사람들, 제가 매우 높이 평가하고 존경하는 피니Finney나 존 성John Sung같은 하나님의 사람들도 마찬가지입니다. 그들은 율법을 사용합니다. 당신이 온몸에서 피를 흘리기까지 그들은 율법을 사용할 것입니다. 그런데 사람들은 구원받기 위해 소리치며 달려갑니다.
> 이들은 놀라운 하나님의 사람들입니다. 그러나 그들은 당신이 죄책감을 느끼도록 율법을 사용하며, 그 결과 당신은 예수님이 필요하다는 사실을 깨닫게 될 것입니다. 맞습니까?
> 그들의 집회는 영광스러운 모임이었습니다. 술집이 문을 닫고, 사람들의

삶이 변화되었습니다. 그러나 성경은 이것이 아무것도 아니라고 말합니다. "정죄의 직분도 영광이 있은즉"(고후 3:9). 하나님은 당신에게 영광이 없다고 말씀하지 않으셨습니다. 정죄의 직분도 영광이 있습니다. 그것도 분명히 영광이 있습니다. 그러나 성경은 의의 직분은 영광이 더욱 넘친다고 말합니다.[35]

그런데 흥미로운 것은, 사도행전에서 복음이 어떻게 전파되었는지 살펴보면(사도행전은 베드로와 바울이 잃어버린 영혼들에게 복음을 어떻게 전파했는지에 대한 최고의 자료다) **사랑**이라는 단어가 한 번도 나오지 않고 **은혜**라는 단어 역시 한 번도 등장하지 않지만, 말씀이 선포될 때마다 예수님이 구원자로 높임을 받으시고 은혜가 자유롭게 전파된 것을 볼 수 있다.[36] 베드로가 오순절 날 유대인들에게 설교하며 메시아를 거절한 죄에 대해 물었을 때, 사도행전 2장 37절은 "그들이 이 말을 듣고 마음에 찔려 베드로와 다른 사도들에게 물어 이르되 형제들아 우리가 어찌할꼬"라고 반응했다고 말한다.[37] (만약 베드로가 은혜를 제대로 이해했는지 알고 싶다면—묻기도 이상한 질문이지만—사도행전 15장 11절에 나오는 유대인들과 이방인들에 관한 그의 말을 들어보라. "그러나 우리는 그들이 우리와 동일하게 주 예수의 은혜로 구원받는 줄을 믿노라.")

고린도 교인들을 처음 방문했을 때 예수 그리스도와 그가 십자가에 못 박히신 것 외에는 아무것도 알지 아니하기로 작정했던(고전 2:2, 갈 3:1 참조) 바로 그 바울이 벨릭스에게 강론할 때는 그가 두려워할 때까지 "의와 절제와 장차 오는 심판"에 대해 이야기했다(행 24:25).[38] 사도행전 24장 24절에 따르면, 이것은 바울이 "그리스도 예수 믿는 도"를 전파하는 방식이었다.

오늘날 우리도 예수 그리스도를 믿는 도를 그렇게 전하고 있는가? 죄인들에게 "의와 절제와 장차 오는 심판"을 강론하는가? 로마서에서 바울이 믿음으로 의롭게 되는 것을 설명하기 전에, 하나님의 진노와 인간의 죄에 관하여(1장 18절부터 3장 끝까지) 먼저 언급한 이유도 이 때문이 아닐까?

잃어버린 영혼들에게 복음을 전하는 방법과 상관없이 당신이 하나님과 화목한 자로 살기를 원한다면 그리스도인의 삶을 위한 신약의 계명과 더불어 하나님의 율법에 대한 사랑과 감사를 회복해야 한다. "우리가 하나님을 사랑하고 그의 계명들을 지킬 때에 이로써 우리가 하나님의 자녀를 사랑하는 줄을 아느니라 하나님을 사랑하는 것은 이것이니 우리가 그의 계명들을 지키는 것이라 그의 계명들은 무거운 것이 아니로다"(요일 5:2~3).

CHAPTER 13

왜 예수님의 말씀에서 도망치는가

13 왜 예수님의 말씀에서 도망치는가

 예수님을 진실로 사랑하고 따르는 이들이 도대체 왜 주님의 말씀을 거절하려고 하는가? '그리스도 안에' 있음을 자랑스러워하는 이들이 왜 그분의 가르침을 반대하는가? 그런데 이것은 하이퍼 그레이스 운동 안에서 흔히 볼 수 있는 모습이다. "예수님의 가르침은 새 언약이 아니라 옛 언약이다. 예수님의 가르침은 오늘날 우리를 위한 말씀이 아니다." 이런 내용들은 하이퍼 그레이스 운동 안에서 공통적으로 주장하는 개념이다.

 하이퍼 그레이스 진영에서는 다음과 같은 인용구를 갈수록 빈번하게 사용하고 있다. "바울은 예수님과 다른 메시지를 전했는데, 그 이유는 그들이 서로 다른 언약 아래 살았기 때문이었다."[1] 어떤 하이퍼 그레이스 교사는 이렇게 말하기도 했다. "베드로, 야고보, 요한, 그리고 바울은 새 언약 아래에서 생명에 관한 서신서를 썼다. 그러나 그 전에 예수님은 옛 언약 아래에서 절망을 가르치셨다. 청중도 달랐고, 언약도 달랐고, 가르침도 달랐다."[2] 다시 말해, 예수님의 가르침은 오늘날 그리스도인들을 위한 말씀이 아니라는 말이다.

 이 시대의 '율법적인' 그리스도인들을 겨냥하여 말하고 있는 다음의 글은 구약의 율법만 공격하는 것이 아니라 복음서까지 공격한다.

마태, 마가, 누가, 요한복음의 구절을 인용하기 좋아하는 율법 설교자들(즉 비#하이퍼 그레이스 설교자들)은 예수님의 설교 대상이 유대인들이었다는 사실을 잊어버리고 문맥을 무시한 채 마구 인용한다. 이 유대인들은 '율법에 대한 순종이 그들을 의롭게 해주고 도덕성과 훌륭한 행위로 하나님의 용납과 축복을 받을 수 있다고 말하는' 구약의 율법 설교를 수백년 간 들음으로써 타락한 상태였다.[3]

이것은 하이퍼 그레이스 메시지의 가장 우려되는 양상 중 하나이며, 한편으로는 그들의 실체를 폭로해주는 것이기도 하다. 이 장을 시작할 때 했던 질문으로 돌아가보자. 예수님의 참된 제자들이 도대체 왜 그분의 말씀을 거절하려고 하는가? 목마른 사람이 냉수를 들이키는 것처럼 갈급한 심령으로 예수님의 말씀을 받고 소중히 간직하는 것이 합당한 태도가 아닌가.

앤드류 팔리는 다음과 같이 말한다. "우리는 예수님의 말씀의 의도와 당시의 청중을 고려하지 않은 채 그분이 말씀하신 모든 것을 직접 우리 삶에 적용하려고 한다. 그러나 예수님의 엄한 가르침의 배경은 옛 언약과 새 언약을 구분 짓는 경계선의 관점에서 이해해야 한다. 예수님은 옛 언약(율법) 시대에 태어나셨고, 그 시대 안에서 사셨다는 것을 기억하라."[4] 그렇기 때문에 예수님의 많은 가르침은 오늘날 거듭난 신자들에게 직접 적용되지 않는다고 말하며, 그는 다음과 같이 주장한다. "신약은 마태복음에서 시작되는 것이 아니다. 사실 신약은 성경의 어떤 페이지에서 시작되는 것이 아니며, 예수님의 보혈이 흘려진 바로 그 역사적 시점에서 시작된다."[5] 정말 그런가?

팔리 목사는 오늘날 신자들이 예수님의 말씀을 그들의 삶에 직접 적용하는 것은 위험하다고 말한다. 이 요점을 설명하기 위해 그는 바바라라는 한 자매의 이야기를 언급했다. TV를 통해 팔리의 가르침을 들은 이후 바바라는 반복적으로 자기를 비판하고 낙심하던 문제에서 벗어나기 시작했으며, 이후 팔리 목사는 그 자매가 그리스도 안에서 자신의 정체성을 이해하도록 도와주었다. 바바라는 주님과의 관계가 좋아졌다고 느꼈으나, 어느 날 산상수훈을 읽으면서 다시 갈등하기 시작했다.

그때 팔리 목사는 '옛 언약과 새 언약의 경계선'에 관하여 설명해주었다.

> 예수님 시대 종교인들을 겨냥한 엄한 가르침이 당신을 매번 죽이는 것이라고 말해주자, 바바라는 유대인들을 향한 예수님의 가르침과 새 언약 아래 있는 그리스도인이 누리는 삶이 다르다는 것을 깨닫기 시작했다. 그녀의 얼굴은 날아갈 듯한 표정이었다. 다시 한번 진리가 역사한 것이다. 옛 언약과 새 언약의 차이를 구분하게 되면 반드시 자유함이 따라온다.[6]

목사와 성경 교사가 신자들을 자유케 한답시고 산상수훈에 있는 예수님의 말씀을 등지게 하다니, 이 얼마나 비극적인 일인가.[7] 그런데 이것은 하이퍼 그레이스 교사들 가운데 흔한 가르침이다. 그들은 예수님께서 십자가에서 죽으시기 전에 하신 말씀은 '옛 언약'이며, 당시의 유대인들에게 하신 말씀이었고, 따라서 우리에게 직접 적용되지 않는다고 주장한다.[8] 이런 주장은 다음과 같은 이해로 이어진다.

- 우리는 자신을 부인하고 날마다 십자가를 지고 주님을 따르라는 부르심을 무시해도 괜찮다.
- 우리가 세상의 소금이며 세상의 빛이라고 하시는 주님의 말씀을 무시해도 괜찮다.

- 우리는 모든 것을 버리고 주님을 따르라는 초청을 무시해도 괜찮다.
- 오른편 뺨을 치거든 왼편도 돌려 대며 우리를 핍박하는 자를 위해 기도하라는 주님의 가르침을 무시해도 괜찮다.
- 우리는 주님께서 비유를 통해 주신 모든 경고를 무시해도 괜찮다.
- 우리의 순종에 대해 미래에 상이 있을 것이라고 하신 주님의 모든 가르침을 무시해도 괜찮다.
- 순결함에 대한 산상수훈의 높은 기준을 무시해도 괜찮다.
- 탐욕과 물질주의에 대한 예수님의 모든 경고를 무시해도 괜찮다.
- 지옥과 다가올 심판에 대한 주님의 긴급한 말씀을 무시해도 괜찮다.
- 다른 사람을 용서하지 않으면 하늘 아버지도 우리를 용서하지 않으신다는 주님의 가르침을 무시해도 괜찮다.

그리스도인이 이 모든 말씀을 무시하는 것은 영적으로 정상적인 행동이 아니다. 어떻게 그리스도인이 주님의 말씀을 가능한 한 무시하려고 하는지 알 수가 없다. 주님의 말씀의 타당성을 부인하는 것은 말하자면 주님을 부인하는 것이 아닌가?

조셉 프린스는 아주 직접적으로 표현한다.

구약이나 사복음서에 나오는 예수님의 말씀을 해석할 때, 하나님 말씀 안에 감춰진 모든 진귀한 보석을 발견하는 열쇠는 예수님과 십자가다. 다시 말해 우리는 예수님께서 이 땅에 오신 목적과 또 십자가에서 우리를 위해 성취하신 일의 맥락 안에서 모든 것을 읽어야 한다. 예를 들어 사복음서에서 예수님이 하신 어떤 말씀은 십자가 사건 이전, 즉 예수님께서 우리 죄를 위해 죽으시기 전에 하신 말씀이며, 어떤 말씀은 십자가 사건 이후, 즉 예수님께서 우리의 죗값을 다 지불하시고 그분의 의를 합법적으로 우리에게 주신 이후에 하신 말씀이다. 오늘날 우리(새 언약 아래 사는 신자들)에게 적용되는 말씀은 후자다.[9]

십자가 이전 예수님께서 말씀하신 어떤 것(또는 모든 것?)은 오늘날 우리에게 적용되지 않는다고 아주 명백하게 기술하고 있다. (물론 예수님은 십자가 이전에 가르치셨던 것을 십자가 이후에도 언급하셨다. 그러나 그 주제에 대해서는 조금 뒤에서 다루기로 하자.) 산상수훈에 나오는 '예수님의 엄한 가르침이 종교적인 사람들을 겨냥한 것'이었다고 팔리 목사는 주장하는데, 마태복음 5장 1~2절을 보면 산상수훈은 제자들을 위한 말씀이었음을 확실하게 알 수 있다. 그리고 이 말씀은 이후에 제자들이 주님과 동행하는 삶을 살아가는데 있어 핵심이 되어 주었다.

그러면서도 일부 하이퍼 그레이스 설교자들이 예수님의 말씀을 재빠르게 인용할 때가 있는데, 바로 주님께서 종교적인 위선자들을 책망하신 말씀(마 23장)이다. 자신들의 은혜 메시지를 거절하는 사람들을 향하여 그들은 이 말씀을 적용한다(이 책 3장 참조). 또 어떤 하이퍼 그레이스 교사들은 필요에 따라 예수님의 약속이 오늘날 우리에게 적용이 된다는 방향으로 틀었다가, 결국 주님의 말씀으로 인해 난관에 봉착하기라도 하면 말씀을 버리는 것을 선택한다.

"나더러 주여 주여 하는 자마다 다 천국에 들어갈 것이 아니요 다만 하늘에 계신 내 아버지의 뜻대로 행하는 자라야 들어가리라"(마 7:21)와 같은 말씀을 대면하면 하이퍼 그레이스 지지자들은 너무 자주 그리고 쉽게 "그것은 나에게 적용되지 않아요! 저는 은혜 아래 있습니다"라고 반응해 버린다.

"나는 너희에게 이르노니 음욕을 품고 여자를 보는 자마다 마음에 이미 간음하였느니라"(마 5:28)와 같은 가르침이 화제로 떠오르면, "그것은 은혜가 아닌 율법을 설교하는 것입니다! 그것은 당시 유대인들을 위한 말씀이었어요. 저는 죄에서 자유케 되었습니다"라고 말한다.

"사람이 내 안에 거하지 아니하면 가지처럼 밖에 버려져 마르나니 사람들이 그것을 모아다가 불에 던져 사르느니라"(요 15:6)와 같은 말씀에 대해서는 "하나님, 제가 더 이상 행위 중심의 옛 언약 아래 있지 않은 것에 대해 감사합니다!"라고 반응한다.

"또 무리에게 이르시되 아무든지 나를 따라오려거든 자기를 부인하고 날마다 제 십자가를 지고 나를 따를 것이니라"(눅 9:23). 이 말씀에 근거하여 참된 제자로 살아야 한다고 권하면, "이것은 **오래된** 것입니다. 저는 지금 예수님과의 쉬운 연합을 누리고 있습니다"라고 대답한다.

예수님께서 "손에 쟁기를 잡고 뒤를 돌아보는 자는 하나님의 나라에 합당하지 아니하니라"(눅 9:62)라고 말씀하셨기 때문에 우리는 두 마음을 품어서는 안된다고 권고하면, "예수님께서 율법 아래에서 유대인으로서 가르치신 죽은 종교 시스템의 정죄 아래 저를 가두지 마십시오"라고 반응한다.

너무나 안타깝게도 이런 반응은 끝없이 이어진다. 하이퍼 그레이스 교사들이 예수님께서 십자가 이후에 하신 말씀만 오늘날 우리에게 적용된다고 계속 주장하려면, 요한복음 3장 16절은 복음이 아니고 또 '새 언약'이 아니라고 말해야 할 것이다. 이것이 진정으로 그들이 원하는 것인가? 주님의 말씀을 일부라도 버리는 것은 실제적으로 그리고 신학적으로 무모한 결정이다.

영이요 생명이라

산상수훈에 관한 앤드류 팔리의 말을 다시 보자. "예수님 시대 종교인들을 겨냥한 엄한 가르침이 당신을 매번 죽인다."[10] 그러나 사실은 이와 반대다. 예수님은 "내가 너희에게 이른 말은 **영이요 생명이라**" 말씀하셨으며, 베드로도 예수님께 **영생**의 말씀이 있음을 깨달았고(요 6:63,68), 요한복음이 기록된 목적도 독자들로 하여금 "예수께서 하나님의 아들 그리스도이심을 믿게 하려 함이요 또 너희로 믿고 그 이름을 힘입어 **생명**을 얻게 하려 함이니라"(요 20:31)라고 말하고 있다. 예수님은 또한 "내가 주는 물을 마시는 자는 영원히 목마르지 아니하리니 내가 주는 물은 그 속에서 영생하도록 솟아나는 샘물이 되리라"(요 4:4)라고 말씀하셨다. 그리고 이 생명수를 마시라고 우리 모두를 초청하셨다. "누구든지 목마르거든"—여기에는 여러분과 나도 포함된다!—"내게로 와서 마시라 나를 믿는 자는 성경에 이름과 같이 그 배에서 생수의 강이 흘러나오리라"(요 7:37~38).

반면 라이언 루퍼스의 말은 충격적이다.

> 마태복음 5장 1절부터 7장 29절은 '산상수훈'이다. 이 말씀은 교회에게 주시는 말씀인가? 절대로 그렇지 않다. 그것은 자기 의에 사로잡힌 자들을 위한 말씀이다. 자기 의로 쌓은 공적과 교만을 폭로해주고, 하나님을 믿을 때 선물로 주시는 그분의 의가 우리에게 필요함을 알려주는, 즉 아직 구원받지 못한 사람들을 위한 설교다. 그들이 하나님 나라를 보고 하나님의 자녀가 되도록 하기 위함이다.
>
> 당신이 아직 은혜를 제대로 이해하지 못했다면 팔복Beatitudes근처에 가까이 가지 마라. 그 말씀은 당신을 혼란케 할 것이다. 그리스도인들에게 팔복을 가르치게 되면 그들 안에 율법주의, 종교적 교만, 또는 정죄를 낳게 된

다. 우리는 하나님의 말씀을 제대로 구분하여, 예수님께서 무엇을 말씀하고 계시며 또 그 말씀을 통해 무엇을 성취하고자 하시는지 볼 수 있어야 한다.[11]

예수님은 그의 말이 영이요 생명(영생)이라고 말씀하셨다. 예수님의 말씀이 당신을 '혼란스럽게' 할 수 있다는 라이언 루퍼스의 말을 믿는가 아니면 예수님의 말씀을 믿는가? 루퍼스 목사가 구체적으로 산상수훈이라고 했는데, 그렇다면 "심령이 가난한 자는 복이 있나니 천국이 그들의 것임이요"(마 5:3)로 시작하는 팔복의 말씀이 우리를 혼란스럽게 할 수 있다는 말을 믿어야 하는가? 예수님께서 제자들에게 착한 행실을 통해 "세상의 소금"과 "빛"으로 살라고 하신 말씀이 "율법주의와 종교적 교만과 정죄"를 낳는다는 말인가? 주기도문의 말씀과 우리의 모든 필요를 채우시는 하나님을 신뢰하라는 격려와 하나님의 나라와 의를 먼저 구하라는 권고가 결국 우리가 피해야 할 영적인 지뢰밭이라는 말인가? 위선적인 비판에 대한 주님의 경고, 기도를 통해 구하고 찾고 두드리라는 권면, "무엇이든지 남에게 대접을 받고자 하는 대로 너희도 남을 대접하라 이것이 율법이요 선지자니라"(마 7:12)라고 하신 말씀, 이 모든 것들은 우리가 "하나님의 말씀을 제대로 구분하여 예수님께서 지금 무엇을 말씀하고 계시며 또 무엇을 성취하고자 하시는지 보는 법"을 배울 때까지 피해야 하는 것인가?

루퍼스 목사의 입장은 너무나 확고하여 한 장 전체를 산상수훈에 할애하며 다음과 같은 결론을 내린다.

산상수훈은 교회를 위한 말씀이 아니라, 예수님을 믿지 않은 이스라엘을 위한 말씀이었다. 교회는 산상수훈이 필요하지 않다. 교회가 자신을 평가할 수 있도록 하나의 기준으로 이 말씀을 주셨는지 예수님께 여쭤본다면, 주님은 아마도 큰소리로 웃으시며 바닥을 데굴데굴 구르시든지 아니면 고개를 떨구고 우실 것이다. 산상수훈은 율법의 일부를 지킬 수 있기 때문에 스스로 의롭다고 생각하는 자들, 자기 의로 가득한 아직 구원받지 못한 사람들에게 주신 메시지다. 이 메시지가 그 역할을 수행했다면 그것으로 목적은 달성된 거다. 우리는 그 다음 단계, 즉 성령의 방법으로 나아가면 된다.[12]

일부 하이퍼 그레이스 지지자들이 심각한 미혹에 빠진 것이 특별히 놀랄 일도 아닌 것 같다. 그러나 찰스 스펄전은 산상수훈을 아주 다른 시각으로 보았으며, 특히 마태복음 5장 3~12절에 관하여 다음과 같이 썼다.

천상의 주님의 집으로 올라가는 모습을 담은 팔복 중의 앞 일곱 가지 복은 신자들을 높은 곳으로 안내하고, 거기서 그들은 홀로 거하며 세상 사람들과 동일하게 간주되지 않는다. 세상으로부터의 이 거룩한 구별은 그들에게 의를 위한 핍박을 가져오지만, 그로 인해 기쁨을 상실하지 않고 오히려 기쁨이 증가하며, 첫 번째 축복(3절)의 내용을 다시 반복하는 마지막 축도 benediction(여덟 번째 축복)는 이를 확증해준다.[13]

1599년에 태어난 제레미아 버로스 Jeremiah Burroughs는 팔복이라는 주제만을 가지고 256페이지에 달하는 책을 출판했는데, 거기서 마태복음 5~7장에 관하여 이렇게 말한다. "예수님이 직접 산에서 하신 이 세 장의 설교는 성경에 기록된 가장 길면서도 가장 완전한 설교다."[14] 성도들에게 가장 필요한 가르침이 과연 무엇일까라는 질문에 대해 그는 다음과 같이 답했다.

예수 그리스도의 사역자가 설교할 내용으로 그리스도의 설교보다 더 적합한 것이 있을까? … 사역자가 다른 사람의 설교를 전하는 것은 태만이지만, 그리스도의 설교를 전한다면 그것은 충성이다. … 그리스도의 설교를 다시 듣고 깨닫고 적용하려면 혼신의 힘을 기울여야 한다![15]

존경받는 영국의 리더 존 스토트John R. W. Stott는 다음과 같이 말했다.

산상수훈은 독특한 매력을 가지고 있다. 그것은 예수님의 가르침의 정수이다. 산상수훈은 선함을 매력적인 것으로 만들고, 우리의 초라한 행위를 부끄럽게 하며, 더 나은 세상을 꿈꾸게 한다.

존 던John Donne이 1629년 사순절 기간 설교한 내용에 다음과 같은 말이 나온다. 약간의 과장을 감안하고 읽어보라. "기독교의 모든 글, 교회의 모든 법규, 군주들의 모든 명령, 신부들의 모든 설교, 신학의 모든 내용은 이 하나의 설교(산상수훈) 안에 다 들어있다."[16]

산상수훈 전체에 관하여 존 스토트는 다음과 같이 말했다. "산상수훈은 어떤 사람이 되어야 하고 또 어떻게 행동해야 하는지에 관하여 주님이 제자들에게 직접 언급하신 내용이므로 예수님이 표명하신 일종의 성명서manifesto와도 같다."[17] 팔복 자체에 관하여는 다음과 같이 말했다. "팔복 안에 담긴 부요는 다함이 없으며 우리는 그 깊이를 다 헤아릴 수 없다. 진실로 '우리는 천국 가까이에 와 있다.'"[18]

이를 라이언 루퍼스가 내린 평결verdict과 비교해보자.

교회는 산상수훈이 필요하지 않다. 교회가 자신을 평가할 수 있도록 하나의 기준으로 이 말씀을 주셨는지 예수님께 만약 여쭤본다면, 주님은 아마도 큰소리로 웃으시며 바닥을 데굴데굴 구르시든지 아니면 고개를 떨구고 우실 것이다. 산상수훈은 율법의 일부를 지킬 수 있기 때문에 스스로 의롭다고 생각하는 자들, 자기 의로 가득한 아직 구원받지 못한 사람들에게 주신 메시지다.[19]

이 가르침은 핵심에서 심각하게 벗어나 있다. 깊은 영성의 사람이었던 오스왈드 챔버스는 산상수훈이 신자들에게 놀랍도록 적절한 말씀이라고 말했다.

> 산상수훈의 가르침은 '당신의 의무를 하라'가 아니고 '당신의 의무가 아닌 것을 하라'다. 십 리를 가는 것, 다른 뺨을 돌려 대는 것은 당신의 의무가 아니다. 그러나 예수님은 우리가 주님의 제자라면 항상 이렇게 살 것이라고 말씀하신다. 주님의 제자는 "글쎄요. 저는 더 이상 못하겠어요. 사람들은 항상 저를 험담하고 오해했어요"라는 태도로 반응하지 않는다. … 다른 사람이 옳게 행동할 것을 결코 기대하지 말고, 당신이 먼저 항상 옳게 행동하라. 우리는 언제나 정의를 기대한다. 그러나 산상수훈은 정의를 기대하지 말고, 항상 정의를 살아내라고 가르친다.[20]

산상수훈에 관한 챔버스의 가르침을 엮어서 펴낸 『오스왈드 챔버스의 산상수훈 Studies in the Sermon on the Mount: God's Character and the Believer's Conduct』이라는 책은 날카로우면서도, 정말로 풍성한 영적인 진수성찬이다.[21] 스펄전이나 챔버스처럼 은혜를 사랑하는 사람들이 예수님의 어떤 말씀들이 그들의 삶에 적절하지 않다는 하이퍼 그레이스 교사들의 주장을 들었다면 아마도 충격을 받앉을 것이다. 주님이 생명 자체이신 것처럼 주님의 말씀도 생명 자체다.

주님은 지상에서의 사역 기간 동안 자신에 대해 이렇게 말씀하셨다. "나는 **생명**의 떡이니 내게 오는 자는 결코 주리지 아니할 터이요 나를 믿는 자는 영원히 목마르지 아니하리라 … 나는 **부활이요 생명**이니 나를 믿는 자는 죽어도 **살겠고** 무릇 살아서 나를 믿는 자는 **영원히 죽지 아니하리니** … 내가 곧 길이요 진리요 **생명**이니 나로 말미암지 않고는 아버지께로 올 자가 없느니라"(요 6:35; 11:25~26; 14:6). 종교적인 분투에 붙잡혀 있는 모든 이들에게 예수님은 말씀하신다. "수고하고 무거운 짐 진 자들아 다 내게로 오라 내가 너희를 쉬게 하리라 나는 마음이 온유하고 겸손하니 나의 멍에를 메고 내게 배우라 그리하면 너희 마음이 쉼을 얻으리니 이는 내 멍에는 쉽고 내 짐은 가벼움이라 하시니라"(마 11:28~30). 이 말씀들이 충분히 이해될 때까지 반복해서 읽어보기를 권한다.

하이퍼 그레이스 교사들은 이 말씀들이 예수님 시대 유대인들에게만 해당하는 '옛 언약'이라고 말하지만, 이것은 우리가 사랑하고 경배하는 예수님, 모든 믿는 자에게 구원을 베푸시는(요 3:16) 주님께서 그의 모든 제자들에게 주시는 영과 생명의 말씀이며 바로 오늘 우리를 위한 말씀이다.

경외하는 마음으로 주님 발치에 앉아서 그분의 말씀에 귀 기울이며 더욱 사랑하고 경배해야 하지 않겠는가? 주님께서 이 땅에 계실 때 직접 하신 말씀들과 행하신 일들과 또 궁극적으로 죽음과 부활로 보여주신 본을 등진다면 주님이 진정으로 누구신지 어떻게 알 수 있다는 말인가? 우리에게 하신 주님의 말씀을 조금이라도 무시하고 버린다면 어떻게 주님과 바른 관계를 맺을 수 있겠는가?

예수님과 바울은 같은 복음을 전했다

우리가 영생을 얻으려면 어떻게 해야 하는지 예수님께서 하신 말씀을 기억해야 한다. 영생은 믿음으로, 선물로 받는 것이다! (요 3:16; 4:10; 5:24; 6:47; 12:46 참조)[22] 나에겐 이것이 복음으로 들린다. 그렇다. 이것은 정말로 복음, 즉 좋은 소식이었고 예수님께서도 세례 요한의 제자들에게 그렇게 대답하셨다. "예수께서 대답하여 이르시되 너희가 가서 듣고 보는 것을 요한에게 알리되 맹인이 보며 못 걷는 사람이 걸으며 나병환자가 깨끗함을 받으며 못 듣는 자가 들으며 죽은 자가 살아나며 가난한 자에게 복음이 전파된다 하라 누구든지 나로 말미암아 실족하지 아니하는 자는 복이 있도다 하시니라"(마 11:4~6).

예수님은 좋은 소식, 즉 복음을 전하기 위해 오셨다! 다음 구절들은 이를 입증해준다.

> 주의 성령이 내게 임하셨으니 이는 가난한 자에게 **복음을 전하게 하시려**고 내게 기름을 부으시고 나를 보내사 포로 된 자에게 자유를, 눈 먼 자에게 다시 보게 함을 전파하며 눌린 자를 자유롭게 하고 주의 은혜의 해를 전파하게 하려 하심이라 하였더라(눅 4:18~19)
>
> 날이 밝으매 예수께서 나오사 한적한 곳에 가시니 무리가 찾다가 만나서 자기들에게서 떠나시지 못하게 만류하려 하매 예수께서 이르시되 내가 다른 동네들에서도 하나님의 나라 **복음을 전하여야** 하리니 나는 이 일을 위해 보내심을 받았노라 하시고(눅 4:42~43)
>
> 그 후에 예수께서 각 성과 마을에 두루 다니시며 하나님의 나라를 선포하시며 **그 복음을 전하실새**(눅 8:1)

하루는 예수께서 성전에서 백성을 가르치시며 **복음을 전하실새**(눅 20:1)

이 구절들이 전부 똑같은 헬라어 동사―'유앙겔리조euangelizo'―를 사용하고 있다는 사실에 먼저 주목하라. 이 동사는 사도행전에서 '복음(좋은 소식)을 전한다'라고 말할 때도 사용되었고,[23] 다음 말씀에서처럼 바울이 '복음(좋은 소식)을 전한다'라고 말할 때도 사용한 단어다. "그리스도께서 나를 보내심은 세례를 베풀게 하려 하심이 아니요 오직 **복음을 전하게** 하려 하심이로되 말의 지혜로 하지 아니 함은 그리스도의 십자가가 헛되지 않게 하려 함이라"(고전 1:17). 예수님은 율법을 전하셨고, 바울은 복음을 전했다고 말하는 사람들을 믿지 마라. 그것은 사실이 아니다.

사실 예수님과 사도 바울은 '복음(좋은 소식)을 전하다'(헬라어: 유앙겔리조euangelizo)라는 동사를 똑같이 사용했을 뿐 아니라 '복음(좋은 소식)'(헬라어: 유앙겔리온euangellion)이라는 명사도 똑같이 사용하고 있다. 마태복음 4장 23절에는 "예수께서 온 갈릴리에 두루 다니사 그들의 회당에서 가르치시며 천국 **복음을** 전파하시며 백성 중의 모든 병과 모든 약한 것을 고치시니"라고 기록되어 있으며, 로마서 1장 16절에는 "내가 **복음을** 부끄러워하지 아니하노니 이 복음은 모든 믿는 자에게 구원을 주시는 하나님의 능력이 됨이라 먼저는 유대인에게요 그리고 헬라인에게로다"라고 기록되어 있다. 예수님도 바울도 모두 복음을 전파하셨다!

마태복음 24장 14절에서는 주님께서 죽으시고 부활하신 이후에 전파될 메시지에 관하여 다음과 같이 말씀하신다. "**이 천국 복음이**"―이는 예수님께서 전하신 바로 그 메시지다―"모든 민족에게 증언되기 위하여 온 세상에 전파되리니 그제야 끝이 오리라." 이것을 사도행전 20장 24~25절에 나오는 바울의 말과 비교해보자(그리고 이 말씀을 아주 주의 깊게 읽어보라). "내가 달려갈 길과 주 예수께 받은 사명 곧 **하나님의 은혜의 복음**을 증언하는 일을 마치려 함에는 나의 생명조차 조금도 귀한 것으로 여기지 아니하노라 보라 내가 여러분 중에 왕래하며 **하나님의 나라를 전파**하였으나 이제는 여러분이 다 내 얼굴을 다시 보지 못할 줄 아노라."

요컨대 예수님과 바울은 같은 복음을 전파했을 뿐만 아니라 그것을 하나님 나라와 연관 지었다. 다시 말해 바울이 은혜의 복음을 전파할 때 그는 하나님 나라의 복음을 전파하고 있었으며, 예수님께서 하나님 나라(천국) 복음을 전파하실 때 주님은 은혜의 복음을 전파하고 계셨다. 요한도 예수님의 공생애 사역에 대하여 "말씀이 육신이 되어 우리 가운데 거하시매 우리가 그의 영광을 보니 아버지의 독생자의 영광이요 **은혜와 진리가 충만하더라**"(요 1:14)라고 말했다. 요한은 여기서 멈추지 않는다. "우리가 다 그의 충만한 데서 받으니 **은혜 위에 은혜**러라"(요 1:16). 어떻게 하이퍼 그레이스 교사들은 예수님의 신실한 제자들이 율법 위에 율법을 받았고, 엄한 가르침 위에 엄한 가르침을 받았다고 주장할 수 있는가?

요한은 이어서 말한다. "율법은 모세로 말미암아 주어진 것이요 은혜와 진리는 예수 그리스도로 말미암아 온 것이라"(17절). 더 설명이 필요한가? 하이퍼 그레이스 교사들은 예수님의 가르침은 율법 아래에서 그 시대의 유대인들에게 주신 가르침이었으며, 죽으시고 부활하신 후 은혜의 메시지가 베드로와 바울과 다른 사도들을 통해 풀어졌다고 주장한다. 이것은 절대적으로 잘못된 주장이다.[24]

예수님은 동료 유대인들에게 율법을 따르는 유대인으로 사역하셨는가? 물론 그러셨다. 그러나 그것이 끝이 아니다. 예수님은 동시에 하나님 나라의 새로운 시대를 여셨고 하나님의 통치, 자유, 죄사함을 선포하셨다(눅 4:16~21).[25] 물론 주님은 십자가에서 죽으시고 보혈로 그 언약을 승인하셨다. 그러나 주님은 그 전에 먼저 직접 자신의 삶을 통해, 즉 말씀과 행함으로 하나님 나라의 좋은 소식과 은혜의 계시를 가지고 오셨음을 우리는 확실히 알아야 한다.

사복음서는 이를 명백하게 언급한다. 물론 당신이 사복음서가 복음을 담고 있지 않다는 입장을 우긴다면 이야기가 달라지겠지만 말이다. 존 크라우더는 이와 관련하여 위험스러운 주장을 펼치는데 다음 그의 언급을 보라. 1) 예수님은 은혜 설교자가 아니라 강력한 율법 설교자이셨다. 2) 복음이라 함은 '마태복음, 마가복음, 누가복음, 요한복음이 아니다'(말하자면 복음은 예수님에 관한 메시지이지, 이런 책 자체가 복음은 아니다). 3) 야고보는 복음에 관한 완전한 계시를 갖지 못했다. 따라서 야고보서는 예수님을 믿는 유대인들을 위한 '과도기적인' 책이다. 4) 바울 만이 복음에 대한 완전한 계시를 가지고 있었다.[26]

다음 구절은 예수님께서 마치 이런 하이퍼 그레이스 가르침이 나타날 것을 2천 년 전에 미리 아시고 하신 말씀 같다. "모든 선지자와 율법이 예언한 것은 요한까지니"(마 11:13). "율법과 선지자는 요한의 때까지요 그 후부터는 하나님 나라의 복음이 전파되어"(눅 16:16).[27] 바로 이것이다! 요한은 "율법은 모세로 말미암아 주어진 것이요 은혜와 진리는 예수 그리스도로 말미암아 온 것이라"라고 말했으며, 예수님은 "율법과 선지자는 요한의 때까지요 그 후부터는 하나님 나라의 복음이 전파되어"라고 말씀하셨다.

율법은 모세를 통하여 왔으며 '요한 때까지'였다. 은혜의 좋은 소식(복음!)은 예수님을 통하여 왔다. 단지 예수님의 죽음과 부활을 통해서만 온 것이 아니다. 은혜의 복음은 예수님이 누구신지를 잘 설명해주며, 주님의 말씀 안에 잘 스며들어 있다. 예수님의 메시지 안에서 율법의 '엄한 가르침'과 '절망'을 느끼는 사람들은 영광스럽고, 아름답고, 본질적인 어떤 것을 놓치고 있다. 예수님의 말씀 가운데 하나라도 무시하거나, 축소하거나, 폄하하는 일은 절대 일어나서는 안된다!

탕자의 비유(잃어버린 양, 잃어버린 드라크마와 더불어 나오는 세 가지 비유 중 하나)가 어떻게 '은혜'가 아니고 '율법'이며, 누가복음 10장에 나오는 선한 사마리아인의 비유가 어떻게 '은혜'가 아니고 '율법'이란 말인가? 예수님께서 죄인들을 용서하시고, 버림받은 사람들을 환영하시며, 잃어버린 영혼들을 찾아 구원하신 것이 어떻게 '은혜'가 아니고 '율법'일 수가 있는가?

스티브 맥베이는 다음과 같이 말했다.

> 우리 삶이 어떤 가치 체계 위에 세워지는 것은 하나님의 목적이 아니다. 하나님은 우리 삶이 그의 아들의 인격 위에 세워지기를 바라신다. 가치 체계는 행동에 영향을 미친다. 그러나 하나님은 삶의 체계가 아니라 관계에 관심이 있으시다. 주님과의 친밀한 관계는 경건한 삶을 열매로 맺는다. 그러나 행동에 초점을 맞추는 것은 하나님과의 친밀함이나 경건한 삶을 낳을 수 없다.[28]

요컨대 맥베이는 "우리가 그리스도 안에 거하고 주님께서 우리를 통해 사시도록 허락한다면 우리는 승리하는 삶을 살 수 있다"라고 말한다.[29] 절대적으로 맞는 말이다. 예수님께서도 요한복음 15장에서 주님은 포도나무이시며 우리는 가지라고 가르치시면서 이것을 말씀하셨다. "가지가 포도나무에 붙어 있지 아니하면 스스로 열매를 맺을 수 없음 같이 너희도 내 안에 있지 아니하면 그러하리라 나는 포도나무요 너희는 가지라 그가 내 안에, 내가 그 안에 거하면 사람이 열매를 많이 맺나니 나를 떠나서는 너희가 아무것도 할 수 없음이라"(4~5절).

얼마나 영광스럽고 은혜로 충만한 진리인가! 이것은 예수님께서 지상에서 사역하시는 동안 직접 하신 말씀이다. 주님은 특별히 "포도나무 안에 거하는 것"을 그분의 말씀과 묶어서 언급하셨다. "너희가 내 안에 거하고 **내 말이 너희 안에 거하면** 무엇이든지 원하는 대로 구하라 그리하면 이루리라"(7절). 예수님의 어떤 말씀이 오늘날의 그리스도인들에게 적용되지 않는다는 생각은 이 한 구절만으로도 충분히 뒤집힌다.

예수님은 또한 그의 사랑 안에 거하는 것과 그의 계명에 순종하는 것을 연결 지으셨다.

> 너희가 열매를 많이 맺으면 내 아버지께서 영광을 받으실 것이요 너희는 내 제자가 되리라 아버지께서 나를 사랑하신 것 같이 나도 너희를 사랑하였으니 나의 사랑 안에 거하라 내가 아버지의 계명을 지켜 그의 사랑 안에 거하는 것 같이 너희도 내 계명을 지키면 내 사랑 안에 거하리라 내가 이것을 너희에게 이름은 내 기쁨이 너희 안에 있어 너희 기쁨을 충만하게 하려 함이라(요 15:8~11)

그렇다. 이것은 기쁨에 이르는 길이다! 예수님께서도 이렇게 말씀하셨다. "나의 계명을 지키는 자라야 나를 사랑하는 자니 나를 사랑하는 자는 내 아버지께 사랑을 받을 것이요 나도 그를 사랑하여 그에게 나를 나타내리라"(요 14:21). 어떤 이들은 이 말씀을 율법주의로 간주하겠지만, 나에게 이 말씀은 영광스러운 생명이자 하나님과의 친밀함의 비밀이다!

이 말씀은 또한 요한이 수십 년 후에 쓴 내용과 정확하게 일치한다(복음서와 서신서 사이의 대조에 관하여 정말 많은 것을 말해준다).

우리가 그의 계명을 지키면 이로써 우리가 그를 아는 줄로 알 것이요 그를 아노라 하고 그의 계명을 지키지 아니하는 자는 거짓말하는 자요 진리가 그 속에 있지 아니하되 누구든지 그의 말씀을 지키는 자는 하나님의 사랑이 참으로 그 속에서 온전하게 되었나니 이로써 우리가 그의 안에 있는 줄을 아노라(요일 2:3~5)

사랑하는 자들아 만일 우리 마음이 우리를 책망할 것이 없으면 하나님 앞에서 담대함을 얻고 무엇이든지 구하는 바를 그에게서 받나니 이는 우리가 그의 계명을 지키고 그 앞에서 기뻐하시는 것을 행함이라 그의 계명은 이것이니 곧 그 아들 예수 그리스도의 이름을 믿고 그가 우리에게 주신 계명대로 서로 사랑할 것이니라 그의 계명을 지키는 자는 주 안에 거하고 주는 그의 안에 거하시나니 우리에게 주신 성령으로 말미암아 그가 우리 안에 거하시는 줄을 우리가 아느니라(요일 3:21~24)

우리가 하나님을 사랑하고 그의 계명들을 지킬 때에 이로써 우리가 하나님의 자녀를 사랑하는 줄을 아느니라 하나님을 사랑하는 것은 이것이니 우리가 그의 계명들을 지키는 것이라 그의 계명들은 무거운 것이 아니로다(요일 5:2~3)

요한복음 말씀을 생각나게 하는 구절들이다. 그러나 하이퍼 그레이스 진영에서 누군가 이렇게 말할지도 모르겠다. "예수님의 가르침이 좋지 않다는 뜻은 아니에요. 단지 우리는 은혜 아래 살고 있고 예수님은 율법 아래 사셨기 때문에, 그것이 오늘날 우리에게 적용되지 않는다는 뜻입니다."

신약성경이 이 견해를 어떻게 완전히 뒤집는지에 관해서는 이미 살펴보았고, 이를 뒤집는 것이 또 있는데 바로 역사와 상식이다. 십자가 이전에 예수님께서 하신 말씀이 그 시대 유대인들에게만 적용된다는 하이퍼 그레이스 교사들의 주장이 옳다면, 예수님의 모든 가르침은 3년간 말씀을 들었던 유대인들만을 위한 것이었고 그 이상 적용될 수 없다는 얘기다. 산상수훈도 그때 예수님의 말씀을 듣고 있었던 제자들만을 위한 말씀이었고, 그것으로 끝이다. 모든 비유와 교훈과 믿음의 말씀과 약속도 마찬가지다. 당시 예수님의 말씀을 들었던 수천 명의 사람에게만 해당되는 말씀이며, 그것을 우리에게 적용한다면 '맥락을 벗어나' 주님의 말씀을 적용하고 있는 것이 된다.

복음서가 더 이상 교회에 직접적으로 적용되지 않는다면 마태, 마가, 누가, 요한은 믿음의 첫 세대를 위해 예수님의 말씀과 행하신 일들을 세밀하게 보존하면서 왜 그렇게 오랜 시간을 복음서를 쓰는 데 보냈는가? 왜 초대교회 신자들은 사복음서를 신약성경 앞부분에 두었으며, 왜 예수님의 가르침은 바울이 첫 번째 서신서를 쓰기 훨씬 이전부터 그들 가운데 널리 퍼졌는가?[30] 왜 일부 초대교회 모임에서는 매주 이 복음서를 읽었는가? 예수님께서 살아 계실 때 직접 말씀을 들었던 사람들—율법 아래 있는 유대인들—에게만 적용된다면, 그리고 예수님의 가르침의 유일한(또는 주된) 목적이 종교적인 사람들의 위선을 폭로하고, 율법의 행위로 의롭게 되고자 하는 시도가 무의미함을 밝히는 것이라면, 왜 그렇게 많은 시간을 들여 많은 가르침을 보존해야 했는가?

왜 예수님은 사도들에게 "보혜사 곧 아버지께서 내 이름으로 보내실 성령 그가 너희에게 모든 것을 가르치고 **내가 너희에게 말한 모든 것**을 생각나게 하리라"라고 말씀하셨는가? 만약 십자가 이전에 말씀을 들은 유대인들만을 위한 것이라면, 성령님은 왜 예수님의 말씀을 그들에게 생각나게 하시는가?

복음서에서 세 번이나 반복되는 예수님의 다음 말씀은 어떻게 이해해야 되는가? "천지는 없어질지언정 내 말은 없어지지 아니하리라"(마 24:35; 막 13:31과 눅 21:33도 참조). 예수님의 말씀이 당시 유대인들만을 위한 것이었고, 그 이후 말씀을 읽는 수십억의 사람들에게 계속 적용되는 것이 아니라면, 이 말씀이 뭐가 그리 중요해서 창조된 우주는 없어지더라도 이 말씀은 계속 존재한다고 하셨는가? 사도행전 1장 1절에서 데오빌로에게 먼저 쓴 글에는 예수께서 **행하시며 가르치시기를 시작하신 모든 것을** 기록했다고 말한 것은, 이제 사도행전에서 제자들을 통해 예수님의 말씀과 행하심이 **계속 이어진다는** 의미가 아닌가?

다시 한번 물어보자. 왜 많은 하이퍼 그레이스 지지자들은 예수님의 말씀을 거절하려고 하는가? 주님의 말씀이 그들의 신학과 맞지 않기 때문이라고 나는 말할 수밖에 없다. 주님의 비유는 우리에게 책임을 요하고, 주님의 말씀은 제자도를 요구하는데, '하나님은 당신에게 어떤 것도 요구하시지 않는다'라는 그들의 교리와 맞지 않는 것이다.

우리 모두가 적용해야 할 간단한 원칙이 하나 있다. 예수님의 말씀이 내가 믿는 어떤 것과 내가 살아가는 방식에 이의를 제기한다면, 문제는 예수님께 있는 것이 아니라 나에게 있다. 찰스 스펄전은 이것을 좀 더 일반적이고 성경적으로 표현했다. "성경에서 혹시 **빼고** 싶은 구절이 있다면, 바로 그 구절이 당신에게 진드기처럼 꼭 달라붙어 있어야 할 말씀이다. 당신이 그 말씀에 온전히 순복할 때까지."[31]

바로 전 세대만 해도 예수님의 말씀을 너무 소중히 여겨서 그분의 말씀이 빨간색으로 표시된 성경을 살 정도였는데, 오늘날 하이퍼 그레이스 설교자들은 예수님의 말씀을 지우려고 한다는 사실은 그야말로 아이러니다.

"그러면 십자가 이전의 신자들과 이후의 신자들 사이에 차이점이 없는 건가요?"라고 질문할 수 있다. 좋은 질문이다. 답은 '있다'이며, 십자가 이전과 이후 신자들 사이에는 큰 차이가 있다. 예수님이 가르치신 모든 것을 살아낼 수 있도록 하나님은 은혜로 우리에게 능력을 주셨다. 성령님께서 이제 우리 모두 안에 거하시며 우리는 예수님과 함께 죽었고 예수님과 함께 다시 살아났다.[32] 게다가 우리는 예수님의 말씀의 충만함과 실제를 경험할 수 있게 되었다. 이제 우리는 서기관과 바리새인보다 더 나은 의(마 5:20)에 접근하게 되었으며, 외적인 것보다 내적인 것을 훨씬 더 중요시한다.

예수님께서 하신 두 가지 중요한 말씀으로 이 장을 마무리 짓는 것이 적절할 것 같다. 첫 번째는 부활하신 후 제자들에게 가서 모든 족속을 제자 삼으라고 하신 지상명령이다. 복음을 전파하며 온 세상을 다닐 때 주님은 세상 끝 날까지 그들과(우리와) 함께 하시겠다고 약속하셨다. "그러므로 너희는 가서 모든 민족을 제자로 삼아 아버지와 아들과 성령의 이름으로 세례를 베풀고 **내가 너희에게 분부한 모든 것을 가르쳐 지키게 하라** 볼지어다 내가 세상 끝 날까지 너희와 항상 함께 있으리라 하시니라"(마 28:19~20).

너무나 분명한 말씀이다. 제자들은 예수님께서 명령하신 모든 것을 다른 이들에게 가르쳐야만 했다(그리고 지금도 가르쳐야 한다). 주님의 가르침과 명령은 복음서 안에 있으며, 복음서의 내용은 사도행전과 이후 서신서의 가르침 안에서 다시 나타난다.[33] 즉 우리가 주님의 말씀을 빠뜨리거나, 그 중요성을 축소하거나, 또는 말씀의 의도를 회피한다면, 우리는 주님의 참된 제자라고 할 수 없으며 참된 제자를 낳을 수도 없다.

실제 사역의 측면에서도 이것은 매우 심각한 문제이지만, 주님과의 친밀한 관계의 측면에서는 더더욱 심각한 문제이다. 왜냐하면 주님과 우리의 관계에 관하여 아주 잘못된 것을 가르치기 때문이다. 왜 주님 발치에 앉아서 그분의 말씀을 듣고 싶어하지 않는 것인가?

주님은 우리에게 경고의 말씀을 하나 주셨다. "누구든지 나와 내 말을 부끄러워하면 인자도 자기와 아버지와 거룩한 천사들의 영광으로 올 때에 그 사람을 부끄러워하리라"(눅 9:26).[34] 여기서 주님을 부끄러워하는 것과 주님의 말씀을 부끄러워하는 것을 함께 언급하고 계심에 주목하자. 주님의 말씀을 경시하고 말씀의 타당성을 부인하며 심지어 말씀을 우리에게 적용하는 것을 조롱할 때, 그것은 곧 주님의 말씀을 부끄러워하는 것이다.

우리 모두 주님을 온전히 의지함으로 주님께 순복하며 주님이 가르치신 모든 말씀을 받아들이도록 하자. 그곳이 은혜의 자리다.

CHAPTER 14

신영지주의자들

14 신영지주의자들

유다서에 매우 흥미로운 말씀이 하나 있다. 유다는 거짓 교사들에 대하여 "이 사람들은 분열을 일으키는 자며 육에 속한 자며 성령이 없는 자니라"(19절)라고 주장한다. 정확히 누구를 가리키는 말인가?

요한일서에서 요한이 언급하는 거짓 교사들의 정체가 명확하지 않은 것처럼,[1] 유다서도 마찬가지다. 둘 다 비슷한 이단들, 즉 후일 영지주의Gnosticism로 발전된 이단들과 싸웠을 가능성이 있다.[2] 그렇다면 유다서 19절 말씀은 유난히 통렬한 질책이다.

영지주의자들은 물질세계 자체가 악하다고 믿었다. 그래서 구약성경의 하나님(물질세계의 창조주)은 데미우르고스Demiurge라고 하는 더 낮은 신이며, 야훼에게서 나온 열등한 존재라고 주장했다. 왜냐하면 순수한 영Spirit은 물질세계와 직접 소통할 수 없다고 생각했기 때문에, 분명히 우주(물질세계)를 창조한 중간단계의 이차적인 신이 존재한다고 믿었던 것이다. 따라서 영지주의자들은 구약의 하나님은 예수 그리스도의 아버지가 아니시고,[3] 하나님의 아들도 단순히 어떤 영적 존재일 뿐인데, 그 영적 존재가 예수님이 세례 받으실 때 예수님의 육체 안에 들어왔다가 십자가를 지시기 전에 육체를 떠났다고 주장한다. 그들의 주장에 의하면 결국 한 평범한 인간이 십자가에 못 박힌 것이다.

'영지주의Gnosticism'라는 용어는 지식을 의미하는 헬라어 '그노시스gnosis'에서 왔다. 영지주의자들은 자신들이 특별한 계시를 가지고 있으며, 믿음에 관하여 더 깊고 영적인 이해를 가지고 있다고 주장한다. 영지주의에 관하여 『신약 배경 사전Dictionary of New Testament Background』은 다음과 같이 말하고 있다.

> 사람의 육체를 포함하여 물질적인 창조 세계를 본질적으로 악하다고 여겼다. 그러나 몇몇 영적인pneumatic 사람들 안에 신성의 기운이 담겨 있는데, 이들은 자신이 천상에서 온 것을 인식하지 못한다. 초월적인 하나님은 은밀한 '그노시스'의 형태로 구원을 가져온 구속자를 보내셨다. 영지주의자들은 죽을 때 육체라는 감옥을 벗어나 귀신들이 존재하는 행성계를 가로질러 하나님과 다시 연합하기를 소망했다.⁴

따라서 영지주의자들은 자신들이야말로 진실로 영적인 사람들이며 그리스도인들은 육적인 사람들이라고 생각했다. 그러나 유다는 반대로 말한다. "이 사람들은 분열을 일으키는 자며 육에 속한 자며 성령이 없는 자니라"(19절). 여기에 쓰인 헬라어들을 주의 깊게 보라. '육에 속한worldly'에 해당하는 헬라어를 직역하면 '혼적인soulish(헬라어: psuchikos)'이다. 이것은 영지주의자들이 그리스도인들을 묘사할 때 사용한 표현이었을지도 모른다.⁵ 그리고 '성령이 없는devoid of the Spirit'에 해당하는 헬라어를 직역하면 '영을 가지고 있지 않은not having spirit'이며, 여기에서 '영spirit'을 의미하는 '프뉴마pneuma'가 강조를 위해 맨 앞에 와 있다. 유다는 그들이 결코 영적인 사람들이 아님을 말하고 있는 것이다.

신약 학자인 크레이그 키너는 다음과 같은 중요한 관찰을 했다. "영지주의자들은 다양한 방식으로 죄를 정의하는 경향이 있었다. 어떤 이들은 그들의 육체가 비非영지주의 그리스도인들이 죄로 간주하는 활동에 참여하더라도, 자신들이 실제로 죄를 지을 수 없다고 믿었다."⁶ 이것은 일부 극단적인 하이퍼 그레이스 가르침의 정곡을 찌르는 표현이다.

진도를 더 나가기 전에 분명히 하고 싶은 것이 있다. 1) (몇 사람만 언급하자면) 조셉 프린스, 클락 휘튼, 앤드류 팔리 같은 하이퍼 그레이스 교사들이 현대의 영지주의자라고 나는 한순간도 생각해 본 적이 없다. 그들의 가르침이 부분적으로 심각한 오류가 있다고 생각하지만, 그럼에도 불구하고 나는 그들이 주 안에서 헌신된 형제들임을 믿는다. (그들도 나에 대해 동일하게 여기리라 생각한다.) 2) 하이퍼 그레이스 운동 안에는 고대 영지주의 이단과 비슷한 아주 위험한 씨앗이 있다. 3) 하이퍼 그레이스 운동에서 출발하여 지금은 완전한 이단과 미혹에 빠진 이들이 있는데, 그들의 가르침은 고대 영지주의와 상당히 비슷하다.

이러한 이유로 나는 이 장의 제목을 '신영지주의자들'로 정했다. 다소 충격적인 이야기들을 다루게 될 것이다. 그냥 안 좋은 정도의 가르침에서부터 시작하여 훨씬 더 심각한 가르침 그리고 아주 끔찍한 가르침에 이르기까지 여러 내용을 살펴볼 것이다.

학자들이 발견한 것은, 영지주의에서 구원의 개념은 하나님과 **바른 관계**를 맺는 문제라기보다 하나님께로부터 **특별한 깨달음**을 얻는 문제라는 것이었다. 이것이 하이퍼 그레이스 운동과 무슨 상관이 있는가? 예컨대, 프린스 목사 같은 하이퍼 그레이스 리더들은 다음과 같이 얘기한다. "은혜는 신학이 아니다. 은혜는 책의 주제도 아니다. 그것은 교리도 아니다. 그것은 인격이며, 그 이름은 예수이시다."⁷ 나는 그들이 진심으로 한 말이며, 또한 그들 대부분 은혜에 대한 놀라운 계시를 통해 예수님을 진실로 만났을 것이라고 확신한다.

베드로가 기도한 것처럼, 나는 우리 모두 "우리 주 곧 구주 예수 그리스도의 은혜와 그를 아는 지식에서 자라 가기를"(벧후 3:18) 기도한다. 하나님의 은혜에서 더 자랄 필요가 없는 사람은 아무도 없기 때문이다. 그러나 동시에 나는 일부 하이퍼 그레이스 신자들에게서 비관계적인non-relational 양상을 자주 본다. 주님과의 관계가 하나님 아버지와의 관계에 기반한 것이 아니라 신학적인 계시 위에—그것도 종종 이론뿐인 계시 위에—기반한 것 같다.

대표적인 사례를 하나 소개하겠다. 당시 학부에서 신학을 공부하며 스스로를 하이퍼 그레이스 설교자라고 지칭하는 어떤 젊은 목사를 만난 적이 있다. 그는 요한일서 1장 9절에 대한 하이퍼 그레이스 지지자들의 보편적인 해석을 제시하며, 그의 모든 죄—미래의 죄까지—는 이미 용서받았기 때문에 하나님께 죄를 고백할 필요가 전혀 없다고 설명했다. 요한일서 1장 9절은 영지주의 이단에게 한 말이라는 하이퍼 그레이스의 전형적인(그리고 잘못된) 주장까지 덧붙였다.[8]

그의 신학에 이의를 제기하는 것에 대해서는 마음이 열려 있는 것 같지 않아서, 대신 주님과의 관계에 초점을 맞추어 질문을 했다. 만약 아내에게 화가 나서 심한 말을 하고 몇 시간 집을 나갔다고 가정했을 때, 나중에 집에 다시 돌아와서 아무 일 없었다는 듯이 행동하겠는지, 아니면 사과하고 싶은 마음이 들겠는지 물었다. "여보, 내가 잘못했으니 용서해줘요. 내 행동이 너무 무례했고 변명할 말이 없네요. 진심으로 사과할게요"라고 말하겠는가?

그는 나의 질문에, "그럼요. 당연히 아내에게 용서를 구해야죠"라고 즉시 대답했다. 주님께 죄를 지을 때도(또는 아내에게 지은 죄가 주님께 지은 죄라는 것을 깨달을 때도) 똑같이 하지 않겠냐고 묻자, 대상이 아내라면 모르겠지만 주님이라면 절대 그렇게 할 필요가 없다고 대답했다. 그는 이것이 매우 영적인 생각이라고 느꼈을지 모르겠지만 나는 그의 대답을 들었을 때 마음이 심히 불편했다.

우리도 잠깐 멈추어서 스스로 한번 질문해보자. 주님과 다른 사람에게 죄를 짓고도 마음이 아프지 않고, 회개하며 주님께 나갈 마음이 안 생긴다면, 우리는 대체 주님과 어떤 관계를 맺고 있으며 어떤 교제를 나누고 있는 것인가?

나는 죽은 종교 의식이나 율법주의적인 결박에 대해 얘기하는 것이 아니다. 배우자와의 관계보다 어쩌면 더 깊은 관계일 수도 있는, 살아계신 하나님과의 실제적인 관계를 말하는 것이다. 만약 이 목사가 아내와의 관계를 바로잡을 필요를 (형식적으로가 아니라 진심으로) 느꼈다면, 왜 주님과의 관계는 바로잡을 필요를 못 느끼는 것인가? 하나님께서 자신과 이스라엘의 관계를 남편과 아내의 관계에 비유하시고, 신약에서 교회를 그리스도의 신부로 묘사하시는 것은 모두 이유가 있다.[9]

내가 혹시 하이퍼 그레이스 **신학**을 고수한다 하더라도(물론 그렇지는 않지만), 그리고 하나님께서 나의 미래의 죄를 이미 용서해 주셨음을 믿는다 하더라도(이것도 비성경적인 개념이지만), 주님을 정말 사랑하고 주님과 친밀하게 동행하는 사람이 잠시 완고한 마음을 품거나 잘못한 것에 대하여 다시 주님께 나아가 죄를 고백하고 용서를 구하고 싶어 하지 않는다는 것이 나로서는 이해가 되지 않는다. 하이퍼 그레이스에 관한 나의 글에 대해 한 독자는 다음과 같은 평을 남겼다. "우리가 누군가에게 잘못했을 때 '미안합니다'라고 말하는 것은 최소한의 예의다."

예수님께서 그리 멀지 않은 곳에서 심문당하고 계실 때, 주님을 모른다고 세 번이나 부인하고 배반한 후에 베드로의 마음이 어땠을지 한번 생각해보자. 베드로가 세 번째 부인한 직후 "주께서 돌이켜 베드로를 보시니 베드로가 주의 말씀 곧 오늘 닭 울기 전에 네가 세 번 나를 부인하리라 하심이 생각나서 밖에 나가서 심히 통곡하니라"(눅 22:61~62)라고 누가는 기록하고 있다. 예수님께서 이미 용서하신 것을 베드로가 믿었더라면 자신의 잘못에 대해 덜 슬퍼했을까? 그렇다면 심한 통곡까지는 하지 않았을 것이라고 생각하는가? 터무니없는 발상이다. 그러나 일부 하이퍼 그레이스의 가르침은 바로 그런 사고방식을 지지한다.

스티브 맥베이는 '우리가 잘못했을 때 하나님과의 교제에서 벗어나게 된다'라는 개념은 거짓말이라고 주장한다.[10] 그는 여기서 '교제'는 '친밀함, 연합, 하나됨'을 의미한다고 바르게 정의하고 있다.[11] 그의 주장이 옳다면, 예컨대 어떤 그리스도인이 유혹을 못 이겨 폭력적인 포르노그래피를 본 후 잔상이 남아 창녀 한 명을 납치하여 성 관계를 가지며 구타한다고 가정했을 때, 그가 이런 죄악을 행하면서도 계속 하나님과 '친밀한' 관계 가운데 '연합'하며 교제할 수 있다는 뜻이 된다. 바울이 이런 얘기를 들었다면 경악했을 것이다.

헬라어 '코이노니아koinonia'는 '친교communion' 또는 '교제fellowship'로 번역이 된다는 것을 기억하라. 바울이 고린도 교인들에게 성찬Holy Communion에 참여하는 것의 거룩함에 관하여 말할 때, 그는 "너희가 주의 잔과 귀신의 잔을 겸하여 마시지 못하고 주의 식탁과 귀신의 식탁에 겸하여 참여하지 못하리라"(고전 10:21)라고 분명하게 언급하며 우상숭배를 멀리하라고 경고한다. 그러나 맥베이 목사는 말하자면 귀신의 잔을 마시고 귀신의 식탁에 참여하는 동안에도 주님과의 교제communion는 끊어지지 않는다고 주장하고 있는 것이다. 이런 사고방식의 문제점은 아무리 강조해도 지나치지 않다.

바울은 고린도 교인들에게 다음과 같이 썼다.

> 너희 몸이 그리스도의 지체인 줄을 알지 못하느냐 내가 그리스도의 지체를 가지고 창녀의 지체를 만들겠느냐 결코 그럴 수 없느니라 창녀와 합하는 자는 그와 한 몸인 줄을 알지 못하느냐 일렀으되 둘이 한 육체가 된다 하셨나니 주와 합하는 자는 한 영이니라 음행을 피하라 사람이 범하는 죄마다 몸 밖에 있거니와 음행하는 자는 자기 몸에 죄를 범하느니라(고전 6:15~18)

그러나 맥베이 목사는 우리가 창녀와 합하여 한 몸이 된다 하더라도, 어쨌든 우리는 하나님과의 교제를 경험할 수 있다고 말한다.

> 질문을 하나 해보자. 어떻게 당신 안에 거하시는 그분에게서 분리되거나, 그분과 멀어질 수 있는가?
> 우리가 잘못했을 때 하나님과의 교제에서 벗어나게 된다는 개념은 거짓말이다. 그것은 상투적인 생각이며, 그럴듯하게 들리지만 성경적인 개념은 아니다. 당신이 어떤 행동을 해도 하나님과의 교제에서 벗어나지 않는다.[12]

정말 그럴까? "당신이 어떤 행동을 해도 하나님과의 교제에서 벗어나지 않는다"라는 진술의 근거는 무엇인가? 이 진술은 하나의 영적 명제("어떻게 당신 안에 거하시는 그분에게서 분리되거나, 그분과 멀어질 수 있는가?") 위에 세워져 있다. 그런데 이 명제는 하나님과 동행하는 **관계적인**relational 측면, 즉 우리가 '교제fellowship'라고 부르는 측면을 전혀 다루고 있지 않다. 그러면 우리 안에 사시는 하나님은 때때로 우리의 말과 행동에 대해 슬퍼하는 분이신가?

맥베이 목사는 다음과 같이 말한다.

확실히 우리가 죄를 지었을 때나 잘못했을 때 하나님과의 교제에 대한 우리의 인식perception은 극단적으로 변한다. 그런데 누가복음 15장 탕자의 비유를 한번 읽어보라. 탕자가 먼 나라로 떠났을 때 아버지의 태도는 어떠했는가? 아버지는 아들을 더 이상 사랑하지 않으셨는가? 아들에게 화가 나셨는가? 전혀 그렇지 않다. 성경에는 그런 가능성에 대한 암시조차 나와 있지 않다.[13]

그러나 탕자의 비유에 대한 맥베이 목사의 설명은, 사실 그가 말하고 싶어 하는 바의 정반대를 입증해 준다. 이 비유의 쟁점은 우리가 아버지를 떠나더라도 아버지는 여전히 우리를 사랑하시는가에 대한 것이 아니다. 아버지는 당연히 우리를 사랑하시며 우리를 다시 자녀로 기쁘게 맞아줄 준비가 되어 있으시다.

그러나 아들이 집을 떠나 죄 가운데 빠져 있을 때 아버지는 계속 아들과 **교제했는가**? 그렇지 않았다. 아들이 돌아오고 아버지께서 그를 다시 받아주실 때까지 교제는 회복되지 않았다. 이것은 단순히 아들의 **인식**에 관한 문제가 아니다. 이것은 실제다.

맥베이 목사는 요한일서 1장 5~6절을 인용하면서 영지주의와 비슷한 논리를 사용하고 성경의 의미를 뒤집어 해석한다. "우리가 그에게서 듣고 너희에게 전하는 소식은 이것이니 곧 하나님은 빛이시라 그에게는 어둠이 조금도 없으시다는 것이니라 만일 우리가 하나님과 사귐이 있다 하고 어둠에 행하면 거짓말을 하고 진리를 행하지 아니함이거니와."

그리고 이 구절에 대해 다음과 같이 해설한다.

하나님은 빛이시다. 당신은 하나님 안에 있다. 따라서 당신은 빛 안에 있다. 하나님께서 빛이시기 때문에 당신은 어둠 가운데 걸을 수 없다. 그분 안에는 어둠이 전혀 없기 때문이다. 죄가 당신을 눈멀게 하여 빛을 보지 못하기 때문에 당신에게 어두워 보일 수 있다. 그럼에도 불구하고 당신의 위치는 변함이 없다. 당신이 '어둠 가운데' 있다거나, 하나님과의 '교제에서 벗어나' 있다고 말하는 것은 진리를 실천하지(살지) 않는 것이다.[14]

요한은 정확히 이와 반대로 이야기하며 그의 편지 내내 이 주제를 되풀이한다. "만일 우리가 하나님과 사귐이 있다 하고 어둠에 행하면 거짓말을 하고 진리를 행하지 아니함이거니와"(요일 1:6). 단도직입적으로 말하자면 만약 우리가 어둠 가운데 행하기를 선택한다면 우리는 하나님과 사귐(교제)이 없는 것이다.[15]

그런데 맥베이 목사는 다음과 같이 결론을 짓는다.

> 당신은 항상 하나님과의 교제 가운데 있다. 그것에 대한 당신의 인식이 변할 수는 있지만 느낌은 진리에 대한 기준이 아님을 기억하라. 기준은 성경에 있는 하나님의 약속이다. 내가 확신을 갖고 말할 수 있는 것은, 우리가 잘못했을 때 하나님과의 교제에서 벗어난다는 개념은 거짓말이다. 하나님 아버지는 **항상** 당신과 교제하시며, 그 진리를 이해할 때 그것은 우리로 하여금 하나님을 영화롭게 하는 삶을 살고 싶게 한다.
>
> 교제는 우리의 느낌에 관한 것이 아니다. 그것은 십자가의 완성된 사역에 근거하여 우리가 하나님과 어떻게 연결되어 있는가에 관한 것이다.[16]

이 주장에 담긴 영지주의 성향이 보이는가? 교제 또는 친교의 개념은 관계가 존재함을 전제하며, 다시 말해 그것은 실제적인 체험을 수반하는 관계를 말한다. 성령님은 친히 우리의 영과 더불어 우리가 하나님의 자녀인 것을 증언하신다(롬 8:16). 하나님이 그 아들의 영을 우리 마음 가운데 보내사 아빠 아버지라 부르게 하셨다(갈 4:6). 우리는 삶 가운데 성령님이라는 보증을 가지고 있다(엡 1:14). 이것은 단순한 개념이 아니라 실제다. 다음 고린도 교인들을 향한 바울의 축복에서처럼, 살아가면서 우리가 이모저모로 경험하는 실제인 것이다. "주 예수 그리스도의 은혜와 하나님의 사랑과 성령의 교통하심the fellowship of the Holy Spirit이 너희 무리와 함께 있을지어다"(고후 13:14). 이것은 단순한 이론이 아니다.

빛과 어둠이 어찌 사귀며

때로 우리가 그것을 느끼지 못하거나 잠깐 깜빡하는 순간조차도 우리는 여전히 하나님의 자녀요, 성도며 사랑받는 자고 위로부터 태어난 자다. 그리고 성령은 여전히 우리 안에 거하신다. 그렇다고 "우리가 항상 하나님과의 교제 가운데 있고 어떤 행동을 해도 하나님과의 교제에서 벗어나지 않는 것"은 아니다. 전자와 후자는 별개의 것이다. 안드레 반 데르 멀위는 "예수님께서 이미 모든 값을 치르셨기 때문에 우리는 **아버지와 끊어지지 않는 교제**unbroken fellowship를 누릴 수 있게 되었다. 다시 말하면 우리가 실수하더라도 그것 때문에 하나님과의 **교제가 끊어지는 것은 아니다**"라고 말했다.[17] 이것은 사실이 아니다. "하나님과 우리의 교제를 끊어지게 하는" 것은 분명히 존재한다.[18] ('실수'를 하는 것과 고의적으로 죄 가운데 살기로 선택하는 것은 별개의 문제다.)

고린도후서 6장에서 바울은 다음과 같이 말한다.

너희는 믿지 않는 자와 멍에를 함께 메지 말라 의와 불법이 어찌 함께 하며 빛과 어둠이 어찌 사귀며 그리스도와 벨리알이 어찌 조화되며 믿는 자와 믿지 않는 자가 어찌 상관하며 하나님의 성전과 우상이 어찌 일치가 되리요 우리는 살아 계신 하나님의 성전이라(고후 6:14~16)

여기서 특히 "빛과 어둠이 어찌 **사귀며**"라는 말에 주목하라. 그래서 바울도 고린도 교인들에게 구약성경에서 하나님께서 직접 하신 말씀을 인용하여 권고하고 있다. "그러므로 너희는 그들 중에서 나와서 따로 있고 부정한 것을 만지지 말라 내가 너희를 영접하여"(17절).

그런데 이 하이퍼 그레이스 교사들은 우리가 어둠 가운데 행하더라도 주님과 동행하며 계속 교제할 수 있다고 말한다. 이것은 간단하게 말해서 사실이 아니다. 그래서 예수님께서도 라오디게아 교회에 회개하라고 촉구하시며 다음과 같은 놀라운 약속을 주셨다. "볼지어다 내가 문 밖에 서서 두드리노니 누구든지 내 음성을 듣고 문을 열면 내가 그에게로 들어가 그와 더불어 먹고 그는 나와 더불어 먹으리라"(계 3:20). 이것은 교제의 회복에 대한 말씀이다.[19]

스티브 맥베이는 이와 달리 비관계적인 가르침을 고수한다. 예를 들어 "당신이 잘못했을 때 하나님은 실망하신다"라는 생각은 거짓말이라고 주장한다. "이 거짓말은 사람들이 바르게 행동하도록 동기부여하고 조종하기 위해 이 시대 기독교에서 끊임없이 사용되어 왔다. 많은 종교 지도자들이 이 죄책감의 티켓을 기꺼이 받으려 하는 모든 이들에게 그것을 나눠주고 있다."[20] (이에 관한 더 많은 내용은 8장을 참조하라.) 그렇다면 하이퍼 그레이스를 반대하는 사람에게도 하나님이 실망하지 않으시는지 물어보고 싶다.

다음 주장도 특별히 놀라울 건 없지만, '죄는 우리가 하나님께 쓰임 받을 자격을 박탈할 수 있다'라는 말도 거짓말이라고 가르친다. "당신의 과거,

현재, 미래의 어떤 행동도 하나님께서 당신 안에서 그리고 당신을 통해서 역사하시는 것을 막을 수 없다. 하나님께 쓰임 받을 자격을 박탈할 수 있는 죄를 지을 수 있다는 개념은 거짓말이며, 그것은 당신을 결박 속에 가둘 뿐이다."[21]

안타깝게도 그는 회개의 필요성을 언급하지 않는다. 즉 **우리가 회개하고 죄에서 돌이킨다면** 우리는 회복되고 다시 하나님께 쓰임 받을 수 있다는 사실을 말하지 않는다. 그리고 비록 하나님께서 우리를 용서하시고 그분과의 교제를 회복시켜 주신다 하더라도, 우리가 한 어떤 행동들은 이 땅에서 영속적인 결과를 낳는다는 사실 또한 인정하지 않는다.

클락 휘튼도 이와 비슷하게 주장한다. "나의 선한 행동이 하나님을 움직이지 못하는 것처럼, 나의 나쁜 행동도 하나님을 움직일 수 없다. 하나님은 '행동'에 영향받는 분이 아니시다. 하나님을 위해 위대한 일을 하려는 마음이 있다면 단념하는 것이 좋을 것이다."[22]

신약성경의 저자들이 이것을 깨닫지 못한 것은 너무 안타까운 일인지도 모르겠다. 그들이 깨달았다면 신자들에게 주를 기쁘시게 하기 위해 바르게 살라고 요구하는 대신 잉크를 많이 아낄 수 있었을 텐데. 그리고 예수님도 특히 소아시아 교회들에게 말씀하실 때 많은 비통함을 아낄 수 있었을 텐데.[23]

그런데 한편, 윌리엄 캐리William Carey가 이 교리를 못 들은 것은 다행인 것 같다. 그가 들었다면 수많은 그리스도인들에게 영향을 준 다음과 같은 말을 남기지 않았을 테니까. "하나님으로부터 위대한 일을 기대하라. 하나님을 위해 위대한 일을 시도하라."[24] 하나님께서 이 교리를 못 들으신 것도 다행이다. 못 들으셨으니 심판 날에 우리에게 행한 대로 상을 주신다고 말씀하셨다.[25]

그러나 이 모든 것은 빙산의 일각일 뿐이다. 더 심각한 발상은, 우리의 영은 거듭났고 완전하며 우리가 비록 혼을 가졌고 육체 안에 살지만 우리는 영이기 때문에 죄를 짓더라도 사실 죄를 짓는 것은 우리가 아니라는 생각이다. 나는 이런 내용을 하이퍼 그레이스 지지자들로부터 직접 들었다.

이 장 앞부분에 인용한 크레이그 키너 교수의 말을 기억할 것이다. "영지주의자들은 다양한 방식으로 죄를 정의하는 경향이 있었다. 어떤 이들은 그들의 육체가 비영지주의 그리스도인들이 죄로 간주하는 활동에 참여하더라도 자신들이 실제로 죄를 지을 수 없다고 믿었다."[26] 키너 교수가 영지주의자들에 대해 관찰한 내용이 일부 극단적인 하이퍼 그레이스 지지자들의 주장과 얼마나 일치하는지 이제 알겠는가?

「하이퍼 그레이스의 오류에 직면하여Confronting the Error of Hyper-Grace」라는 나의 글을 반박하기 위해 한 젊은이가 블로그에 다음과 같은 글을 올렸는데, 천천히 읽어보자.

> 하나님께서 나의 죄를 보시는가 안 보시는가의 문제가 아니다. 나는 더 이상 죄를 가지고 있지 않다. 하나님은 나를 완벽한 영으로 보신다. 비록 그 영이 육체라는 임시적인 '장막' 안에 살고 있긴 하지만. 나의 육체의 행위가 나 자신과 다른 이들에게 미치는 영향을 하나님께서 못 보시는 것은 아니다. 그러나 하나님은 (나와의) 관계 유지를 위해 내가(또는 나의 육체가) 죄를 지었다고 나를 책망하실 필요가 없다.[27]

그는 이런 극단적인 진술의 근거로 다음 성경 구절들을 제시한다.

히브리서 10장 17절은 당신이 새 언약에 들어갔을 때 하나님께서 우리의 죄와 불법을 다시 기억하지 않으신다고 말하며, 로마서 8장 9절은 하나님의 영이 우리 안에 거하시면 우리가 육신에 있지 아니하고 영에 있다고 말한다. 요한일서 3장 9절, 5장 18절은 그리스도인의 영이 죄를 지을 수 없고, 고린도후서 5장 16절은 하나님께서 더 이상 어떤 사람도 육신을 따라 알지 아니하시며, 로마서 4장 8절은 주께서 죄를 인정하시지 않는다고 말한다. 그리고 고린도후서 5장 19절은 하나님께서 죄를 사람들에게 돌리지 아니하신다고 말한다.[28]

사실 성경을 엉망으로 적용하고 있기 때문에[29] 다음과 같은 극단적인 진술들이 나오는 것이다. "당신의 정체성에서 육체의 행동을 분리시킬 수 없다면 당신은 율법 아래 있는 것이며 거듭남이 무엇인지 아직 모르는 것이다."[30] "하나님, 이것은 사실 제가 아니라는 것을 아시죠. 이것은 단지 저의 육체예요!" 너무나 위험한 생각이다.

어떤 하이퍼 그레이스 교사는 좀 더 절제된 어조로 내게 개인적으로 설명했는데, 이것도 성경의 진리를 잘못 적용하기는 마찬가지다. 그는 '성화'가 '하나님 앞에 구별된 삶을 사는 것'을 의미하지 않으며, 성화는 '하나님이 우리를 완전하게 하신다'는 의미라고 설명했다. 그렇다고 죄를 짓지 않는다는 뜻은 아니며, 단지 죄에 의해서 또는 죄의 저주 아래에서 정죄 받지 않고 어떤 식으로든 죄가 그의 존재를 설명하거나 규정할 수 없음을 의미한다고 했다. 오히려 어떤 죄를 범하더라도 그것은 '육체에 국한되며(즉 단지 육체가 한 행동이며)' 결코 우리의 책임으로 여겨지지 않는다는 것이다.[31] 따라서 우리가 죄를 범할 때 그것은 실제로 우리가 아니다. 그것은 우리의 육체가 한 행동일 뿐이며 결코 우리의 책임으로 여겨지지 않는다는 의미다.[32]

안타깝게도 이와 같은 믿음이 하이퍼 그레이스 진영에서 대세가 되어가고 있다. 내 친구 한 명은 이전에 다녔던 대형교회에서 말씀을 통해 많은 축복을 누렸었는데, 최근에 그 교회에서 이런 메시지가 선포되는 것을 듣고 염려가 되어 행정 담당 목사와 전화 통화를 하게 되었다. (나의 친구는 해외 선교사이며 사역 경험이 수십 년이다. 말하자면 그는 초보가 아니다.) 행정 담당 목사에게 "당신은 죄를 짓나요?"라는 질문에 "예"와 "아니오"로 대답해주기를 요청하자 그 목사는 "아니오"라고 답을 했다. 그리고 자신이 본질적으로 영이며 그의 영은 죄를 지을 수 없다고 덧붙여 설명했다. 따라서 (그가 어떤 죄를 짓더라도) 죄를 짓는 것은 사실 그가 아니라는 것이다.

그렇다면 로마서 7장은 어떻게 이해해야 하는가? 바울은 죄를 지으면 "이제는 그것을 행하는 자가 내가 아니요 내 속에 거하는 죄니라"(롬 7:17; 20절 참조)라고 두 번이나 언급한다. 첫째로, 하이퍼 그레이스 교사들을 포함하여 많은 학자들은, 바울이 신자로서 자신의 삶을 말하고 있는 것이 아니라 한때 율법 아래 살았던 자신(또는 다른 사람)의 경험을 말하고 있다고 믿는다.[33] "이제는 그것을 행하는 자가 내가 아니요 내 속에 거하는 죄니라"라고 말했을 때, 말하자면 바울은 영적-심리적인 분석spiritual-psychological analysis을 하고 있는 것이다. 그는 여기서 자신의 행동에 대한 책임 여부나 실제로 죄를 지은 것이 자기 자신인지 아닌지에 대해 말하고 있는 것이 아니다. 바울은 분명하게 자신의 죄를 인정했고 책임을 받아들였다. 로마서 7장을 다시 한번 읽어보고 '나'라는 표현을 바울이 어디에 어떻게 사용했는지 주목해서 보라.

둘째로, 하이퍼 그레이스 교사들은 로마서 6장 6절 같은 구절에 기초하여 우리가 더 이상 죄성을 가지고 있지 않다고 강조해서 말한다. "우리가 알거니와 우리의 옛사람이 예수와 함께 십자가에 못 박힌 것은 죄의 몸이 죽어 다시는 우리가 죄에게 종노릇하지 아니하려 함이니." 어떤 하이퍼 그레이스 리더는 『그리스도인은 여전히 죄성을 가지고 있는가?Do Christians Still Have a Sinful Nature?』라는 제목으로 책도 펴냈다.[34] 결과적으로 거듭난 신자들이 "내가 죄를 지을 때 그 일을 하는 것은 사실 내 속에 거하는 죄다"라고 말하는 것은 말이 안 된다. (곧 이 주제에 관하여 다룰 것이다.)

셋째로, (가장 중요한 것은) 행동에 대한 책임 소재를 물으실 때, 하나님은 우리의 영, 혼, 몸을 구분하시지 않고 전 인격을 다루신다. 신약성경의 모든 서신서들과 요한계시록 2~3장에 나오는 소아시아 교회들을 향한 예수님의 말씀을 읽어보라. 사도들과 예수님은 다음과 같이 말씀하시지 않았다. "친애하는 성도 여러분이 완전하고 죄가 없다는 것을 압니다. 왜냐하면 여러분은 육체라는 장막 안에 거하고 있는 영이기 때문입니다. 그런데 우리는 여러분의 육체가 하고 있는 끔찍한 일을 반대합니다."

말도 안 되는 소리다. 그들은 이렇게 말했다. "우리는 **여러분이** 하고 있는 일들을 기뻐할 수 없습니다. 그 일에서 돌이키십시오. 그리고 성도로서의 높은 부르심에 합당한 삶을 사십시오." 그래서 바울도 고린도후서 7장 1절에서 성도들에게 권면의 말씀을 마무리 지으며 다음과 같이 말한다. "그런즉 사랑하는 자들아 이 약속을 가진 우리는 하나님을 두려워하는 가운데서 거룩함을 온전히 이루어 육과 영의 온갖 더러운 것에서 자신을 깨끗하게 하자"(고후 7:1).

우리는 죄성을 가진 육체에서 분리되지 않는다

탈무드에 흥미로운 이야기가 하나 있다. AD 2세기 무렵, 로마 안토니누스Antoninus 황제와 랍비 예후다 하나시Yehudah HaNassi 사이의 대화에 관한 내용이다.

A. 안토니누스가 랍비에게 말했다. "몸과 혼, 둘 다 심판에서 자신을 면제할 수 있습니다."

B. "어떻게 가능한지 설명해드리겠습니다. 몸이 이렇게 말할 것입니다. '혼이 죄를 지었습니다. 혼이 나를 떠난 날부터 나는 무덤에 말 없는 돌처럼 남겨져 있습니다.'"

C. "그러면 혼이 말할 것입니다. '죄를 지은 것은 몸입니다. 왜냐하면 내가 몸을 떠난 날부터 나는 새처럼 공중을 날아다녔습니다.'"

D. 랍비는 그에게 말했다. "제가 비유를 하나 말씀드리겠습니다. 달콤한 무화과나무가 있는 아름다운 과수원을 가진 왕이 있었습니다. 그곳에 파수꾼을 두 명 두었는데 한 명은 앉은뱅이였고 한 명은 장님이었습니다."

E. "앉은뱅이가 장님에게 말했습니다. '과수원에 달콤한 무화과가 있는데, 저를 좀 업어서 데려가 주세요. 같이 가서 무화과를 좀 먹읍시다.' 앉은뱅이는 장님 등에 업혀 가서 함께 무화과를 따먹었습니다. 얼마 후에 왕이 그들에게 물었습니다. '달콤한 무화과가 다 어디 있느냐?'"

F. "앉은뱅이가 대답했습니다. '저는 발이 없어서 거기까지 갈 수 없습니다.'"

G. "장님이 대답했습니다. '저는 눈이 멀어서 볼 수 없습니다.'"

H. "왕이 어떻게 했는지 아십니까? 왕은 앉은뱅이를 장님 등에 업히게 한 다음, 그들 둘 다 심판했습니다."

I. "하나님이 자기의 백성을 판결하시려고 위 하늘과 아래 땅에 선포하여"(시 50:4)라고 말씀하신 것처럼, 거룩하시고 복되신 하나님께서 혼

을 몸에 다시 데려와 그들을 함께 심판하실 것입니다.'"

J. "'하나님은 위 하늘에 선포하실 것입니다'—이것은 혼입니다."

K. "'그리고 아래 땅에 선포하사 자기의 백성을 심판하실 것입니다'—이것은 몸입니다."[35]

시편 50편을 창의적으로 (그리고 전형적인 랍비식으로) 해석한 것은 차치하고, 여기서 랍비의 요점은 아주 적절하다. 즉 하나님은 우리를 한 인격으로, 다시 말해 영과 혼과 몸을 (또는 위의 예화처럼 혼과 몸, 즉 고린도후서 4장 16절에 나온 것처럼 속사람과 겉사람을) 함께 심판하신다.[36] 그러나 이 비유 속의 장님과 앉은뱅이의 변명은 일부 하이퍼 그레이스 그룹에서 유포되고 있는 개념들을 연상시킨다. "나는 더 이상 죄를 가지고 있지 않다. 하나님은 나를 완벽한 영으로 보신다. 비록 그 영이 육체라는 임시 '장막' 안에 살고 있긴 하지만."

존경받는 하이퍼 그레이스 교사이자 목사인 폴 엘리스 박사는 「하이퍼 그레이스의 오류에 직면하여」라는 나의 글에 다음과 같이 답을 했다. "브라운 박사는 중요한 언급을 한다. '하나님께서 그의 백성들을 보실 때, 그가 보시는 어떤 모습도 사랑하시는가?' 이 질문에 대해 브라운 박사는 그렇지 않다고 대답한다. 하나님께서 우리를 보실 때, 어떤 모습이든지 다 좋아하시는 것은 아니며 우리의 죄는 분명 하나님을 슬프시게 한다고 말한다. 그러나 중요한 사실은… **우리는 우리의 죄가 아니다**we are not our sins."[37]

이는 무엇을 뜻하는가? 간략히 배경을 설명하자면, 나는 그 글에서 클락 휘튼의 다음 주장에 이의를 제기했다. "하나님은 우리를 거룩하고 의롭게 보신다. 하나님은 우리를 보실 때, 그가 보시는 어떤 모습도 사랑하신다."[38] 물론 내가 이의를 제기한 것은, 하나님께서 우리의 **존재 자체**를 사랑하시는가에 대한 의문이 아니다. 우리가 어떤 행동을 하고 어떻게 살든지 상관없이 하나님께서 우리의 모든 모습을 사랑하시는가에 대한 문제였다. 엘리스 박사는 나의 글에 "우리는 우리의 죄가 아니다"라고 답했다.[39]

이 말의 요지는 무엇인가? 당연히 "우리"는 "우리의 죄"가 아니다. 그러나 "우리"는 "우리의 죄"에 대해 전적으로 책임이 있으며, 그 죄는 우리 자신과 주위 사람들과 또 주님과의 동행에 영향을 미친다.

달리 말해 만약 엘리스 박사의 논리가 옳다면, 신약성경의 신자들은 바울과 다른 지도자들의 책망에 대해 이렇게 반응했을 수 있다. "왜 **우리를** 책망하십니까? 우리는 우리의 죄가 아닙니다!" 간음한 아내는 남편에게 "왜 저한테 그렇게 화를 내세요? 저는 저의 죄가 아니에요!"라고 말을 할 수 있고, 불순종하는 아이는 부모에게 "왜 저를 징계하세요? 저는 저의 죄가 아니에요!"라고 말을 할 수 있으며, 도둑은 판사에게 "왜 저에게 실형을 선고하세요? 저는 저의 죄가 아니에요!"라고 말을 할 수 있다. 그리고 완전히 다른 관점에서, 우리는 주님께 이렇게 물을 수 있을 것이다. "우리는 우리의 죄가 아닌데 예수님은 왜 우리의 죄를 위해 죽으셔야만 했나요?"[40]

나는 엘리스 박사가 죄를 용납하거나 간과하거나 경시한다고 믿지 않기 때문에, 그의 말을 어떤 식으로든 왜곡하고 싶지는 않다. 그는 은혜의 복음이야말로 죄를 극복하는 **유일한** 길이라고 확신하며, 죄를 극복하기 위해 죄책감이나 위협적인 모습의 하나님을 이용하는 것을 반대하는데, 나는 그가 강조하는 내용에 많은 부분 동의한다. 『열 다디로 표현한 복음The Gospel in Ten Words』이라는 저서에서 그는 진정한 복음에 대한 두 번째 테스트로 다음과 같은 질문을 하고 있다. "이 복음은 나에게 죄를 이길 힘을 주는가?"[41]

또한 엘리스 박사는 조셉 프린스 목사의 발언 가운데 자신이 가장 좋아하는 인용구 몇 개를 열거한다. 나 역시 이 내용들에 대해서는 아멘이다.

"당신이 율법 아래 있지 않고 은혜 아래 있을 때, 죄가 당신을 주장할 수 없다고 성경은 말한다. 따라서 당신이 죄 가운데 살고 있다면, 분명히 은혜 아래 있지 않은 것이다."[42] "은혜 안에는 초자연적인 억제력이 있다."[43] "예수님과 사랑에 빠질 때 죄에 대한 사랑에서 빠져나올 수 있다."[44] 마찬가지로 라이언 루퍼스, 클락 휘튼, 앤드류 팔리, 그리고 다른 하이퍼 그레이스 교사들도 은혜가 죄에 대한 허가증을 주는 것은 아니라고 명확하게 언급한다. 이것은 의심의 여지가 없는 진술들이다.

그러나 안타깝게도 또다른 언급들을 덧붙임으로써 그들은 섞인 메시지를 전달하고 있다. 즉 어떤 행동도 우리를 하나님과 분리시킬 수 없고, 하나님과의 교제를 끊을 수 없으며, 하나님을 실망시킬 수 없다고 확신 있게 주장한다. 또 결코 하나님께 죄를 고백할 필요가 없으며 성령님께서도 절대 우리의 죄를 책망하시지 않는다고 주장한다. "우리의 영은 하나님 보시기에 완전하기 때문에 '우리'는 죄를 짓지 않는다, '우리'는 죄를 지을 수 없다"라고 주장한다면, 결국 무엇을 의미하는가?

훨씬 더 위험한 것은 요한일서 3장 일부 구절에 대한 하이퍼 그레이스 진영의 해석이 점점 보편화되어 가고 있다는 점이다. 요한은 "그 안에 거하는 자마다 범죄하지 아니하나니 범죄하는 자마다 그를 보지도 못하였고 그를 알지도 못하였느니라 … 하나님께로부터 난 자마다 죄를 짓지 아니하나니 이는 하나님의 씨가 그의 속에 거함이요 그도 범죄하지 못하는 것은 하나님께로부터 났음이라"(요일 3:6,9)라고 말한다.

요한은 여기서 마음을 어렵게 할 수도 있는 말을 단도직입적으로 표현하고 있다. 즉 습관적이고 반복적이며 회개하지 않는 죄 가운데 계속 살고 있다면,[45] 그 사람은 신자일 리가 없다는 것이다. 왜냐하면 참된 신자는 하나님께로부터 난 자이고, 하나님의 씨가 그의 마음 안에 있기 때문이다. 일부 하이퍼 그레이스 지지자들은 다음 논리를 사용하여 이것을 완전히 뒤집어 해석한다. "저는 제가 신자라는 것을 압니다. 그러나 저도 죄를 짓습니다. 그런데 신자는 죄를 지을 수 없다고 했기 때문에, 그리고 저는 사실 완전한 영이기 때문에, 실제로 저는 죄를 짓지 않습니다!" 영지주의 같은 미혹이 다른 데 있는 것이 아니다. 그들의 영은 완전히 구속받았고 그들은 몸 안에 사는 '영'이며 따라서 무슨 죄를 지어도 그것은 죄가 아니기 때문에, 거짓말을 하고 음욕을 품으면서도 "나는 죄를 짓지 않는다"라고 말한다.

앤드류 팔리는 요한일서 1장에 대해 다음과 같이 논했다.

> 요한은 왜 지금 죄가 없다고 주장하는 사람들에 대하여 염려하는가? 오늘날 죄를 짓지 않았다고 말하는 참된 신자를 본 적이 있는가? 물론 없을 것이다! 참된 신자가 되기 위해서는 어떻게 해야 하는가? 당신이 죄인임을 인정하라! 결코 죄를 짓지 않았다고 주장하는 사람은 그리스도인이 아니다. 결론적으로 요한은 여기서 불신자들을 염려하고 있는 것이다.[46]

우리는 5장에서 요한이 불신자가 아니라 신자들에게 이 편지를 쓰고 있다는 사실을 이미 살펴보았다. 그러나 위 앤드류 팔리의 질문—"죄를 짓지 않았다고 주장하는 참된 신자를 본 적이 있는가?"—에 대답하자면, 일부 하이퍼 그레이스 신자들 가운데 그렇게 주장하는 이들이 있다는 것을 나는 이제 안다. 이것은 치명적인 미혹이다.

요한일서 1장 8절은 "만일 우리가 죄가 없다고 말하면 스스로 속이고 또 진리가 우리 속에 있지 아니할 것이요"라고 말한다. 헬라어 학자 케네스 웨스트는 이것을 다음과 같이 설명한다.

여기서 요한은 영지주의 이단과 다시 싸우고 있는데, 그들은 다음과 같이 주장한다. "우리 안에 죄와 관련된 어떤 요소도 존재하지 않는다. 왜냐하면 물질은 악하고, 혼은 죄악된 육체에 의해 오염되지 않았기 때문이다." … 여기서 우리가 다루고 있는 이단은, 이 땅에 사는 동안 그리스도인들 안에서 타락한 본성이 근절될 수 있다고 믿는 이단이다. 우리 안의 악한 본성의 근절과 완전론[i]을 주장하는 이 이단은 오늘날에도 있다.[47]

존 크라우더는 요한일서의 말씀과 반대로 가르친다. "나는 하나님을 기쁘시게 할 수 있는 독립적인 자아를 더 이상 가지고 있지 않다. 더 이상 내가 아니라 그리스도께서 사신다. … 별도의, 개별적인 나란 없다. 그리스도께서 나를 대체하셨다. … 구원받은 사람들은 죄를 짓지 않는다."[48] 안드레 라베는 "우리가 죄가 없다고 말할 수 있는가? 그렇다!"라고 말했다.[49]

결과적으로 일부 하이퍼 그레이스 교사들은 우리가 '유혹(시험)을 받지 않는' 삶을 살 수 있다고 주장한다. 이 주장에 의하면 고린도전서 10장 13절은 사실상 무의미하다. "사람이 감당할 시험 밖에는 너희가 당한 것이 없나니 오직 하나님은 미쁘사 너희가 감당하지 못할 시험당함을 허락하지 아니하시고 시험당할 즈음에 또한 피할 길을 내사 너희로 능히 감당하게 하시느니라"(고전 10:13). 하이퍼 그레이스 교사들의 말이 옳다면, 바울은 "나의 지시만을 따르라. 그러면 너희는 결코 다시 시험을 당하지 않을 것이다!"라고 썼어야 했을 것이다.[50]

그러나 크라우더는 여기서 더 나아가 신자는 죄성을 가지고 있지 않다고 주장한다. 신자가 죄로 갈등하는 유일한 이유는, 우리가 여전히 부분적

---

i   Perfectionism: 현세에서 완전에 도달할 수 있다는 주장.

으로는 죄인이고 부분적으로는 성도라는 거짓말을 믿기 때문이라는 것이다.[51]

벤자민 던도 이와 비슷하게 주장한다. "옛 생명은 멸하여졌다. 당신이 원하는 만큼 그것을 파헤칠 수는 있으나, 복음 안에 장사된 이 '옛 생명'의 자취는 전혀 찾을 수 없을 것이다! 이것은 성도가 기쁨과 행복을 쉽게 누리도록 해준다."[52] "이 하나님의 충만함 때문에(Amplified Bible 엡 3:19 참조), 과거의 마음은 완전히 기억에 불과한 것이 되어버린다."[53] 정말 그런가?

이것은 라이언 루퍼스가 설교한 내용과 유사하다.

> 죄성은 거기에 없다. 옛 피조물과 관련된 그 어떤 것도, 새롭게 창조된 당신의 영 안에 존재하지 않는다. 죄 또는 불의는 없다. 당신의 영은 이미 완전하다! 완전히 거룩하다! 하나님은 당신에게 다른 어떤 것을 주려고 하지 않으신다. 하나님은 이미 당신에게 충만함을 주셨다! … 하나님의 모든 충만함이 당신 안에 거한다!"[54]

그렇다면 왜 우리는 여전히 죄를 짓는가? 왜 우리는 여전히 유혹을 거절해야 하는가? 존 크라우더는 우리가 여전히 죄와 씨름하고 있다면, 그것은 결코 구원받지 못했거나 만약 구원받았다 하더라도 죄에서 완전히 자유케 되었다는 계시를 아직 듣지 못했기 때문이라고 주장한다.[55] 이것은 현실을 부정하는 것이 아닌가?

나는 예수님 안에서 우리가 죄에 대해 죽었고, 더 이상 그 안에 살지 않는다는 것에 동의한다. 그리고 예수님 안에서 새로운 본성을 입었고, 더 이상 과거의 우리가 아니라는 사실에도 동의한다. 그러나 성경이 분명히 언급하고 있고 우리의 경험이 확증하는 것은, '우리'는 아직 몸(우리 자신의 일부)

안에 살고 있고, 타락한 세상 한가운데서 우리의 생각을 새롭게 할 필요가 있는 인간이라는 사실이다. 그리고 우리를 공격하고 파괴하고 미혹하려는 실제적인 원수 사단과 함께 살고 있다. 그래서 '우리'는 내적, 외적으로 죄를 거절해야 한다.

척 크리스코는 이렇게 주장한다. "그리스도인으로서 당신이 가진 다음과 같은 새로운 정체성은 혁명적인 진리다. **예수님께 해당되는 것은 무엇이든 이제 당신에게도 해당된다.** 요한일서 4장 17절은 '주께서 그러하심과 같이 우리도 이 세상에서 그러하니라'라고 말하고 있다. 나는 그리스도의 정체성을 갖게 되었다. 예수님께 해당되는 것은 무엇이든 이제 나에게도 해당된다! 이것이 복음이다. … 예수님께 해당되는 것은 무엇이든 나에게도 해당된다. 따라서 하나님은 사랑이시기 때문에 나도 그렇다."[56]

이런 종류의 사고방식이 결국 어디로 인도할지 아는 것은 어렵지 않다. 다음과 같이 말하는 건 어떤가? "하나님이 완전하시기 때문에 나도 완전하다." "하나님은 죄가 없으시기 때문에 나도 죄가 없다." "하나님은 전능하시기 때문에 나도 전능하다." "하나님은 왕이시고 주님이시기 때문에 나도 왕이고 주님이다." 안될 거 없지 않은가? 안드레 라베가 "하나님은 단지 우리에 관하여 생각만 하시는 것이 아니다. … 하나님의 생각이 육신을 입은 것이 바로 우리다"라고 주장한 것도 이와 같은 맥락이다.[57]

그러나 이것이 끝이 아니다. 벤 턴은 "예수님은 우리를 죄에서 자유케 하셨을 뿐만 아니라 죄의 영향과 결과에서도 자유케 하셨다. … 우리는 더 이상 타락과 저주에 의해 제한받아서는 안된다."[58] 그렇다면 왜 우리는 죽는가? 왜 때로는 아프기도 하는가? 이것이 얼마나 현실과 동떨어진 말인지 이해하겠는가?

이것 말고도 더 있다. 자신들이 욕설과 육신적인 행동들을 실제로 '구속'

했다고 주장하며 완전한 극단으로 치우친 일부 하이퍼 그레이스 지지자들도 있다. 작지만 헌신적인 추종자들을 가진 한 젊은이는 2013년 3월 "요엘의 군대가 모든 욕설을 정복했기 때문에 우리는 양심의 거리낌 없이 욕설을 축복의 말로 사용할 수 있다. 즐겨라!"라고 주장했다.[59]

「저주의 말로 알려져 있던 단어들Formerly Known as Cuss Words」이라는 제목으로 온라인에 글을 하나 올리고 (그리고 그 단어들을 열거하였다), "이 단어들은 이제 하나님의 군대에 속하였다"라고 말했다. 이어진 문장은, 역겨운 언어들과 성령님을 함께 섞어 놓은 내 평생 읽어본 가장 혐오스러운 문장이었다. 그리고 그는 말했다. "하하, 성령님께서 이 모든 것들을 취하셨다."

2013년 3월 22일 그는 페이스북에 글을 하나 올렸다. "담대한 사람, 자유로운 사람만이 (심한 욕설) 해방을 완성했다. (가벼운 욕설.) 이 강은 자유롭고 담대한 사람들을 통해 계속해서 강력하게 흐를 것이며 이 땅의 모든 문화의 모든 저주들을 씻어낼 것이다."

2013년 3월 26일 그는 또 이런 글을 올렸다. "이 땅의 유일한 사이비 집단은 생각이 새롭게 되지 않은 대다수의 사람들이다. 로마서 8장을 보라. 그들은 생각이 새롭게 된 사람들과 막무가내로 싸운다."

결국 이런 역겨운 미혹을 거절하는 우리 모두는, 생각이 새롭게 되지 않은 대다수의 사람들로 구성된 사이비 집단의 일부로서, 이 청년처럼 생각이 새롭게 된 사람들과 막무가내로 싸우고 있다는 말이다. 하나님의 은혜가 너무 강력하고, 그들은 완전히 거룩하게 되었기 때문에, 죄조차도 더 이상 죄가 아니라고 주장한다. 아마 머지않아(혹시 이미 하지 않았다면) 그들은 성적인 부도덕과 술 취함도 구속되었다고 주장할 것이다.

그런데 나는 일부 나이 들고 경험이 있는 신자들이 페이스북에서 이 '욕설의 구속'이라는 말도 안 되는 것을 진지하게 받아주며, 서로 거룩과 은혜를 논하고, '종교'를 쓰레기 취급하는 대화를 나누는 것을 보았다. 거짓 교사들에 관하여 경고했던 유다의 말이 새롭게 실감이 난다. "우리 하나님의 은혜를 도리어 방탕한 것으로 바꾸고 홀로 하나이신 주재 곧 우리 주 예수 그리스도를 부인하는 자니라"(유 4). NASB 성경은 다음과 같이 말한다. "who turn the grace of our God into licentiousness and deny our only Master and Lord, Jesus Christ." 하나님의 은혜를 방탕한 것으로 바꿀 수도 있다!

소위 '동성애자 그리스도인'이 페이스북에 남긴 다음 글도 마찬가지로 왜곡된 사고방식을 보여준다. "동성애 그리스도인 친구들이 모두 다 누드 비치 방문을 좋아하는 것은 즐거운 일이다. 성에 대한 종교적 억압의 사슬을 끊는 법을 보여주는 것 같다."[60]

아마도 대다수의 하이퍼 그레이스 교사들은 이런 비성경적인 쓰레기같은 내용을 단호하게 거절하리라고 생각한다. 그러나 동시에, 나는 하이퍼 그레이스 지지자들이 '은혜' 메시지 안에 들어있는 바로 그 오류들 때문에 극단으로 치우치는 모습을 보아왔다. 그들에게 이것은 논리적인 경과다.

그래서 우리는 성경적인 은혜—어떤 것도 섞이지 않고, 더해지지 않으며, 과장되지 않고, 희석되지 않은 은혜—만을 붙들어야 한다. 은혜는 너무나 영광스럽고, 강력하고, 삶을 변화시키는 진리이기 때문에 그 내용을 함부로 변경하는 것은 치명적일 수 있다.

CHAPTER 15

십자가에서 다 이루신 예수님

15 십자가에서 다 이루신 예수님

지금으로부터 60여 년 전에 아더 핑크는 '사단의 복음The Gospel of Satan'이라는 강력한 경고의 메시지를 남겼다.

> 수많은 영혼들이 예수님을 먼저 그들의 주로 모시지 않은 채, '구원자Savior'로 '영접했다'라고 믿는 미혹에 빠지고 있다. 하나님의 아들은 분명히 자기 백성을 '그들의 죄에서' 구원하기 위해 오셨다(마 1:21). 죄에서 구원받는 것은 하나님의 권위를 무시하고 경멸하는 것에서 구원받는 것이며 자기를 기쁘게 하는 것과 아집을 버리고, 우리 자신의 길을 버리는 것이다(사 55:7). 그것은 하나님의 권위와 통치에 순복하는 것이며, 주님께서 자신을 다스리시도록 우리를 내어드리는 것이다. 그리스도의 '멍에'를 결코 져 본 적이 없고, 삶의 모든 영역에서 진실로 하나님을 기쁘시게 하려고 부단히 노력하지 않으면서, '예수님께서 다 이루신 일 안에서 안식한다'라고 생각하는 사람은 사단에게 속고 있는 것이다.[1]

핑크는 그 당시 유포된 특정 가르침에 관해 말하고 있었다. 그것은 예수님께서 십자가에서 이미 다 이루셨기 때문에 일단 '구원받았으면' 신자들은 제자로 살 의무가 없다는 가르침이었다. 십자가에서 "다 이루었다"라고 선포하셨기 때문에 결국 신자들이 할 일은 믿는 것뿐이라는 것이다. 믹 무니도 그의 저서 『보라! 예수님께서 다 이루신 일을Look! The Finished Work of Jesus』에서 "우리는 예수님이 진정으로 누구신지 믿기만 하면 되고 또 우리가 하나님 앞에서 행해야 할 의무는 완벽하게 성취되었다는 사실을 믿기만 하면 된다"라고 말한다.[2] 아더 핑크가 맞섰던 바로 그 오류를 상기시키는 말이다!

물론 하나님께서 요구하시는 구원의 '일'은 그 아들을 믿는 것이다(요 6:28~29). 그러나 예수님을 믿음으로써 "우리가 하나님 앞에서 행해야 할 의무가 완벽하게 성취되었다"라는 주장은 절대적으로 잘못된 주장이다. 조셉 프린스는 이 개념을 다음과 같이 표현한다. "당신이 할 일은 더 이상 아무것도 없다는 것을 아는 자답게 사십시오. **믿기만 하면 됩니다!** 주님께서 다 이루셨습니다!"[3]

무니와 프린스, 두 사람의 글 안에 분명히 영광스러운 진리가 담겨 있으며 우리는 마땅히 그 진리들을 묵상해야 한다. 그러나 이미 살펴본 것처럼 이들은 진리를 과장하고 있고 이는 사람들을 오도할 여지가 있다. 바울은 이와 반대로 주장한다. "우리는 그가 만드신 바라 **그리스도 예수 안에서 선한 일을 위하여 지으심을 받은 자**니 이 일은 하나님이 전에 예비하사 우리로 그 가운데서 행하게 하려 하심이니라"(엡 2:10). 나에게는 이 말씀이 확실히 의무로 들린다.[4] (바울이 에베소서 2장 8~9절에서 행위가 아니라 하나님의 은혜에 의하여 믿음으로 말미암은 구원을 격찬하는 맥락에서 이 말을 하고 있음에 주목하라.) 야고보는 "영혼 없는 몸이 죽은 것 같이 행함이 없는 믿음은 죽은 것이니라"(약 2:26)라고 직선적으로 강조하여 말한다.

주님은 피 값으로 우리를 사셨으며 우리에게서 많은 것을 기대하신다. "너희 몸은 너희가 하나님께로부터 받은 바 너희 가운데 계신 성령의 전인 줄을 알지 못하느냐 너희는 너희 자신의 것이 아니라 값으로 산 것이 되었으니 그런즉 너희 몸으로 하나님께 영광을 돌리라"(고전 6:19~20). 우리 안에서 역사하시는 분은 예수님이시지만, 하나님은 우리의 동참을 요구하시며 우리에게 "두렵고 떨림으로 너희 구원을 이루라 너희 안에서 행하시는 이는 하나님이시니 자기의 기쁘신 뜻을 위하여 너희에게 소원을 두고 행하게 하시나니"(빌 2:12~13)라고 말씀하신다.

그런데 사실 일부 교사들이 '예수님께서 십자가에서 다 이루신 일'과 은혜에 관하여 가르칠 때, 극단으로 치우치는 것이 그리 놀랍지는 않다. 십자가의 성취가 너무 아름답고 광대해서 '다 이루신 일'을 부풀리기 쉬운 것이다. 그래서 예수님이 다 이루셨고 구원의 역사가 다 '완성되었다'면 우리가 더할 것은 아무것도 없다는 주장을 빈번하게 보게 된다. 그렇게 되면 믿음을 포함해서 우리가 무엇인가를 더해야 한다면, 예수님의 일은 진정으로 완성된 것이 아니라는 주장까지 쉽게 펴게 되는데, 이런 사고는 더 심각한 성경해석의 오류로 이어질 수 있다.

필립 걸리Philip Gulley와 제임스 멀홀랜드James Mulholland 목사의 가르침이 그렇다. 그들은 은혜 메시지가 정말로 사실이고 예수님께서 십자가에서 온 세상의 죗값을 정말로 다 지불하셨다면, 모든 사람이 구원을 받을 것이라고 믿는다. 그들은 이렇게 말한다.

> 하나님은 내가 심판, 형벌, 진노에 강박적으로 몰두하는 것을 수년 동안 서서히 불식하셨고, 많은 경험을 통해 은혜에 대한 나의 잘못된 이해를 깎아내셨다. 예수님의 삶과 이야기는 그간 내가 무비판적으로 받아들였던 신학 공식들을 서서히 도려냈다. … 이제 나는 새로운 공식을 가지고 있다. 그것은 너무 단순하고 명백하다. 또한 지금까지 알아왔던 진리 중 가

장 강력한 진리다. 이 진리는 나의 삶을 바꾸고 있다. 하나님에 대하여 말하는 방식과 나 자신에 대하여 생각하는 방식이 바뀌고 있으며, 다른 사람을 대하는 태도도 바뀌고 있다. 그것은 말로 다 표현할 수 없는 기쁨과 평강과 소망을 준다. 이 진리는 내가 듣고, 믿고, 나눴던 것들 중에 최고의 소식이다. 나는 **하나님께서 모든 사람을 구원하실 것을 믿는다**.

구원은 천국에 가는 티켓 이상이다. 또 우리의 죄가 씻김 받고 지옥 불에서 건짐 받는 것 이상이며, 무덤에서 부활하여 영생을 얻는 것 이상이다. 구원은 하나님과의 친밀함에 방해가 되는 모든 장애물로부터 자유케 되는 것이다. 하나님께서 우리를 아시는 것처럼 우리도 하나님을 알게 될 것이며, 하나님께서 우리를 사랑하시는 것처럼 우리도 하나님을 사랑하게 될 것이다.[5]

많이 들어본 내용이다. 이 목사들이 주장하는 것은 은혜에 대한 새로운 통찰력으로 인해 삶이 바뀌었고 기쁨과 평강과 소망이 넘치게 되었다는 것이다. 그리고 이것이 교회 안에 회복되어야 할 성경적인 진리라고 확신한다.[6] 이것은 좀 더 극단으로 치우친 점을 제외하고는, 새로운 '은혜 개혁'과 그 양상이 비슷해 보인다.

그 치우침이 옳지는 않지만, 한편으로는 이해가 된다. 2장에서 나는 존 크라우더의 다음 말을 인용한 적이 있다. "복음은 너무 좋아서 믿기 힘들 정도다. 만약 여러분이 들은 메시지가 믿을 수 없을 만큼 너무 좋지 않다면, 그것은 아마도 복음이 아닐 것이다. 정말로 쉽고, 너무 경이롭고, 너무 놀랍다. 말이 안 될 정도로 좋아서 믿기 힘든 것이 바로 복음이다."[7]

이 논리를 따르면 다음과 같은 주장을 쉽게 펼 수 있게 된다. 즉, 지옥이

나 심판이 있다면 복음은 "믿기 힘들 만큼 너무 좋은" 메시지가 **아니며**, 은혜는 사실 은혜가 **아니다**라는 주장이다. 그리고 2장에서 언급한 것처럼, 아버지의 사랑과 예수님의 보혈이 구속할 수 없는 피조 세계는 없다는 주장이 쉽게 나온다(사단과 그 아래 귀신들까지도 구원받을 수 있다는 의미다).

롭 벨Rob Bell 목사도 이와 비슷한 논리를 받아들였다. 즉, '십자가에서 다 이루신 일'에 근거하여 모든 인류가 구속받을 수 있다는 주장을 내세우며 그는 다음과 같이 말한다.

> 그것은 하나님이 우리를 사랑하신다는 분명하고 확실한 진리로 시작한다.
> 우리 마음속 깊이 무엇인가 끔찍하게 잘못되었다 하더라도,
> 세상 곳곳에서 어떤 일이 벌어진다 하더라도,
> 우리의 모든 죄, 실패, 거역, 완고한 마음에도 불구하고,
> 우리에게 일어난 모든 일과 또 우리가 행한 모든 일에도 불구하고,
> 우리는 하나님과 화목케 되었다.
> 끝났다. 완전히.
> 예수님께서 "다 이루었다"라고 말씀하신 것처럼.[8]

은혜라는 이름으로 성경을 이렇게 심각하게 잘못 해석하는 것에 대해 우리는 잠시 멈추어 생각해 보아야 한다. 왜냐하면 하이퍼 그레이스 진영의 친구들이 다른 사람들을 향하여 "은혜 계시를 받지 못했고 십자가에서 다 이루신 일을 이해하지 못한다"라고 너무 쉽게 비난하기 때문이다. 어떤 목사는 나의 신학에 '예수님께서 다 성취하신 것에 대한 이해가 결여되어 있다'라는 글을 올리기도 했다.[9] 어쩌면 내가 이해가 부족한 것이 아니라, 오히려 성경을 제대로 읽고 예수님께서 이루신 일을 정확하게 이해했기 때문

일지도 모른다.

조셉 프린스는 『넘치는 은혜Unmerited Favor』에서 "십자가에서 다 이루신 일"을 40번 이상이나 언급하며 다음과 같이 말한다. "안타깝게도 잘못된 믿음 때문에 예수님께서 십자가에서 다 이루신 일과 은혜의 가치를 경시하는 일부 신자들이 있다."[10] 프린스 목사가 "십자가에서 다 이루신 일"에 관하여 말하는 내용 중 많은 부분 동의하지만(믹 무니의 얘기도 많은 부분 동의한다), 분명히 진리가 과장되고 심지어 오류가 섞여 있음을 다시 한번 지적하지 않을 수가 없다.

앤드류 워맥은 "예수님은 지난 2천 년 동안 단 한 명도 구원하시거나, 치유하시거나, 귀신을 쫓아내시거나, 형통하게 하신 일이 없다. 2천 년 전에 하나님께서 은혜로 공급하신 것이 지금 믿음과 합해질 때 실제가 된다. 믿음은 하나님께서 이미 공급하신 것을 사용하는 것이다."[11] 이탈리아에서 사역하는 선교사 친구 한 명이 그곳에 있는 하이퍼 그레이스 설교자의 메시지를 상세히 적어서 보내왔는데, 이와 비슷한 주장이 담겨있었다. 그 설교의 내용 가운데, 십자가에서 다 이루신 일의 관점에서 볼 때 우리가 해서는 안 될 기도들이 있다는 것이다. 예를 들면 다음과 같다.

- "주님, 잘못했습니다. 용서해주세요."
- "주님, 지미를 오늘 축복해주세요."
- "주님, 진 고모를 구원해주세요."
- "주님, 밥 삼촌을 치유해주세요."

하이퍼 그레이스 교사들은 예수님께서 우리의 완전한 구속을 위한 값을 지불하셨기 때문에 하나님께서 온 세상을 이미 구원하셨고, 용서하셨고,

치유하셨다고 믿는다. 유일하게 부족한 것이 있다면 우리의 믿음이다. 일단 우리가 믿으면, 우리는 구원받고 용서받고 치유받는다. 예수님은 2천 년 동안 누구도 직접 구원하시거나 치유하시거나 형통케 하신 적이 없으신데, 그 이유는 십자가에서 그분의 일을 마치셨기 때문이라는 것이다.

물론 이것은 절대적으로 진리가 아니다. 은혜를 잘못 이해하고 십자가에서 다 이루신 일을 왜곡할 때, 얼마나 극단으로 치우칠 수 있는지를 보여주는 현상일 뿐이다. (위의 가르침이 진리가 아니라고 믿는 사람들에게 참고가 될 만한 성경 구절, 즉 십자가 사건 이후에도 하나님은 여전히 구원하시고, 치유하시고, 용서하신다는 것을 말해주는 말씀들은 다음과 같다. 행 9:34; 딛 3:5~7; 히 7:25; 약 5:15; 요일 5:16.)

"다 이루었다"

그렇다면 예수님께서 요한복음 19장 30절에서 "다 이루었다"라고 말씀하실 때 무슨 의미로 말씀하신 것인가? 그 구절은 사실 헬라어로 'tetelestai'라는 한 단어로서, '끝내다, 성취하다'라는 의미를 가진 teleo라는 어근에서 나온 단어다. 한번 주의 깊게 보라. 이 동사가 구체적으로 tetelestai라고 쓰인 것은 신약성경 전체에서 두 번뿐인데, 둘 다 요한복음 19장에 나온다. 그리고 그 두 번이 세 구절 안에 들어있다. "그 후에 예수께서 모든 일이 **이미 이루어진 줄 아시고** (성경을 응하게 하려 하사) 이르시되 '내가 목마르다' 하시니 … 예수께서 신 포도주를 받으신 후에 이르시되 '**다 이루었다**' 하시고 머리를 숙이니 영혼이 떠나가시니라"(28,30절).

이해하겠는가? teleo라는 동사가 신약성경에 28회나 등장하지만, tetelestai라는 형태로는 두 번 밖에 나오지 않으며, 그것도 서로 가까이 같은 문맥 안에서 사용됨으로써 의미는 더욱 명확해진다. 예수님은 "임무를 다 성취했다! 해야 할 일을 전부 끝냈다! 다 이루었다!"라고 말씀하고 계신다.

G. R. 비즐리-머리G. R. Beasley-Murray는 요한복음 주석에서 이것을 다음과 같이 설명하고 있다.

> 포도주를 마신 후에, 예수님은 그의 마지막 말 헬라어 tetelestai를 제자들에게 말씀하셨다. "It is finished(다 끝났다)"라는 번역은 그 의미를 절반만 전달해준다. teleo라는 동사는 기본적으로 (자기 자신이든 다른 사람이든) 어떤 사람의 의지를 "수행하는carry out" 것이며, 의무를 완수하거나 종교적인 행위를 수행하는 것이다. "It is accomplished(다 성취되었다)"라는 번역이 그런 측면을 잘 보여준다. 그 용어의 시간적인 의미와 신학적인 의미, 둘 다 여기에 확실하게 담겨있다. "따라서 예수님의 마지막 말씀은 주님의 고난과 죽음을 이 땅에서 순종으로 행하신 일의 마지막 결론과 정점으로 해석해주며(성자 예수님의 순종은 고난과 죽음을 통해 가장 깊이 표현된다), 또 아버지께서 이를 통해 아들을 영화롭게 하시는 것을 볼 수 있게 해준다."[12]

이와 비슷하게 대표적인 신약 학자 D. A. 카슨D. A. Carson은 다음과 같이 말한다.

> 이 단어의 어근인 동사 teleo는 임무를 수행하는 것을 의미하며, 종교적인 배경에서는 종교의 의무를 수행한다는 의미가 함축되어있다. 따라서 십자가가 임박한 상황에서 그전에도 주님은 이렇게 말씀하셨다. "아버지께서 내게 하라고 주신 일을 내가 이루어(teleiosas; 다시 말해 성취하여) 아버지를 이 세상에서 영화롭게 하였사오니"(요 17:4). 세상에 있는 자기 사람들을 사랑

하시되 **끝까지**|eis telos—시간적으로 마지막까지만이 아니라 아버지의 명령을 따라 전심으로 온전히—예수님은 그들을 사랑하셨다. 그리하여 십자가에서 마지막으로 "다 이루었다|It is accomplished!"라고 외치신 것이다.[13]

신약성경 학자이자 헬라어 학자인 B. F. 웨스트코트|B. F. Westcott는 다음과 같이 말한다.

> 다 이루었다: 28절을 참조하라. 주님의 지상에서의 삶은 결론에 도달했다. 메시아에 대한 예언적인 묘사의 모든 본질적인 내용은 다 성취되었으며(행 13:29), 죄로 인한 고난을 마지막까지 다 견디셨다. 모든 '목적'을 다 이루셨으며, 아직 완성되지 않았거나 이후에 이루어야 할 일은 아무것도 없었다. 명확한 주어를 언급하지 않음으로써, 독자들에게 지금 성취되어야 할 모든 일을 더욱 상기시킨다. 누가복음 18장 31절, 22장 37절, 그리고 디모데후서 4장 7절을 참조하라.[14]

이와 비슷하게 마르쿠스 다즈|Marcus Dods는 다음과 같이 썼다.

> "Tetelestai(다 이루었다)"라는 외침은 생명을 다 소진한 상태에서 숨을 헐떡거리며 하신 마지막 말씀이 아니었다. 그것은 주님께서 자신의 일을 다 이루셨고 하나님의 모든 목적을 성취하셨다는 의미다. 즉 하나님을 사람에게 알리시고 또 하나님을 사람과 화목케 하시기 위한 모든 일을 이제 다 이루셨다는 분명한 생각을 표현하신 의도적인 말씀이셨다(요 17:4).[15]

그렇다. 하나님이 주신 사명은 성취되었다! 예수님은 그것을 다 이루셨다! 십자가에서 모든 죄값은 치뤄졌고, 모든 악한 행위가 심판을 받았으며, 우리의 구속을 위한 완전한 값이 지불되었다. 그것은 예수님의 보혈의 능력이며, 하나님의 아들의 영광이고, 아버지의 깊은 사랑이다. 이것은 전적으로 우리를 위한 것이며, 우리가 영원히 주님과 함께 있고 주님의 성품에 참여할 수 있도록 하기 위함이다. 누가 이런 사랑의 이야기를 상상이나 할 수 있겠는가?

"다 이루었다"에 대해 다음과 같은 해석들까지 굳이 살펴볼 필요는 없는 것 같다. 예컨대 "예수님께서 돌아가실 때 '다 이루었다'고 말씀하셨는데, 그것은 옛 언약이 이제 성취되었으며 폐기되었다는 의미다."[16] 또는 "예수님은 십자가 위에서 히브리어로 말씀하셨으며, 따라서 '다 이루었다'고 하셨을 때 그것은 사실 '완전히 지불된paid in full'이라는 뜻을 가진 히브리어 'nishlam'이었다."[17] (예수님은 분명히 십자가 위에서 아람어나 히브리어 중 한 언어로 말씀하셨으며, 헬라어는 아니었다.) 이런 주장이 부분적으로라도 진실이건 아니건 간에[18] 둘 다 요한이 말하고 싶었던 내용은 아니다. 예수님은 완벽하게 하나님이 계획하신 삶을 사셨고, 완벽하게 하나님이 계획하신 죽음을 죽으셨다. 다 이루신 것이다! 존 레이크John G. Lake(1870~1935)가 다음과 같이 말한 데에는 이유가 있다. "설교를 하거나 가르칠 때 항상 사람들에게 예수님의 승리에 대한 의식을 심어주어야 한다." 아멘!

그런데 일부 하이퍼 그레이스 교사들은 딱 그것으로만 만족해 한다. 이 장 앞부분에서 보았듯이 은혜에 대한 진리는 부풀려질 수 있다. 특히 보편적 화해론universal or ultimate reconciliation의 한 형태인, 모든 인간들이 궁극적으로 구원받는다는 개념을 가르치는 롭 벨과 같은 사람들은 이를 잘 보여준다. 대다수의 하이퍼 그레이스 교사들이 '십자가에서 다 이루신 일'에 관한 위 오류는 받아들이지 않았다 하더라도 그 외의 다른 오류들은 받아들인 것 같다. 예를 들면, 예수님께서 다 이루셨기 때문에 '하나님은 그리스도인들에게 아무것도 요구하시지 않는다', '우리가 하나님의 마음을 상하게 하거나 실망시킬 수 있는 것은 아무것도 없다', '하나님은 우리가 거룩 가운데 성장하기를 요구하시지 않는다' 등의 주장이다.

일부 하이퍼 그레이스 교사들은 이것이 바울 시대 이래로 알려지지 않은 새로운 계시라고 주장하지만, 흥미로운 것은 이런 가르침이 결코 새롭지 않다는 것이다. 동일한 가르침이 수세기 동안 수없이 등장했다가 말씀으로 바로잡아진 다음, 수십 년 후에 '새로운 계시'인 것처럼 다시 등장하기를 반복해왔다. 아더 핑크는 이 주제를 그의 글에서 여러 번 다루었으며,[19] J. C. 라일도 거룩에 관한 그의 책에서 이것을 다루었다.[20] 찰스 스펄전은 '전가된 의imputed sanctification'라는 표제로 이 주제를 다루면서, 1771년에 사망한 존 길John Gill도 이 주제를 이미 다룬 바 있다고 말한다.[21] 이것은 스펄전, 라일, 핑크의 시대 이전에도 또 이후에도 여러 가지 다른 형태로 계속 등장해왔다. 전도서 저자가 오래전에 말한 것처럼 "해 아래에는 새것이 없다"(전 1:9).

십자가에서 모든 값을 지불하신 예수님

잘못된 가르침에 관한 논의는 이것으로 충분한 것 같다. 이제 우리의 모든 초점을 십자가에 맞추고자 한다. "그리스도께서도 단번에 죄를 위하여 죽으사 의인으로서 불의한 자를 대신하셨으니 이는 우리를 하나님 앞으로 인도하려 하심이라 육체로는 죽임을 당하시고 영으로는 살리심을 받으셨으니"(벧전 3:18). "하나님이 죄를 알지도 못하신 이를 우리를 대신하여 죄로 삼으신 것은 우리로 하여금 그 안에서 하나님의 의가 되게 하려 하심이라"(고후 5:21). "우리를 거스르고 불리하게 하는 법조문으로 쓴 증서를 지우시고 제하여 버리사 십자가에 못 박으시고"(골 2:14).[22]

주님은 십자가에서 "통치자들[귀신들]과 권세들을 무력화하여 드러내어 구경거리로 삼으시고" 죽음과 부활을 통해 그들을 이기셨다(골 2:15). 또한 "친히 나무에 달려 그 몸으로 우리 죄를 담당하셨으니 이는 우리로 죄에 대하여 죽고 의에 대하여 살게 하려 하심이라 그가 채찍에 맞음으로 [우리는] 나음을 얻었나니 [우리가] 전에는 양과 같이 길을 잃었더니 이제는 [우리] 영혼의 목자와 감독 되신 이에게 돌아왔느니라"(벧전 2:24~25).

이것은 믿기 힘들 정도로 좋은 소식이다. 이것을 잘못된 방향으로 부풀리는 것은 이 진리의 격을 떨어뜨리는 것이다. 바울은 2천 년 전에 말했다.

> 우리가 아직 연약할 때에 기약대로 그리스도께서 경건하지 않은 자를 위하여 죽으셨도다 의인을 위하여 죽는 자가 쉽지 않고 선인을 위하여 용감히 죽는 자가 혹 있거니와 우리가 아직 죄인 되었을 때에 그리스도께서 우리를 위하여 죽으심으로 하나님께서 우리에 대한 자기의 사랑을 확증하셨느니라 그러면 이제 우리가 그의 피로 말미암아 의롭다 하심을 받았으니 더욱 그로 말미암아 진노하심에서 구원을 받을 것이니 곧 우리가 원수 되었을 때에 그의 아들의 죽으심으로 말미암아 하나님과 화목하게 되었은즉 화목하게 된 자로서는 더욱 그의 살아나심으로 말미암아 구원을 받을 것이니라(롬 5:6~10)

다음 구절에서 '더욱'이라는 단어에 주목하자.

> 그러나 이 은사는 그 범죄와 같지 아니하니 곧 한 사람의 범죄를 인하여

많은 사람이 죽었은즉 **더욱** 하나님의 은혜와 또한 한 사람 예수 그리스도의 은혜로 말미암은 선물은 많은 사람에게 넘쳤느니라 … 한 사람의 범죄로 말미암아 사망이 그 한 사람을 통하여 왕 노릇 하였은즉 **더욱** 은혜와 의의 선물을 넘치게 받는 자들은 한 분 예수 그리스도를 통하여 생명 안에서 왕 노릇 하리로다(롬 5:15,17)

십자가에 관한 모든 것이 '더욱'이라고 외친다! 하나님의 사랑에 관한 모든 것이 '더욱'이라고 외친다! 분명히 이 '더욱'은 우리에게 충분하고도 남는다는 뜻이다!

우리는 죄를 지었으나 주님은 우리를 위해 죽으셨다.
우리는 유죄 선고를 받았으나 주님이 대신 형벌을 받으셨다.
우리는 마땅히 죽어야 했으나 주님이 그의 생명을 주셨다.
우리는 주님을 거절했으나 주님은 우리를 용납하셨다.
우리는 그 손에 못을 박았으나 그 못이 우리의 영혼을 구원했다!

이제 주님 안에 우리에게 필요한 모든 것이 있고, 주님을 통해 우리는 아버지의 명령을 수행할 수 있다. 또 주님과 함께 나아가 세상을 바꿀 수 있다. 이것으로 충분하지 않은가?

우리의 죄는 십자가에서 단번에 해결되었으며, 더 이상 죄를 위한 다른 제사나 제물이 필요 없다. 때로 실수하더라도 십자가를 다시 바라보면 우리를 구원하신 그 보혈이 우리를 새롭게 씻어 주신다. 우리는 정죄감에서 벗어나 주님을 기쁘시게 하는 삶을 살며 계속 앞으로 나아가면 된다.

이제 우리가 새롭게 알게 된 것이 또 있다. 주님께서 죽으셨을 때 우리도 주님과 함께 죽었고, 주님께서 부활하실 때 우리도 새로운 생명으로 다시 살리심을 받았기 때문에, 우리는 자신을 죄에 대하여 죽은 자요 하나님께 대하여 살아있는 자로 여긴다(롬 6:6~12). 이것이 복음의 능력이다.

예수님께서 아버지의 우편으로 승천하셨을 때, 주님은 그의 성령을 우리에게 보내 주셨다. 성령님은 이제 우리 안에 거하시고 우리를 인도하시며 가르치사, 실수에서 돌이켜 진리로 향하게 하신다. 또한 우리와 거룩한 교제를 나누시고, 주님의 거룩한 사역을 감당하도록 우리에게 능력을 베푸신다. 이것은 완전하고 총체적인 하나님의 은혜다. 주님은 이 모든 것의 값을 십자가에서 지불하셨다. "다 이루었다"라고 선포하시며, 온 세상의 구원자께서 하나님 아버지가 주신 사명을 완벽하게 성취하셨다.

그리고 주님은 우리에게 이 부르심을 주셨다.

> 그의 신기한 능력으로 생명과 경건에 속한 모든 것을 우리에게 주셨으니 이는 자기의 영광과 덕으로써 우리를 부르신 이를 앎으로 말미암음이라 이로써 그 보배롭고 지극히 큰 약속을 우리에게 주사 이 약속으로 말미암아 너희가 정욕 때문에 세상에서 썩어질 것을 피하여 신성한 성품에 참여하는 자가 되게 하려 하셨느니라(벧후 1:3~4)

이 얼마나 영광스러운 부르심인가! 이제는 그 어떤 것도 우리를 그의 사랑에서 끊을 수 없다. 우리가 믿음에 거하고 터 위에 굳게 서서 [우리가] 들은 바 복음의 소망에서 흔들리지 아니하면(골 1:23) 주님께서 친히 우리를 끝까지 견고하게 지키신다고 약속하셨다. 우리 안에서 착한 일을 시작하신 이가 그리스도 예수의 날까지 이루실 것이다(빌 1:6). "능히 너희[우리]를 보호하사 거침이 없게 하시고 너희[우리]로 그 영광 앞에 흠이 없이 기쁨으로

서게 하실 이 곧 우리 구주 홀로 하나이신 하나님께 우리 주 예수 그리스도로 말미암아 영광과 위엄과 권력과 권세가 영원 전부터 이제와 영원토록 있을지어다 아멘"(유 24~25).

이것으로 충분하지 않은가? 충분하고도 남는 약속이 아닌가?

때문에 우리는 영원토록 십자가에서 완성된 일을 찬양할 것이다. 바울의 고백으로 이 책을 마무리 짓고자 한다. "그러나 내게는 우리 주 예수 그리스도의 십자가 외에 결코 자랑할 것이 없으니 그리스도로 말미암아 세상이 나를 대하여 십자가에 못 박히고 내가 또한 세상을 대하여 그러하니라"(갈 6:14). 우리도 바울처럼 십자가 만을 자랑하기를 소망한다.

부록

한번 구원은 영원한 구원인가

부록

한번 구원은 영원한 구원인가

하나님의 자녀가 구원을 잃어버릴 수 있는지에 관하여 복음주의 안에 크게 세 가지 견해가 있으며, 이 논쟁에 관하여 수없이 많은 글이 있다. 그것을 어떻게 짧은 몇 페이지로 여기에 다 정리할 수 있겠는가?

일단 세 가지 주요 복음주의적 견해를 한번 살펴보자.

1. 일반적으로 '한번 구원은 영원한 구원이다'라고 알려진 가르침이다. 일단 진실로 구원받았다면, 어떻게 살고 무엇을 하든 관계없이, 심지어 예수님을 부인하거나 예수님께 등을 돌려도 구원을 잃을 수 없다고 주장한다. 죄로 인해 생명이 단축되고 상이 줄어들 수는 있겠지만, 여전히 구원은 잃지 않는다.

2. '성도의 견인perseverance of the saints'이라는 가르침이다. 참된 신자는 궁극적으로 주님에게서 돌아서지 않을 것이라고 주장한다. 따라서 당신이 거듭났다고 주장하면서 주님을 부인하고 죄가운데 죽는다면, 당신은 결코 구원받은 적이 없는 사람이다.

3. 마지막 가르침은 구체적인 명칭은 없다. 이것은 참된 신자라 하더라도 주님을 배반하고, 하나님의 은혜를 거절하며, 구원을 잃는 길을 선택할 수 있다는 주장이다. 지금은 예수님 안에서 안전하다 하더라도, 궁극적으로 그분을 거절한다면 우리는 안전한 자리를 잃게 될 것이다.

첫 번째 견해를 고수하는 이들은 그 어떤 것도 우리를 하나님의 사랑에서 끊을 수 없다고 말하는 로마서 8장 28~39절 같은 구절이나, 예수님의 양들은 영생을 얻고 아무도 그들을 주님의 손에서 빼앗을 수 없다고 말하는 요한복음 10장 26~29절 같은 구절을 근거로 삼는다. 두 번째 견해를 고수하는 이들은 같은 구절들을 강조하지만, 동시에 교회를 떠난 이들은 애초부터 진정으로 교회에 속하지 않았었다고 말하는 요한일서 2장 19절 말씀이나, 계속해서 죄 가운데 사는 이들은 결코 주님을 알지 못한 이들이었다고 말하는 요한일서 3장 6절 같은 구절을 언급한다. 세 번째 견해를 고수하는 이들은 우리가 끝까지 믿음으로 인내하면 우리의 구원은 확실하다고 말하는 골로새서 1장 21~23절 같은 구절이나, 주님을 알고 난 후 믿음에서 돌아서는 것보다 차라리 주님을 결코 알지 못하는 것이 더 낫다고 말하는 베드로후서 2장 20~22절 구절을 근거로 삼는다.

대부분의 하이퍼 그레이스 교사들은 단호하게 '한번 구원은 영원한 구원이다' 교리(첫 번째 견해)를 고수하는데, 간혹 일부는 '성도의 견인' 교리(두 번째 견해)를 고수하는 것처럼 보이며, 다음과 같이 주장한다. "참된 그리스도인들은 그리스도와 한 영이며, 결코 주님을 거절할 수 없다. 그것은 그야말로 불가능하다! … 양심의 가책 없이 그리스도를 거절하고, 더 이상 믿지 않고, 하나님에 대한 거역의 삶으로 빠져들 수 있는 사람은, 그가 뭐라고 증언하든지 관계없이, 결코 거듭난 적이 없는 사람이다. 진짜 그리스도인은 예수님을 부인할 수 없으며, 진짜 불신자들은 주님과 함께 거할 수 없다."[1]

물론 하이퍼 그레이스 교사들이 이와 같은 견해를 고수하는 것에는 모순이 있다. 왜냐하면 그것은 결국 신자들의 '행위performance'에 다시 강조를 두기 때문이다. 다시 말하면 "신자라고 주장하고 바르게 살면 구원받은 것이다. 그러나 신자라고 주장하면서 하나님에게서 돌아선다면 결코 구원을 받지 못한 것이다." 이는 하이퍼 그레이스 지지자들이 절대 의도하지 않을 논지지만, 앞서 언급한 주장들에 대한 논리적 결론은 그렇다.

그러면 어떻게 정리해야 하는가? 아주 간단하다. 하나님의 약속은 신자들, 즉 주님을 따르기 원하고 삶이 주님께 속한 자들에게 주신 것이다. 죄를 선택하고 주님의 주되심을 거절하는 사람들에게 즈신 것이 아니다. 우리가 궁극적으로 주님을 거절하고 거역할 때 하나님이 우리를 영생으로 축복하신다는 약속은 성경에 단 한 구절도 없다. 그렇게 주장하는 것은 사람들에게 거짓된 확신을 심어주는 것이다(다시 말해, 첫 번째 견해는 진리가 아니다).[2]

계속 완고하게 주님을 부인하며, 고의적이고 탄복적인 죄 가운데 살면서 회개하지 않는 죄인에게 영생과 축복의 확신을 주는 구절이 성경에 단 한 구절이라도 있다면 나에게 보여주길 바란다. 그러면 내가 틀렸다는 것을 모든 이에게 공개적으로 인정할 의향이 있다. 단 한 구절이라도 있다면!

물론 하나님께로 돌이키는 자에게 긍휼과 용서를 약속하는 구절이나 우리를 지키시는 하나님의 능력에 대한 확신을 주는 구절들은 많이 찾을 수 있을 것이다. 그러나 그런 약속들은 예수님의 양들, 즉 주님의 음성을 거절하고 주님을 멀리하는 자들이 아닌 그의 음성을 듣고 그를 따르는 자들(요 10:27)에게 주신 것임을 유념하라. 요컨대 두 번째, 세 번째 견해는 옳을 수 있다. 그러나 첫 번째 견해는 아니다.

실제적인 측면에서 이런 결론이 나온다. 주님을 신뢰하고 주님을 섬기기 원한다면, 그리고 주님께서 당신을 결코 떠나지 않고 버리지 않으시며 끝까지 지키신다는 것과 어떤 것도 하나님의 사랑에서 당신을 끊을 수 없다는 절대적인 확신을 주셨다면, 주님 안에 안연히 거하라. 주님은 당신의 믿음의 주요, 온전하게 하시는 분이시다!

그러나 주님을 거절하고 회개하지 않고 계속 죄 가운데 산다 할지라도 한번 구원받았기 때문에 여전히 구원받았다고 믿는다면, 우선 자기 자신을 속이는 것이며, 하나님의 심판 아래 떨어질 수 있다(그래서 예수님도 바울도 우리에게 미혹을 받지 말라고 경고하셨다).[3] 주님을 떠났다면, 처음부터 결코 구원받은 적이 없었거나 아니면 당신의 구원을 잃어버린 것이다. 지금 다시 주님께 돌아가라. 주님은 속히 용서해 주시며, 자비를 베풀기를 기뻐하시고, 당신을 용납하사 예수님을 통해 생명과 소망과 삶의 목적을 회복시켜 주신다. 거듭 말하지만, 영생의 약속은 주님의 음성을 듣고 주님을 따르는 양들에게만 주어진 것이다.

그런데 애초에 왜 주님으로부터 멀어지려고 하겠는가? 우리에게 필요한 모든 것이 주님 안에 있다. 주님 안에만 생명—참되고 풍성한 생명—이 있다. 주님의 놀라운 사랑을 깊이 들이마시고, 우리 안에 착한 일을 시작하신 주님께서 그것을 마치실 것을 확신하자(빌 1:6). 죄를 가지고 장난치며 주님으로부터 멀어져 가고 있다면, 근신하며 진지하게 십자가로 돌아가자. 우리를 씻어 주시는 예수의 보혈은 언제나 능력이 있다!

주석과 출처

서문

1. Philip Yancey, *What's So Amazing Grace?* (Grand Rapids, MI: Zondervan, 1997), 45쪽.
2. 다음 책 205쪽에도 인용되어 있다. Michael L. Brown, *Go and Sin No More: A Call to Holiness* (Concord, NC: EqualTime Books, 1998, 2013).
3. 내가 쓴 글을 참조하라. "Recovering the Lost Letter of Jacob," ChrismaNews.com, March 11, 2013, http://www.charismanews.com/opinion/38591-recovering-the-lost-letter-of-jacob (August 27, 2013 검색).

1 내가 은혜를 사랑하는 이유

1. C. Vitz, *Faith of the Fatherless: The Psychology of Atheism* (Dallas: Spence Publishing Company, 1999); John P. Koster Jr., *The Atheist Syndrome* (Brentwood, TN: Wolgemuth & Hyatt, 1989) 참조.
2. 나의 저서 *Go and Sin No More*의 "It's All About Grace", "No Condemnation", "The Letter Kills", "God's Cure for Dirty Feet"와 같은 장에서 이 깨달음들을 나누었다. 이 책을 통해 율법주의에서 벗어나게 되었고, 은혜를 알게 되었으며, 심지어 율법적이고 은혜가 없는 기독교 때문에 주님을 떠났다가 다시 주님께 돌아오게 되었다고 지난 수년간 독자들이 보내온 많은 간증들은 나에게 큰 축복이 되었다. 자유케 하는 은혜의 능력을 내가 정말로 이해하고 있는지 알기를 원한다면 *Go and Sin No More*를 읽어보고 결론을 내리기 바란다.

2 새로운 '은혜 개혁'이 정말 있는가?

1. Clark Whitten, *Pure Grace: The Life Changing Power of Uncontaminated Grace* (Shippensburg, PA: Destiny Image, 2012), 25~26쪽.
2. 위의 책, 29쪽.

3. 위의 책, 28쪽, 인용자 강조.

4. Robert. A. J. Gagnon, "Cheap Grace Masquerading as Pure Grace: The Unfortunate Gospel of Rev. Clark Whitten – Alan Chambers' Mentor, Pastor, and Chair of His Board," RobGagnon.net, September 8, 2012, http://www.robgagnon.net/Clark%20Whitten%20Critique.htm (August 27, 2013검색).

5. John Crowder, *Mystical Union* (Santa Cruz, CA: Sons of Thunder, 2010), 17쪽. 일부 하이퍼 그레이스 리더들은 John Crowder의 견해를 별로 중요하지 않게 여기기도 하지만, 실제로 많은 하이퍼 그레이스 그룹이 그를 받아들이고 있고(이 책에 인용된 많은 저서의 추천인으로 그가 등장하는 것에서도 알 수 있듯이) 가끔 더 극단적인 성향을 보임에도 불구하고 그의 견해는 상당히 대표성을 띠며 여러 핵심적인 하이퍼 그레이스 교사들과 함께 일을 하고 있다.

6. 위의 책, 94쪽, 원저자 강조.

7. 위의 책, 24쪽.

8. Andre Van der Merwe, *GRACE, the Forbidden Gospel: Jesus Tore the Veil. Religion Sewed It Back Up* (Bloomington, IN: WestBow, 2011), 11장.

9. 위의 책, 17장.

10. 위의 책, 추천의 글.

11. 위의 책, 추천의 글.

12. 위의 책, 88쪽.

13. *Destined to Reign: The Secret to Effortless Success, Wholeness and Victorious Living* (Tulsa, OK: Harrison House, 2007), Joseph Prince는 이 책에서 "복음 혁명"이라는 단어를 거의 8회 언급한다. 예를 들어 8장 317쪽을 보라.

14. Whitten, *Pure Grace*, 추천의 글.

15. Van der Merwe, *GRACE*, 20장.

16. Charles Spurgeon, "The Doctrines of Grace Do Not Lead to Sin," 1883년 8월 19일 설교, The Spurgeon Archive, http://www.spurgeon.org/sermons/1735.htm (August 27, 2013 검색).

17. Michael L. Brown, *Revolution in the Church* (Grand Rapids, MI: Chosen Books, 2002).

18. 반 유대주의에 관한 루터의 글은 다음을 참조하라. Michael L. Brown, *Our Hands Are Stained With Blood: The Tragic Story of the "Church" and the Jewish People* (Shippensburg, PA: Destiny Image, 1992).

19. Paul Ellis, *The Gospel in Ten Words* (n.p.: KingsPress, 2012), 28쪽.

20. Steven J. Lawson, *The Unwavering Resolve of Jonathan Edwards* (Lake Mary, FL: Reformation Trust, 2008), 11장.

21. 위의 책, 13장.

22. 위의 책, 11장.

23. Romell D. Weekly, *The Rebuttal: A Biblical Response Exposing the Deceptive Logic of Anti-Gay Theology* (n.p.: Judah First Publishing, 2011), 헌사.
24. M. W. Sphero, *The Gay Faith: Christ, Scripture, and Sexuality* (New Orleans: Herms Press, 2011), 6쪽.
25. 위의 책, 27쪽; 더 많은 예를 보기 원하면 내가 쓴 다음 책을 참조하라. *Can You Be Gay and Christian?* (Lake Mary, FL: FrontLine, 2014).
26. Sphero, *The Gay Faith*, 45~46쪽.
27. Crowder, *Mystical Union*, 154쪽.
28. Philip Gulley and James Mulholland, *If Grace Is True: Why God Will Save Every Person* (New York: Harper Collins, 2009).

3 은혜라는 이름으로 벌어지는 비방과 분열

1. Rob Rufus, *Living in the Grace of God* (United Kingdom: Authentic Media, 2007), 14쪽.
2. 위의 책.
3. Whitten, *Pure Grace*, 121쪽.
4. 물론 정통 유대교도들은 바리새인들이 신약성경에서 안 좋은 평판을 받은 것을 알고 있다. 그러나 그들은 지금까지도 존경심을 가지고 바리새인들을 회고하며, 매우 영적이고 헌신적인 사람들이었다고 믿는다. 이것을 신약성경과 부합하게 언급하면 다음과 같이 말할 수 있다. 1) 모든 바리새인들이 외식하는 자는 아니었다. 그리고 2) 예수님은 사람의 마음을 꿰뚫어 보시기 때문에, 우리가 겉으로는 괜찮아 보일지라도, 우리 삶의 많은 영역 가운데 있는 외식을 주님은 드러내신다.
5. Whitten, *Pure Grace*, 96쪽.
6. 위의 책, 106쪽.
7. 위의 책, 111쪽.
8. 위의 책, 118쪽.
9. 위의 책, 20쪽.
10. Rufus, *Living in the Grace of God*, 6쪽.
11. Whitten, *Pure Grace*, 147쪽. 인용자 강조.
12. http://www.charismanews.com/opinion/38821-a-dangerous-and-deadly-deception에 실린 나의 글 "A Dangerous and Deadly Deception"에 대한 Joel232의 댓글(March 27, 2013 게시). 전형적인 댓글 내용이어서 여기 인용하였다.
13. "종교 기득권층"이라는 용어 사용에 관하여는 내가 쓴 책 *Revolution in the Church*의 182~203쪽을 참조하라.

14. Whitten, *Pure Grace*, 23쪽, 인용자 강조.
15. David Fish, 저자와 2013년 3월 21일 이메일 교신.
16. Ellis, *The Gospel in Ten Words*, 147쪽.
17. 위의 책.
18. 위의 책, 140, 143~144쪽.
19. *Ministry Today*에 실린 나의 글 "A Compromised Gospel Produces Compromised Fruit"(March 12, 2013 게시)에 대한 #14 댓글(March 14, 2013 게시). http://ministrytodaymag.com/index.php/ministry-news/main/19922-the-fruit-of-a-compromised-gospel (September 3, 2013 검색).
20. Steve McVey, *52 Lies Heard in Church Every Sunday:…And Why the Truth Is So Much Better* (Eugene, OR: Harvest House Publishers, 2011), 47쪽. 나는 그가 쓴 내용에 대해 많은 부분 동의한다. 그러나 내가 보기에 그가 강력하게 주장하는 진리가운데 일부는 성경에 대한 아주 잘못된 해석의 오류가 섞여 있다. 더 많은 내용을 알기 원하면 6장과 14장을 참조하라.
21. Prince, *Destined to Reign*, 83쪽.
22. Jeff Turner and Sound of Awakening Ministries, April 4, 2013, http://m.facebook.com/272360779549171/timeline/story?ut=2&hash=-318993346053376153&wstart=0&wend=1367391599&ustart&__user=1065236126 (September 3, 2013 검색). "Michael Brown이나 Mike Bickle같은 사람들은 '은혜의 메시지가 위험하고 사람들을 죄로 이끈다'라고 주장하는데 이것은 전적으로 터무니없는 말이다"라고 그는 언급했다.
23. EscapetoReality.org의 "Grace Stories"에 대한 댓글(February 23, 2013 게시). http://escapetoreality.org/resources/grace-stories/#comment-11183 (September 3, 2013 검색).
24. David Fish, "An Open Letter to the 'Finished Works' Movement," *Revival Culture*(blog), January 23, 2013, http://revivalculture.wordpress.com/2013/01/23/an-open-letter-to-the-finished-works-movement/ (September 3, 2013 검색).
25. John Crowder,Facebook post, March 23, 2013, http://www.facebook.com/thenewmystics?fref=ts (September 3, 2013 검색).
26. Van der Merwe, *GRACE*, 27쪽.
27. D. Martyn Lloyd-Jones, *Romans: Exposition of Chapter 6: The New Man* (Carlisle, PA: Banner of Truth, 1972), 8~9쪽.
28. 분명히 말하지만 나는 성경적인 은혜와 확신을 설교한 것 때문에 교회 안팎의 사람들(사이비, 독실한 유대교도, 다른 신자들 포함)로부터 죄에 대한 허가증을 준다는 비난을 받아왔다. 따라서 내 입장을 정당화하기 위해 Lloyd-Jones나 Spurgeon의 말을 인용할 수도 있지만, 그렇다고 그것이 내가 옳다는 증거라도 되는가? 절대 그렇지 않다. 잘못된 비난을 받는 것 자체가 바른 교리를 가르치고 있다는 증거가 될 수는 없다. 성경에 기록된 하나님 말씀만이 우리의 옳음을 입증해준다.
29. Facebook.com, Robert A. Gagnon, http://www.facebook.com/robert.a.gagnon.56?-fref=ts&ref=br_tf (September 30, 2013 검색).
30. Van der Merwe, *GRACE*, 27쪽.

31. Prince, *Destined to Reign*, 20쪽. 원저자 강조.
32. Crowder, *Mystical Union*, 9쪽, 원저자 강조.
33. 위의 책, 10쪽.

4 하나님은 미래의 죄까지 이미 용서하셨는가

1. Ryan Rufus, "Totally Forgiven! Totally United! Totally Filled!", sermon preached at the Grace and Glory Conference, 2011; 녹취 내용은 다음 블로그에 게시되어 있다. "Ryan Rufus on Mortifying Sin", Ryan Rufus (blog), June 10, 2011 http://ryanrufus.blogspot.com/2011_06_01_archive.html (September 3, 2013 검색); 오디오 파일 링크는 다음과 같다. http://www.citychurchinternational.net/2011.html (September 3, 2013 검색).
2. Joseph Prince, *Unmerited Favor* (Lake Mary, FL: Charisma House, 2010), 195쪽.
3. Prince, *Destined to Reign*, 107쪽.
4. Rufus, "Totally Forgiven! Totally United! Totally Filled!"
5. 위의 설교. Rufus 목사는 또한 다음과 같이 언급한다. "당신의 죄에서 눈을 떼고 예수님께 시선을 고정시켜라! 그렇게 하면 할수록 죄를 극복하게 될 것이다." 그는 이렇게 그리스도인들에게 은혜로 죄를 극복하도록 강력하게 격려한다.
6. 위의 설교.
7. 다음 책에서는 히브리서 10장 17절을 어떻게 번역하는지 보자. Francois Du Toit's *Mirror Bible* (Kindle Edition; n. p.: Mirror Word Publishing, 2012). "이것은 최종적이다. 나는 너의 죄와 악행의 기록을 지웠으며 더 이상 그것을 기억하지 않는다." 그리고 다음 설명이 삽입되어 있다. "인간에 대한 하나님의 언급 가운데 어떤 것도 인간에게 죄를 상기시키지 않는다."
8. 앞서 인용한 말처럼, Prince 목사는 이 개념을 일축해버리며 다음과 같이 말한다. "하나님의 용서는 할 부가 아니다."
9. 고린도후서 5장 18~20절의 의미에 대해서는 7장 미주 27을 참조하라.
10. 요한의 세례 때 일어났던 자세한 내용은 마가복음 1장 4~5절과 누가복음 3장 7~14절을 참조하라.
11. 어떤 하이퍼 그레이스 설교자에게 요한계시록 2~3장에 나오는 일곱 교회에 대한 예수님의 말씀을 어떻게 해석하는지 묻자 다음과 같이 대답했다. "요한계시록 위에 당신의 신학을 세우면 뒤죽박죽이 됩니다."
12. 캘리포니아에 있는 어떤 목사가 과거 자신의 교회의 청년부 리더였던 형제(나중에 하이퍼 그레이스 메시지를 받아들인 형제)와 이 문제를 토론했다. 그 형제는 문맥이나 논리를 완전히 벗어나서 야고보서 5장 15절에 언급된 용서는 사실 하나님에게서 받는 용서라기보다 사람에게서 받는 용서(16절을 예견하는 것처럼)라고 설명했다. 다시 말하지만, 이것은 말씀으로 우리의 신학을 해석하는 것이 아니라, 우리의 신학으로 하나님의 말씀을 해석할 때 발생하는 오류의 전형적인 예다.
13. Simon Yap은 자신의 하이퍼 그레이스 블로그에서 히브리서 12장 1절이 얽매이기 쉬운 죄를 처리하라는 말씀이 아니라고 주장한다. "히브리서 12장 말씀이 얽매이기 쉬운 죄에 대해 언급하고 있으며, 그

죄로 인해 하나님께서 우리를 징계하신다는 내용이라고 많은 이들이 주장한다. 미안하지만 이것은 틀린 말이다. 여기 언급된 죄는 일반적인 죄가 아니라 가장 결정적인 죄다. 다시 말해 우리가 얽매이기 쉬운 이 죄는 히브리서 10장 26절에 언급된 것과 같은 죄다. 과거, 현재, 미래의 죄에 대해 예수님의 보혈이 충분하지 않다고 생각하는 바로 그 죄, 즉 불신의 죄다. 그래서 히브리서 저자는 우리에게 믿음의 주요 또 온전케 하시는 이인 예수를 바라보라고 말한다." (Simon Yap, "What Is the Sin That Easily Entangle Us?", His Grace Is Enough (blog), May 5, 2011, http://hischarisisenough.wordpress.com/2011/05/05/what-is-the-sin-that-easily-entangle-us-hebrews-121/ (September 3, 2013 검색)) 그는 자신의 견해를 뒷받침하기 위해 John MacArthur의 말을 인용하지만 MacArthur는 그의 주장을 거의 지지하지 않는다. MacArthur는 불신의 죄와 더불어 '다른 일반적인 죄'도 언급하기 때문이다. 오히려 히브리서 본문은 ESV 성경에도 "and sin which clings so closely"라고 나와있듯이, 일반적인 죄를 지칭하는 말이다. 그러나 그의 잘못된 주장을 따른다 하더라도, 우리는 불신의 죄를 해결해야 할 것이다. 그런데 Yap은 우리가 하이퍼 그레이스 메시지를 믿지 못하는 '죄'를 범하고 있다면 그것이 어떻게든 성경의 내용까지도 바꿀 수 있다고 보는 것 같다. 이런 생각으로 인해 그는 또한 우리가 성령님을 슬프게 하는 유일한 길은 "하나님께서 우리의 죄를 부분적으로 용서하셨다고 말하는 것"이라는 주장을 펼친다. (Simon Yap, "Grieving the Holy Spirit," His Grace Is Enough (blog), November 15, 2012, http://hischarisisenough.wordpress.com/2012/11/15/grieving-the-holy-spirit/ (September 3, 2013 검색)) 다만 다시 한번 언급하기는, Yap은 어떤 형태로든지 죄 가운데 사는 것을 용인하지는 않는다. 그리고 참된 은혜는 우리로 하여금 죄에서 돌이키게 한다고 강력하게 설교한다.

14. William Lane, *Hebrews 9~13*, Word Biblical Commentary (Dallas: Word, 1991), 261쪽.

15. 위의 책 261쪽; F. F. Bruce, *The Epistle to the Hebrews*, New International Commentary on the New Testament, revised (Grand Rapids, MI: Eerdmans, 1990), 236쪽: "만약 구약 제사 제도가 진정으로 정결하게 해주는 효과를 가졌다면, 즉 양심을 깨끗하게 할 수 있었다면, 예배자들은 하나님과 어떤 막힘도 없이 자유로운 교제를 누렸을 것이다. … 저자가 말하는 것은 참된 내적인 씻음은 영원한 효력이 있고 다시 반복할 필요가 없다는 것이다. … 주님께서 요한복음 13장 10절에서 베드로에게 하신 말씀도 거의 동일한 의미다. '이미 목욕한 자는 발 밖에 씻을 필요가 없느니라 온몸이 깨끗하니라.'" Gareth Lee Cockerill, The Epistle to the Hebrews, New International Commentary on the New Testament, revised(Grand Rapids, MI: Eerdmans, 2012), 431쪽: "모세 율법 아래에서의 제사는 예배자들로 하여금 단순히 죄책감만이 아닌 죄를, 특히 씻을 필요가 있는 더러움을 '인식하게' 만들었다."

16. "Jesus Paid It All" by Elvina M. Hall.

5 하나님께 죄를 고백해야만 하는가

1. Ellis, *The Gospel in Ten Words*, 28쪽.

2. Rufus, "Totally Forgiven! Totally United! Totally Filled!"

3. 위의 설교.

4. 위의 설교.

5. Andre Rabe, *Metanoia (Clarity)* (Kindle Edition; n. p.: Amazon Digital Services, 2012), Kindle locations 272~273쪽.

6. Rufus, "Totally Forgiven! Totally United! Totally Filled!"

7. 위의 설교.

8. 아이러니하게도 Clark Whitten은 "성경적인 참된 회개는 본질적으로 관계적이다"라고 말하며, 자녀를 사랑하시며 돌보시는 아버지와 헌신적인 자녀가 서로 완전히 열린 마음으로 교제하는 것이라고 강조한다(*Pure Grace* 101쪽 참조). 그러나 그는 신자들이 하나님께 죄를 고백하는 것은 강력하게 반대한다.

9. 예를 들어 다음을 보라. Whitten, *Pure Grace*, 94쪽.

10. Andrew Farley, *The Naked Gospel* (Grand Rapids, MI: Zondervan, 2009), 151~153쪽.

11. Van der Merwe, *GRACE*, 144쪽.

12. Prince, *Unmerited Favor*, 189쪽.

13. Chuck Crisco, *Extraordinary Gospel: Experience the Goodness of God* (originally published as God Is in a Good Mood) (Travelers Rest, SC: True Potential Publishing, 2013), 104쪽, n. 15.

14. Colin G. Kruse, *The Letters of John*, the Pillar New Testament Commentary (Grand Rapids, MI: Eerdmans, 2000), 26쪽에 인용.

15. D. A. Carson, R. T. France, J. A. Motyer, and G. J. Wenham, consulting eds., *The New Bible Commentary* (Downers Grove, IL: IVP Press, 1996), introduction to 1 John.

16. Stephen S. Smalley, *1, 2, 3 John*, Word Biblical Commentary (Dallas: Word, 1989), 25장.

17. 오래되긴 했지만 여전히 영지주의에 대한 중요한 소개를 보려면 다음을 참조하라. Kurt Rudolph, *Gnosis: The Nature and History of Gnosticism*, Eng. Translation (New York: HarperCollins, 1987). 텍스트들을 유용하게 엮어 놓은 책을 보려면 다음을 참조하라. Bentley Latyon, *The Gnostic Scriptures: A New Translation With Annotations and Introductions*, Anchor Bible Reference Library (New York: Doubleday, 1987). 영지주의자들에 관하여 얼마큼 확실하게 말할 수 있는지에 대해 더 보기를 원하면 다음을 참조하라. Michael Allen Williams, Rethinking "Gnosticism": *An Argument for Dismantling a Dubious Category* (Princeton, NJ: Princeton University Press, 1996).

18. Craig S. Keener, *IVP Bible Background Commentary: New Testament* (Downers Grove, IL: IVP Academic, 1994), 735~736쪽.

19. 위의 책, 인용자 강조.

20. 이것이 신자들에게 적용되지 않는다는 Farley의 주장은 매우 설득력이 없다(Naked Gospel 151~152쪽 참조). 그는 심지어 "요한은 영지주의 이단과 정중하게 싸우기 위해 '우리'라는 표현을 사용하고 있다"라고 주장한다(완전히 틀린 주장이다) (같은 책 152쪽, 원저자 강조).

21. 놀랍게도 하이퍼 그레이스 교사들 가운데 심지어 "우리" 대 "그들"로 표현된 사람들이 서신서 도중에서 바뀐다고 주장하는 이들도 보았다.

22. C. Haas, M. D. Jonge, and J. L. Swellengrebel, *A Handbook on the Letters of John*, UBS Handbook Series (New York: United Bible Societies, 1994), 30쪽.

23. Robert J. Utley, *The Beloved Disciple's Memoirs and Letters: The Gospel of John, I, II, and III John*, Study Guide Commentary Series (Marshall, Texas: Bible Lessons International, 1999), 199쪽.

24. Kruse, *The Letters of John*, 68쪽.

25. 다음은 로버트슨의 최종 설명이다. "만일 우리가 자백하면(헬, *ean homologomen*). 이것은 *ean*과 가정법 능동 현재 *homologeo*가 결합된 제 삼 조건문으로서, '만일 우리가 계속해서 죄를 자백하면'이라는 의미다." [A. T. Robertson, *Word Pictures in the New Testament*, vol. 6 (Grand Rapids, MI: Baker Books 1960), 208쪽.]

26. R. C. H. Lenski, *The Interpretation of the Epistles of St. Peter, St. John and St. Jude* (Minneapolis, MN: Augsburg, 1966), 392쪽.

27. Kenneth S. Wuest, *Wuest's Word Studies From the Greek New Testament: For the English Reader* (Grand Rapids, MI: Eerdmans, 1997), s.v. "1 John 1:9."

28. Colin Dye, "Should We Confess Our Sins?", January 4, 2012, http://www.colindye.com/2012/01/04/should-we-confess-our-sins/ (September 3, 2013 검색).

29. 위의 글.

30. Farley는 그의 저서 *The Naked Gospel* 149~150쪽에서 이런 종류의 사고를 폄하하며 다음과 같이 말한다. "그들은 단번에 주신 용서 주위에서 우아하게 춤을 추며 **재판관의 용서, 아버지의 용서, 법적인 용서** 등과 같은 단어를 사용하여 '이중적인 용서 체계'를 제시한다. 다시 말해 하나님께서 영원히 우리를 용납하셨지만, 우리가 날마다 죄를 고백하는 의식을 통해 정결함을 유지해야 한다는 것이다"(원저자 강조). 다음 온라인 글을 통해서도 그는 이 개념을 폄하한다. "그것은 전적으로 거짓이다. 문자 그대로 날조된 용어로서, 십자가의 역사를 구약의 황소와 염소의 피보다 더 무능한 것으로 바꾸고 있다." [Andrew Farley, "Positional Forgiveness versus Relational Forgiveness?", What I'm Really Saying! (blog), June 13, 2013, http://www.patheos.com/blogs/andrewfarley/2013/06/ positional-forgiveness-versus-relational-forgiveness/(September 3, 2013 검색).

31. Charles Spurgeon, *Morning and Evening* (n.p.: Hendrickson Publishers, 1990), "February 18, evening," 99쪽. Andre van der Merwe, in *GRACE*, 105쪽: "문제를 일으켰을 때, 벌을 받아야 할 살인자처럼 죄책감과 정죄감을 느끼며 하나님께 나아가는가? 아니면 이미 용서받았고 하나님 보시기에 완전히 거룩하다는 것을 이해하고, 우리의 변화 받지 못한 생각의 습관을 극복할 지혜를 구하며 나아가는가?" 물론 여기서 안드레가 잘 지적한 면도 있지만, 내가 보기엔 잘못된 가르침이 약간 섞여 있다.

32. Ellis, *The Gospel in Ten Words*, 28쪽.

33. 위의 책, 30쪽.

34. Utley, *The Beloved Disciple's Memoirs and Letters*, 199쪽.

35. Kruse, *The Letters of John*, 64~65쪽.

36. 고린도전서 6장 9~11절에 관한 더 많은 내용을 보려면 이 책 7장을 참조하라.

37. 요한복음 13장에 관한 이 내용은 나의 책 *Go and Sin No More*의 9장 "God's Cure for Dirty Feet"(166~169쪽)에 기초한 언급이다.

38. David and Nancy Ravenhill, "Rooting Out Fuzzy Theology Behind the Hyper-Grace Message," CharismaNews.com, April 13, 2013, http://www.charismanews.com/opinion/39015-rooting-out-fuzzy-theology-behind-the-hyper-grace-message (September 3, 2013 검색).

39. 역사적으로 부흥의 시기에 죄 고백은 항상 필수적인 항목이었다. Evan Roberts가 다음 네 가지 요점으로 간단한 메시지를 전한 이후에 유명한 웨일스 부흥(1904~1905)이 일어났던 것은 괄목할 만한 사건이

었다. (1) 당신이 아는 모든 죄를 하나님께 고백하라. (2) 당신의 삶에 모든 '의심스러운' 영역을 해결하고 제거하라. (3) 성령님께 즉시 순종할 준비를 하라. (4) 그리스도를 공개적으로 인정하라.

6 성령님, 책망, 그리고 회개

1. McVey, *52 Lies Heard in Church Every Sunday*, 39쪽.
2. "In Evil I Took Long Delight" by John Newton.
3. Charles Haddon Spurgeon, *The Autobiography of Charles H. Spurgeon: 1834~1854*, compiled by Susannah Spurgeon and W. J. Harrald (Chicago: Curts and Jennings, 1898), 76쪽.
4. James A. Stewart, *Evangelism*, 4th ed. (Asheville, NC: Revival Literature, n.d.), 15~16쪽.
5. Paul Ellis, "'Confronting the Error of Hyper-Grace,' a Response to Michael Brown," Escape to Reality (blog), February 22, 2013, http://escapetoreality.org/2013/02/22/error-of-hyper-grace-michael-brown/ (September 3, 2013 검색)
6. Colin C. Whitaker, *Great Revivals* (Springfield, MO: Gospel Publishing House, 1984), 158쪽에 인용.
7. Arnold Dallimore, *Spurgeon: A New Biography* (Carlisle PA: Banner of Truth, 1988), 14쪽에 인용.
8. Winkie Pratney, Steve Hill, and Tamara Winslow, eds., *The Revival Study Bible* (Singapore: Armour Publishing, 2010), 152쪽에 인용.
9. Rabe, *Metanoia*, Kindle locations 159~161쪽. 그는 회개에 대한 전통적인 견해 또한 잘못 묘사하고 있다. 하나님께서 우리를 용서하기를 꺼려 하시고 우리가 하나님의 팔을 비틀어야 한다고 실제로 생각하는 그리스도인이 몇이나 되겠는가?
10. 고린도후서 5장 18~20절의 의미를 더 보기 원하면 7장을 참조하라.
11. McVey, *52 Lies Heard in Church Every Sunday*, 39쪽.
12. 위의 책, 42쪽.
13. 사도행전 3:19; 5:31; 10:43; 13:38; 26:18 참조.
14. Michael L. Brown, *It's Time to Rock the Boat: A Call to God's People to Rise Up and Preach a Confrontational Gospel* (Shippensburg, PA: Destiny Image, 1993), 4~5쪽. 모든 이들이 구원받기 전에 죄에 대한 깊은 책망을 경험하는 것은 아니라는 사실을 나는 잘 안다. 그러나 죄를 깨닫지 못하고 구원자의 필요성을 인식하지 못한다면 개종이 진실로 일어났는지 생각해볼 필요가 있다.
15. 이 주제에 관하여 더 알기 원하면 다음을 참조하라. *It's Time to Rock the Boat*, 75~82쪽, and Michael L. Brown, *A Time for Holy Fire: Preparing the Way for Divine Visitation*, 3rd ed. (Concord, NC: FIRE Publishing, 2008), 107~120쪽.
16. Prince, *Destined to Reign*, 135쪽.
17. Whitten, *Pure Grace*, 107쪽.
18. Brown, *Go and Sin No More*, 131쪽.

19. Charles Hodge, *Systematic Theology*, vol. 1, Christian Classics Ethereal Library, http://www.ccel.org/ccel/hodge/theology1.iii.i.vi.html (September 3, 2013 검색).

20. Prince, *Destined to Reign*, 134쪽.

21. *Destined to Reign*, 151쪽에서 Prince 목사는 다음과 같이 말한다. "하나님께서 당신의 행위와 상관없이 당신이 의를 깨닫도록 성령님을 보내셨다는 사실을 자신에게 상기시키라." 하이퍼 그레이스 진영에서 이와 유사한 진술을 많이 하는데, Joseph Prince의 말을 인용한 것으로 보인다. 이와 관련된 명확하고 적절한 연구를 보려면 다음을 참조하라. Roger Sapp, *Grace in the Gospels 3: Understanding a Healthy Consciousness of Sin* (Springtown, TX: All Nations Publications, 2013).

22. John Sheasby, with Ken Gire, *The Birthright: Out of the Servants' Quarters Into the Father's House* (Grand Rapids, MI: Zondervan, 2010), 94쪽.

23. Rabe, *Metanoia*, Kindle locations 199~201쪽.

24. Rufus, *Living in the Grace of God*, Kindle locations 772~775쪽.

25. McVey, *52 Lies Heard in Church Every Sunday*, 116쪽.

26. 탕자에게 일어난 일이 이 비유(잃어버린 양, 드라크마, 아들)의 앞부분에서 '회개'로 묘사되고 있다는 사실에 주목하라. (눅 15:7,10 참조).

27. Whitten, *Pure Grace*, 20쪽. 비록 우리가 이 설명의 모든 내용에 동의하지는 않는다 할지라도 그것을 "이교도적"이라고 부르는 것은 극히 과장된 표현이다.

28. McVey, *52 Lies Heard in Church Every Sunday*, 116쪽.

29. Prince, *Destined to Reign*, 233쪽.

30. Crisco, *Extraordinary Gospel*, 96쪽. 나는 다른 하이퍼 그레이스 저자들의 글을 더 인용할 수도 있다.

31. Richard Chenevix Trench, *Synonyms of the New Testament* (London: Macmillan and Company, 1880), 260쪽.

32. Whitten, *Pure Grace*, 102쪽.

33. 위의 책, 100쪽.

34. Crisco, *Extraordinary Gospel*, 97쪽.

35. 그러나 로마서 2장 4절은 때때로 잘못 적용된다는 사실에 유념하라. 바울은 이 말씀에서 불신자들에게 "혹 네가 하나님의 인자하심이 너를 인도하여 회개하게 하심을 알지 못하여 그의 인자하심과 용납하심과 길이 참으심이 풍성함을 멸시하느냐"라고 말했다. 하나님의 심판을 아직 경험하지 않았다고 교만하거나 자기 의에 사로잡혀서는 안된다. 하나님이 오래 참으시고 인자하게 대하시는 것은 회개할 시간을 주시는 것이다. 물론 그렇다고 하나님께서 죄인들을 이끄실 때 인자한 말씀을 통해서만 하시는 것은 아니다.

36. Rabe의 *Metanoia* (Kindle locations 97~122쪽)에 히브리서 12장 17절을 포함하여 이 의미에 대한 몇 개의 예가 나온다(NIV 참조: 여기서 "생각을 바꾸는 것"으로 번역하는 것이 가능하긴 하지만 정확한 번역은 아니다). 다시 말해 신약성경 밖의 다른 문헌에서 **메타노이아**가 단순히 '생각의 전환'이라는 의미로 사용될 때, 고전 헬라어 사전이 확증해주는 것처럼 이는 논쟁의 여지가 없다. Rabe는 **메타노이아**가 들어있지도 **않은** 요한일서 5장 20절을 인용하며 이렇게 말한다. "하나님과 인간에 관한 진리는 그리스도안에 계시

되어 있다. 복음은 인간에게 하나님과 자기 자신을 이해하는 완전히 새로운 방식을 제공한다. **메타노이아**는 복음이라는 상황 안에서 이 계시와 일치되게 우리의 사고를 바꾼다." 그러나 신약성경에서 메타노이아가 '생각을 바꾸다'라는 의미로 사용된 분명한 예들을 들지 못하고 또한 명백하게 다른 의미로 사용된 구절들을 무시하는 것은 진실이 무엇인지 역으로 잘 보여준다.

37. Walter Bauer, Frederick William Danker, et. al., eds., *A Greek-English Lexicon of the New Testament and Other Early Christian Literature*, third ed. (Chicago: University of Chicago Press, 2001), 640~641쪽.

38. Timothy Friberg, Barbara Friberg, and Neva F. Miller, *The Analytical Lexicon of the Greek New Testament* (Victoria, British Columbia: Trafford Publishing, 2005), ad loc.

39. J. P. Louw and Eugene A. Nida, *Greek-English Lexicon of the New Testament: Based on Semantic Domains* (New York: United Bible Societies, 1989), 510쪽.

40. Joseph Thayer, *Thayer's Greek-English Lexicon of the New Testament* (Grand Rapids, MI: Zondervan, 1974), 405쪽.

41. 위의 책, 405~406쪽.

42. J. Behm, in Gerhard Kittel and Gerhard Friedrich, eds., *Theological Dictionary of the New Testament*, English trans. (Grand Rapids, MI: Eerdmans, 1967), 4:1000.

43. Robertson, *Word Pictures in the New Testament*, 3:34.

44. J. Goetzmann, in Colin Brown, ed., *New International Dictionary of New Testament* Theology (Grand Rapids, MI: Zondervan, 1986), 1:358.

45. H. R. Balz and G. Schneider, eds., *Exegetical Dictionary of the New Testament*, English trans. (Grand Rapids, MI: Eerdmans, 1990~1993), 2:416.

46. 위의 책.

47. Whitten, *Pure Grace*, 99쪽.

48. Michael L. Brown, *The End of the American Gospel Enterprise* (Shippensburg, PA: Destiny Image, 1989), 23~24쪽.

49. Brown, *It's Time to Rock the Boat*, 33쪽.

50. Balz and Schneider, *Exegetical Dictionary of the New Testament*, 2:416.

51. Brown, *It's Time to Rock the Boat*, 33쪽.

52. 위의 책, 34~36쪽.

53. Ellis, "'Confronting the Error of Hyper-Grace,' a Response to Michael Brown"; The Gospel in Ten Words, 30쪽 참조. Ellis 박사는 이렇게 주장한다. "세례 요한이 전파했던 것은 용서를 위한 회개다. 그것은 죄에서 돌이키는 것을 조건으로 하는 용서다. 그것은 동사를 위한 동사다(It's a verb for a verb(즉 지금 용서받기 위해서는 지금 회개해야 한다-옮긴이). 이것은 예수님께서 누가복음 24장 47절에서 말씀하신 것과 다르다("또 그의 이름으로 죄 사함을 받게 하는 회개가 예루살렘에서 시작하여 모든 족속에게 전파될 것이 기록되었으니"). 이 말씀에서 예수님은 회개와 용서에 대해 동사를 쓰시지 않고 명사만 쓰신다. 말하자면, '이제부터 용서는 하나님께서 **지금 베푸시는** 어떤 것이 아니고 이미 십자가에서 **완성하신 것**이다'라는

의미다." 그의 저서와 웹사이트에서 인용한 이 내용을 반박하는 것은 그리 어렵지 않다. 첫째, 스가랴 1장 3~4절 말씀은 하나님께로 돌아가라고 촉구하는 많은 구약성경 구절들 중 하나다. 또한 앞에 인용된 요한계시록 말씀들은(9:20~21; 16:9~11) 신약성경의 회개가 **죄에서 돌이키는 것**을 포함한다는 사실을 분명하게 밝혀준다. 둘째, 세례 요한이 회개와 용서를 전할 때, 항상 "동사를 위한 동사" 양식을 사용한 것은 아니다. (마 3:8, 11; 막 1:4; 눅 3:3, 8, 이 구절은 전부 세례 요한에 관한 말씀이며, 명사 메타노이아 metanoia(회개)를 사용하고 있다. 마가복음 1장 4절과 누가복음 3장 3절에서는 명사 아페시스aphesis(용서)를 사용했다. 이것만 보아도 Ellis 박사의 진술이 완전히 틀렸음을 알 수 있다.) 그리고 사도행전 2장 38절에서도 동사 "회개하다repent"가 사용되고, 이어서 용서forgiveness에 대한 약속이 나온다. 이 구절 역시 Ellis 박사의 주장과 정확히 반대다.

7 성화의 문제

1. Crowder, *Mystical Union*, 42쪽, 원저자 강조. 그의 저서 2장 제목은 "Sanctification Is Not a Process"다.

2. Whitten, *Pure Grace*, 166쪽, 인용자 강조.

3. 위의 책, 28쪽.

4. Rufus, "Totally Forgiven! Totally United! Totally Filled!" 그의 견해를 명확히 보려면 다음 저서를 참조하라. 그는 심지어 어떤 측면에서 성화가 과정이라는 것을 인정하기도 한다. Ryan Rufus, *Sanctification by Grace* (Hong Kong: New Nature Publications, 2011).

5. 다음 글에 인용되어 있다. Simon Yap, "D. L. Moody and Joseph Prince," *His Grace Is Enough* (blog), May 17, 2011, http://hischarisisenough.wordpress.com/2011/05/17/d-l-moody-preacher-of-radical-grace/ (September 4, 2013 검색). 골로새서 2장 10절은 하이퍼 그레이스 진영에서 흔히 오해하는 구절이다. KJV 성경은 "And ye are complete in him"이라고 말한다. 그러나 "you have been filled in him" (ESV) 또는 "you have been given fullness in Christ" (NIV)가 더 정확한 번역일 것이다. "complete"를 사용한 역본들(NAS도 이에 포함)이 의도한 의미는 우리가 이미 "완벽한" 것이 아니라 그리스도 안에 우리에게 필요한 모든 것이 있다는 뜻이다.

6. 위의 책.

7. Prince, *Unmerited Favor*, 198쪽.

8. Crowder, *Mystical Union*, 13쪽.

9. 위의 책, 36~37쪽, 47쪽.

10. Spurgeon은 다음과 같이 말했다. "복음에서 하나님의 은혜를 빼면 생명선을 뽑아버리는 것과 같아서, 그 외 설교하고 믿고 싸울 가치가 있는 것은 아무것도 없다. 은혜는 복음의 생명과 같아서, 은혜가 빠지면 복음은 죽은 것이다. 또 은혜는 복음의 음악과 같아서, 은혜가 빠지면 복음은 모든 위로에 대해서 침묵할 수밖에 없다." [Charles Spurgeon, "The Doctrines of Grace Do Not Lead to Sin," sermon preached at Exeter-Hall on August 19, 1833, Metropolitan Tabernacle Pulpit, http://www.spurgeon.org/sermons/1735.htm (September 4, 2013 검색).]

11. 15장에서도 보겠지만 이것은 사실 새로운 가르침이 아니다.

12. 내가 쓴 다음 책을 참조하라. *Go and Sin No More*, 137—145쪽.

13. 위의 책, 137쪽.

14. 다음 말씀을 참조하라. 롬 1:7; 15:25, 31; 고전 16:15; 고후 1:1; 엡 1:1, 18; 3:18; 5:3; 빌 1:1; 골 1:2, 26; 살후 1:10; 히 6:10; 유 3; 계 11:18.

15. 신학자들은 종종 이것을 "현재적 종말론realized eschatology(또는 성취된 종말론)"이라고 부른다.

16. 2013년 6월 7일 Bob Gladstone 박사와 교신.

17. John H. Stoll, "The Three Elements of Sanctification," in *The Biblical Principles for Christian Maturity* (n.p.: BMH Books, 1996), http://www.leaderu.com/offices/stoll/maturity/chap20.html (September 4, 2013 검색).

18. Crowder, *Mystical Union*, 17쪽; 2장에서도 인용.

19. 위의 책, 50쪽.

20. Raymond E. Brown, *The Epistles of John*, Anchor Bible Commentaries (Garden City, NY: Doubleday, 1995), 431쪽.

21. 이 동사들은 헬라어 부정과거aorist시제로서, 이미 완료된 과거의 동작을 말한다.

22. 히브리서 2장 11절과 13장 12절 참조.

23. Rabe, *Metanoia*, Kindle locations 189~191쪽.

24. 고린도후서 5장 18~20절은 이렇게 말한다. "모든 것이 하나님께로서 났으며 그가 그리스도로 말미암아 우리를 자기와 화목하게 하시고 또 우리에게 화목하게 하는 직분을 주셨으니 곧 하나님께서 그리스도 안에 계시사 세상을 자기와 화목하게 하시며 그들의 죄를 그들에게 돌리지 아니하시고 화목하게 하는 말씀을 우리에게 부탁하셨느니라 그러므로 우리가 그리스도를 대신하여 사신이 되어 하나님이 우리를 통하여 너희를 권면하시는 것 같이 그리스도를 대신하여 간청하노니 너희는 하나님과 화목하라." 이 본문의 한가지 핵심이 『메시지The Message』성경에 나와 있다. "하나님은 메시야를 통해 이 세상을 그분과 화해시키셨고, 죄를 용서하심으로 이 세상이 새로운 출발을 하게 하셨습니다. 하나님은 그분이 지금 하고 계신 일을 모든 사람에게 알리는 임무를 우리에게 맡기셨습니다." 그러면 하나님께서 예수님을 통해 온 세상의 죄를 이미 용서하신 것인가? 즉 그들의 죄가 용서받았음을 선포하신 것인가? 바울이 말하고 있는 것은, 하나님께서 세상을 정죄하시는 것이 아니라 "너의 죄값은 완전히 치러졌다"라고 십자가에서 외치고 계신다는 것이다. 그러나 죄인들이 회개와 믿음으로 주님께 돌아오기 전까지는 여전히 죄가운데 있으며 죄로 인한 심판 아래 놓여있다.

25. 어느 하이퍼 그레이스 교사는 "당신은 결승선에서 경주를 시작하는 것이다"라고 표현했다. 내가 이해하기로 이는 많은 성경의 언급과 모순된다.

26. C. A. Wanamaker, *The Epistles to the Thessalonians: A Commentary on the Greek Text*, New International Greek Testament Commentary (Grand Rapids, MI: Eerdmans, 1990), 150~151쪽.

27. F. F. Bruce, *1 and 2 Thessalonians*, Word Biblical Commentary (Dallas: Word, 1998), 82쪽. 저자는 이와 대조적으로 데살로니가전서 3장 13절에 쓰인 'hagiosune'라는 단어는 "거룩한 상태"를 의미한다고 말한다.

28. Crowder, *Mystical Union*, 42쪽.

29. Bruce는 이렇게 말한다. "이 기도는 본질적으로, 데살로니가 성도들의 마음이 굳건하여 주 예수 그리

스도께서 강림하실 때에 거룩함에 흠이 없기를 바라는 3장 11~13절 기도의 반복이며, 그 기도가 절정에 이른 것을 보여준다." [Bruce, *1 and 2 Thessalonians*, 129쪽.] *Mystical Union* (94쪽 참조)에서 Crowder는 이 구절에 대한 복음주의자들의 보편적 견해에 대항하여 논쟁하지만 (내가 보기에) 그 논쟁은 별 효과가 없어 보인다.

30. Leon Morris, *The Epistle to the Romans*, The Pillar New Testament Commentary (Grand Rapids, MI: Eerdmans, 1988), 265쪽.

31. Robertson, *Word Pictures*, to Romans 6:19, 인용자 강조.

32. Bruce, *The Epistle to the Hebrews*, 243쪽. 그는 계속해서 말한다. "단번에 일어난 것은 한 번의 성화다. 이를 가능케 한 희생 제사가 다시 반복될 수 없는 것처럼 그것도 반복될 수 없다."

33. Robertson, *Word Pictures*, to Hebrews 2:11.

34. Cockerill교수가 한 말을 다시 한번 살펴보자. "예수님은 그 시대 하나님의 백성들(유대인들)을 죄의 오염과 지배에서 깨끗하게 씻어 그들이 '거룩하게'되어 하나님께 나갈 수 있도록 하기 위해 오셨다. 이 씻음은 '단번에' 이루어졌으며, 보충이나 반복의 필요가 전혀 없다는 측면에서 완전히 충분한 것이었다. 그리스도께서 순종으로 이루신 일을 받아들이는 사람들은 인내하는 주의 백성으로 살아가며 이 씻음을 계속한다. 그러나 히브리서의 저자가 명백히 밝힌 것처럼, 이 씻음은 인내를 보장하는 것이 아니라 인내에 대한 가장 강력한 동기부여가 된다. 불신과 불순종으로 예수님을 거절하면 하나님의 백성들에게서 분리되는 결과가 따라온다. 그러므로 우리를 씻어 주시는 그리스도의 사역을 통해 신실하게 순종함으로 인내하라고 저자는 독자들에게 거듭 촉구한다(히 10:19~31). 예수님의 순종은 하나님의 백성들의 순종을 가능하게 하신다." [Cockerill, The Epistle to the Hebrews, 445쪽.]

35. 그는 다음과 같이 상세하게 설명한다(Lane, *Hebrews 9~13*, note cc to 10:14). "14절에서 시제가 신중하게 사용된 것은 놀랍다. 여기에는 한가지 대조가 함축되어 있다. '온전하게 하셨느니라'에 사용된 완료형 시제는 주체의 입장에서는 이미 완성된, 그러나 현재 분사에 의해 나타나는 과정에서 점진적으로 실현되는 일을 말한다. 그리고 '거룩하게 되어가는 자들'은 전적으로 지속을 의미하며, 즉 '성화의 과정 가운데 있는 사람들'을 말한다(Grothe, "Was Jesus the Priestly Messiah?" 165쪽, n. 145 참조)." 그러나 Francois du Toit는 Mirror Bible에서 이 구절을 다음과 같이 다르게 번역하며, 이를 정당화하고자 주석을 덧붙인다(원저자 강조). **"그 한 번의 완벽한 제사로 그는 죄인들을 영원히 완벽하게 거룩케 하셨다.** [*hagiazomenous*라는 단어는 '거룩하게 하다'는 의미의 현재분사로서, 주요 동사의 행동과 동시에 발생하는 행동을 묘사한다. 완료 시제로 된 'teteleioken(perfectly)'은 과거에 완료가 되었으나 그 결과가 현재까지 계속 이어지고 있는 행동을 나타낸다(히 2:11 참조). "거룩하게 하시는 이와 거룩하게 함을 입은 자들이 다 한 근원에서 난지라."] 번역가들과 주석가들이 여기서 *hagiazomenous*를 "거룩하게 했다"로 이해하지 않은 것은 충분한 문법적 근거가 있기 때문이다. 간단히 말해서, 완성된 과거의 활동을 나타내려면 헬라어는 *hagiazo*의 다른 형태를 사용했을 것이다. M. Zerwick과 M. Grosvenor가 *A Grammatical Analysis of the Greek New Testament* (Rome: Biblical Institute Press, 1974) 676쪽에서도 언급한 것처럼 여기 사용된 단어 형태는 '지속적인 과정'을 의미한다.

36. Whitten, *Pure Grace*, 166쪽.

37. Bruce, *The Epistle to the Hebrews*, 22쪽.

38. Thomas D. Lea, *Hebrews, James*, Holman New Testament Commentary (Nashville: Broadman & Holman, 1999), 184~185쪽.

39. Cockerill, *The Epistle to the Hebrews*, 451~452쪽.

40. Paul Ellingworth, *The Epistle to the Hebrews: A Commentary on the Greek Text*, New International Greek Testament Commentary (Grand Rapids, MI: Eerdmans, 1993), 511쪽에 인용.

41. R. C. H. Lenski, The Interpretation of the Epistle to the Hebrews and of the Epistle of James (Columbus, OH: Lutheran Book Concern, 1938), 357쪽.

42. Whitten, *Pure Grace*, 14쪽, 원저자 강조.

43. 나는 이 통찰력에 대해 David Ravenhill에게 감사한다. 그의 글을 참조하라. "Would You Recognize the Deception of Hyper-Grace?", CharismaNews.com, May 18, 2013, http://www.charismanews.com/opinion/39494-would-you-recognize-the-deception-of-hyper-grace (September 5, 2013 검색).

8 주를 기쁘시게 할 것이 무엇인가 시험하여 보라

1. Whitten, *Pure Grace*, 53쪽.

2. Rufus, "Totally Forgiven! Totally United! Totally Filled!" Ryan Rufus가 그의 설교와 글에서 스스로 분명히 밝히는 것처럼 어떤 형태로든지 죄를 승인하거나 권장하지는 않는다는 것을 다시 말하고 싶다. 그의 아버지 Rob Rufus는 *Living in the Grace of God*(Kindle location 125쪽)에서 다음과 같이 말한다. "은혜는 불순종의 삶을 살아도 된다는 허가증이 아니다. 은혜 가운데 사는 것은 하나님께 순종할 수 있는 힘을 준다."

3. Rufus, "Totally Forgiven! Totally United! Totally Filled!"

4. 위의 설교.

5. Whitten, *Pure Grace*, 40쪽.

6. Ellis, *The Gospel in Ten Words*, 112쪽.

7. Crowder, *Mystical Union*, 9쪽, 원저자 강조.

8. Farley, *The Naked Gospel*, 81쪽.

9. McVey, *52 Lies Heard in Church Every Sunday*, 85쪽, 원저자 강조.

10. Prince, *Unmerited Favor*, 43쪽, 원저자 강조.

11. Andrew Wommack, *Grace: The Power of the Gospel* (Tulsa, OK: Harrison House, 2007), 197쪽, 원저자 강조.

12. 어떤 학자들은 "에베소에 있는"이라는 단어가 본래부터 있었는지에 대해 논쟁한다. 이것은 여기서의 핵심이 아니다. 더 자세한 내용을 알기 원하면 권위 있는 에베소서 주석서들을 참조하라.

13. I. D. E. Thomas, compiler, *The Golden Treasury of Puritan Quotations* (Chicago: Moody Press, 1975), 140쪽.

14. Oswald Chambers, *My Utmost Devotional Bible* (Nashville: Thomas Nelson, 1997), 126쪽.

15. Louw and Nida, *Greek-English Lexicon of the New Testament: Based on Semantic Domains*,

600쪽. Bauer, Danker, et. al., *A Greek-English Lexicon of the New Testament and Other Early Christian Literature*, 805쪽, 이 사전은 여기에 사용된 perisseuo를 "풍성하게 하다", "극도로 부요하게 하다"로 설명한다.

16. 바울은 "그분 안에서"를 에베소서 1:4, 9, 10; 2:15; 4:21; 6:20에서 사용한다.

17. William W. Klein, "Ephesians," in Tremper Longman III and David E. Garland, eds., *The Expositor's Bible Commentary, Revised Edition* (Grand Rapids, MI: Zondervan, 2006), 12:55.

18. 속사람의 더러움에 관하여는 마태복음 15장 15~19절을 참조하라.

19. 하나님은 분명히 우리가 상상할 수 있는 것 이상으로 자녀들을 돌보신다. 그러나 이 시대 많은 복음 설교와 사역은 너무나 자기 중심적인 세상의 사고방식에 물들어 있다. 다시 말해 '잃어버린 영혼들이 하나님께 받아들여지도록' 하기 위한 설교가 아니라, '하나님이 잃어버린 영혼들에게 받아들여지도록' 하기 위한 설교를 한다. 따라서 교회 안에서도 '내 삶의 방식에 대해 하나님이 어떻게 느끼시는지' 묻기보다, '메시지가 내 기분에 어떤 영향을 미치는지'에 너무 많은 강조를 둔다. 1993년 출간한 *It's Time to Rock the Boat*에서 이에 관하여 상세하게 언급했다. 물론 나는 그전에도 후에도 이에 관하여 자주 언급했다.

20. Prince, *Destined to Reign*, 187쪽. 그의 표현을 정확하게 인용하지는 않더라도 Prince 목사의 이 주장을 다른 이들도 따르고 있다.

21. 바울은 여기서(특히 고전 11:28) 신자들에게 말하고 있음이 분명하다. 왜냐하면 자신을 살피고 그 후에 성찬에 참여하라고 말하고 있기 때문이다.

22. 하이퍼 그레이스 교사들은 요한일서 4장 17절 뒷부분 "주께서 그러하심과 같이 우리도 이 세상에서 그러하니라"라는 말씀을 이 땅에서 우리가 거룩, 정결, 완전함에 있어서 이미 하나님과 같다는 말씀으로 종종 이해한다. 요한의 말의 의도는 그렇지 않다. 요한일서 3장 2절에서도 다음과 같이 말했다. "사랑하는 자들아 우리가 지금은 하나님의 자녀라 장래에 어떻게 될지는 아직 나타나지 아니하였으나 그가 나타나시면 우리가 그와 같을 줄을 아는 것은 그의 참모습 그대로 볼 것이기 때문이니." 우리는 분명히 아직 전적으로 "그와 같지" 않다. 그 다음 구절은 이 의미를 강화해준다. "주를 향하여 이 소망을 가진 자마다 그의 깨끗하심과 같이 자기를 깨끗하게 하느니라"(요일 3:3). 따라서 우리는 완전히 깨끗하신 그분이 오실 것을 기대하며 우리 자신을 깨끗하게 해야 한다. 주석가들은 요한일서 4장 17절의 의미를 가지고 논쟁하기도 하지만, 한가지 보편적인 해석은 예수님께서 하늘에서 가지고 계신 것과 동일한 하나님과의 관계를 우리가 이 땅에서 가지고 있으며, 그것은 우리에게 심판 날에 담대함을 준다는 것이다. (요한일서 4장 17절 전체는 다음과 같다. "이로써 사랑이 우리에게 온전히 이루어진 것은 우리로 심판 날에 담대함을 가지게 하려 함이니 주께서 그러하심과 같이 우리도 이 세상에서 그러하니라.")

23. 라오디게아인들이 신자가 아니었다고 주장하는 이들도 있지만, 그들이 신자였다는 데는 의심할 여지가 없다. 왜냐하면 신약성경에서 **에클레시아**ekklesia(교회 또는 회중)는 신자들에게만 사용되는 표현이기 때문이다.

24. Crowder, *Mystical Union*, 9쪽.

25. Clark Whitten은 *Pure Grace*에서 이 용어들을 사용한다. 그러나 이것을 그가 처음으로 사용했는지 여부에 대해서는 알 수 없다. 2013년 6월 2일 구글에서 behavior modification과 sin management를 입력하니 1,080개의 검색 결과가 나왔는데 주로 하이퍼 그레이스 관련 링크였다.

9 영성은 쉬운 것인가

1. Crowder, *Mystical Union*, 9쪽.
2. 위의 책, 39쪽.
3. 위의 책, 140쪽.
4. John Henry Jowett, "The Disciple's Sacrifice," in *Passion for Souls*, Brown, *Time for Holy Fire*, 198~199쪽에도 인용.
5. John Sheasby, *The Birthright* (Grand Rapids, MI: Zondervan, 2010), 102쪽.
6. Prince, *Unmerited Favor*, 56~57쪽.
7. 위의 책, 13장.
8. 위의 책.
9. 위의 책, 145쪽.
10. 회개에 대한 반응으로 무엇인가 **해야 된다**는 부담에서 벗어나도록 하기 위해, 어떤 하이퍼 그레이스 교사는 주님과의 첫사랑의 시기에 우리는 기본적으로 아무것도 하지 않았고 모든 것이 하나님에 대한 사랑에서 자연스럽게 흘러나왔다고 주장한다. 사실은 그 반대다. 우리는 주님에 대한 사랑 때문에 주님께 가장 소중한 시간을 드리는 것을 기뻐했던 것이다. 그것은 분명히 예수님이 말씀하신 '행하는 것'의 일환이다.
11. Benjamin Dunn, *The Happy Gospel: Effortless Union With a Happy God* (Shippensburg, PA: Destiny Image, 2011); Andrew Wommack, *Effortless Change: The Word Is the Seed That Can Change Your Life* (Tulsa, OK: Harrison House, 2011).
12. Prince, *Unmerited Favor*, 216쪽.
13. 위의 책, 7쪽.
14. 위의 책, 145쪽.
15. 위의 책, 12장, 원저자 강조.
16. 위의 책, 10장.
17. 위의 책, 310쪽.
18. 위의 책, 341쪽, 인용자 강조.
19. "I Am Thine, O Lord" by Fanny J. Crosby.
20. Dunn, *The Happy Gospel*, 138쪽, 인용자 강조; 12장 참조.
21. 위의 책, 165쪽.
22. 위의 책, 136~137, 원저자 강조.
23. 위의 책, 141쪽, 원저자 강조.
24. Wommack, *Effortless Change*, Kindle locations 39~40쪽.

25. 위의 책, Kindle location 375쪽.

26. 위의 책, Kindle location 53쪽.

27. 위의 책, Kindle locations 1252~1253쪽.

28. Julian Wilson, *Wigglesworth the Complete Story* (Franklin, TN: Authentic Publishers, 2004), 109쪽.

29. Smith Wigglesworth, "Paul's Vision and the Baptism of the Holy Ghost," *Pentecostal Evangel*, April 21, 1928, 6쪽, http://ifphc.org/pdf/PentecostalEvangel/1920-1929/1928/1928_04_21.pdf (September 5, 2013 검색).

30. 다음은 Joseph Prince의 *Destined to Reign*에 대한 George P. Wood의 탁월한 서평이다. "바울은 행위나 자기 노력 자체를 반대하지 않았다. 그가 반대한 것은 그것이 칭의의 근거로 이용되는 것이었다. 다시 말해 바울은 성화가 결코 쉽다고 생각하지 않았다. 예를 들어, 에베소서 4장 17~32절 같은 말씀에서 바울은 에베소 교인들에게 '옛사람을 벗어 버리고', '오직 너희의 심령이 새롭게 되어', '새 사람을 입으라'고 권면하고 있는데 이것은 노력을 요한다. 어쩌면 힘든 일일 수도 있다." [George P. Wood, "Review of Destined to Reign by Joseph Prince," April 30, 2012, http://georgepwood.com/2012/04/30/review-of-destined-to-reign-by-joseph-prince/ (September 5, 2013 검색).] 계속해서 다음과 같이 바르게 지적한다. "그러나 이 노력에 대한 동기가 하나님의 은총을 얻고자 하는 소망 때문은 아니다. 우리는 이미 하나님의 은총을 입었다. 이것은 Prince의 책에 나온 통찰력의 보석과 같다. 그리스도인들이 이미 하나님의 은총을 입었음을 알고 이것이 동기가 되어 어떤 행위를 할 때, 그것은 칭의의 근거가 아니며 그 행위(거룩한 행위)는 의롭게 된 것의 표현이다."

31. 이 구절에 대한 Simon Yap의 특이한 해석을 보려면 4장 미주 13번을 보라.

32. J. C. Ryle, *Holiness: Its Nature, Hindrances, Difficulties, and Roots*, reprint (Lafayette, IN: Sovereign Grace Publishers, 2001), 7장.

33. 위의 책, 8~9장.

34. 위의 책, 19쪽.

35. 위의 책, 36쪽.

10 하나님은 항상 기분이 좋으신가

1. Erika, "Late Nights," *The Downpour* (blog), February 8, 2011, http://hereinredding.tumblr.com/ (September 6, 2011 검색).

2. 이 글은 온라인에서 더 이상 볼 수 없다.

3. 신학자들은 하나님이 '무감각하신' 분이라고 종종 말한다. 즉, 하나님의 '감정' 상태는 변하지 않고 변할 수도 없으며 하나님의 슬픔, 기쁨, 분노에 관한 성경의 모든 기록은 단지 비유적 표현이라고 믿는다. 그렇다면 우리는 어떤 면에서 하나님의 형상대로 지음 받은 것인가? 예수님께서도 이 땅에 계셨을 때 하나님의 마음을 보여주시지 않았던가.

4. Crisco, *Extraordinary Gospel*, 23쪽.

5. Dunn, *Happy Gospel*, 39쪽.

6. See Sam Storms, *The Singing God: Feel the Passion God Has for You… Just the Way You Are* (Lake Mary, FL: Charisma House, 2013).

7. 이 글은 온라인에서 더 이상 볼 수 없다.

8. Chuck Crisco, *God Is in a Good Mood* (n.p.: Simply B, 2011), Kindle location, 131쪽; Crisco, *Extraordinary Gospel*, 23쪽.

9. 더 깊은 연구에 관심이 있다면 다음을 참조하라. Kazo Kitamori, *Theology and the Pain of God*, Eng. translation (Richmond, VA: John Knox Press, 1965).

10. 예레미야 2장, 에스겔 16장, 23장과 같은 장을 보면 강력한 비유적 표현들이 등장한다.

11. Crisco, *Extraordinary Gospel*, 46쪽.

12. 다음 구절을 참조하라. 롬 1:18; 2:5[2회], 8; 3:5; 4:15; 5:9; 9:22[2회]; 12:19; 13:4; 엡 2:3; 5:6; 골 3:6; 살전 1:10; 2:16; 5:9. 이 구절들은 하나님의 진노(헬라어 *orge*)만을 언급하고 있다.

13. Mick Mooney, *The Gospel Cannot Be Chained: A Grace Paraphrase of Paul's Four Prison Letters* (n.p.: Lightview Media, 2012), Kindle locations 265~267쪽.

14. 위의 책, Kindle locations 276~279쪽.

15. 위의 책, Kindle locations 853~856쪽.

16. 그렇다. 예수님은 십자가에서 우리가 받아야 할 형벌을 대신 받으셨다. 그러나 바울이 여기서 말하는 요지는 그것이 **아니다**.

17. Mick Mooney, *Look! The Finished Work of Jesus: A Message of God's Radical Love for You* (n.p.: Searching for Grace, 2010).

18. 이 구절에 대한 역주는 다음과 같이 설명하고 있다 "*uious tes apeitheias*는 '불신은 어떤 유형의 사람들을 낳는다'로 번역된다. 대부분의 역본들에 나온 것처럼 '불순종의 아들들'이 아니다! *orge*라는 단어는 마음의 흥분을 의미하며, 이 단어에서 나온 *oregomai*는 어떤 것을 만지거나 붙잡기 위해 또는 어떤 것을 추구하거나 갈망하기 위해 전력을 다함을 의미한다."

19. 로마서 14장 11절에 대한 긴 역주는 그의 번역을 결코 정당화해주지 못한다. 사실 이보다 더 극단적인 내용 변경에 대해서도 그는 정당화하려는 시도조차 하지 않는다. 반면 에베소서 4장 31절 말씀을 다음과 같이 번역하는데, Mooney와 마찬가지로 "성령을 근심하게 하는 것"에 대한 언급은 없애지 않는다. "성령님은 당신이 낮의 빛가운데 살도록 구속받았음을 확증해주는 하나님으로부터의 인장 반지다. 밤에 속한 모든 행위는 그분을 근심하게 한다."

20. Paul Ellis, "What About Hell? 10 Things to Know," *Escape to Reality* (blog), April 23, 2013, http://escapetoreality.org/2013/04/23/what-about-hell/ (September 6, 2013 검색).

21. 위의 글.

22. 더 자세한 내용은 13장을 참조하라.

23. 다음 구절을 참조하라. 마 13:24~30, 36~43; 22:1~14; 25:1~46.

24. '회개하다'의 의미에 대해서는 5장을 참조하라.

25. A. W. Tozer, *And He Dwelt Among Us: Teachings From the Gospel of John* (Ventura, CA: Regal,

2009), 150쪽.

26. 위의 책.

27. 다음 책에도 인용. Francis Chan, *Crazy Love: Overwhelmed by a Relentless God* (Colorado Springs, CO: David C. Cook, 2013), 53쪽.

28. *Sown in Weakness, Raised in Glory: From the Spiritual Legacy of Mother Basilea Schlink*, (Darmstadt, Germany: Evangelical Sisterhood of Mary, 2004), 82쪽.

11 마르키온을 재고하다

1. Adolf Von Harnack, *History of Dogma*, vol. 1, Eng. tr., repr. (Gloucester, MA: Peter Smith, 1976), 268쪽. 마르키온의 사상과 활동에 관하여 간단하면서도 유용한 요약자료를 보려면 다음을 참조하라. http://earliestchristianity.wordpress.com/2010/08/02/marcion-a-beginners-guide/ (September 6, 2013 검색).

2. Van der Merwe, *GRACE*, 28쪽.

3. 바울이 고린도후서 3장 14절에서 "옛 언약"에 관하여 말할 때 구약성경 전체를 말하는 것이 아니라 토라에 제시된 시내산 언약을 말하는 것이다. 그러나 오늘날 독자들은 그것을 놓치기가 쉬운데, 그 이유는 특히 KJV성경이 여기에 "구약성경"라는 단어를 사용하고 있기 때문이다.

4. '타나크'라는 단어는 다음 세 단어를 뜻하는 두문자어acronym이다: 토라the Pentateuch, 네빔Prophets, 케투빔Writings. 이에 관하여 더 알기 원하면 다음을 참조하라. Michael L. Brown, *60 Questions Christians Ask About Jewish Beliefs and Practices* (Grand Rapids: Chosen, 2011).

5. 나는 Rob Rufus가 다음과 같이 쓴 것에 대해 감사한다. "은혜를 받아들인 후에도 사람들이 여전히 계속 죄를 짓고 훈련받기를 거절한다면, 성경적인 심판이 불가피하다. 심판은 분명히 있으나 극단적인 경우에 드물게 일어난다. 우리는 교회가 은혜 공동체라는 사실을 최우선적으로 유념해야 할 것이다." [Rufus, *Living in the Grace of God*, Kindle locations 712~714쪽.]

6. Joseph Prince는 *Destined to Reign*(122~123쪽)에서 다음과 같이 말한다. "나는 율법 폐기론자anti-nomians(모세의 율법을 반대하는 사람)라는 비난을 받아왔다. 그러나 솔직히 나는 율법을 정말 존중한다. 정확하게 말해서 율법을 가장 존중하기 때문에 그 누구도 율법을 지킬 수 없음을 안다. … 우리 은혜 설교자들이야말로 율법을 가장 존중하는 이들이다! … 나는 하나님께서 율법을 주신 목적에 대해 찬성한다. … 하나님은 율법을 지키라고 주신 것이 아니다. 우리의 한계의 끝을 알고 구원자의 필요성을 깨닫도록 하기 위해 주셨다." 그의 관점에 대해 감사하지만, 하나님께서 율법을 주신 목적에는 Joseph Prince가 언급한 것 훨씬 그 이상의 의미가 담겨있다.

7. 어떤 학자들은 베드로전서가 유대인 신자들에게 쓴 편지라고 믿는다. 그러나 어느 쪽이 맞든지 간에 그들은 거듭난 새언약의 신자들이기 때문에, 내가 여기서 제기하는 주장은 동일하게 적용될 수 있다.

8. Michael L. Brown, *Answering Jewish Objections to Jesus*, vol. 4, *New Testament Objections* (Grand Rapids, MI: Baker, 2006), 3쪽, 이 책에서만 강조.

9. *Grace: The Power of the Gospel* (181쪽)에서 Andrew Wommack은 다음과 같이 말한다. "바울은 의에 관하여 계속 설명하면서 율법에 관한 구약성경 구절을 인용하기 시작했다(롬 10:5인용). … 이것은 하나님과의 관계의 기초로 자신의 선함을 의지하는 율법적인 사람에 관한 언급이다." 그러나 사실 바

울은 로마서 10장 6~7절(그는 이렇게 말한다. "당신에게 올라오라고 요구하는 대신에, 하나님은 이미 당신에게 내려오셨다," 183쪽)에서 믿음으로 말미암는 의를 설명할 때도 구약 율법에서 인용한다는 사실은 언급하고 있지 않다. 이것은 명백히 불완전한 설명이다.

10. 카리스는 구약the Septuagint(70인역)에서 77번 등장하며 신약에서는 155번 등장한다(마태복음과 마가복음에서는 등장하지 않음).

11. 로마서 7장 말씀과 오늘날 신자들에게 그것을 적용하는 문제(또는 적용의 부재)와 관련된 논의는 다음 책을 참조하라. Brown, *Go and Sin No More*, 265~283쪽.

12. 예수님도 사실 이 개념을 반복해서 말씀하셨다. 마가복음 10장 17~22절을 보라. 예수님께서 부자 청년의 물질주의를 드러내실 때 주님은 사랑으로 그렇게 하셨다. "예수께서 그를 보시고 사랑하사 이르시되 네게 아직도 한 가지 부족한 것이 있으니 가서 네게 있는 것을 다 팔아 가난한 자들에게 주라 그리하면 하늘에서 보화가 네게 있으리라 그리고 와서 나를 따르라 하시니 그 사람은 재물이 많은 고로 이 말씀으로 인하여 슬픈 기색을 띠고 근심하며 가니라"(21~22절).

13. D. Martyn Lloyd-Jones, *Studies in the Sermon on the Mount*, repr. (Grand Rapids, MI: Eerdmans, 2000), 196쪽.

14. Rufus, "Totally Forgiven! Totally United! Totally Filled!"

15. Farley, *The Naked Gospel*, 68쪽.

16. 위의 책, 68~69쪽.

17. 위의 책, 69쪽.

18. 위의 책.

19. 다시 말하지만 나는 *Living in the Grace of God*(Kindle locations 845~858쪽)에 나오는 Rob Rufus의 다음 진술에 대해 감사한다. "그리스도안에 있는 사람을 위한 하나님의 형벌의 진노는 무고하신 예수 그리스도의 머리 위에서 다 소진되었고 하나님의 사랑의 징계만 남아있으며 그 징계는 우리를 그리스도 안에서 성숙으로 이끌어간다. 따라서 우주에서 가장 안전한 장소는 그리스도 안이다." 그는 이어서 형벌과 징계의 차이에 대해 설명하며 "징계는 안전을 보장한다"라고 마무리 짓는다.

20. Farley, *The Naked Gospel*, 69쪽.

21. 모세오경 중에서 신약성경에 가장 많이 인용된 책은 신명기이며, 예언서와 역사서 중에서 가장 많이 인용된 책은 이사야서이고, 시가서와 지혜서 중에서 가장 많이 인용된 책은 시편이다.

22. See Quentin F. Wesselschmidt, ed., *Psalms* 51~150, Ancient Christian Commentary on Scripture (Downers Grove, IL: InterVarsity Press, 2007), 1~12쪽; see also Yale University, "Introduction to Medieval Christian Liturgy, II.3 The Liturgy of the Hours," http://www.yale.edu/adhoc/research_resources/liturgy/hours.html (September 9, 2013 검색).

23. 나는 그 다음 구절 "우리는 미쁨이 없을지라도 주는 항상 미쁘시니 자기를 부인하실 수 없으시리라"(딤후 2:13)를 부록에서 다루었다.

24. 이에 관하여 더 알기 원하면 부록을 참조하라.

25. 여러 개가 있지만 그중 하나를 보기 원하면 다음을 참조하라. Paul Ellis, "Who Killed Herod?", *Escape to Reality* (blog), March 1, 2011, http://escapetoreality.org/2011/03/01/who-killed-herod/

(September 9, 2013 검색).

26. Von Harnack, *History of Dogma*, 268쪽.

27. 이것은 Andrew Wommack의 저서 *Grace: The Power of the Gospel* 뒤에 실려 있는 "하나님의 참된 본질"이라는 오디오 강의 시리즈 광고에 나오는 표현이다.

12 하나님의 율법은 선하다

1. 여기 사용된 헬라어 *paidagogos*는 바우어의 *A Greek-English Lexicon of the New Testament and Other Early Christian Literature* (748쪽)에서 "섬기는 집안의 아들들의 행동을 관리하고 학교에 오가는 것을 시중드는 노예"를 의미한다고 정의되어 있다.

2. Prince, *Destined to Reign*, 124쪽. See also Tony Cook, Grace: *The DNA of God* (Tulsa, OK: Harrison House, 2011).

3. 히브리어 토라는 "교훈, 가르침, 법"을 의미하지만, 구약성경에서는 "법"이 아닌 "교훈"을 강조하는 본문에서 종종 사용된다. 그래서 New Jewish Version 성경에서 종종 "가르침"으로 번역되기도 한다. (다음 여호수아 1장 8절 예를 보라. "Let not this Book of the Teaching cease from your lips.")

4. Farley, *The Naked Gospel*, 60쪽.

5. 위의 책, 61~62쪽, 인용자 강조.

6. 위의 책, 64쪽, 원저자 강조.

7. 위의 책, 58~59쪽. Farley는 (많은 하이퍼 그레이스 교사들과 마찬가지로) 다음과 같은 진술을 하는데 내가 보기에 이 내용은 이상하고 비성경적이다. "어떤 이들은 기독교를 행동을 개선하는 프로그램으로 보지만, 에덴동산의 이야기는 행동을 개선하고자 하는 갈망이 영적인 죽음의 원인이었음을 보여준다"(같은 책, 72쪽). 정말 그런가?

8. 하우스타펠른에 대한 유용한 온라인 자료를 보기 원하면 다음을 참조하라. Chaplain Mike, "The NT Haustafeln (House-Tables)," August 20, 2011, http://www.internetmonk.com/archive/the-nt-haustafeln (September 9, 2013 검색).

9. Rufus, "Totally Forgiven! Totally United! Totally Filled!"

10. 위의 설교.

11. Farley, *The Naked Gospel*, 27쪽.

12. Van der Merwe, *GRACE*, 10장.

13. 여기서 "불법"으로 번역된 헬라어는 *anomia*로서, 법을 의미하는 *nomos*와 부정을 의미하는 *a*가 결합되었다(apathy(무관심)가 *pathos*(동정, 연민)가 없는 것을 의미하고, atheism(무신론)이 *theos*(하나님)를 믿지 않는 것을 의미하는 것과 같은 원리이다). 따라서 *anomia*는 '불법'을 의미하며, 넓게는 '죄악과 부정'의 의미로 사용되기도 한다.

14. Matthew Henry, *Matthew Henry's Commentary on the Whole Bible*, repr. (Peabody, MA: Hendrickson, 2009), s.v. "1 John 3:4."

15. Andre van der Merwe는 그의 책 *GRACE*(17쪽)에서 다음과 같이 언급한다. "히브리서 8장 10절에 언급된 '법들'은 십계명도 아니다. 왜냐하면 우리는 더 이상 옛 언약이 아니라 더 나은 새 언약 아래 살고 있기 때문이다." 또 다시 쟁점이 언약의 **법**이 아닌 언약의 **본질**에 맞춰져있다. 그리고 Merwe는 다음과 같이 덧붙인다. "우리가 지금 사람들에게 옛 언약의 요구 사항에 맞추어 살아야 한다고 말하면 그들을 죽이는 것이나 마찬가지다. 결론적으로 사람들이 우리의 말을 듣고 완전한 타락, 음란, 부도덕함 가운데 육체의 욕심을 좇아 동물처럼 살아도 된다는 말로 받아들인다면, **그것은 잘못 이해한 것이다.** 하나님께서 옛사람을 그 정욕과 함께 없애 주셨다면, 왜 그 가운데 더 살고 싶어 하겠는가?" Van der Merwe 메시지의 문제점은 신자들에게 죄의 허가증을 주려고 하는 데에 있는 것이 아니라, 하나님께서 우리 마음 가운데 하나님의 도덕법을 새기신다는 것을 설명하지 않는 데에 있다.

16. 크게 놀랄 일은 아니지만 하이퍼 그레이스 교사들은 보편적으로 이것이 하나님의 법이 아니라 우리 안에 있는 하나님의 생명을 언급한다고 주장한다.

17. Wanamaker, *The Epistles to the Thessalonians*, 150쪽.

18. 위의 책.

19. Gene L. Green, *The Letters to the Thessalonians*, The Pillar New Testament Commentary (Grand Rapids, MI: Eerdmans, 2002), 186쪽.

20. Farley, *The Naked Gospel*, 58쪽.

21. McVey, *52 Lies Heard in Church Every Sunday*, 153쪽.

22. Ellis, *The Gospel in Ten Words*, 147쪽.

23. 위의 책, 70~71쪽.

24. Crisco, *Extraordinary Gospel*, 19쪽.

25. Van der Merwe, *GRACE*, 3쪽.

26. Ellis, *The Gospel in Ten Words*, 20쪽.

27. Prince, *Unmerited Favor*, 111~112쪽.

28. 히브리어 표현은 단순하게 "야훼께서 말씀하신 모든 것을 우리는 행할 것입니다"라는 뜻이다.

29. Prince, *Unmerited Favor*, 111쪽.

30. 위의 책, 112쪽, 출애굽기 19장 12~13절 인용.

31. David Wilkerson, *It Is Finished: Finding Lasting Victory Over Sin* (Bloomington, MN: Chosen, 2013; The New Covenant Unveiled의 개정판) 책 서문에서 그의 아들 Gary Wilkerson은 아버지의 이야기를 전한다. David Wilkerson은 율법적인 배경에서 성장한 영향으로 자신이 하나님 보시기에 부족하다고 종종 느꼈으며, 이를 해결하기 위해 십자가에 대한 놀라운 계시를 담은 청교도들의 글을 읽곤 했다!

32. Charles Spurgeon, "The Perpetuity of the Law of God," sermon no. 1660, delivered on May 21, 1882, at Metropolitan Tabernacle, Newington, http://www.spurgeongems.org/vols28-30/chs1660.pdf (September 9, 2013 검색).

33. Rufus, *Living in the Grace of God*, Kindle locations 1057~1062쪽. 그는 지혜롭게 덧붙여 설명한다. "그러나 사실 자신의 죄의 무게를 온전히 느끼기 전에 그리스도를 영접하는 사람들도 있으며, 예수님

께서도 율법을 전혀 모르는 다른 종교 출신의(또는 종교가 없는) 사람들에게 자신을 계시하시기도 한다. 그들은 이해가 깊어져 가면서 점점 '깨달아간다'. 그러나 한편 구원의 필요를 진정으로 깨달은 적이 없어서 구원자 되신 예수님께 결코 나온 적이 없는, 사실상 거짓 개종자인 사람들도 있음을 알아야 한다."

34. 바울은 사도행전에서 직접 강력한 회개 설교를 한다! 사도행전 17장 30절에서 도처의 모든 사람들에게 우상 숭배를 회개하라고 하며, 사도행전 20장 21절에서 자신이 전하는 복음을 가리켜 "하나님께 대한 회개와 우리 주 예수 그리스도께 대한 믿음"이라고 설명한다. 사도행전 26장 20절에서는 청중들에게 "회개하고 하나님께로 돌아와서 회개에 합당한 일을 하라"라고 촉구한다.

35. Joseph Prince, *Destined to Reign* television program, December 3, 2010, http://livedash.ark.com/transcript/joseph_prince__destined_to_reign/4284/ABCFP/Friday_December_03_2010/527844/ (November 1, 2013 검색).

36. 조지아주 뉴넌에 있는 코웨타 커뮤니티 교회(Coweta Community Church) 목사인 Pete Mullins를 통해 나는 사도행전에만(신약성경에서 유일하게) 사랑이라는 단어가 없는 것을 알게 되었다. 사도행전 7장 스데반의 설교(10절, 46절)에 나오는 '카리스'의 의미는 '은총'이다(10절에서는 모세가, 46절에서는 다윗이 은총을 입었다고 나옴). 사도행전 안에 헬라어로 사랑이라는 단어는 어떤 형태로도 등장하지 않으며, 15장 25절에 나오는 '사랑하는'에 해당하는 *agapetos*는 단순히 '친애하는'(예를 들어, 친애하는 OO에게)을 의미하고 복음 메시지에 나오는 하나님의 사랑과 전혀 관계가 없다.

37. "마음에 찔려(cut to the heart)"에 해당하는 헬라어는 "pricked in their heart" (KJV), "pierced to the heart" (NAS), "stung in their hearts" (CJB), "acutely distressed" (NET)로 아주 잘못 번역이 되었다.

38. 벨릭스의 아내 드루실라(유대인, 세번째 아내)는 "헤롯 아그립바 1세의 막내딸이었으며 아그립바 2세의 누이였다. 그녀는 본래 수리아 작은 지역의 왕과 결혼했으나 벨릭스 때문에 16세의 나이에 이혼하고 벨릭스와 재혼한다. 총독이 그 지역 여자와 결혼하는 것은 로마 정책에 위배되는 행위였으나, 벨릭스는 그의 형제 팔라스가 로마의 호의를 입고 있는 동안 많은 권력을 누렸다. (Keener, *IVP Bible Background Commentary: New Testament*, 396쪽). Richard N. Longenecker, in "Acts" in *The Expositor's Bible Commentary, Revised Edition* (10:1064)은 다음과 같이 언급한다. "벨릭스와 어린 아내의 관계는 탐욕, 정욕, 위세에 대한 갈망에 기반한 것으로 보이지만, 그럼에도 그들은 분명하게 어느 정도 양심의 가책이 있어서, 바울을 불러 말씀을 들을 기회를 가졌다." 비록 그들의 동기가 양심의 가책이 아닌 단순한 호기심이었다 하더라도, 그들은 바울을 만난 후 약간의 양심의 가책을 느끼며 자리를 떴다! "바울이 의와 절제와 장차 오는 심판을 강론하니 벨릭스가 두려워하여 대답하되 지금은 가라 내가 틈이 있으면 너를 부르리라 하고"(행 24:25).

13 왜 예수님의 말씀에서 도망치는가

1. Van der Merwe, *GRACE*, 9장. 전형적인 예를 하나 더 보려면 다음을 참조하라. Mike Kapler and Joel Brueske, "How Much of What Jesus Said Is for Us Today?", Growing in Grace (podcast), August 1, 2013, http://www.growingingrace.org/2013/08/how-much-of-what-jesus-said-is-for-us.html (September 9, 2013 검색).

2. Farley, *The Naked Gospel*, 86쪽.

3. Van der Merwe, *Grace*, 40쪽. 예수님 시대의 유대인들은 "수백 년 동안의 구약 율법 설교로 인해 타락한 상태"였다는 말에 주목하라. 어떻게 하나님의 '거룩하고 아름답고 영광스러운' 율법 설교를 통해 타락할 수가 있는가? 이에 관하여 더 보기 원하면 12장을 참조하라.

4. Farley, *The Naked Gospel*, 84쪽.

5. 위의 책, 80쪽.

6. 위의 책, 87쪽.

7. Farley 목사는 블로그 글을 통해 자신의 견해를 명확하게 밝혔다. '예수님은 **때때로** 청중들에게 율법의 참된 정신을 가르치셨으며, 실로 불가능한 완전함의 기준을 드러 내셨다('분노는 살인과 같다', '음욕을 품고 보는 것은 간음하는 것과 같다', '손을 잘라라', '눈을 빼라', '완전하라', '하나님께 용서받으려면 다른 사람을 용서해라', '모든 것을 팔아라' 등등). 예수님의 일부 가르침의 자명한 목적을 인지하는 것을 두고, 십자가 이전에 하신 말씀을 무시한다고 하면 안 된다. 십자가 이전에 예수님은 분명히 오늘날 교회에 적용될 수 있는 정말 많은 것들을 가르치셨다. 포도나무와 가지 비유, 성령님, 하나님 나라 등은 많은 것들 중 일부다.' [Andrew Farley, "What I'm Really Saying!", Patheos.com, June 6, 2013, http://www.patheos.com/blogs/andrewfarley/2013/06/what-im-really-saying/ (September 9, 2013 검색).]

8. 하이퍼 그레이스 교사들의 많은 메시지와 글에서 이것에 대한 예를 발견할 수 있다.

9. JosephPrince.com, "What Does It Mean to 'Rightly Divide the Word,' and How Are We to Do It?", FAQ: Questions About the Bible, May 20, 2011, http://support.josephprince.org/index.php?/Knowledgebase/Article/View/122/22/i-what-does-it-mean-to-rightly-divide-the-word-and-how-do-we-do-it (September 9, 2013 검색), 인용자 강조.

10. Farley, *The Naked Gospel*, 87쪽, 인용자 강조.

11. Ryan Rufus, *Extra Virgin Grace* (n.p.: New Nature Publications, 2011), Kindle locations 1064~1069쪽.

12. 위의 책, Kindle locations 1278~1282쪽.

13. Charles Spurgeon, "The Beatitudes," sermon no. 3155, SpurgeonGems.org, http://www.spurgeongems.org/vols55-57/chs3155.pdf (September 9, 2013 검색).

14. Jeremiah Burroughs, *The Saints' Happiness: Sermons on the Beatitudes*, repr. (Sanford, FL: Soli Deo Gloria Publications, 1988), 1쪽.

15. 위의 책.

16. John R. W. Stott, *The Message of the Sermon on the Mount* (Matthew 5~7) (Downers Grove, IL: InterVarsity Press, 1993), 9쪽.

17. 위의 책, 15쪽.

18. 위의 책, 30쪽, F. F. Bruce 인용.

19. Rufus, Extra Virgin Grace, Kindle locations 1278~1282쪽.

20. Oswald Chambers, "The Account With Persecution," in *My Utmost for His Highest* (Uhrichsville, OH: Barbour Publishing, Inc., 1935, 1963), July 14.

21. 이 책은 수십 년 동안 여러 출판사를 통해 재판되었다.

22. 부자 청년과 예수님의 만남에 대해 더 알기 원하면 11장 미주 12를 참조하라.

23. 사도행전 5:42; 8:4, 12, 25, 35, 40; 10:36; 11:20; 13:32; 14:7, 15, 21; 15:35; 16:10; 17:18.

24. 하나님이 그 아들을 보내사 여자에게서 나게 하시고 율법 아래에 나게 하신 것은 율법 아래에 있는 자들을 속량하시고 우리로 아들의 명분을 얻게 하려 하심이라"(갈 4:4~5). 이것은 절대적인 사실이다. 그러나 신약성경이 명백하게 가르치는 것처럼 예수님은 하나님의 은혜의 좋은 소식을 가져오셨고 하나님 나라의 침노를 선포하셨다. 예를 들어 마태복음 5장 41절과 같은 어떤 가르침들은 의심의 여지없이 유대인 청중들에게 직접 적용이 가능했다. "또 누구든지 너로 억지로 오 리를 가게 하거든 그 사람과 십 리를 동행하고." 당시 로마 군인들은 로마가 지배하는 지역의 사람들에게 그의 무기를 들고 오 리를 걷도록 시켰다. 그러나 여타의 다른 상황에서도 얼마든지 적용이 가능하다.
25. 이것의 폭넓은 의미를 보려면 다음을 참조하라. Michael L. Brown, *Israel's Divine Healer*, Studies in Old Testament Biblical Theology (Grand Rapids, MI: Zondervan, 1995), 215~218쪽.
26. Crowder, *Mystical Union*, 79~80쪽.
27. As noted in the *Theological Dictionary of the New Testament* (1:613), "예수님은 그 이전의 모든 것, 즉 율법과 선지자와 세례 요한을 대체하고 초월하는 새로운 시대의 시작을 알리는 분으로서 여기서 말씀하신다." 다음 책도 참조하라. I. H. Marshall, *The Gospel of Luke: A Commentary on the Greek Text*, New International Greek Testament Commentary (Grand Rapids, MI: Eerdmans, 1978), 628~629쪽, "요한의 시대로부터 새로운 시대가 시작되었다. … 누가는 3장 18절(1:77 참조)에서 요한을 복음 전파자로 제시하며, 요한의 사역을 복음의 시작으로 간주한다(행 1:22)."
28. Steve McVey, *Grace Walk: What You've Always Wanted in the Christian Life* (Eugene, OR: Harvest House, 1995), 105쪽; 포도나무에 의하으로 예수님과의 친밀함을 통해 모든 것이 흘러나온다는 사실에 전적으로 동의하지만, 앞 장에서도 언급한 것처럼 나는 이것이 하나님의 가치기준이 우리 마음 가운데 기록되는 것과 충돌한다고 보지 않는다.
29. 위의 책, 97쪽.
30. 다음을 참조하라. Richard Bauckham, *Jesus and the Eyewitnesses: The Gospels as Eyewitness Testimony* (Grand Rapids, MI: Eerdmans, 2006).
31. Charles Spurgeon, *Sermons on the Miracles* (n.p.: Marshall, Morgan and Scott, n.d.), 92쪽.
32. 나의 동료 Bob Gladstone은 산상수훈에 관하여 "팔복을 살아냄으로써 얻는 기쁨은 제자들로 하여금 나머지 산상수훈 말씀을 살아낼 능력이 된다"라고 주장했다.
33. 마태복음 28장 20절에서 예수님께서 "내가 너희에게 분부한 모든 것"이라고 말씀하실 때, 부활 이후의 명령을 의미한 것이라는 주장을 들은 적이 있다. 이것에 대해서는 아무런 증거가 없을 뿐만 아니라, 이는 십자가 이전 예수님의 모든 말씀(제자도를 위한 본질적인 말씀)을 공허하게 만들며 부활 이후 주어진 약간의 가르침과 대체시켜버린다. 여기 사용된 헬라어도 시기적으로 이전에 주어진 명령을 의미함으로써 이를 반박하고 있다.
34. 이것은 분명하게 마가복음 8장 38절에 나오는 "이… 세대"에 대한 경고를 넘어선다.

14 신영지주의자들

1. 5장 참조.
2. 5장에서 언급한 것처럼, 이 서신서가 쓰일 무렵 영지주의는 십중팔구 없었을 것이다. 그러나 거짓된 가르침의 씨앗이 AD 1세기 후반에 이미 존재하기 시작했던 것으로 보인다.

3. 11장 참조.

4. Edwin M. Yamauchi, "Gnosticism," in Craig A. Evans and Stanley E. Porter, eds., *Dictionary of New Testament Background* (Downers Grove, IL: InterVarsity Press, 2000), 416쪽.

5. Richard J. Bauckham에 따르면 "이것은 특히 영지주의자같은 거짓 교사들의 해석에 적합하다. 영지주의자들은 자신들은 영적인 사람이고 그리스도인들은 혼적인 사람이라고 간주했다." 다음을 참조하라. Richard J. Bauckham, *2 Peter*, Jude, Word Biblical Commentary (Dallas: Word, 1983), 105쪽.

6. Keener, The *IVP Bible Background Commentary: New Testament*, 736쪽.

7. Prince, *Destined to Reign*, 24쪽.

8. "만일 우리가 우리 죄를 자백하면 그는 미쁘시고 의로우사 우리 죄를 사하시며 우리를 모든 불의에서 깨끗하게 하실 것이요"(요일 1:9). 이 말씀은 5장에서 이미 자세히 논의했다.

9. 예를 들어, 예레미야 3장 1절, 에베소서 5장 22~32절을 보라. 그리고 그리스도인들은 아가서를 예수님과 교회의 사랑 노래로 보는데 반하여, 유대인들은 하나님과 이스라엘의 사랑 노래로 본다는 사실을 기억하자.

10. McVey, *52 Lies Heard in Church Every Sunday*, 73쪽.

11. 위의 책, 75쪽.

12. 위의 책, 73쪽, 원저자 강조.

13. 위의 책.

14. 위의 책, 76쪽.

15. 요한일서 1:6; 2:3~6, 9~11, 28(28절은 "주님 안에 거하는 것"이 보장된 것이 아님을 시사한다); 3:6, 14~15; 5:2 참조.

16. McVey, *52 Lies Heard in Church Every Sunday*, 76쪽.

17. Van der Merwe, *GRACE*, 105쪽.

18. 우리가 구원을 잃어버릴 수 있는 지의 여부에 대해서는 부록을 참조하라.

19. 이 성경 구절은 Whitten 목사가 강력하게 제기한 다음의 도전에 답을 해준다. "많은 이들이 죄로 인해 하나님과의 관계는 끊어지지 않지만 죄가 하나님과의 교제에는 영향을 미친다고 생각한다. 즉, 죄를 지으면 하나님께서 우리와의 교제를 중단하심으로써, 우리를 벌하시며 징계하신다고 믿는다. 이 결론에 도달하려면 약간의 지적 단련이 필요하다. 그리고 사람들이 예의 바르게 행동하도록 하려면 하나님의 완전한 통제 아래 두는 것이 필요하며, 말하자면 결국 행동 통제가 목표인 것이다. 관계는 끊지 않지만 교제는 끊어진다는 하나님의 위협은 또 하나의 비성경적인 개념이며 거짓말이다. 신약성경에 그런 암시라도 있다면 나에게 알려 달라. 사실은 정반대다." *Pure Grace*, 21~22쪽.

20. McVey, *52 Lies Heard in Church Every Sunday*, 85쪽.

21. 위의 책, 139쪽, 144쪽.

22. Whitten, *Pure Grace*, 20쪽.

23. 6장과 8장 참조.

24. *The Baptist World Alliance: Second Congress, Philadelphia, June 19~25, 1911*, (Philadelphia: Harper and Brother Company, 1911), 130쪽에 인용.

25. 마태복음 25장 비유와 다음 말씀들을 참조하라. 단 12:2~3; 마 10:41~42; 고전 3:11~15; 고후 5:10; 딤후 4:8; 요일 1:8; 계 11:18.

26. Keener, *The IVP Bible Background Commentary: New Testament*, 736쪽.

27. Michael Reyes, "'Hyper-Grace' Is True!", *Loved by God, Loving Others* (blog), February 19, 2013, http://love-god-love-others.blogspot.com/2013/02/hyper-grace-is-true.html (September 10, 2013 검색).

28. 위의 책.

29. 예를 들어, 고린도후서 5장 16절에서 바울은 더 이상 어떤 사람에 대해서도 과거에 그랬던 것처럼 육신을 따라 세상적인 기준으로 평가하지 않을 것이라고 말한다.

30. Reyes, "'Hyper—Grace' Is True!"

31. 이 생각은 부분적으로 히브리서 10장 14절을 그가 잘못 이해한 데서 비롯된 것이다. 히브리서 10장 14절은 7장에서 자세히 논의했다. "성화되는" 것은 "전적으로 완전하게 되는 것"을 의미하지 않는다고 그는 주장했다. 또한 하나님만이 거룩하게 하실 수 있지만, 우리는 여전히 마음을 새롭게 함으로 변화를 받아야 한다고 설명했다. 그러나 그의 주장대로라면, 우리는 더 이상 무슨 변화를 받을 필요가 있는가? 무엇에서 무엇으로 변화를 받는다는 말인가?

32. 한번 구원은 영원한 구원이라고 믿고, 죄가 더 이상 그의 책임이 아니라고 믿는(일부 하이퍼 그레이스 교사들 포함) 사람들도 죄는 심각한 결과를 초래하며 그리스도인들에게 매우 파괴적이고 위험하다는 것을 인정한다.

33. 로마서 7장을 오늘날 신자들이 어떻게 이해하고 적용할지에 관하여는 다음 책을 참조하라. Brown, *Go and Sin No More*, 265~283쪽.

34. Ryan Rufus, *Do Christians Still Have a Sinful Nature?* (n.p.: New Nature Publications, 2011). 한번 더 분명히 말하자면, Rufus 목사는 한번 구원이 영원한 구원이라고 강력하게 믿지만 그의 책에서 죄에 대해서는 강력하게 반대하며 설교한다.

35. Sanhedrin 91a~b, as rendered in outline form by Jacob Neusner, *The Babylonian Talmud: Translation and Commentary* (Peabody, MA: Hendrickson, 2007, electronic edition).

36. 대부분의 신학자들은 인간을 이분설(육체와 영혼, 겉사람과 속사람) 또는 삼분설(영혼육)로 설명한다. 어느 설이 맞든지 간에, 속사람은 (최소한 기능적으로 말해도) 영과 혼 또는 마음과 생각으로 다시 세분될 수 있다.

37. Ellis, "'Confronting the Error of Hyper-Grace,' a Response to Michael Brown."

38. 더 자세히 보기를 원하면 8장을 참조하라.

39. Clark Whitten은 이렇게 말한다. "당신은 당신의 죄가 아니라는 사실을 알겠는가? 당신의 정체성은 육신의 행위에 있지 않으며 그리스도 안에 그리고 그분과의 관계 가운데 있음을 아는가? … 이것이 어떻게 당신의 관점을 바꿀 수 있는가? 어떻게 이 관점이 깊어지고, 주님과의 동행이 혁명적으로 바뀔 수 있는가? 그리스도 예수 안에 있는 자에게는 결코 수치가 없다는 것을 아는가? 절대로… 영원히… 어떤 두려움과 실패 가운데 있을지라도 주님과 대화할 수 있고, 주님은 항상 기꺼이 당신에게 사랑을

베푸시고자 기다리고 계신다는 것을 아는가?" [Clark Whitten, "Team Grace Message for May 29, 2013," Pure Grace Online, http://puregraceonline.com/team-grace-message-for-may-29-2013/ (September 10, 2013 검색)] 나는 이 단락의 마지막 문장에 절대적으로 동의한다. 그러나 처음 두 문장은 잘못된 결론으로 이어지기가 너무 쉽고, 잘못된 삶에 문을 열어 주기가 쉽다.

40. 어떤 하이퍼 그레이스 교사는 나에게 다음과 같은 주장을 폈다. "바울이 고린도 교인들에게 '너희 중에 이와 같은 자들이 있더니'(간음한 자, 술 취한 자, 동성애자를 의미) '씻음과 거룩함과 의롭다 하심을 받았느니라'(고전 6:11)라고 말할 때 바울은 믿음으로 말을 하고 있었다. 왜냐하면 그가 편지를 쓸 때, 고린도 교인들은 **여전히 이런 죄가운데 거하고 있었기** 때문이다." 사실은 그의 주장과 반대다. 바울은 어떤 신자들이 전에는 이와 같은 삶을 살았지만, 더 이상 이렇게 살지 않는다고 언급한다. 이 하이퍼 그레이스 교사는 바울이 변화되지 않은 사람들을 향하여 그들이 이미 변화되었다고 믿음의 선포를 하는 것이라고 주장하는데, 본문에는 이에 대한 증거가 전혀 없다. 이것은 나에게 어느 믿음의 말씀 운동(word of faith) 성경학교를 연상시켰다. 그 학교는 입학 희망자들에게 학교에 지원할 때는 '믿음의 대답'을 사용하지 말라는 지침을 명시해야만 했다(예를 들어, 어떤 지원자는 그전에 5개월동안 마약을 했음에도 불구하고 5년간 마약을 하지 않았다고 '믿음'으로 그들의 과거를 바꾸어 말했으며, 또 다른 이들은 개인적인 재정상황에 대해 '믿음'으로 대답하고 심지어 '믿음'으로 수표를 쓰기도 했다!).

41. Ellis, *The Gospel in Ten Words*, 143쪽.

42. Prince, *Destined to Reign*, 167쪽.

43. Prince, *Unmerited Favor*, 147쪽.

44. 프린스 목사의 이 말은 많은 사람이 인용하는데, 충분히 그럴만하다.

45. 여기 사용된 헬라어 동사들은 다른 의미를 가질 수가 없다.

46. Farley, *The Naked Gospel*, 151쪽.

47. Wuest, *Wuest's Word Studies from the Greek New Testament: For the English Reader*, ad loc. 원문은 이탤릭체로 되어있다. 그는 계속 말한다. "여기서 죄는 단수이며, 정관사 없이 사용되고 있어서, 죄의 행위가 아니라 본성을 언급하는 것이다. 우리는 아담으로부터 내려오는 우리 안에 있는 완전히 타락한 본성을 부인하는 문제를 가지고 있다.… 자신의 악한 본성이 완전히 근절되었다고 믿는 그리스도인들은 자신을 속이는 것이다. 다른 사람들은 그의 삶 가운데 있는 죄를 쉽게 본다. 그리고 그 죄의 근원은 내면에 있는 죄성이다. 요한은 그런 사람 안에 진리가 있지 않다고 말한다. 영지주의자들의 경우에 절대적으로 그렇다. 그들은 구원받지 못했다. 오늘날 잘못 알고 있는 그리스도인들의 경우에는, 죄성에 대한 정확한 진리가 그들 안에 있지 않다고 보아야 할 것이다. 이 본문은 이렇게 해석해야 한다."

48. Crowder, *Mystical Union*, 54쪽. 물론 이것은 갈라디아서 2장 20절에 대한 Crowder의 이해에 기반한다. 그는 주님 안에서 우리의 지위(신분)가 지금 현재 우리의 완결된 정체성이라고 주장한다. 이에 관하여서는 7장을 참조하라.

49. Rabe, Metanoia, Kindle location 229. 그가 요한일서 1장을 인용하면서, 요한이 말하고 있는 것과 반대 결론을 내리는 것을 보면 참 놀랍다.

50. 다른 관련 구절들을 보려면 9장의 논의를 참조하라.

51. Crowder, *Mystical Union* 참조.

52. Dunn, *The Happy Gospel*, 156쪽.

53. 위의 책. 과장되고 잘못된(내가 보기에) 일부 주장들을 정당화하기 위해 그는 이상한 성경 해석을 사용한다. 예를 들어, 창세기 4장 7절에서 하나님은 가인에게 이렇게 말씀하신다. "네가 선을 행하면 어찌 낯을 들지 못하겠느냐 선을 행하지 아니하면 죄가 문에 엎드려 있느니라 죄가 너를 원하나 너는 죄를 다스릴지니라." 그는 이 본문을 다음과 같이 해석한다. "여기서 주님은 가인에게 실제로 이렇게 말씀하고 계신다. '내가 요구한 제사를 드리지 않았다는 점에서, 네가 선을 행하지 않았다면, 속죄제물(어린 양 예수)이 제사를 위해 너의 문 앞에 엎드려 기다리고 있다.'" (The Happy Gospel, 145쪽 참조.) 이 해석을 정당화하기 위해 인용을 사용하지만, 이것은 딱 잘라 말해서 성경의 진리와 맞지 않다. 조금 극단적인 예이긴 하지만, 자신의 사상으로 성경 원문을 해석eisegesis하는 좋은 예다.

54. Rufus, "Totally Forgiven! Totally United! Totally Filled!" *Do Christians Have a Sinful Nature?* (Kindle location 80쪽) 이 책에서 그는 다음과 같이 언급한다. "그리스도인들이 여전히 죄성과 싸워야 한다는 생각은 '이단이며 십자가에 대한 모욕'이다!" 그리스도인들이 더 이상 죄성을 가지고 있지 않다는 그의 견해에 설령 동의한다 하더라도, 이것을 '이단'이라고 부르게 되면 역사상 (그리고 오늘날) 가장 훌륭한 그리스도인 지도자로 알려진 일부 사람들조차 이단이라는 결론이 된다.

55. 7장 참조.

56. Crisco, *Extraordinary Gospel*, 155, 157, 167쪽, 인용자 강조. 요한일서 4장 17절의 의미를 보려면 8장 미주 22를 참조하라.

57. Rabe, *Metanoia*, Kindle location 293쪽.

58. Dunn, *Happy Gospel*, 67쪽. 그는 자신의 견해를 지지하기 위해 Amplified Bible의 이사야 53장 11절을 인용한다. "shall… My servant, justify many and make many righteous (upright and in right standing with God), for He shall bear their iniquities and their guilt(with the consequences, say the Lord)." 그러나 안타깝게도 Amplified Bible은 죄의 결과를 가져갔다는 표현을 괄호 안에 넣고 있으며 히브리어에는 이 말이 없다.

59. 표현들이 너무 신성 모독적이어서 여기에 주소를 링크하지 않았다.

60. 2013년 6월 9일 이메일 교신.

15 십자가에서 다 이루신 예수님

1. A. W. Pink, "The Gospel of Satan," http://www.pbministries.org/books/pink/Miscellaneous/gospel_of_satan.htm (September 10, 2013 검색). Pink는 예수님께서 '십자가에서 다 이루신 일'을 왜곡하는 것에 대한 비슷한 경고를 많은 글을 통해 남겼다.

2. Mooney, *Look! The Finished Work of Jesus*, 43쪽.

3. Joseph Prince, "It is finished!", July 1, 2012, devotional, 원저자 강조, http://www.josephprinceonline.com/2012/07/it-is-finished/ (September 10, 2013 검색). 다음은 단락 전체이다. "여러분, 예수님께서 다 이루셨습니다. 이미 승리하셨습니다. 우리의 원수들은 그의 발등상이 되었습니다. 우리를 축복하시고자 주님께서 보혈로 값을 지불하셨습니다! 당신이 할 일은 더 이상 아무것도 없다는 것을 아는 자답게 사십시오. 믿기만 하면 됩니다! 주님께서 다 이루셨습니다!"

4. 신약에서 선한 일을 하라는 말씀을 보려면 다음을 참조하라. 마 5:16; 딛 2:7, 14; 3:8, 14; 히 10:24.

5. Gulley and Mulholland, *If Grace Is True*, 7~8쪽.

6. 저자들은 또한 그들의 믿음이 성경과 초대교회에 기반하고 있다고 주장한다.

7. Crowder, *Mystical Union*, 154쪽.

8. Rob Bell, *Love Wins: A Book About Heaven, Hell, and the Fate of Every Person Who Ever Lived* (New York: Harper Collins, 2012), 172쪽.

9. Bill Snell, "Grace Is Neither 'Hyper' nor 'Dangerous,'" GraceOrlando.com, March 26, 2013, http://www.graceorlando.com/grace-is-neither-hyper-nor-dangerous/ (September 10, 2013 검색). 다음은 Clark Whitten 목사와 함께 사역하는 Bill Snell목사의 글이다. "Brown 박사가 우리에게 연락하는 것이 적절하다고 여기지 않고, 또 우리에 대하여 비방하기 전에 우리와 어떤 형태로든 대화하려고 애쓰지 않았다는 사실을 알아야 한다." 사실 나는 그 무렵 이들과 연락을 시도했었고, 이후에 Snell 목사와 상세하게 전화와 이메일로 소통하였다. 우리는 모두 예수님을 높이고 하나님의 백성들이 변화 받는 것을 보고자 하는 동일한 목표를 가지고 있기에, 서로를 존중하면서 매우 화기애애하게 대화했다. 그러나 지금까지 이 글은 정정되지 않고 그대로 남아있다.

10. Prince, *Unmerited Favor*, 182쪽.

11. Andrew Wommack, "Living in the Balance of Grace and Faith" Andrew Wommack ministries, http://www.awmi.net/extra/article/living_balance (September 10, 2013 검색).

12. G. R. Beasley-Murray, *John*, Word Biblical Commentary (Dallas: Word, 2002), 352~353쪽, Dauer, Passionsgeschichte, 20쪽 인용.

13. D. A. Carson, *The Gospel According to John*, The Pillar New Testament Commentary (Grand Rapids, MI:Eerdmans, 1991), 621쪽.

14. B. F. Westcott, *The Gospel According to St. John Introduction and Notes on the Authorized Version* (London: J. Murray, 1908), 277~278쪽.

15. Marcus Dods, *The Gospel of St. John* (New York: George H. Doran Company, 1910), 859쪽.

16. Michael Donahoe, "The Old Testament Law… FULFILLED" 기사 논평, January 26, 2012, http://www.newcovenantgrace.com/old-testament-law-fulfilled/ (September 10, 2013 검색).

17. 예를 들어 *For His Glory newsletter* 2011년 9월호를 보라. http://www.forhisglory.org/Newsletters/201109/Newsletter.pdf (September 10, 2013 검색). 나는 이 웹페이지의 메시지에 전반적으로 동의하지만 '다 이루었다'의 주된 의미가 '완전히 지불함'이라는 말은 부정확한 진술이다. 물론 예수님은 십자가에서 헬라어가 아닌 아람어나 히브리어로 말씀하셨지만 요한복음 19장 27절, 30절에서 요한은 헬라어를 사용하여 구체적인 요점을 전달하고 있다.

18. 앞의 미주 참조.

19. 15장 미주 1번 참조.

20. Ryle, *Holiness: Its Nature, Hindrance, Difficulties, and Roots*.

21. Charles Spurgeon, "Threefold Sanctification," sermon no. 434, delivered February 9, 1862, at the Metropolitan Tabernacle, Newington, http://www.spurgeongems.org/vols7~9/chs434.pdf (September 11, 2013 검색). Spurgeon은 다음과 같이 말한다. "전가된 의"를 통해(즉, 예수님의 의가 우리에게 전가되어) 우리는 의롭다 함을 얻는다. 그러나 "전가된 **성화**"라는 개념은 부정확하고 비성경적이다. 이 언어를 아는 사람은 그렇게 말할 수 없다! … 하나님의 백성들은 예수님께서 행하신 것 때문에 본질적으

로 성화되었으나 여전히 **부분적인** 성화이며 아직은 죄를 지을 수 있는 상태에 놓여 있다. 단지 그들은 예수님 때문에 마치 완벽하게 거룩한 것처럼 여김 받는다. 신학적으로 이것은 성화라기보다 칭의다. 그러나 성경이 때때로 성화를 거의 칭의와 동등하게 사용하는 경우가 있다. 특히 하나님의 백성들이 주님께 담대히 나아가는 모습을 통해서 우리는 이것을 분명히 볼 수 있는데, 그리스도를 통해 그들이 마치 완벽하게 거룩한 것처럼 여겨지기 때문이다. 잠깐만 이것을 한번 생각해보라! 거룩하신 하나님은 거룩하지 않은 인간을 상대할 수 없다. 거룩하신 하나님은 - 그리고 예수 그리스도도 하나님이 아니신가? - 거룩하지 않은 존재와 교제하실 수 없으며, 여러분과 나는 거룩하지 않다! 그러면 어떻게 그리스도는 우리를 그분의 품에 받아 주시는가? 어떻게 아버지 하나님께서는 우리와 함께 동행하시고, 연합하시는가? 그분은 우리의 머리가 되시는 "**둘째 아담**"(저자 강조)안에서 우리를 보시기 때문이다. 많은 하이퍼그레이스 교사들은 아마도 이 점을 긍정할 것이다. 그러나 Spurgeon은 우리의 성화가 이미 완전하다는 개념을 거절하며 이를 언급했다. 다시 말하지만, 이것은 지위적인 측면에서 이루어진 성화다.

22. 고린도후서 5장 21절에서 죄는 '속죄제물'을 의미할 수 있다. Complete Jewish Bible은 다음과 같이 번역한다. "하나님께서 죄가 없는 사람을 우리를 위해 속죄제물이 되게 하신 것은, 그분과의 연합을 통해 우리가 하나님의 의에 완전히 참여하도록 하기 위함이다."

부록 한번 구원은 영원한 구원인가

1. Whitten, *Pure Grace*, 130쪽.
2. 나의 라디오 프로그램에 한 청취자가 전화를 걸어서 디모데후서 2장 13절 "우리는 미쁨이 없을지라도 주는 항상 미쁘시니 자기를 부인하실 수 없으시리라"는 말씀이 이 문제를 해결해준다고 말했다. 나는 이 구절 바로 앞에 "참으면 또한 함께 왕 노릇할 것이요 우리가 주를 부인하면 주도 우리를 부인하실 것이라"(12절)라는 말씀이 나온다고 대답했다. 헬라어 학자 William D. Mounce는 Pastoral Epistles: Word Biblical Commentary(Dallas: Word, 2000), 519쪽에서 다음과 같이 설명했다. "바울은 장엄한 찬송으로 결론을 짓는데, 여기에는 디모데를 향한 직접적인 권면의 내용과 더불어 강한 종말론적 역점이 들어있다. (1) 개종: 개종과 세례를 통해 그리스도와 함께 죽은 사람들은 개종 이후 삶 가운데 그리스도와 함께 살게 될 것이다(성화). (2) 인내: 그리스도인으로 이 땅에 살면서 계속해서 하나님 앞에 신실하게 인내하면 반드시 하늘에서 그리스도와 함께 다스리게 될 것이다. (3) 배교: 그러나 만약 그리스도를 부인하면, 즉 살면서 말과 행위로 주님을 모른다고 부인하면, 심판대 앞에서 주님도 그들을 모른다고 하실 것이다. (4) 신실하지 못함: 주님을 부인하지는 않지만 온전히 인내하지 못하게 되면, 그렇다 하더라도 하나님은 그분의 성품과 약속에 참되신 분이시므로 그 사람에게 신실하게 행하실 것이다(하나님의 불변성)." 이와 비슷하게 J. N. D. Kelly는 The Pastoral Epistles, Black's New Testament Commentary (London: Continuum, 1963), 180쪽에서 다음과 같이 말한다. "**우리가 실제로 주님을 부인하면** 어떻게 되는가? 주님이 직접 경고하신 말씀(마 10:33)에 기초한 엄한 대답은 이렇다. **주님도 우리를 부인하실 것이다**. 그리고 다시 마지막 심판대를 언급하는데, 주님은 자신을 부인한 사람들을 인정하지 않으실 것이다(13절). 이 찬송은 계속 이어서, 우리가 신실하지 못하면, 즉 **미쁨이 없으면** 어떻게 될지에 대해 이야기한다. 어떤 이들은 이것(헬, apistoumen)을 '믿음을 버리는 것', 즉 배교와 동일하게 해석한다. 그러나 앞에서 말한 개념을 반복하자면, 이 해석은 여기서 사용된 동사가 '**부인하다**'처럼 미래가 아니고 현재형이라는 사실을 무시한 것이다. 따라서 '만약 우리가 고백한 대로 살지 못하면' 또는 '만약 우리가 시험과 유혹을 만나 죄를 짓거나 흔들리게 되면'과 같은 표현으로 바꾸어 말하면 의미가 더 명확해지는 것 같다. 엄격한 논리로 우리가 예상하는 답변은 '주님도 역시 신실하지 않으실 것이다'가 될 것 같은데, 하나님의 사랑의 역설은 그렇지 않다. 진리는 담대하게 다음과 같이 선포한다. '**주는 항상 미쁘시다. 즉 신실하시다**.'" 내가 이것을 여기 언급하는 이유는 이 문제에 대한 가장 가까운 대답이기 때문이

다. 그러나 물론 이 구절도 '당신이 어떻게 살고 무엇을 하든지 간에 졀코 구원을 잃지 않는다'고 가르치지는 않는다.

3. 예를 들어, 마태복음 24장 4~5절과 고린도전서 6장 9~10절을 보라.

옮긴이 김현아

현재 도움북스 전문 번역가로 활동 중이며 그리스도인의 영적 성장에 도움이 될 저서를 정확하게 번역하는 데 주력하고 있다.

하나님의 은혜는 그렇게 말하지 않는다

2019년 4월 25일 초판 1쇄 발행

지은이 | 마이클 브라운
옮긴이 | 김현아
발행인 | 박연수

발행처 | 도움북스
출판등록 | 2017년 11월 13일

주소 | 대전 유성구 테크노8로 8
전화 | 070-7829-0342
팩스 | 042-367-0675
홈페이지 | www.doumbooks.com

ISBN 979-11-957738-3-1

본서의 내용을 무단 복제하는 것은 저작권법에 의해 금지되어 있습니다.

이 도서의 국립중앙도서관 출판예정도서목록(CIP)은 서지정보유통지원시스템 홈페이지
(http://seoji.nl.go.kr)와 국가자료종합목록시스템(http://www.nl.go.kr/kolisnet)에서 이용하실 수 있습니다.
(CIP제어번호 : 2019010831)

* 파본이나 잘못된 책은 구입하신 곳에서 교환해 드립니다.